다시 생각해야 하는

중동과 글로벌
정치 경제

다시 생각해야 하는

중동과 글로벌 정치 경제

ⓒ 이한결, 2022

초판 1쇄 발행 2022년 9월 15일

지은이   이한결
펴낸이   이기봉
편집   좋은땅 편집팀
펴낸곳   도서출판 좋은땅
주소   서울특별시 마포구 양화로12길 26 지월드빌딩 (서교동 395-7)
전화   02)374-8616~7
팩스   02)374-8614
이메일   gworldbook@naver.com
홈페이지   www.g-world.co.kr

ISBN   979-11-388-1238-2 (03340)

다시 생각해야 하는

중동과 글로벌 정치 경제

———— 동결된 분쟁 얼어붙은 중동 ————

이한결 지음

좋은땅

프롤로그 동결된 분쟁 얼어붙은 중동

    2020년은 중동 지정학 재편 측면에서 매우 중대한 사건들로 가득한 한 해로 중동 및 글로벌 역사에 기록될 것이다. 1월 이란혁명수비대(IRGC) 최정예부대 알-꾿스(Al-Quds) 사령관 까심 솔레이마니 폭살, 이스라엘-팔레스타인 문제 해결을 위한 트럼프 행정부 세기의 거래(Deal of the Century) 발표, 8월 4일 레바논 베이루트 항구 대폭발, 9월 이스라엘과 아랍 주요 국가들과의 아브라함 협정 체결, 2021년 1월 미국 바이든 행정부 출범, 5월 이스라엘-하마스 전쟁 발발 등 2011년 아랍의 봄(Arab Spring) 발생 이후 거의 10년 만에 메나(MENA) 정치 질서가 급격히 재편되면서 아랍 각국들은 지정학적 롤러코스터를 경험하며, 각자도생의 생존 전략 모색을 강요받고 있다.

    "역사는 그대로 재현되지는 않지만, 그 리듬은 반복된다."라는 격언이 있다. 학계에서 일반적으로 MENA(Middle East and North Africa)로 알려진 중동에서 2020년 한 해 동안 발생한 중대한 지정학적 변화가 왜 하필 트럼프-네탄야후 집권 시기에 집중적으로 발생하였는지에 대한 의문에 대해 우리는 미 행정부의 중동 정책 변화, 특히 중동 정책에 있어서 전혀 다른 색채를 보이고 있는 트럼프와 바이든 행정부의 차이점을 통해 답을 얻을 수 있다. 다음으로 중동 문제의 가장 본질적인 부분을 형성하고 있으며, 2020년 9월 아브라함 협정 체결이 보여 준 이-팔 분쟁 및 아랍 세계와 이스라엘의 전통적인 대결 관계의 성격 변화를 살펴볼 것이다. 2011년 아랍의 봄의 연장선상에서 바라볼 필요가 있는 2020년 저유가와 코로나 팬데믹 이중고가 초래한 지정학적 및 지경학적 여파, 마지막으로 우리가 2022년 현재 목도하고 있는 이스라엘-이란-튀르키예의 첨예한 지정학적 대결 구도를 중심으로 다극화되어 가는 중동 정치를 살펴볼 것이다. 21세기 초입부터 발생한 일련의 중대한 사건-2001년 9·11테러, 2003년 이라크 전쟁, 2011년 아랍의 봄-을 통해 중동 각국이 직면한 도전과 열강들의 역내 침투 과정을 이해할 수 있다. 특히 1979년 이란 혁명이 중동 정치에 몰고 온 충격파, 2003년 이라크 전쟁의 파괴적인 결과, 그리고 2011년 아랍 정치 격변이 초래한 존재론적 위기감은 현재의 MENA 지정학 구도를 형성하는 데 지대한 영향을 미쳤으며, 오늘날의 중동과 글로벌 정치 경제를 이해하는 중요하고 결정적인 단서들을 제공해 줄 것이다.

새로운 30년 종교 전쟁으로 돌입하고 있으며, 항구적인 불안정과 리스크로 특징지어지는 중동 지역에서 언제 어디에서 어떠한 일이 전개될지를 전망하는 것은 사실상 거의 불가능에 가깝다. 국제 무대에서 우리 한국이 차지하고 있는 국가적 위상에도 불구하고 중동 문제와 관련된 인프라가 거의 전무한 한국적 상황에서 더더욱 그러하다. 그럼에도 불구하고 특정 시점 중동 정세 전반의 저변에 흐르는 큰 흐름을 이해할 수 있는 여지는 충분하다. 트럼프 행정부의 분열과 대결 정책에 의해 폭력적으로 활성화 되었던 중동 지역 분쟁이 대화와 외교를 표방하고 있는 바이든 행정부 출범으로 잠정적으로 동결 상태에 접어들 움직임을 보이고 있다. 그럼에도 불구하고 중동 지역은 여전히 지정학적 각축 측면에서 첨예하고 잔혹한 지역으로 남아 있을 것이며 언제든지 동결된 분쟁이 활성화될 수 있는 세계에서 가장 휘발성 있는 화약고(Tinderbox)라고 할 수 있다.

　글로벌 정치에서 중동 문제가 차지하는 우리가 상상하는 이상의 비중에도 불구하고, 세계 10대 경제 강국이자 글로벌 6위 군사 강국이라는 화려한 수식어의 이면에는 중동 문제에 관한 민망하고 초라한 수준의 의식과 인프라를 갖추고 있는 것이 대한민국의 슬픈 현실이다. 미국, 러시아, 영국, 프랑스 등 유럽의 많은 국가들은 중동 지역학 발전에 우리가 상상하는 이상의 국가 자원과 인력을 쏟아 붓고 있다. 우리 미래 세대들이 중동 지역에서 산발적으로 발생하는 폭력 사태의 혼란스러움에 휩쓸려 길을 잃지 않으면서도, 중동 문제의 본질을 둘러싼 역내 맹주들의 각축이 어떻게 전개되고 있는지를 이해하고, 중동과 글로벌 정치 경제를 좀 더 유연하고 정확하게 바라보는데 이 책이 조금이라도 보탬이 될 수 있기를 기대해 본다. 혼란의 시기로 접어든 21세기 초입 미래 한국의 주역이 될 사랑하는 나의 아들과 그 동료 세대에게 이 책을 바친다.

　　　　　　　　　　2022년 6월 23일 장맛비가 내리는 산자락에서…

프롤로그 동결된 분쟁 얼어붙은 중동   … 4

제1장 **재조정**

- Biden 중동 정책: Obama 3.0   … 14

- Pariah MBS(Mohammed bin Salman)   … 18

- 워싱턴-리야드 관계 복원   … 24

- 사우디-이스라엘 외교 관계 수립 전망   … 31

제2장 **지정학적 합종연횡**

- 새로운 세력 균형   … 38

- 카타르 봉쇄 해제의 의미와 전망   … 48

- 두 문명의 대결   … 51

- 시리아 아랍 연맹 복귀 움직임   … 58

제3장 **미국의 후퇴와 러시아 중국**

- 오바마 독트린: 미국의 군사적 비-개입 시발점   … 70

- 워싱턴 중동 외교 정책의 단절성   … 76

- 크렘린의 중동 및 지중해 팽창 정책   … 83

- 베이징의 MENA 지정학적 야심과 도전   … 92

제4장 이란 핵 문제와 오바마 중동 정책의 망령

- 미-이란 핵 협상의 주요 걸림돌 … 102
- 이란 초강경파 대통령 출범 … 104
- 탄도 미사일과 시아파 민병대 … 110
- 미국과 이스라엘의 이해 관계 분화 … 114

제5장 트럼프-네탄야후 듀오 최대 압박 전략

- 세기의 거래 추진의 정치 경제적 배경 … 128
- 최대 압박 전략의 지경학(Geo-economics) … 138
- 오슬로 협정의 후속편 … 147
- 아브라함 협정(Abraham Accords) … 154
- 팔레스타인 대의 사망 증명서 … 160
- 팔레스타인 대안 국가화 요르단 … 169
- 워싱턴의 이스라엘-팔레스타인 정책 대전환 … 184

제6장 21세기 십자군: 시아파 민병대(Fugitive Weapons)

- 이라크 친이란계 시아파 민병대 영향력하의 PMF … 199
- 전략적 고리: 다마스쿠스 … 208
- 저항의 축 최전방: 레바논 헤즈볼라(Party of God) … 216
- 예멘 후티 반군 … 223

제7장 이스라엘과 아랍 세계의 대결 구도

- 1917 벨푸어 선언(Balfour Declaration) … 228
- 이스라엘의 점진적인 고립 탈피 … 236
- 1948년 제1차 중동 전쟁과 1956년 2차 Suez 전쟁 … 241
- 1967년 제3차 중동 전쟁과 이스라엘 점령 … 245
- 1973년 Yom Kippur 전쟁과 Camp David Accords … 248

- 1979년 이란 혁명과 1980년 이란-이라크 전쟁 ⋯ 252
- 1982년 제1차 레바논 전쟁 ⋯ 256
- 2006년 7월 제2차 레바논 전쟁 ⋯ 258
- 2021년 5월 제4차 가자 전쟁 ⋯ 261

제8장 MENA 정치 경제 구조의 민낯

- 2020년 저유가와 팬데믹의 중동 정치 경제적 파급 효과 ⋯ 269
- 지대 경제(Rentier Economy) 한계점 ⋯ 274
- 허물어져 가는 사회 계약 ⋯ 280
- 걸프 왕정 경제 다변화 불가피성 ⋯ 286
- GCC 경제 다변화 전략의 한계점 ⋯ 292
- 무한 경제 전쟁 ⋯ 300

제9장 다시 찾아오는 아랍의 겨울

- GCC와 이스라엘 유대 관계 심화의 숨겨진 이면 ⋯ 307
- 독재 안정 리스크 ⋯ 310
- 진정한 화약고 ⋯ 315
- 실패 국가의 방정식 ⋯ 322
- 군사 초승달 ⋯ 330

제10장 무슬림 형제단(Muslim Brotherhood)

- UAE와 Turkiye의 이념 각축 ⋯ 344
- 수단의 두 가지 권위주의(Authoritarianism) 충돌 ⋯ 350
- 튀니지 정치 위기와 이크완(Ikhwan) ⋯ 359
- 리비아 분열과 이념 경쟁 ⋯ 366
- 튀르키예-무슬림 형제단 정치 연합 ⋯ 369

제11장 9 · 11테러 및 2003년 이라크 전쟁의 여진

- 악의 축(Axis of Evil): 이란, 이라크 ··· 375
- 반미주의와 지하디즘(Jihadism) ··· 376
- 21세기 진주만(Pearl Harbor) ··· 380
- 2003년 이라크 전쟁의 판도라 상자 ··· 384
- 2015년 이란 핵 합의와 백지 수표 ··· 388

제12장 1979 이란 혁명의 충격파

- 중동 최대 친미 국가 ··· 395
- 정치 이슬람주의 급진화 ··· 400
- 시아파 초승달(Shiite Crescent) ··· 405
- IS(Islamic State) ··· 407
- 현대 테러리즘의 창시자 ··· 415
- 이스라엘, '대적(Arch-foe)' ··· 417
- 범-아랍주의 vs 범-이슬람주의 ··· 420

제13장 새로운 30년 전쟁(New Thirty Years War)

- 유대 시온주의 열망 ··· 428
- 이슬람 혁명 이념 수출 ··· 436
- New Kemal Ataturk 팽창주의 ··· 442
- 코카스(Caucasian) 분쟁과 중동지정학 ··· 455
- 다극화된 정치와 중동(Mashriq) ··· 462

에필로그 유대 시온주의가 불러오는 나비 효과 ··· 478

제1장

재조정

2017년 5월 19일 트럼프는 러시아 스캔들과 탄핵의 위협이라는 소용돌이 속에서 취임 이후 최초의 해외 순방국인 사우디를 시작으로 이스라엘 및 바티칸을 방문했다. 언론은 트럼프가 세계 3대 종교 성지를 찾아 화합의 메시지를 전달할 것이지만 탄핵 위기에 처해 있는 그의 순방이 순탄치 않을 것이라고 전망한다. 뉴욕 타임즈(NYT)는 백악관 입성 후 최초 순방국이 사우디와 이스라엘이라는 점을 부각하면서 사업적 관점에서 접근하는 것이 아니냐는 우려를 표명한다. 한편, 워싱턴 포스트(WP)는 "수많은 대통령이 국내 정치적 위기를 해외로 전환하기 위해 해외 순방을 활용하곤 했다."고 지적하면서 9일간의 중동 및 유럽 순방으로 트럼프 외교 브랜드 가치가 크게 손상될 수 있다고 우려한다.

　　하지만, 러시아 스캔들, 탄핵 위험성 그리고 트럼프 외교 정책 노선에 대한 점증하는 의구심을 주제로 한 국내외 언론의 다양한 보도에도 불구하고 트럼프 최초 순방 국가가 왜 사우디이며, 그 뒤를 이어 이스라엘 예루살렘 '통곡의 벽'과 팔레스타인 자치 지역인 요르단 강 서안지역 인지에 대해 의문을 갖는 언론은 거의 찾아볼 수 없었다. 트럼프 해외 첫 순방국이 사우디라는 사실과 정반대로 바이든 행정부하에서 사우디는 사실상 주도권을 상실하게 된다. 2021년 출범한 바이든 행정부는 걸프 전제 군주들과의 외교관계 재조정(Recalibration)이라는 새로운 중동 정책을 추진하면서 사우디의 사실상 통치자이자 왕세자 MBS(Mohammed bin Salman)를 외교적 고립 상황에 처하게 했다. 대화와 외교를 천명한 바이든 중동 정책은 트럼프 행정부가 결정한 사우디와 UAE에 대한 무기 판매 재검토 및 카쇼끄지 사건 보고서 공표를 통해 구체화되면서 중동 각국은 트럼프 행정부하 미국이 추진한 중동 정책과 정반대의 지정학적 현실에 직면하면서 중동 정세는 또다시 요동치게 된다.

Biden 중동 정책: Obama 3.0

2021년 바이든 행정부가 출범하자 이스라엘과 전통적인 친미 온건 아랍 국가들은 바이든 행정부 중동 정책이 'Barak Obama 3.0'이 될 가능성이 크다고 우려한다. 바이든 행정부가 오바마의 대이란 정책을 그대로 답습할 가능성을 보여 주는 가장 중요한 지표는 그가 과거 미-이란 핵 협상을 주도했던 동일 인물들을 행정부에 포진시키고, 로버트 말리(Robert Malley)를 이란 특사로 임명한 점이라고 할 수 있다. 오바마는 2016년 아틀랜틱(Atlantic)과의 인터뷰에서 "시리아, 이라크 및 예멘에서 대리전과 혼란을 부추기는데 일조해 온 사우디와 이란의 경쟁 관계를 고려할 때, 우리는 양측이 중동 지역을 양분하고 '차가운 평화' 구축을 위한 효과적인 방안을 모색하라고 말할 수밖에 없다."고 언급한다. [1] 도하 브루킹스 연구소(Brookings Institution) 및 독일 외교 관계 위원회(German Council on Foreign Relations) 연구원 알리 파덜라흐-네자드(Ali Fathollah-Nejad)는 오바마 독트린이 2003년 이라크 전쟁의 파괴적인 결과와 전략적 측면에서 이라크 전쟁이 초래한 지정학적 여파와 관련된 우려에서 만들어졌다고 평가하면서 미국의 군사적 비-개입 정책이 신보수주의자들의 개입 정책에 맞서 새로운 정책 노선으로 자리 잡아 군사적 개입을 회피하려다 자칫 전부를 잃어버릴 위험에 처해 있다고 우려한다.[2)3)]

 2018년부터 소장으로 있는 ICG(International Crisis Group)와 마찬가지로 로버트 말리(Robert Malley)는 "이란의 외교 정책적 이해 관계를 매우 잘 인식하고 있음에도 불구하고 MENA 정치에서 이란의 역할을 둘러싼 강박 관념의 함정에는 매몰되어 있지 않다."고 알리 파덜라흐-네자르드는 평가한다. 말리(Malley)의 이념적 성향은 미 외교 정책의 주류에서 크게 벗어나 있으며, 2001년에 2000년 이-팔 캠프 데이빗(Camp David) 협정의 실패가 에후드 바락(Ehud Barak) 당시 이스라엘 총리의 정책에 기인한다는 언론 기고로 인해 열성 이스라엘 지지자들의 분노를 초래하기도 했다. 미 보수주의자들과 매파들은 말리가 반-이스라엘, 친-이란 성향을 보이고 있다고 비난하고 있으며, 일부 진보주의자는 말리가 지난 10년간 아랍 세계를 뒤흔들어 온 민중 봉기의 중요성을 도외시해 왔다고 비난한다. 구식 사고방식에 사로잡혀 있으며 국제 정치에서 개인의 역할을 무시하는 인물을 지명한 것은 아랍의 봄 10주년에 있는 MENA 지역에 최악의 신호로써, 혁명 과정에서 이란이 중요한 보수 반동적 역할을 수행해 왔다는 측면을 인식할 필요가 있다고 전문가들은 평가한다.

 일부 전문가들은 미국이 핵 협상 진전을 위해서는 예멘, 이라크, 시리아, 레바논 문제와 핵 문제를 완전히 분리해서 접근할 필요가 있다는 정책 조언을 하는 등 기존 트럼프 행정부 정책과 완전히 역행하고 있다. 미 재무부는 2021년 6월 시리아 내전의 혼란 속에서 아사드 정권과 결탁하여 전쟁 경제를 통해 천문학적인 부를 축적한 사메르 포즈(Samer Foz)가 아부다비에 설립한 두 개의 회사 ASM International General Trading과 Silverpine을 제재 명단에서 해제한 조치는 바이든 행정부 중동 정책 변화에 대한 우려를 자아내게 된다.[4)] 다자주의와 외교를 통한 미국의 복귀를 선언한 바이든의 '전략적 광신주의(Strategic Fanaticism)'에 대한 우려 속에서, 이스라엘은 2021년 2월 3일 헤즈볼라와 시리아 이란 민병대로 이전될 무기들이 적재되어 있는 다마스쿠스 공항 내 두 대의 이란 화물 항공기에 대한 공습을 감행하여 첨단 무기 이전과 시리아 내 이란의 군사적 주둔을 절대 허용하지 않을 것이라는 메시지를 꾸준히 보내고 있으며, 2021년 여름 전면전을 상정한 대규모 군사 훈련도 예정했다. 차치 하네비그(Tzachi Hanegbi) 이스라엘 정착촌 장관(Settlement Affairs Minister)도 "미국은 절대로 이란 핵 시설을 공격하지 않을 것이며 이스라엘은 핵무장한 이란을 받아들일지를 결정해야 하며 이러한 위험성을 제거하기 위해 이스라엘은 독자 행동을 할 수밖에 없을 것"이라고 경고한다. 이스라엘은 적국이 핵무장을 하는 것을 절대 허용치 않는 "베긴 독트린(Begin Doctrine)"을 통해 이미 적국인 이라크(1981) 및 시리아(2007) 핵 시설에 대한 폭격을 감행한 바 있다. 강대국의 반대에도 불구하고 이스라엘은 자국의 사활적 이해 관계 수호를 위해 행동할 자유가 있다는 점을 이-팔 분쟁 및 중동 전쟁의 역사에서 역설해 왔다.

UAE 정부 F-35 구매 협상 유보

2021년 12월 14일 미국 월스트리트저널은 UAE가 미국의 최신형 전투기 F-35 구매 협상을 유보했다고 보도하면서, 그 배경에는 미국이 UAE가 중국 화웨이 통신망 사용을 중단할 것을 요구한데 따른 것이라고 분석한다. UAE 당국은 협상 유보의 근거로 "미국의 첨단 기술 무기를 중국의 첩보로부터 보호하기 위해 내세운 보안 요구 사항이 너무 까다롭기 때문에 UAE의 주권이 위험에 처할 수 있기 때문"이라 발표한다. "UAE 정부 발표는 일정 부문 미국과 중국 사이에서 균형 외교를 추구하는 UAE의 외교 행보로 해석될 수 있는데, 두 강대국 간의 불신이 증대되면서 미국과 중국 사이에서 절묘한 균형 추구가 점점 어려워지고 있다."고 이탈리아 국제 정치 연구소(Italian Institute for International Political Studies: ISPI) 엘레오노라 아르데마그니(Eleonora Ardemagni)[5]는 분석하면서, "미국이 단순히 군사적 측면을 넘어서 더 큰 틀에서 Gulf 국가들과의 전략적 관계를 재설정하기로 결정하는 것이 불가능한 것이 아니며, 그럴 경우 F-35 판매와 같은 값비싼 계약이 뒷전으로 밀려나고 협력적 동반자 관계의 대안적 측면이 강조될 수도 있을 것으로 예상 가능하다."고 전망한다.

특히, 이번 UAE의 발표는 프랑스 다소 항공사(Dassault Aviation)가 제작하는 라팔(Rafal) 전투기 80대, 12대의 헬리콥터 등 총 20조 가량의 무기 구매 계약을 체결한 지 불과 2주 만에 이루어졌다는 데 큰 의미가 있다. UAE 정부는 프랑스산 전투기 구매는 F-35의 대안이 아닌 보완 차원에서의 결정이라며 의미를 축소하려고 한다. 워싱턴 중동 연구소(Institute for Middle East Studies) 엠마 수부리에(Emma Soubrier)는 "아부다비의 결정은 UAE와 프랑스의 전략적 협력 동반자 관계의 강화, UAE의 이스라엘 및 이란 등 국제 관계 재편을 확인시켜 주는 고위급 방문의 큰 맥락에서 이루어지고 있는 것으로서, 아부다비는 지역 역학 변화의 적응력 측면에서 자신들이 최첨단의 위치에 있으며 또한 다양한 옵션을 보유하고 있음을 보여 주는 것이다."라고 분석하면서도 "UAE가 아부다비에 중국의 군사 기지 건설 문제에 대해 워싱턴에 한 발 물러서는 태도를 보인 것은 아부다비가 동맹국인 미국의 입장을 난처하게 하지 않으면서도 자신들은 유리한 입장에 있는 협력 상대국이라는 이미지를 보여 주는 것"이라고 평가한다. 아부다비가 2022년 1월 탄도 미사일 요격 기능을 갖춘 최첨단 방공유도 무기체계 천궁2를 도입하기로 한 결정도 동일 맥락에서 이해할 수 있다. 자신의 아이언 돔(Iron Dome)이 도입되기를 내심 바랐던 이스라엘의 입장에서는 매우 실망스러운 결정이 아닐 수 없다.

Pariah MBS(Mohammed bin Salman)

바이든 행정부는 2021년 출범 직후 MBS가 카쇼끄지(Khashoggi) 암살의 배후에 있었다는 미 정보 당국의 보고서를 전격적으로 공표하면서 바이든이 대통령 공약으로 내걸었던 미국의 대사우디 정책 재조정을 공식화한다. 이러한 조치가 트럼프 행정부 대사우디 외교 정책과의 완전한 단절에 불과하다는 평가가 있는 반면, 재조정 정책은 미-사우디 전략적 관계의 근본 기저를 형성해 온 퀸시 협정(Quinsy Pact)과 카터 독트린(Carter Doctrine)의 궁극적인 변화를 초래할 것으로 우려하는 분석도 존재한다.

트럼프 정책과의 완전한 단절

워싱턴 아랍걸프국가연구소(Arab Gulf States Institute) 크리스틴 디완(Kristin Diwan)은 바이든 행정부의 카쇼끄지(Khashoggi) 보고서 전격 공표는 트럼프 행정부 대 사우디 정책 페이지를 결정적으로 넘기기 위해 필요한 단계이자, 사우디와의 관계 재조정을 위한 매우 중요한 조치였다고 평가한다. 바이든이 민주당 내 인권을 중시하는 진보주의자들의 눈치를 의식하여, MBS가 향후 사우디 국경 이외 지역까지 사우디 반체제 인사 및 사회 개혁가를 색출하고 추적하는 행위는 중대한 결과를 수반하게 될 것이라는 분명한 메시지를 전달한 것이다. 왕립합동군사연구소(Royal United Services Institute: RUSI) 마이클 스테펜스(Michael Stephens)는 카쇼끄지 보고서 공개에 대해, 바이든 행정부가 전임자인 트럼프 정책의 잔재를 청산하면서도 중동 지역을 트럼프 행정부 시절보다 더 안정된 지역으로 만들기 위한 최소한의 조치를 취한 것으로 해석한다.[6] 이러한 사우디와의 관계 재설정을 통해 가장 먼저 이란 핵 협상 문제를 해결하고, 걸프 지역 안정을 위해 이 지역 국가들이 좀 덜 도발적으로 행동하도록 유인하기 위함이라고 분석하고 있다. 반면, 뉴욕 타임즈는 미국이 MBS를 제재하면 사우디 전체가 완전히 정지해 버릴 것이기 때문에 살만 국왕은 본인이 원치 않더라고 실세인 왕세자 MBS를 권자에서 끌어내릴 수밖에 없었을 것이라며 바이든 행정부가 MBS를 제재 명단에 올리지 못한 점을 강력히 성토하고 있다.[7]

퀸시 협정(Quinsy Pact)과 카터 독트린(Carter Doctrine)

프린스턴대학교월슨센터(Wilson Center of Princeton University) 사우디 전문가 데이빗 오타웨이(David Ottaway)는 바이든이 오스틴(Austin) 국방장관에게 MBS를 사우디 국왕 자격이 아닌 국방 장관으로 다룰 것을 지시한 대목에 특히 주목[8]하면서, 이러한 조치로 미-사우디 관계가 미지의 영역으로 접어들었으며 75년의 긴밀한 미-사우디 관계의 근본적인 변화의 조짐도 있다고 분석한다. 트럼프는 취임 후 최초의 해외 순방국을 리야드로 선택하면서 MBS의 국내 및 국제적 입지를 단숨에 고양시켜 주게 된다. MBS는 트럼프의 사위인 큐슈너(Kushner)와 친밀한 카톡 친구였으며, 사위를 통해 MBS와 긴밀한 친분 관계를 유지한 것으로 알려져 있다. 반면, 바이든은 이전 행정부와는 다르게 살만 국왕과 통화를 하면서도 기존 관행을 깨고 사우디 왕세자와의 일체의 접촉을 단절하면서 MBS의 입지 약화를 초래하여 사우디와 미국의 관계의 기저인 퀸시 협정과 카터 독트린의 토대를 흔들어 놓고 있다.

미국-사우디 관계 시작은 1930년대에 시작된다. 사우디는 미 석유 회사 켈리포니아 스탠다드 오일사(Standard Oil of California)와 사우디 동부 지역 유전 개발을 위한 60년 양허 계약을 1933년 체결한다. 미국은 1938년 대형 유전을 발견하게 되면서 양국의 경제적 이해 관계가 수렴하게 되며 이븐 사우드(Ibn Saoud, Abdelaziz ben Abderrahmane al-Saoud 애칭)는 영국을 저버리고 미국으로 방향을 조금씩 선회하기 시작한다. 이러한 관계는 미국 루즈벨트 대통령이 수에즈 운하에 정박해 있는 미 전함 퀸시호에 이븐 사우드를 초청하여 1945년 맺은 일종의 동맹이라고 할 수 있는 퀸시 협정으로 이어지게 된다. 사우디 압둘 아지즈(Abdul Aziz)와 루즈벨트 간에 "대화 각서(Memorandum of Conversation)" 형태로 체결된 "퀸시 협정은 미국의 석유 접근에 대한 반대급부로 워싱턴은 공산주의와 아랍 공화주의(Arab republicanism)의 위협으로부터 사우디의 안전을 보장하는 체재"라고 워싱턴 근동 연구소(Washington Institute for Near East Policy) 연구원 시몬 헨더슨(Simon Henderson)은 평가한다. [9]

미국의 중동 석유에 대한 사활적 이해 관계는 카터 독트린을 통해서도 확인된다. "외부 세력이 페르시안 걸프 지역을 통제하려는 그 어떤 시도도 미국의 사활적 이해 관계에 대한 공격으로 간주될 것이며 이러한 침해 행위는 군사력을 포함한 필요 수단에 의해 격퇴될 것"이라는 카터 독트린은 미국의 중동 지역 석유 접근성의 중요성을 단적으로 부여해 주면서, 지난 반세기 이상 미국의 대중동 정책의 큰 틀로 자리매김해 온다. 1982년부터 1995년까지 집권한 사우디 국왕 파흐드(Fahd)는 미-사우디 양국 관계의 긴밀함을 *"After Allah, we can rely on USA"*로 언급할 정도로 끈끈한 관계를 유지하게 된다. 하지만, 2019년 9월 이란 지원의 후티 반군에 의한 사우디 정유 시설 공격에 대해 미국이 아무런 군사적 조치를 취하지 않게 되자, 이란은 미국이 사우디 석유 확보를 위해 지역 전쟁까지 감수하지는 않을 것이라는 것을 간파한다. 이 사건은 미국의 MENA 지역 안보 공약의 신뢰성에 심각한 타격을 가하는 또 다른 중요한 지정학적 사건으로 각인된다. 미국은 1940년 이후 처음으로 21세기 초입 석유 수출량이 수입량을 초과하게 된다. 2020년 1월 트럼프는 미국이 에너지 자립을 달성하였으며 이러한 역사적인 성공으로 우리의 전략적 우선순위가 변화했다고 발표하면서 퀸시 협정과 카터 독트린의 중요성을 상당 부분 퇴색시켜 버렸다.

미-사우디 관계는 물론 다양한 부침이 있었다. 미국 행정부가 1960년대부터 아랍 세계의 최대 주적인 이스라엘에 대해 아랍-이스라엘 대결 구도에서 이스라엘의 군사적 우위를 보장하는 '질적 군사력 우위(Qualitative Military Edge)' 정책을 도입하면서 양국 관계는 최초의 시험대에 오르게 된다. 이외에도 양국은 제4차 중동 전쟁인 1973년 욤키푸르(Yom Kippur) 전쟁으로 초래된 사우디 주도의 석유 금수 조치, 1990년 이라크 쿠웨이트 침공, 9·11 테러 사건과 그 이후 대테러 전쟁 협력 및 이란 핵합의를 둘러싼 오바마 행정부와의 마찰, 트럼프 행정부와의 밀월 직후, 바이든 행정부가 주창하는 민주주의와 인권 외교라는 냉혹한 현실에 복귀하는 등 여러 차례 부침을 경험하였음에도 불구하고 사우디가 가지고 있는 현실 정치의 비중으로 인해 양국 관계는 꾸준히 이어져 왔다.

대테러 전쟁 및 테헤란 팽창주의의 균형추 역할이라는 안보 측면에서 MENA 지역 최대 동맹국이라는 사우디의 전략적 중요성 이외에도 경제적 측면에서도 글로벌 석유 시장의 막강한 실세라는 현실적인 제약을 무시할 수 없다. 아랍 걸프 국가

연구소(Arab Gulf States Institute) 연구소 이만 알후세인(Eman Alhussein)은 카쇼끄지 보고서 발표 후 미 행정부가 취한 조치는 미국이 사우디와의 관계에서 긴장이나 상황 악화를 원치 않으며, 바이든 행정부가 사우디 왕가 내 MBS의 중요성을 인정하고 수용한 것이라고 평가한다.[10] 2001~2003년 주 사우디 미 대사를 역임한 로버트 죠단(Robert Jordan)도 미국은 사우디와의 협력 관계를 떼어 놓을 수도 있지만 중동 지역 경제 발전에 미치는 사우디의 중요성, 안정적인 석유 시장, 10억 무슬림인들에게 미치는 사우디의 경제 및 종교적 영향력을 감안할 때 쉽지는 않은 선택이라고 평가한다. 아랍 걸프 국가 연구소 크리스틴 디완(Kristin Diwan)도 바이든 외교정책팀이 걸프 지역 안보와 석유 측면에서 여전히 미국에 중요한 파트너인 사우디 없이도 미국이 중동 지역에서 소기의 목적을 달성할 수 있을 것이라고 생각할 만큼 순진하지 않은 매우 노련한 전문가들로 구성되어 있기 때문에 제재 명단에서 MBS를 제외한 것이며, 동시에 사우디와 그 지도자들을 다루기 위해 미국의 외교 정책적 행동 여지를 남겨 둔 것이라고 분석한다.[11] 서방의 한 외교관은 "MBS가 향후 50년 이상 사우디를 이끌 수 있는 가능성을 미국이 깨닫고 있기 때문에 MBS와 완전히 관계를 단절할 수 없었으며 미국은 MBS에게 트럼프가 한 것처럼 더 이상 백지수표를 허용하지 않을 것이라는 메시지를 전달하였다."고 평가한다. 바이든 행정부의 대사우디 정책 변화는 "사우디는 루즈벨트와 이븐 사우드 간의 퀸시 협정과 카터 독트린이 상정하고 있는 미국의 무조건적인 동맹이 더 이상 아니다."라는 사실을 극명하게 보여 주는 것이라고 익명의 아랍 외교관이 평가하고 있듯이 바이든 행정부가 카쇼끄지 보고서 발표를 통해 미국의 대사우디 정책 변화를 공식화화한 이상 리야드가 어떠한 정책을 통해 이러한 고립을 탈피해 가는지가 중요한 중동 정세 가늠의 중요한 방향타가 될 것이다.

위협받는 50년 종신 집권

MBS는 트럼프 행정부 시절 권위주의적 정권 유지의 근본적인 토대인 국내적 사회 계약 유지에만 골몰할 수 있는 여유를 부렸으나, 바이든 행정부 출범으로 국제적 사회 계약과의 균형을 추구해야 하는 이중고에 직면해 있다. 억눌려 있는 아랍 혁명의 물결이 언제 다시 중동 지역을 휩쓸고 갈지는 아무도 알 수 없으며 2020년 저유가의 지속과 팬데믹은 심판의 날이 더욱 일찍 도래할 수 있음을 보여 주고 있다. 한 가지 분명한 것은 MBS 50년 종신 집권에 대한 도전 요인의 증대이다. 당장 바이든 가치 외교의 파고를 넘어야 하며, 더 길게는 포괄적인 개혁 정책인 'Vision 2030' 성공 여부가 중요한 시험대가 될 것이다. 경제 체질의 근본적인 변화를 불러올 실질적이고 실용적인 정책 추구를 통해 경제 다변화 전략을 성공적으로 추진 중인 아부다비의 MBZ와는 사뭇 대조적으로, MBS는 네옴 프로젝트(Neom Project)와 그 일환인 'The Line' 미래 도시 건설과 같은 초호화 토목 공사에 국가 재정을 낭비하고 있다는 일각의 암울한 평가도 존재한다. 국내 인재 양성보다는 유럽 초호화 축구 구단 매수와 러시아 미녀와 몰디브에서의 비밀 파티에 더 관심을 가지고 있는 점을 감안하면 MBS 주도의 사우디 경제 다변화 전략의 성공 전망은 많은 난관에 봉착할지도 모른다고 서방 언론은 평가한다. 이미 균열 조짐을 보이고 있는 국내 사회 계약의 취약성, 다극화되고 있는 역내 역학 구도의 악화 및 미국의 중동 탈관여로 초래된 지정학적 권력 공백을 선점하려는 중동 맹주들의 각축 속에서 사우디는 체제 안정에 더 많은 고민을 해야 한다. 사우디가 불안정해져 최악의 경우 붕괴 시 그다음 정치 체제는 일종의 이슬람 체제가 될 것이라고 데이빗 런델(David Rundell)은 평가했다. 새로운 이슬람 체제가 폭력으로 권력을 잡을 경우 그 형태는 알카에다 혹은 ISIS가 될 것이며, 선거를 통한 정치 형태는 일종의 무슬림 형제단(Muslim Brotherhood) 정치 이념을 표방하게 될 것이라고 전망된다.[12]

워싱턴-리야드 관계 복원

2022년 5월 24일 미국 정보 사이트 엑시오스(Axios)는 미 백악관 중동 문제 보좌관 브렛 맥국(Brett McGurk)와 글로벌 에너지 안보 보좌관 아모스 호쉬스테인(Amos Hochstein)이 금주 비밀리에 리야드를 방문하여 사우디와 중요 문제에 관해 논의하였으며, 바이든의 6월 리야드 방문하는 방안도 논의되었을 것으로 보도한다. 워싱턴은 우크라이나 전쟁과 국제 유가 급등에 직면해 리야드에 대해 화해의 손길을 내밀고 있다. 양국 정상의 회동이 실현되면 이는 바이든의 대 사우디 정책의 큰 전환점과 사우디 왕세자의 국제적 고립이 종식되는 것을 의미하게 될 것이라고 언론은 보도한다. "선거 기간 바이든은 사우디 MBS를 왕따(Pariah)로 만들 것이라고 공언해 왔다. 그러나 우크라이나 전쟁의 여파 속에서 이제 바이든은 국가 지도자로서 원칙과 도덕이 아닌 실용적인 조건에서 중요한 결정을 내려야 한다."[13]고 걸프 국가 분석(Gulf State Analytics) 연구소 소장 죠지오 카피에로(Giorgio Cafiero)는 꼬집는다.

미 백악관 관리는 이번 미 당국자의 사우디 방문의 주된 목적은 워싱턴-리야드 관계 복원과 석유 증산을 위한 노력의 일환임을 인정한다. 카네기 연구소 아론 데빗 밀러(Aaron David Miller)는 "러시아의 우크라이나 침공으로 워싱턴이 리야드와 관계를 복원해야 할 필요성을 부각시켜 주고 있다."고 평가한다. 그럼에도 불구하고 사우디 MBS는 미국 관리와의 면담을 줄곧 거부해 왔다. "핵심적인 논의 사항은 리야드가 석유 증산에 대한 반대급부로 미국으로부터 진지한 안전 보장을 요구할지 여부에 있으며, 이러한 교환을 통해 수십 년 전 체결된 양국 관계의 엔진인 '안보와 석유의 맞교환' 합의를 재확인하는 것"이라고 분석한다. 사우디가 러시아의 우크라이나 침공에 대해 비난을 하지 않은 것은 자국의 동맹국인 미국으로로부터 독립을 선언한 것으로 여겨지고 있다. 바이든이 계속해서 MBS와의 회동을 거부하는 한 리야드를 우크라이나 전쟁에서 미국의 편으로 끌어들이는 방안은 실현되기 어려울 것이라고 죠지오 카피에로는 전망하면서, MBS가 사우디 국왕이 된 이후에도 바이든이 MBS와의 면담을 거부하면, 리야드는 중국과 러시아로 기울면서 사우디와 중동 지역에서 워싱턴의 영향력에 커다란 타격을 가하게 될 것이라고 우려한다. 양 정상의 회동 성사를 위해 2022년 4월 중순 미국 CIA 윌리엄 번스(William Burns)가 사우디 젯다를 방문하여 MBS와 회동하였다. 5월 중순에는 사우디 국방 차관 칼리드 빈 살만(Khaled ben Salmane)이 워싱턴을 방문 백악관 국가안보 보좌관 제이크 술리반(Jake Sullivan) 및 미 국방부 장관 오스틴 로이드(Austin Lloyd)와 면담했다. 5월 25일 백악관은 이란혁명수비대의 테러 단체 지정 해제를 요구하는 테헤란의 입장을 수용하지 않겠다고 발표하면서 반-테헤란 공동 전선을 강화하고 있는 텔아비브와 걸프 왕정 국가들에게 커다란 위로를 안겨 주었다.

미 특사의 사우디 방문은 또한 이집트가 홍해에 위치한 티란(Tiran)과 사나피르(Sanafir) 두 개의 섬을 리야드에 반환하는 협상에서 미국의 중재를 진전시키기 위한 의도도 있다. 엑시오스(Axio)는 바이든 6월 말 리야드 방문 전에 카이로-리야드-텔아비브 사이에 홍해 2개 섬에 대한 최종 합의안이 발표되기를 시도하고 있다고 보도한다. 상기 2개 섬의 리야드 반환에 대해 이집트는 이미 2017년 의회의 승인을 받았음에도 불구하고 최종적으로 이스라엘의 승인이 필요하기 때문에 현재까지 진전이 되지 못한다. 홍해 전략적 자리에 위치하고, 요르단 아카바(Aqaba) 및 이스라엘 에일라트(Eilat) 항구와 연결되는 무인도인 두 개의 섬은 1950년 사우디의 양보로 이집트의 관할하에 놓이게 되었다. 1967년 6일 전쟁으로 이스라엘의 점령 하에 들어간 이후 1979년 이집트-이스라엘 평화 조약으로 비군사화되며, 1982년 이집트에 반환된다. 삼자간 협정이 체결될 경우 이는 역내 외교에서 바이든 행정부의 큰 외교적 진전일 뿐만 아니라 리야드와 외교 관계 수립을 바라고 있는 이스라엘의 입장에서도 큰 도약이라고 할 수 있다.[14] 다양한 보고서들이 MBS가 이스라엘과의 관계 정상화를 바라고 있다고 평가함에도 불구하고 사우디 국왕의 반대로 인해 위험을 무릅쓰고 결단을 내리지 못하고 있다고 언론은 보도한다. 스위스 다보스 포럼에서 사우디 외교장관 파르한(Farhane)은 이-팔 분쟁 해결안을 찾기 위해서는 추가적인 조치가 필요하며, 이스라엘과 중동 지역의 화해는 많은 혜택을 가져다주지만, 이-팔 문제가 해결되지 않는 한, 우리는 이러한 혜택을 구가할 수 없을 것이라고 언급한다. 요컨대 사우디는 너무 대담하지도 너무 결정적이지도 않은 단지 점진적인 조치를 취하고 싶어 하고 있다고 밀러(Miller)는 분석한다.

석유 수출 대금 중국 위안화 모색

2022년 3월 15일 미국 월 스트리트 저널은 리야드가 석유 수출 대금 결제의 수단으로 미국 달러를 대체하여 위안화를 채택할 태세를 보이고 있다고 보도하면서, 사실상 사우디가 워싱턴에서 노골적인 조롱을 보낸 것이라고 평가했다. 바이든은 우크라이나 사태로 초래된 고유가를 완화하기 위해 걸프 국가들을 압박하고 있으며, 3월 16일 보리스 존슨 영국 총리도 아부다비와 리야드를 방문하여 바이든을 측면에서 지원하고 있으나 리야드는 꿈쩍하지 않고 있다. 리야드와 중국과의 협력 심화는 리야드가 전략 동맹인 미국과의 관계가 경색된 분위기 속에서 더욱 깊어지고 있는 것이다. 리야드가 석유 수출 대금을 중국 위안화로 받을 수도 있다는 위협이 이번이 처음은 아님에도 불구하고 미국과의 긴장 국면에서 나오고 있는 이러한 소문은 큰 반향을 불러일으키고 있다. 중동 연구소(Middle East Institute) 연구원 장-프랑스와 세즈넥(Jean-Francois Seznec)은 "이미 몇 달 전부터 거론되어 온 중국 위안화 결제 방안은 심각한 위협으로 미국도 이를 잘 이해하고 있을 것"[15]이라고 분석한다. 이러한 맥락에서 미국 정보 사이트 엑시오스는 미 국무부 장관 블링컨이 3월 말 사우디를 위시하여, UAE, 이스라엘, 서안 지구를 방문할 예정이었으나, 우크라이나 사태 악화로 취소되었다.

바이든 행정부의 재조정 정책으로 국제적 고립감이 커져 가던 리야드의 입지가 우크라이나 사태로 인해 역전되면서 MBS가 협상 우위의 위치에 서게 된다. 국제 유가 2022년 3월 6일 배럴당 140달러를 돌파하면서 석유 증산을 위한 유휴 시설을 보유하고 있는 리야드의 전략적 가치가 상승한 것이다. 리야드는 또한 이란 핵 협상 타결과 그 여파로 인해 이란의 역내 영향력이 증대될 것을 우려하여 이란을 압박하기 위해 리야드는 중국과의 우호적 관계 구축을 시도하고 있다. 자말 카쇼끄지 암살로 서방 지도자들이 MBS와 거리 두기를 하고 있던 2019년 2월, MBS는 중국을 공식 방문하여 통상 에너지 협정을 체결한다. 같은 해 9월 이란의 소행으로 의심을 받는 사우디 아람코(Aramco) 정유 시설 대한 공격에도 불구하고 미국이 리야드에 안보 우산을 제공하지 않자, 리야드는 자신들의 안보 파트너를 다양화하기 위한 노력을 배가하기 시작했다. 2021년 12월 미국 CNN은 리야드가 중국의 도움으로 탄도 미사일 자체 생산에 착수했을 가능성이 높다고 보도했다.

중국은 2022년 현재 사우디의 최대 통상국으로 중국 위안화로 중국산 수입품을 구매할 수 있으며, 리야드는 외환보유고 포트폴리오를 다양화할 수 있는 옵션을 보유하고 있다. 월 스트리트 저널은 3월 14일 리야드가 중국 시진핑 국가 주석을 공식 초청하였다고 보도한다. 리야드는 특히 바이든 정부와의 긴장 국면에서 자신들의 석유 수출 대금 지급 수단으로 중국 위안화도 채택할 수 있다는 여지도 내비치고 있다. 라보은행(Rabobank) 금융시장 연구 소장 마이클 에브리(Michael Every)는 "리야드가 석유 결제 대금으로 위안화를 채택하는 방안은 엄청난 지정학적 여파를 가져올 것이라고 전망하면서도 실제 금융상의 효과는 제한적인 것"[16]이라고 전망한다. 현재 국제 거래의 80%가 미국 달러를 매개체로 하여 이루어지고 있다. 그럼에도 불구하고 중국 위안화로 결제하는 국가들이 하나둘씩 늘어나기 시작하면 소위 '망 효과(Network Effect)'를 통해 엄청난 결과를 초래해 중국 위안화의 위상이 막강해질 수 있다고 마이클 에브리 전망한다. 만약 리야드가 위안화 결재를 수용할 경우, "전파 효과는 즉각적으로 나타날 것이다. 러시아, 이라크 및 이란이 그 뒤를 따를 것이며 이는 엄청난 결과를 몰고 올 것이며, 국제 석유 시장에서 중국 위안화가 통용되기 시작할 것"이라고 장 프랑스와 세즈넥은 전망한다. 러시아의 파트너들이 달러에 기초한 국제 금유 시스템의 대안을 모색하고 있는 분위기 속에서, 인도도 위안화 결재를 통해 저가로 러시아 석유를 구매할 수 있을 것이라고 중국 글로벌 타임즈(Global Times)는 전망한다. 사우디가 실제로 중국 위안화로 수입 물품 구매를 결정할 경우 이것이 초래할 중장기적 여파는 MBS 몰락이거나 혹은 달러 패권 체제인 미국 주도의 국제 금융 질서의 붕괴 둘 중 하나로 귀결될 가능성이 제기된다.

한편 중국 위안화의 국제 위상 강화는 한편 자기 파괴적인 결과를 초래할 수도 있다고 마이클 에브리(Michael Every)는 경고한다. 위안화가 각국의 외환 보유 수단이 되기 위해서는 중국이 자신들의 재정 정책을 전면 수정해야 한다는 것을 의미한다. 위안화 가치가 상승하기 시작하는 순간 중국의 수출 경쟁력은 감소하기 시작하는 것이다. 경제적 측면 이상으로 "더 근본적인 문제는 위안화 국제화는 엄청난 국제 거래로 인해 중국이 위안화를 통제하는 것이 점점 힘들어질 것이며. 이는 결국 중국 공산당의 힘과 통제력이 감소할 것"이라는 것을 의미하는 것이라고 장 프랑스와 세즈넥은 진단한다.

우크라이나 전쟁과 공수 교대

미국 정보 사이트 엑시오스(Axios)는 2022년 3월 8일 미국 백악관 안보 보좌관이 2022년 봄 사우디를 방문할 가능성이 있음 보도한다. 만약 이 보도가 사실로 판명될 경우 이는 워싱턴의 대 리야드 정책 재조정의 시작이라는 것이 언론의 평가다. 영국 왕립국제문제연구소(Chatham House) 중동 북아프리카 프로그램 네일 퀼리엄(Neil Quilliam)은 "미 대통령은 리야드에게 석유 생산 증산과 OPEC-러시아 감산 협력 종식을 요구할 것"이라고 전망[17]한다. 2021년 말 기준 하루 생산량 8백만 배럴로 세계 최대의 석유 생산국인 리야드의 협력은 유가 급등 위험성을 제거하고 러시아를 고립시키려는 서방의 의도에 결정적인 역할을 할 수 있는 것이다. 문제는 미국 바이든 행정부는 출범 직후부터 의도적으로 리야드를 외교적으로 고립시켜 왔다는 데 있다. 미국 바이든 신행정부 출범 한 달만에 바이든은 MBS가 카쇼끄지 암살을 주도했다는 CIA 보고서를 공표하도록 하고, 사우디 왕세자 MBS와의 직접 대화를 거부하면서 사우디의 실권자인 MBS와의 관계 소원을 초래해 왔다.

사우디 MBS가 2022년 3월 현재 시점에서 워싱턴의 요구에 긍정적으로 응대할 것이라고 전망하고 있는 관측통들은 거의 없다. 실제 MBS는 3월 첫째 주에 모스크바와의 긴밀한 협조하에 매달 증산량을 40만 배럴로 규정한 OPEC+ 합의를 준수할 것이라고 표방한 바 있다. MBS의 입장에서 워싱턴을 상대로 중산 카드를 활용할 경우 국제 외교 무대에서 MBS의 입지를 강화할 수 있다. 네일 퀼리엄(Neil Quilliam)은 "바이든 행정부가 비엔나 이란 핵 협상 성공 혹은 실패의 경우에 대응한 리야드에 대한 분명한 안보 공약을 제시하지 않거나, 리야드의 대예멘 정책에 대한 바이든 행정부의 강경 입장을 완화하지 않거나, 바이든이 MBS와의 직접적인 회담에 대해 분명한 확답을 제시하지 않는 이상, 사우디 지도부는 자신들의 국익에 따라 행동할 가능성이 매우 높다."[18]고 분석한다. MBS는 3월 초 미국 잡지 아틀랜틱(The Atlantic)과의 인터뷰에서 "사우디는 미국 정부의 정책에 대해 훈계할 권리는 없으며, 그 반대의 경우도 마찬가지다."라고 언급하면서 미국의 대사우디 정책에 대해 꼬집은 바 있다. 이러한 측면에서 미국 민주당 행정부의 고위 책임자가 사우디를 방문할 예정이라는 소문이 현실화될 경우 이는 바이든 행정부의 대 사우지 정책의 중대한 방향 전환을 의미하는 것일 뿐만 아니라 미국 국내 정치적 측면에서 바이든의 입지를 크게 약화시키고, 중동 지역에서 미국의 신뢰성을 심각하게 저해하게 될 것이라고 네일 퀼리엄은 경고한다. 2022년 6월 중순 백악관은 바이든이 7월 중순 사우디를 방문할 것이라고 공식 발표했다. 저유가와 팬데믹 시대와는 대조적으로 우크라이나 전쟁으로 초래된 고유가에 힘입어 3월 한 달 매일 국고에 10억 달러로 채워지고 있는 페트로 달러 외교를 바탕으로, MBS는 6월 23일 요르단, 이집트 및 튀르키예 공식 방문을 성공적으로 마무리했다. 7월 예정된 바이든과의 정상회담이 성공적으로 마무리 되면 MBS는 국제적 고립에서 완전히 탈피하여 MENA 지정학 체스 게임에 본격적으로 복귀할 것으로 전망된다. 채텀 하우스(Chatham House) 네일 퀼리엄(Neil Quilliam)은 리야드는 지리적으로나 에너지 및 자금 측면에서 거인으로 무시할 수 없는 상대이다. 러시아의 우크라이나 침공으로 바이든이 더 빨리 화해의 손길을 내밀 수밖에 없었다는 측면에서 MBS-바이든 정상회담 개최는 시간의 문제에 불과하였다고 평가한다.[19]

사우디-이스라엘 외교 관계 수립 전망

    미국 월스트리트저널은 바이든 행정부가 리야드-텔아비브 외교 관계 수립의 길을 열어 줄 수 있는 협정을 중재하고 있다고 2022년 6월 6일 보도한다.[20] 거의 같은 시기 미국 엑시오스(Axios)는 홍해 티란(Tiran)과 사나피르(Sanafir) 두 개의 섬을 되찾는데 대한 반대 급부로 리야드는 이스라엘 항공기의 사우디 영공 통과권을 맞교환하는 협상이 진행 중인 것이다. 이러한 미국의 중재 외교에 대해 랭카스터대학교 리챠드슨 연구소 세파트 프로젝특(Sepad Project) 연구원 압둘아지즈 알가시안(Abdelaziz Alghashian)은 "워싱턴과 리야드 관계 난기류를 배경으로 이러한 논의가 진행된 것은 결코 우연이 아니며, 리야드와 텔아비브 간의 협상은 미국의 개입 없이는 개최되지 못했을 것으로, 이러한 협상의 주된 목적 중의 하나는 바이든 행정부와 MBS 간의 관계 개선의 목적도 있기 때문이다."고 분석한다. 압둘아지즈는 "사우디-이스라엘 관계 정상화는 어느 날 갑자기 이루어지지는 않을 것이며, 특히 미국 바이든 행정부하에서는 더더욱 그러한데, 왜냐하면 사우디는 이러한 엄청난 성공의 외교적 치적을 바이든에게 선사하고 싶지 않기 때문"[21]이라고 전망한다. 바이든의 중재 외교의 배경에 대해 2022년 11월 중간 선거를 앞두고 있는 민주당의 입장에서 사우디-이스라엘 관계 정상화 카드를 통해 바이든은 민주당 내 비평 세력과 자신의 사우디 방문을 반대하는 여론을 상대로 어느 정도의 성공을 모색하고 있다고 언론은 분석한다. 트럼프 시절 미국 아틀랜틱(Atlantic)과의 인터뷰에서 MBS는 "리야드는 이스라엘을 적국으로 보지 않으며, 잠재적인 동맹국으로 여기고 있다."고 발언한다. 그러나 2020년 미 대선에서 바이든이 당선되자 MBS는 행동의 여지를 남겨 두기 위해 아브라함 협정 체결을 거부하였을 것이라는 소문이 나돌았다. 2020년 11월 당시 이스라엘 총리 네탄야후는 비밀리에 사우디를 방문하고, 이와 동시에 미국 국무장관 마이크 폼페이오도 리야드에 머물면서 워싱턴-텔아비브가 MBS의 마음을 변화시키려고 설득을 시도하였으나 결국 실패하였을 것으로 언론은 보도한다.

한편, 이스라엘-레바논 해양경계 획정을 둘러싼 갈등이 지속되는 가운데 2022년 6월 6일 이스라엘의 가스 시추선이 지중해에 도착하면서 양국의 긴장이 고조된다. 헤즈볼라 2인자 나임 까심(Naïm Kassem)은 로이터와의 인터뷰에서 이스라엘이 레바논의 이해 관계를 저해하는 행동을 할 경우 헤즈볼라는 무력 행사를 포함한 신의 당(Party of God)이 할 수 있는 역할을 할 것이라고 이스라엘을 위협했다. 이에 대해 이스라엘은 무력 충돌 발생 시 레바논 남부 지역 헤즈볼라의 모든 인프라 시설을 초토화시켜 버리겠다고 맞대응하고 있다. 텔아비브는 레바논과 영토 분쟁 지역에 있는 카리쉬(Karish) 가스전에서 일방적으로 가스를 시추할 태세를 보이고 있기 때문이다. 교착 상태에 처한 이란 핵 협상과 관련 테헤란은 미국의 제재의 위협을 받지 않고 자유롭게 자국의 석유를 판매할 수 있기를 요구하고 있으며, 만약 미국이 테헤란의 이러한 요구를 수용할 경우, 레바논과 이스라엘 간의 해양경계획정과 관련해서 합의점이 도출될 수 있다고 언론은 분석한다. 그러나 여기에는 또 다른 한 가지 지정학적 걸림돌이 나타날 수 있다. 조만간 리야드를 방문할 것으로 예상되는 바이든이 사우디 MBS 부활에 대한 반대급부로 리야드-텔아비브 관계 정상화 카드를 내밀 수 있다는 것이다. 이러한 상황이 전개되면 테헤란은 특히 레바논을 중심으로 긴장을 고조시켜 중동 판세를 키울 수밖에 없을 것이라고 일각에서 전망한다. 중동 지역에서 전쟁이 발발하는 것은 레바논 주권 보호의 관점에서 시작되는 것이 아니며, 전쟁 개시의 출발점은 이란의 이해 관계에 대한 고려가 우선적이라고 현지인들은 인식하고 있다.

제2장

지정학적 합종연횡

2022년 3월 22일 이집트 남부 유명한 휴양 도시 샴 엘 세이크(Charm el-Cheikh)에서 이집트-이스라엘-UAE는 3자 회담을 개최한다. 이란 핵 합의 타결 임박, 우크라이나 사태 및 포스트 미국 시대에 직면해 안보 파트너 다양화 측면에서 개최된 것이라는 것이 일반적인 평가이다. 샴 엘 세이크 3자 회담은 "미국이 빠져나간 공간에서 워싱턴의 전통적 동맹국 사이의 협조 증대 경향을 반영하는 것이다. 역내 국가들은 모두 포스트 워싱턴 시대에 대해 의기투합해 있으며, 이들은 동맹 수준까지는 이르지 못할지라도 소위 '표적 협력(Targeted Cooperation)'을 통해 서로 간에 협조 심화 의지를 보여 주고 있는 것"이라고 런던국제전략연구센터 연구원 에밀 호카이엠(Emile Hokayem)은 평가한다.

카이로의 입장에서 이번 3자 회담 개최는 우크라이나 전쟁이 초래한 원재료 가격 급등이 초래한 경제적 문제와 그로 인한 정치적 위기에 대한 우려와 깊이 관련되어 있다. 국제 밀 가격의 급등, 수입 수요의 85% 정도를 의존하는 우크라이나와 러시아로부터의 수출과 통상 루트가 우크라이나 사태로 교란되면서, 카이로는 밀 공급망 안정성을 모색하고 있는 것이다. 또한 러시아 침공으로 국제 원유 가격 급등으로 인플레 압력이 증가하고, 이집트의 화폐 가치가 14% 폭락하는 사태가 발생한 데에 대한 대응 차원에서 회담을 개최한 것이다. 블룸버그 방송은 이집트 경제를 지원하기 위한 노력의 일환으로 UAE는 이집트가 다양한 회사에서 보유하고 있는 주식 약 20억 달러 매입 계약을 체결하면서 이집트의 경제적 부담을 완화시켜 주고 있다고 보도한다. 두바이 정치 과학 교수 압둘칼리크 압둘라흐(Abdulkhaleq Abdullah)는 "이집트는 자신들이 3월 22일 3자 정상회담의 주인이라고 생각하고 있으나, 현실은 아랍의 봄 당시와 마찬가지로 아부다비의 지원을 필요로 하고 있으며, 미국의 오해를 피하기 위해 텔아비브의 워싱턴을 상대로 한 로비가 필요했다."고 평가한다.[22]

미국 엑시오스(Axio)는 워싱턴과 아부다비의 냉랭한 관계의 증거로 2022년 3월 18일 시리아 아사드(Assad)가 2011년 이후 아랍 국가에 대한 최초의 공식 방문으로 아부다비를 국빈 방문하는 사실을 미국 대통령 바이든이 언론을 통해서 알게 될 정도로 양국 관계가 경색되어 있다고 전하고 있다. "일급(First-Class) 지정학적 문제에 있어 미국의 동맹국들이 워싱턴의 정책을 자동적으로 추종하는 시대는 더 이상 존재하지 않는다. 역내 많은 국가들이 우크라이나 사태와 유사하고, 베이징의 이해관계와 관련된 유사한 위기가 발생할 가능성에 주의를 기울이며 위험한 지정학적 선례를 경계하고 있다."[23]고 런던국제전략연구센터 에밀 호카이엠(Emile Hokayem)은 평가한다.

새로운 세력 균형

미 바이든 행정부 중동 정책 급변으로 중동 지역에 새로운 세력 균형이 형성되고 있다. 걸프 국가들 특히 사우디와 UAE는 이제 더 이상 과거와 똑같은 방식으로 미국에 의존할 수 없다는 것을 인식하게 된다. 2021년 12월 아부다비가 한화 약 20조 원에 상당하는 80대의 프랑스 공격용 라팔(Rafal) 전투기를 구입하기로 한 결정은 미국의 중동 안보 우산 제공 축소 움직임에 직면해 중국에서부터 이스라엘에 이르기까지 새로운 파트너를 모색하고 있는 걸프 지역의 패러다임 전환을 보여 주는 상징적인 사건이다. 2022년 1월 아부다비가 우리 대한민국의 2조 원 상당의 천궁 미사일 요격 시스템을 구매하기로 결정한 것도 동일 맥락에서 이해할 수 있다.

아부다비-프랑스 관계 밀착[24]

워싱턴의 점증하는 부재 속에서 러시아 및 중국과도 관계를 강화시키면서도 걸프 국가들은 유럽이 자신들에게 제공해 줄 수 있는 것에 관심을 가지기 시작했으며, 현재 프랑스가 정치적 측면에서 역내에서 가장 활발한 외교 활동을 전개하고 있는 국가가 된다. 2021년 12월 프랑스는 미국의 중동 지역 관여 축소 움직임으로 초래된 중동 지역 역학 변화의 공백을 발 빠르게 파고들어 UAE와 대규모 무기 협정을 체결하는 성과를 올린다. 2021년 12월 초 프랑스 마크롱 대통령의 중동 3개국 순방 첫 국가 UAE, 그 뒤를 이어 카타르, 마지막으로 사우디였다는 사실은 파리와 아부다비의 특별한 관계를 보여 주고 있는 것이라고 언론은 평가한다. 2022년 5월 UAE 대통령이 서거했을 때 가장 먼저 아부다비를 조문한 정상급 대통령도 프랑스 마크롱이었다. 양국 정상의 돈독함은 2021년 9월 중순 프랑스 퐁텐블래(Fontainebleau) 성에서 이루어진 회동에서도 과시된다. 아부다비 왕세자 MBS는 자신의 형제 나하얀(Nahyane)의 이름으로 개명된 왕립 극장을 방문하며, 리노베이션 비용으로 1천만 달러를 내놓는다.

2021년 9월 UAE 왕세자 MBZ는 유럽 순방은 특별한 분위기 속에서 진행됐다. 중동 지역 문제에서 프랑스와 아부다비는 전략적 이념적 이해 관계를 공유하고 있다. "프랑스는 UAE가 리비아와 예멘에서 지정학 활동을 할 수 있도록 허용해 왔으며, 아부다비가 정치 이슬람주의에 대해 현재 전개하고 있는 성전(Crusade)에 대해 이념적, 군사적 지원을 제공하고 있다."고 안드레아스 크리에그(Andreas Krieg)는 분석한다. UAE는 프랑스 정유 회사 Total이 주요 주주로 있는 예멘 가스 추출 회사 발하프(Balhaf) 소유의 가스전 지대를 자신들의 군사 기지와 비밀 감옥소로 활용해 왔다고 엠네스티 인터내셔널(Amnesty International)은 2019년 보고서에서 언급한다.

셰일 가스 혁명에 힘입어 세계 1위의 석유 가스 생산국이 된 미국은 걸프 지역에 대한 에너지 의존성을 크게 감소시켜 왔으며, 그 결과 역내 군사 태세도 줄여 왔다. 2019년 9월 사우디 아람코 석유시설에 대한 대대적인 후티 반군의 공격에 대해 워싱턴이 아무런 조치를 취하지 않자, 걸프 국가들은 미국의 안보 우산에 대해 의문을 가지기 시작했으며, 추가적인 보험을 모색하기 시작했다고 전직 주 사우디 프랑스 대사 베르트란드 베산스노트(Bertrand Besancenot)는 평가한다. "걸프 국가들은 여전히 많은 에너지 자원을 가지고 있음에도 불구하고, 심각한 취약성을 느끼고 있다. 이에 따라 걸프 각국은 자신들뿐만 아니라 자국에 투자하고 있는 해외 투자자들을 보호하기 위한 평생 보험 가입을 위해 현재 많은 시간을 투자하고 있다."[25]고 파리 중동 지중해 연구소(Le Institut de Recherche et de etudes Mediterranee Moyen-Orient; iReMMO) 부소장 아그네스 레발로이스(Agnes Leballois)는 분석한다. "아부다비는 미국의 F35를 도입하면서 또 다른 한편으로 유럽과의 안보 관계 강화를 위해 라팔 전투기 구매를 통해 중동 지역에서 가장 선진화된 군사적 대비 태세를 갖추기를 바라고 있다."고 전략연구재단(La Fondation pour la recherche strategique: FRS) 프랑스와 헤이스부르크(François Heisbourg)는 지적하면서 "아부다비가 80대의 라팔을 구입하기로 한 결정은 아부다비가 모색하고 있는 지역 강국으로서의 면모와 영향력 확대를 위한 아부다비 대외 정책의 일환"이라고 분석한다.

아부다비는 아라비아 반도의 강력한 경쟁국인 사우디와 카타르에 맞서 자신들의 목소리를 내기 원하고 있는 것이다. 아그네스 레발로이스(Agnes Leballois)는 "아부다비는 사우디아라비아의 감독으로부터 해방되기를 바라고 있으며, 과거의 아부다비보다 더욱 독립적인 지역 행위자일 뿐만 아니라 독자적인 이해 관계가 있음을 알리는 의지를 보여 주고 있다."고 평가한다. 아부다비가 이스라엘과 외교 관계를 정상화한 것도 바로 이러한 맥락에서 이해할 수 있으며, 군사적 협력이 평화 협정 체결의 가장 중요한 축을 구성하고 있다. 워싱턴 중동연구소(Institute for Middle East Studies) 엠마 숩리에르(Emma Soubrier)는 "라팔 계약은 UAE 군사력이 제공권 우위로 이루어져 있음을 확인시켜 주고 있다."고 평가한다. 실제 아부다비는 국제 연합군의 IS(Islamic State) 대테러 군사 작전 및 2011년 리비아 사태에서도 서구의 편에 서서 공군력을 제공해 왔으며, 가장 최근에는 리비아 동부 실세이자 군벌인 칼리파 하프타르(Khalifa Haftar)에 군사적 지원을 제공해 왔다.

아부다비의 프랑스 전투기 구입 결정은 F-35 둘러싼 아부다비와 워싱턴간의 긴장이 누적되고 있으며, 미국의 최대 적인 중국과 UAE의 관계가 더욱 긴밀해지고 있는 배경에서 이루진 것으로 아부다비는 자국 내 3개의 군 기지를 보유하고 있는 프랑스와의 전략적 협력 동반자 관계를 확인시켜 주는 이번 결정은 프랑스와의 관계를 축으로 안보 정책에서 새로운 큰 전환점으로 해석할 수 있다. 그럼에도 불구하고 UAE의 안보 측면에서의 다변화 노력은 분명한 한계점도 존재하고 있다. 중국은 아부다비 최대의 통상 파트너이자 군사 부문에서의 협력도 상당히 구체화되고 있는데, 아부다비는 중국산 드론인 윙 룽(Wing Loong)을 이미 보유하고 있는 것으로 알려져 있다. 그러나 UAE내 중국의 군사 기지 건설은 워싱턴의 입장에서 도저히 용인할 수 없는 레드 라인이라고 할 수 있다. 바이든의 중동 순방이 종료된 2022년 7월 16일 바로 다음 날 MBZ는 UAE 대통령 자격으로 최초의 순방국 프랑스를 방문한다. 우크라이나 전쟁과 그 여파로 지속되는 국제 유가 급등을 배경으로 금년 겨울 난방용 가스 부족 사태에 대응하기 위해 프랑스는 아부다비와 '에너지 협력에 관한 전략적 동반자 협정'을 체결하면서 양국의 밀월 관계는 지속되고 있다.

내성 시험

미국과 중동 지역 전통적인 동맹국간의 이해 관계 분화는 러시아의 우크라이나 침공으로 더욱 표면화되게 된다. 2022년 3월 2일 유엔특별총회는 193개 회원국 중에서 찬성 141, 반대 5, 기권 35의 압도적으로 표차로 러시아의 무조건적이고 즉각적인 우크라이나 철군을 요구하는 결의안을 통과시킨다. 미국의 역내 중요한 동맹국인 UAE는 유엔특별총회 이전 유엔안보리에서의 결의안 채택 시도에서는 기권표를 던졌으나, 유엔특별총회에서 결국 찬성표를 던지게 된다. 이러한 사태에 대해 미국 엑시오스(Axios)는 "모든 것이 정상 상태로 복귀한 것으로 비춰지나, 워싱턴과 UAE 사이의 긴장과 좌절감은 막후에서 지속되고 있다."고 평가한다. 워싱턴 주재 UAE 대사 유세프 알오타이바(Youssef al-Otaiba)는 "아부다비와 워싱턴 동맹 관계가 내성 시험 단계에 처해 있다."고 평가한다.[26]

표면적으로는 서구가 반-푸틴 전선을 수립한 것으로 이해할 수도 있으나, 러시아의 우크라이나 침공에 대해 중동 각국의 태도는 전략적 침묵(Strategic Silence)으로 일관해 왔다는 사실을 잊어서는 안 된다. 1990년 이라크 침공의 피해자인 쿠웨이트만이 유일하게 러시아의 우크라이나 침공 초기부터 모스크바를 명시적으로 비난한다. 역내 미국의 또 다른 동맹국인 사우디 MBS도 이번 우크라이나 사태를 통해 미국에 대해 반항적인 태도를 넌지시 내비치고 있다. 리야드가 우크라이나 사태로 초래된 국제 유가 급등세를 완화할 것이라는 미국의 희망에도 불구하고 사우디는 모스크와 합의한 매달 40만 배럴 증산 합의인 'OPEC+'를 관철할 태도를 견지하면서 미국 바이든 행정부에 실망감과 좌절을 안겨 주고 있는 것이다. MBS는 한 발 더 나아가 2022년 3월 3일 미국 잡지 아틀랜틱(Atlantic)과의 인터뷰에서 미 바이든 행정부가 자신에 대해 오해할 수도 있는 가능성에 대해 "신경 쓰지 않는다."는 반응을 보이며, 오히려 약 8천 억 달러에 상당하는 리야드의 미국 투자액을 줄일 수도 있음을 넌지시 내비쳤다. 예멘 내전, 카쇼끄지 암살과 같은 인권 문제로 바이든 행정부로부터 냉대를 받아 온 사우디 MBS에게 우크라이나 전쟁이 초래한 배럴당 유가 $115 달러는 MBS가 바이든 행정부를 상대로 한 중요한 외교 협상 카드를 제공해 주고 있다. 조 바이든 미 대통령이 결국 3월 23일 미 석유 공급 확대 차원에서 전략 비축유 방출을 명령한데 대해, 영국 가디언(Guardian)은 아부다비와 리야드가 계속해서 미국을 퇴짜 놓고 있다고 해석하면서, 미국의 아부다비와 리야드의 관계가 역사상 최저점에 도달했다고 분석한다.[27]

대안적 세계 질서

2022년 2월 아부다비는 두 번씩이나 유엔안보리 결의안 채택 투표에 기권하면서 미국을 실망시킨다. 2022년 3월 중순에는 아부다비와 리야드는 미국의 석유 증산 압박에 저항한다. 이러한 흐름이 미국 주도의 중동 질서에 대한 단순한 도전적인 신호인지 아니면 더 근본적인 변화를 보여 주는 것인지에 대한 다양한 평가가 이루어지고 있다.[28] "우크라이나 전쟁을 둘러싸고 워싱턴과 걸프 왕조들이 보이고 있는 마찰은 걸프 국가들과 미국의 전통적 관계가 지난 몇 년간 얼마나 악화되어 왔으며, 현재 어떠한 상황에 있는지를 여실히 보여 주는 것으로, 아부다비와 리야드는 자신들의 지정학적 힘을 과시하면서 여전히 일정 부문의 역할을 할 수 있음을 보여 주고 있다."[29]고 왕립합동군사연구소(Royal United Services Institute: RUSI) 분석가 토바이스 보크(Tobias Borck)는 평가한다.

제1차 석유 파동 이후 7년이 지난 1980년, 걸프 국가들은 워싱턴 중동 정치의 중심을 차지한다. 카터 독트린(Carter Doctrine)은 아랍 걸프 지역에서 미국의 이해 관계 수호를 위해 군사력 사용을 마다하지 않을 것임을 천명한다. 아랍걸프국가연구소(Arab Gulf States Institute) 연구원 후세인 이비쉬(Hussein Ibish)는 "미국이 새로운 독트린을 수립하고 사이버 공격과 테러의 시대에 적용하면서, 미국이 걸프 왕정의 안보를 보장하는 데 대한 반대급부로, 걸프 왕정의 현 국제 질서에 대한 충성을 확보해야 한다."는 정책적 제안을 한다. 지난 20년간 역내 국가들은 워싱턴이 자국의 이해 관계에 배치되는 정책을 추구하면서 미국에 대한 신뢰를 상실해 왔다. 2003년 이라크 전쟁, 2011년 이집트 대통령 호스니 무바락 정권 붕괴, 2015년 이란과의 핵합의 체결, 2019년 사우디 아람코 석유 시설에 대한 공격에도 불구하고 워싱턴의 군사적 대응이 없었던 역사로 인해 워싱턴에 대해 느끼는 역내 동맹국들의 좌절감은 지속적으로 커져 온 것이다. 바이든 행정부 출범으로 특히 워싱턴과 리야드의 관계가 악화일로를 걷게 된다.

"워싱턴과 리야드의 관계에서 상대방의 지원은 더 이상 당연시되지 않으며, 상대방에 대한 지원에는 반드시 치러야 할 대가가 존재한다는 것이 분명해졌다."고 카네기국제평화재단(Carnegie Endowment for International Peace) 연구소 야스민 파룩(Yasmine Farouk)는 주장한다. 실제로 걸프 왕정들은 근본적으로 미국의 역내 후퇴를 우려하고 있으며, 걸프 지역에 주둔된 미군 병사와 군함의 숫자와는 관계없이 정작 중요한 것은 미국이 역내에서 정치적으로 관여를 줄이고 있다는 걸프 왕족들의 인식이 커져 가고 있기 때문에 미국은 이들을 안심시켜 주는 것이 중요하다고 토바이스 보크(Tobias Borck)는 부언한다. 다극화된 세계에서 자신들의 행동의 여지를 남겨두기 위해서, 리야드와 아부다비는 워싱턴, 모스크바 혹은 베이징 어느 한 캠프에 공개적으로 가입하는 것을 꺼리고 있다. "리야드와 아부다비는 워싱턴이 자신들을 너무 마음대로 다루고 있으며, 걸프 국가들의 주요 보호국으로서의 역할을 맡지 않으려 한다고 느끼고 있다."고 런던킹스칼리지대학(King's College) 중동학 연구소 안드레아스 크리에그(Andreas Krieg)는 분석한다. 야스민 파룩(Yasmine Farouk)은 "리야드와 아부다비가 현재 취하고 있는 입장은 전 세계와의 관계를 유지하기 위한 목적의 전략적 변화"라고 평가한다. 이러한 걸프 왕정들의 국제 관계 다변화 정책은 2005년 팔레스타인과 이라크 문제를 둘러싸고 워싱턴과의 긴장 국면 속에서 시작되었으며, 그 이후 부침을 지속하고 있는 것이다.

　이러한 인식 속에서 미국이 여전히 주요 전략 동맹이자 최대의 무기 공급국임에
도 불구하고, 리야드와 아부다비는 러시아 및 중국과의 동반자 관계를 강화시켜
나가고 있다. 안드레아스 크리에그는 "러시아와 중국이 건설 중인 자유주의 질서
에 대한 대안적 세계 질서의 가능성이 존재하고 있다는 인식이 리야드와 아부다비
두 왕정 사이에서 존재하고 있다."고 평가한다. 아부다비는 특히 미래 안보는 더
이상 미국의 군사 하드웨어에 의해서만 보장되지 않으며, 소프트웨어, 정보 기술,
인공 지능과 중국이 서방에 대해 조금 앞서 나가고 있는 다른 많은 영역을 통해 확
보될 수 있다고 믿고 있다. 또한 걸프 국가들은 중국이 이란의 역내 팽창 야심을 완
화하는데 중국이 테헤란과의 관계를 통해 일종의 균형자 역할을 할 수 있을 것으
로 계산하고 있다. 이에 아부다비는 UAE에 중국 화웨이 5G 기술을 도입하려고 하
다가 미국의 반대에 봉착했으며, 이에 아부다비는 230억 달러에 달하는 미 최첨단
전투기 F-35 구매 협상을 잠정 중지하겠다는 결정으로 대응하게 된다. 그럼에도
불구하고 장기적인 전략 파트너 측면에서 "미국과 걸프 국가 관계의 저변은 매우
탄탄하며, 바로 이러한 이유에서 양측은 본질적으로 동일한 이해 관계와 근본적으
로 동일한 적군을 공유하면서 동맹을 맺은 것"이라고 후세인 이비쉬는 평가한다.

우크라이나 전쟁과 세력 다극화 가속

　프랑스 몽테뉴 연구소(Institut Montainge) 특별 고문이자 주 시리아 프랑스 대사를
역임하고, 2019 『La longue nuit syrienne』 저자인 미셸 뒤클로스(Michel DUCLOS)는
2020년 3월 기사를 통해 코로나 팬데믹으로 인해 지정학적인 패러다임 변화 가능
성 및 국제 정세 변화 가능성을 전망한다. 특히, 이번 코로나 사태는 새로운 세계의

2가지 주요 특징을 보여 주는 사건으로 '글로벌 거버넌스' 약화와 세계 정치의 세력 관계의 중심축이 중국 및 아시아로 이동하고 있음을 보여 주는 사건으로 규정한다. 이러한 글로벌 거버넌스 약화 움직임의 가장 중요한 요인인 강대국 간의 경쟁으로 국제 공조 체계의 붕괴가 가속화되었다고 분석한다. 그는 post-코로나 지정학적 패러다임 변화 가능성으로 서구의 각성이 있을 수 있다고 전망한다.

미셸 뒤클로스는 바이든의 백악관 입성이 불가능한 일은 아니라는 다소 비관적인 자세를 견지하면서 미국 민주당 진영 내 일부 깨어 있는 지도자들이 이번 팬데믹을 2001년 9·11 테러 사건에 버금가는 패러다임 변화를 초래할 수 있는 역사적 사건으로 인식하고 있다고 진단하며 향후 미국의 신정부 구성 계기에 유럽의 역할 증대가 필요하다는 정책적 제안을 한다. 9·11 테러가 가져온 미국 대외 정책 패러다임 전환으로 이라크 전쟁이라는 치명적 실수 및 과도한 군사적 개입이 초래되었으며, 이러한 이유에서 오바마에서 트럼프 행정부까지 기존 9·11 테러 이후의 패러다임에서 벗어나려는 정책적 노력이 현재 진행 중이라고 진단한다. 이러한 배경에서 향후 유럽의 역할 증대가 가능할 수 있을 것이다. 즉 유럽은 글로벌 거버넌스 재부활의 선구자적 역할을 할 수 있을 것이기 때문에 미국을 설득하여 새로운 지정학 패러다임을 구축하여야 한다고 제언한다. 이러한 새로운 지정학 패러다임은 기존의 대서양 관계를 재건할 뿐만 아니라, 독일과 프랑스가 주도하고 한국과 일본이 동참하는 다자주의 동맹을 구축할 수 있는 가능성을 보여 줄 수 있을 것이라고 전망한다. 미셸 뒤클로스는 코로나 이후 지정학적 패러다임 변화 가능성 측면에서 3가지 시나리오-타성(Inertia)에 물든 과거로의 회귀, 중국 부상의 현저화, 서구의 각성- 전개 양상을 가늠할 수 있는 풍향계로서 향후 발생할 수 있는 4가지 소규모 지정학 변화 가능성을 제시하면서 그중에서도 특히 일부 국가 및 비국가 행위자들의 모험주의가 있을 것으로 전망한다. 코로나 사태 이전에는 상상도 할 수 없었던 모험주의로 인해 중동 지역에서 미-이란 간의 대결 상황이 악화되거나 혹은 러시아 푸틴이 자국과 국경을 마주하고 있는 지역에서 군사적 모험주의 행동을 감행할 수 있을 것이라고 경고한다.[30]

2020년 중반 트럼프 '세기의 거래' 강행 측면에서 트럼프 재선 가도에 도전적인 요인들이 많이 발생할수록 이스라엘 네탄야후의 조급함은 비례적으로 증대할 것이다. 이러한 과정에서 워싱턴-텔아비브의 이해 관계가 접점을 찾을 경우 이는 또 다시 중동 정세를 추동하는 근본적으로 요인으로 작용할 것이라고 많은 중동 전문가들이 예상한다. 2020년 8월 4일 레바논 베이루트 항구에서 원인 미상의 대규모 폭발 사고로 중동 지정학 질서는 급격히 재편 모드로 전환된다. 그리고 2022년 2월 24일 러시아의 우크라이나 침공으로 미셸 뒤클로스의 예상은 적중하게 되며, 유럽은 오랜 잠에서 깨어나 안보 각성을 시작하게 된다. 20세기 후반 초강대국의 타이틀을 거머쥐었던 미국의 세력 약화는 필연적이며 의도적인 글로벌 지정학의 다극화를 가속화하고 있다. 유럽에서 오랫동안 동면 상태에 있던 독일의 군사적 부상이 현실화할 가능성도 커져 가고 있다. 한국이 위치한 극동 지역도 예외일 수 없다. 미국은 중국 견제를 위해 한국은 물론 일본의 군국주의를 또 다시 허용할 태세를 보이고 있다. 미국, 일본, 인도 및 호주의 4개국 안보 회담 쿼드(Quadrilateral Security Dialogue: Quad)와 미국, 영국, 호주의 군사 동맹 오쿠스(AUKUS)의 탄생이 이를 잘 방증해 주고 있다.

카타르 봉쇄 해제의 의미와 전망

2017년 6월 카타르 봉쇄조치는 트럼프 행정부의 대이란 최대 압박 전략의 일환으로 추진되었기 때문에 트럼프 행정부에서 의도적으로 조장한 측면이 있었다는 주장이 일각에서 제기된다. 3년 후인 2020년 9월 13일 워싱턴 백악관 정원에서 아브라함 협정 체결이 진행된 바로 다음 날인 9월 14일 워싱턴에서는 '카타르-미국 전략대화' 3차 회담이 진행된다. 외교 일정상의 우연이라고 일축해 버리기에는 미국의 중동 정책의 의도를 너무나 잘 보여 주고 있다. 동 전략 대화에서 미국은 도하를 "주요 나토 비회원 동맹국 지위(Major Non-NATO Ally Status)"로 격상하면서, 방위 산업 분야의 통상과 안보 분야에서 양국 협력을 강화해 나가기로 결정한다.. 나토 비회원 동맹국의 특별한 지위는 2002년 이후 바레인과 2004년 이후 쿠웨이트가 누리고 있으며, 이번 협정을 통해 도하가 추가된 것인데, 미국이 중동 전역에 약 60,000명의 미군을 파견하고 있으며, 이 중에서 약 11,000명이 중동 최대의 미군 군사기지가 있는 알우데이드(Al-Udeid)가 카타르에 있다는 사실을 감안하면 뒤늦은 감이 있다고 할 수 있다. 카타르 도하와 이념적 및 실질적 대립각을 세우고 있는 UAE가 미국 트럼프 행정부의 주선으로 이스라엘과 아브라함 협정을 체결하는 시점에 이루어진 카타르-미국 전략 대화는 아라비아 반도 국가들의 대립을 극복하고, 이란의 위협에 대응하기 위한 목적에서 역내 대립을 넘어서 지정학적으로 전략적인 입지를 구축하기 위한 워싱턴의 의지를 반영한 것으로, 미국이 카타르에 대해 2017년 이후 지금까지 취해진 카타르 봉쇄에 대한 보상을 하고 있다고 언론은 분석하고 있다.[31] 이는 결국 트럼프 행정부 출범 초반 사우디 주도의 카타르 도하 봉쇄 정책이 미국의 최대 압박 전략 성공의 일환으로 의도적으로 추진되었음을 보여 주고 있는 것이다. 트럼프 행정부가 재선에 성공하였다면 사우디 등 걸프 주요 국가와 카타르 간의 관계 복원은 적어도 당분간은 없었을 것이라고 카타르 이븐 칼둔 센터(Qatari Ibn Khaldoun center) 조교수 알리 바키르(Ali Bakir)는 분석하고 있다.[32]

마지막 결정적 타격

사우디아라비아의 입장에서 2017년 6월 카타르 봉쇄는 필연적이라고 할 수 있다. 분쟁 당사국 간의 입장 차이를 조정하고 마찰을 회피해 온 리야드의 전통적인 외교 방식과 완전할 단절성을 보이며, 리야드는 2011년 아랍의 봄 이후 최근 몇 년간 두드러지게 공세적이고 개입적인 외교 정책을 추진한다. 사우디는 대외적으로 중동 지역에서 자신의 경쟁국인 이란의 팽창에 의해, 그리로 내적으로는 기존 질서와 현상을 전복하려고 하는 개혁적이고 세속적인 이슬람 운동의 점진적인 침투라는 이중의 존재론적 위협감에 사로잡혀 왔다. 이러한 현실에 대한 대응으로 리야드는 반-이란, 반-이슬람주의 및 반-민주주의를 주창하는 반-혁명의 첨병으로서 자신의 위상을 내세우고 있다.

그러나 카타르 도하가 리야드의 이러한 정책과 완전히 역행하는 모습을 보이면서 사우디 주도의 카타르 봉쇄라는 철퇴를 맞게 된 것이다. 바로 이러한 측면에서 2017년 현재 진행 중인 걸프 국가들 간의 위기가 내포하는 있는 중요한 함의는 리야드가 관(Coffin)에 들어가 있는 이슬람 혁명 물결인 아랍의 봄에 마지막 결정적 타격(Nail In The Coffin)을 가하고 싶었기 때문에 도하 봉쇄를 지속한 것이다.[33] 카타르의 입장에서는 국가 주권과 독립 측면에서 큰 비용 지불 없이 봉쇄 해제에 합의할 수 있었다. 실제로 사우디가 카타르에 요구한 봉쇄 해제의 13개 전제 조건(알자지라 방송국 및 카타르 튀르키예 군사기지 폐쇄 등) 어느 하나도 충족되지 않았으며 카타르와 근본적인 이념 대결을 벌이고 있는 UAE의 커다란 실망에도 불구하고 사우디는 기대치를 크게 낮추고 관계 복원에 합의한 것이다. 그럼에도 불구하고 걸프 국제 포럼(Gulf International Forum) 다니아 다퍼(Dania Thafer)는 단 한 번의 이번 합의로 GCC 국가 간의 관계가 2017년 이전으로 완전히 회복되지는 못할 것이며 상당한 신뢰 구축 노력이 필요할 것이며 앞으로 여러 가지 실망스럽고 우려스러운 사태를 극복해야 할 것으로 평가하고 있다. 특히 이번 관계 복원은 사우디와 튀르키예 간의 향후 긴장 고조 상황에 직면해 약화되거나 위험에 처할 가능성이 있다고 다니아 다퍼는[34] 전망한다. 런던 킹스칼리지 안드레아스 크리에그(Andreas Krieg)도 단교국과 카타르의 외교 복원에도 불구하고 "사우디와 UAE가 미국의 압박으로 양보할 수밖에 없다고 느끼고 있으나 이들 두 국가는 바레인을 통해 자신들의 카타르에 대한 불만을 지속적으로 표명할 수 있다."고 분석한다.[35]

두 문명의 대결

　테헤란을 출발하여, 바그다드 및 다마스쿠스를 경유하여 베이루트에 이르는 이란 시아파 축이 현실화되면서 순니와 시아 간의 극화가 심화된다. 이러한 분위기 속에서 이스라엘과 아랍 국가들 사이의 관계가 밀착된 움직임을 보이기 시작한다. 2004년 말 요르단 압둘라 2세가 워싱턴 포스트 인터뷰에서 이란에서 레바논에 이르는 "시아 초승달(Croissant Chiite)"이 구축될 것이라는 경고는 2017년 말 레반트 지역의 엄연한 현실이 된다. 이라크, 레바논 및 이란 시아파 민병대의 지원하에 다마스쿠스 정부가 이라크와 국경을 접하고 있는 시리아 데이르엘조르(Deir ez-Zor)와 아부카말(Bou Kamal) 도시를 지하디스트 이슬람 국가(Islamic State: IS)로부터 재탈환하면서, 이미 이라크에서 세력을 구축하고 있던 친이란계 시아파 민병대 하쉬드 알 샤으비(Hachd Al-Chaabi) 전략적으로 다마스쿠스와 연결되면서 그 유명한 시아파 고속도로가 완성되게 된다. 2017년 7월~8월 사이에는 헤즈볼라가 레바논 군의 지원하에 시리아 깔라문(Qalamoun) 지역과 인접한 레바논 동쪽 국경선을 완전히 장악하면서 테헤란-바그다드-다마스쿠스-베이루트 축의 안전을 담보하게 된다.

2017년 현재 시리아-이라크 축은 '시아 vs 순니 긴장'의 지정학적 중심을 형성하고 있다. 이라크 사담 후세인의 붕괴와 종파주의 정치 시스템 도입으로 바트(Baath) 독재 속박에서 오랫동안 억압받아 왔던 시아파 세력들은 영향력 팽창의 날개를 달게 된다. 그러나 이라크 시아파 출신이며 친이란계 말리크(Maliki) 전 이라크 총리의 순니 차별정책은 이라크 종파 전쟁 촉발의 원인이 되었을 뿐만 아니라, 순니 극단 이슬람 국가의 부상을 초래하여 현재까지도 영향을 미치고 있다. 이와 병행해 2011년 촉발된 시리아 내전은 시리아 인구의 불과 15% 불과한 시아 알라위트(Alawites) 주도의 아사드(Assad) 정권과 순니 다수파 간의 종파 전쟁으로 변모해 왔다. 더구나 이란은 수만 명의 이란, 이라크, 아프가니스탄 및 레바논 민병대를 파견하여 시아파 알라위트 정권을 지원하면서, 아사드 정권의 억압에 저항한 순니의 반란을 종파 전쟁으로 전환시켜 버린다.

페르시안 만에 인접한 쿠웨이트, 사우디 및 바레인도 순니-이란 각축 구도에서 예외일 수는 없다. 양 종파 간의 긴장은 시간이 지날수록 강도를 더해가고 있다. 시아파는 쿠웨이트 전 인구의 4분의 1을 차지하고 있으며, 바레인은 70%를 점하고 있어 집권 세력을 형성하고 있는 순니에게 커다란 위협감을 안겨 주고 있다. 더구나 사우디 인구의 약 10% 이상을 차지하고 있는 시아파 세력은 아라비아 반도 오른쪽 최대의 유전 지대가 몰려 있는 곳에 집중적으로 분포하고 있다. 아라비아 반도 변방에 위치한 예멘은 오랫동안 MENA 지역 순니-시파 대결 구도에서 빗겨나 있었다. 그러나 2014년 후티 반군이 예멘 수도 사나(Sanaa)를 침공하면서 시작된 내전으로 예멘 사태는 후티 지원의 이란과 예멘 대통령 지원의 사우디 양대 무슬림 세력 간의 대리전으로 변모하게 된다. 이란의 위협에 대항해 리야드-아부다비 주도의 연합군이 구축된다. 군사적 분쟁인 예멘 내전은 또한 외교적 각축으로도 전개되는데, 특히 KSA(Kingdom of Saudi Arabia)-UAE 연합축은 GCC 회원국인 카타르에 대한 견제에 나선다. 2017년 6월 5일 리야드, 아부다비, 마나마, 카이로 및 여타 수도들은 사실상 지정학적 격리 상태에 처해 있던 카타르 Doha와 외교 관계 단절을 선언한다. 동 조치는 2017년 5월 리야드에서 트럼프 대통령과 몇몇 아랍 및 무슬림 국가들 간의 정상회담이 개최된 이후에 단행되게 된다. 2017년 5월 사우디-리야드 양국 긴장은 유례가 없는 수준으로 증대했다. 5월 2일 사우디 MBS는 "사우디는 전투가 우리의 국토에서 전개될 때까지 기다리지 않을 것이며, 충돌이 이란 영토에서 발생하도록 할 것"이라고 발언 수위를 높였다. 8일 이란 국방장관 호세인 데간 (Hossein Deghan)은 "사우디가 무모한 행동을 할 경우, 이란은 사우디의 메카와 메디나를 제외한 전 영토를 파괴시켜 버릴 것"이라고 공언했다.[36] 2017년 5월 정상회담의 목표는 극단주의와 테러리즘과의 전쟁으로 회의 기간 이란은 MENA 지역 모든 문제 발단의 원흉으로 지목된다. 예멘 내전 개입 및 카타르 봉쇄에 이어, 사우디 MBS는 레바논 헤즈볼라의 영향력 견제에 착수하게 되며, 그 일환으로 레바논 총리 하리리(Hariri)를 리야드에 소환하여 사임을 종용하게 된다.

순니-시아 갈등은 새로운 일은 아니며, 천년을 이어 온 투쟁이다. 일각에서는 이슬람 양대 세력 간의 경쟁이 없었더라면 이슬람 문명은 이미 사라져 버렸을 것이라고 주장한다. 페르시아와 아랍 두 문명 간의 경쟁 관계는 최근에는 사우디와 이란 민족주의 대결이 결부되면서 양 캠프 간의 갈등을 격화시키고 있다. 그럼에도 불구하고 외부 세력의 침입-십자군(Crusader), 식민주의, 제국주의, 서방 및 이스라엘-에 직면해 범-이슬람주의 연대감은 항상 이슬람 내부의 알력을 잘 극복해 왔다고 평가받는다. 특히 지난 70여 년간 MENA 지역 지정학 갈등의 근본적인 핵은 이스라엘-팔레스타인 분쟁이 차지하고 있었다.

그러나 이러한 시기 잡초처럼 점진적으로 발생한 일련의 사태 전개로 인해 순니 시아 공동체는 극화되기 시작했으며, 2018년 현재 수니-시아 갈등이 중동 지역 가장 중요한 지정학적 위기를 구성하고 있는 것이다. 범-이슬람주의의 진정한 분열은 호메이니 이슬람 혁명을 통해 시작된다. 최고지도자는 중동 지역 이슬람 혁명 수출을 통해 오랫동안 억압 받아 온 소수 세력의 해방을 주창하면서 결과적으로 종파간 갈등을 강화하게 된다. 이에 대응해 사우디는 자선 단체, 코란 학교, 준군사 단체에 대한 자금 지원을 통해 순니 와하비즘(Wahhabism) 전파에 매진해 왔다. 9·11 테러로 리야드의 이러한 이념 수출은 급정지하게 되며, 미국의 아프가니스탄 및 이라크 침공으로 이란은 분열되고 약화된 아랍-무슬림 세계에 대항해 헤게모니 팽창 정책 추구를 위한 강력한 날개를 달게 된다. 설상가상으로 버락 오바마 중동 지역 탈-관여 정책과 2015년 이란과의 핵 합의로 테헤란은 지역 헤게모니 팽창 정책의 백지 수표를 부여받게 되는 반면, 걸프 아랍 국가들은 큰 당혹감에 빠지게 된다.

트럼프 행정부 출범으로 텔아비브와 리야드는 역내 이란의 영향력을 축소시킬 수 있는 절호의 기회를 포착하게 된다. 이스라엘은 세기의 기회를 활용하여 이-팔 분쟁 구도의 전면 개편을 시도한다. 리야드는 트럼프 최대 압박 전략에 반신반의하면서 이란의 영향력 축소 움직임에 동참한다. 리야드는 물라(Mollah) 정권의 대리 세력과 이란이 개발하고 있는 탄도 미사일에 포위되어 위협당하고 있다고 느끼고 있다. 2017년 2월 독일 뮌헨 안보회의에서 사우디 외교 장관 쥬베이르(Jubeir)는 이란의 역내 위협 정책을 강력히 비난하면서, "이란은 테러리즘의 첫 번째 원천"이라고 맹공을 퍼부었다. 한 발 더 나아가 사우디 이슬람 율법 학자(Ulemas) 고등 위원회의 한 위원은 2018년 초반 "시아파는 우리의 형제들이 아니며, 사탄의 형제들일 뿐이다."라고 성토했다. 사우디 MBS는 결국 트럼프 행정부 대중동 정책인 이란에 대한 '최대 압박 전략'과 보조를 맞추면서 이란의 팽창주의 억제를 도모한다. [37]

2022년 5월 24일 미국 정보 사이트 엑시오스는 미 백악관 중동 문제 보좌관 브렛 맥국(Brett McGurk)와 글로벌 에너지 안보 보좌관 아모스 호쉬스테인(Amos Hochstein) 이 금주 비밀리에 리야드를 방문하여 사우디와 중요 문제에 관해 논의하였으며, 바이든의 6월 리야드 방문 방안도 논의되었을 것으로 보도한다. 워싱턴은 우크라이나 전쟁과 국제 유가 급등에 직면해 리야드에 대해 화해의 손길을 내밀고 있다. 양국 정상의 회동이 실현되면 이는 바이든의 대사우디 정책의 큰 전환점과 사우디 왕세자의 국제적 고립이 종식되는 것을 의미하게 될 것이라고 언론은 보도한다. 러시아의 우크라이나 침공으로 워싱턴-리야드 공수 관계가 한순간에 전환되어 버린 것이다. 사실상 바이든 행정부 출범으로 사우디에 대한 외교 정책 재조정을 천명하면서 MBS와의 관계가 급격하게 경색되어 왔다. 오바마에 이어, 트럼프 행정부가 초래한 워싱턴의 중동 지역 안보 우산에 대한 걸프 국가들의 의구심에 더해 바이든의 노골적인 MBS 무시 정책으로 리야드는 미국의 영향력에서 벗어나 독립을 시도할 태세를 보이기 시작하며, 이러한 배경에서 리야드는 이란과의 대화 국면으로 돌입하게 된 것이다.

냉랭한 조건부 화해

영국 파이낸셜 타임즈(Financial Times)는 2021년 10월 15일 사우디 관리의 말을 인용하여 "리야드가 사우디 서쪽 항구 도시 젯다(Djeddah) 지역에 이란 영사관 재개를 고려하고 있으나, 양측의 협상이 외교 관계를 복원할 정도까지 진전되지는 못하고 있다."고 보도한다.[38] 양측은 2016년 리야드가 반체제 인사이자 시아파 종교 지도자인 님르 바크르 알님르(Nimr al- Nimr)를 처형하자, 이란이 수도 테헤란의 사우디 대사관과 마슈하드 총영사관을 급습하면서 대응했다. 사우디가 즉각 이란과의 외교 관계 중단을 선언한 이후 2021년 현재까지 복원되지 않고 있다. 그러나 2021년 바이든 행정부가 출범하면서 전통적인 대화와 외교로의 복원을 천명한 이후, 양측은 2021년 4월 9일 이라크 바그다드에서 처음으로 비밀 회동을 가진 이후 2022년 4월 말까지 여러 차례의 회동을 가진 것으로 알려져 있다. 바이든 행정부 출범, 경제 및 보건 위기 그리고 수년간의 지정학적 쟁탈전이 초래한 전반적인 피로감으로 인해 사우디와 이란은 대결의 단계를 넘어 외교의 길을 모색해 왔다.

중동 지역에서 서로 숙적의 관계에 있는 리야드와 사우디의 접촉이 늘어나는 데에는 여러 가지 요인이 작용하고 있다. 가장 큰 요인으로는 중동 지역 관여 축소 정책을 유지하고 있는 미국이 현재 이란과의 핵 협상을 진행 중이며, 이와 병행적으로 사우디와 이란의 대화 국면이 개시된 것이다. 두 번째 요인은 사우디의 입장과 깊이 관련이 깊다. 사우디는 2019년 9월 이란이 사우디 압카이크(Abqaiq)와 쿠라이스(Khurais) 지역 사우디 국영 석유 회사인 아람코 석유 시설에 대한 유례가 없는 군사 공격을 자행했음에도 불구하고 미국이 아무런 대응 조치를 하지 않은데 대해 많은 것을 깨닫게 해 주는 충격적인 사건으로 기억한다. 즉, 미국의 안보 우산은 약화되었으며, 미국의 중동 지역 후퇴로 리야드는 독자적인 안보 연합을 구성하거나 파트너를 모색할 수밖에 없는 현실을 자각하게 된 것이다. 더구나 리야드는 트럼프 행정부가 걸프 지역 권위주의 체제에 부여하였던 백지 수표를 바이든 행정부 하에서 더 이상 구가할 수 없게 된 것도 리야드 정책 변화의 한 요인이다. 브루킹스 연구소 연구원이자 전 CIA 관리였던 브루스 리델(Bruce Riedel)은 사우디가 처한 이러한 지정학적 현실을 다음과 같이 간략하게 요약하고 있다. "사우디는 뒤늦게 자신들이 예멘에서부터 시리아에 걸쳐 있는 이란과의 대결에서 지고 있다는 것을 깨닫기 시작했다."고 분석한다.[39] 이외에도 양국은 코로나 팬데믹의 여파로 경제적 어려움이 지속되고 있기 때문에, 국내적으로 어려운 시기에 국가 자원을 대외 지정학적 활동에 소진하는 데에 대한 반대 여론도 신경을 써야 하는 국내적 요인도 또한 작용한 것으로 보인다.

그럼에도 불구하고 양측의 완전한 관계 복원을 가로막고 있는 장애물을 극복하기는 쉽지 않을 것으로 전망된다. 테헤란은 중동 지역 민병대 프락치 세력 지원을 통한 팽창 정책을 중단할 의향은 전혀 없어 보인다. 더구나 리야드는 이란이 핵 개발을 지속하면서 무기와 탄도 미사일을 시아파 민병대에 제공하고 있는 현실을 받아들이기는 어려울 것이다. 아랍걸프국가연구소(Arab Gulf States Institute) 연구원 후세인 이비쉬(Hussein Ibish)는 이란과 사우디의 서로 모순되는 지정학적 이해 관계를 고려할 때, "설령 양측 간에 화해가 성사된다고 할지라도 그것은 차가우며 조건부적인 화해에 불과할 것"이라고 전망한다. 왜냐하면 "이란은 예멘 사태와 관련하여 개방적인 태도를 보이지 않고 있으며, 사우디 또한 이란과 관련된 여러 지정학적 현안에 있어서 구체적인 진전이 없는 한 외교 관계를 재개하는데 망설이고 있다."고 후세인 이비쉬는 분석하고 있다.[40] 워싱턴 비영리 싱크탱크 및 로비 단체인 민주주의 수호 재단(Foundation for Defense of Democracies) 선임 연구원 바르샤 코뒤바유르(Varsha Koduvayur)는 MBS의 이란에 대한 유화 기조는 사우디가 "미-사우디 관계가 난기류에 처한 상황에서 위험 분산을 시도하고 있으며, 특히, 미국이 이란과의 핵협상 복원 시도 과정에서 사우디의 안보 우려가 적절히 다루어지지 못하는 최악의 상황을 대비하는 것"이라고 분석하고 있다.[41]

시리아 아랍 연맹 복귀 움직임

미-이란 핵 협상에 대한 국제 언론의 화려한 조명의 이면에 가려진 중동 문제의 가장 본질적인 측면은 레바논 헤즈볼라(신의 당)와 관련된 지정학적 이슈라고 감히 단언할 수 있다. '신의 당'에 이어 중동 정치에서 중요성을 띠고 있는 이슈가 시리아 사태라고 할 수 있다. 시리아 아사드 정권의 미래는 매우 중요한 역내 및 글로벌 지정학적 함의를 내포하고 있다. 아사드 정권은 이스라엘 시오니즘 십자군과 테헤란의 이슬람 헤게모니의 또 다른 교차점에 위치하고 있으며, 튀르키예와 러시아의 지정학적 이해 관계 증진을 위한 탄탄한 초석을 제공해 주는 지역이기 때문이다. '3차 세계 대전' 발발을 촉발시킬 수 있는 가장 유력한 기폭제로 거론되는 것도 바로 이러한 연유에 기인한다. MENA 지정학 시각에서 한반도 문제 혹은 타이완 사태가 세계 대전으로 이어질 것이라는 전망은 매우 순진한 우려로 받아들여진다.

미국은 UAE가 시리아 관여 논리로 내세우고 있는 주장-시리아의 아랍연맹 복귀로 시리아를 이란의 영향권에서 벗어나게 할 수 있다.-을 받아드리지 않고 있다.

왜냐하면, UAE와 여타 아랍 국가들이 시리아의 아랍 연맹 복귀의 조건으로 시리아의 이란과의 관계 단절을 요구하고 있지 않을 뿐만 아니라, 시리아 아사드의 입장에서도 이란과의 관계 지속은 이란의 군사 경제적 원조뿐만 아니라 시리아-이란 동맹 관계를 중동 지정학 게임과 시리아의 서구와의 거래에 활용할 수 있기 때문이다. 시리아의 아랍 연맹 복귀 움직임과 관련하여, 이스라엘의 대시리아 정책에는 큰 변화가 없을 것으로 전망된다. 이스라엘의 시리아에서의 행동의 자유-이스라엘의 시리아 내 이란의 이해 관계에 대한 지속적인 군사적 행동-는 러시아의 암묵적 동의에 기반해 있다. 러시아는 자신의 경쟁국 이란의 약화 측면에서 이러한 전술적 공습에 보조를 같이 하고 있다. 요컨대, 시리아 아사드 정권의 지속과 그가 현재 구가하고, 아랍권이 부여하고 있는 정당성은 이스라엘의 입장에서는 전술적 허용(Tactical Permission)이며, 러시아의 입장에서는 자신의 대시리아 정책 유지를 위한 전략적(Strategic) 허용이라고 평가할 수 있다. [42]

레짐 체인지(Regime Change)

미국은 일련의 중동 전쟁 개입으로-이라크(1990), 아프가니스탄(2001), 이라크(2003), 리비아(2011), 시리아(2012)-전쟁 피로를 겪으면서, 중동 지역 탈-관여 정책을 채택할 수밖에 없게 된다. "시리아 전쟁이 자주 내전으로 인식되고 있지만, 시리아 내전은 사실상 미국 대통령 행정 명령으로 입안된 미 CIA 비밀 작전 'Timber Sycamore' 틀에서 미국과 사우디가 주도한 레짐 체인지 전쟁"[43]이라고 미국 콜롬비아 대학교 제프리 삭스(Jeffrey D. Sachs)는 평가한다. 미국 트럼프와 바이든 행정부의 표면적인 어조 변화에도 불구하고 미국의 대시리아 정책의 기조에는 큰 변화가 없다고 할 수 있다. 2021년까지 미국의 다마스쿠스 정책은 완강한 기조를 유지하면서 아사드 정권 축출을 위한 일련의 경제 제재에 완전히 경도되어 있었다. 반면

바이든 행정부는 시리아를 아랍 연맹의 품으로 복귀시키려는 역내 국가들의 시도에 직면해 트럼프 보다 덜 교조주의적인 태도만을 보이고 있을 뿐이다. 바이든은 2021년 중반 시리아 아사드와 요르단 압둘라 2세가 양국 국경을 개방하자 눈을 감아 주었음에도 불구하고 양국 관계가 그 이상으로 진전되는 것은 바라지 않고 있다. 미국은 요르단에 대해 다마스쿠스와의 관계 복원을 지금 수준에서 동결시킬 것을 요청하였다고 미국의 한 외교관이 언급한다.

하지만, MENA 역내 현실 정치로 인해 시리아 아사드 정권이 부활하고 있다고 중동 및 서방 매체들이 분석한다. 이스라엘 예루살렘포스트는 사설[44]에서 "아랍 국가들의 지정학적 사고에 정치 및 경제적 고려가 크게 작용하고 있다고 평가하면서, 아프가니스탄 철군으로 초래된 미국의 권위 상실과 이란과의 핵 합의 복원 움직임에 직면해 아랍 국가들이 자신들의 정책적 우선순위를 재평가하기 시작하였다."고 평가한다. 2021년 미국 바이든 행정부 출범 이후 중동 지역에서 전개되고 있는 상황 변화, 공격적인 이란의 헤게모니 추구, 아랍 내부의 분열에 직면해, 역내 아랍 국가들이 2011년 아랍의 봄 이후 단절되어 왔던 시리아와의 관계 재건을 추구하고 있다. 다마스쿠스를 아랍 연맹의 품으로 다시 불러들여 아랍 연맹을 강화하고, 아사드를 설득하여 시리아가 이란의 영향력에서 벗어날 수 있다는 논리를 전개하고 있다. UAE가 MBS 고립으로 인한 상대적 부재 속에서 이러한 변화를 주도하고 있다. "아사드 고립 노력은 단 한 번도 진지하게 완전한 적이 없었으며, 오히려 고립 노력은 균열이 생기고 있다."고 센츄리 재단(Century Foundation) 아론 란드(Aaron Lund)는 진단한다. 시리아 정권에 대한 미국 바이든 행정부의 사실상 무관심 속에서 전개되고 있는 우호적인 환경에도 불구하고 아사드 정권의 아랍 세계 재복귀은 현실적으로 여전히 상대적이고, 부분적이며 또한 논쟁적인 주제로 남아 있다. 다마스쿠스와 일부 아랍 국가들 간에는 여전히 상당한 적대감이 남아 있으며,

무엇보다도 아사드 정권과 너무 두드러지고 드러나는 관계 개선에 대한 경계감을 나타내는 서구의 압박이 여전히 존재하고 있는 것이 시리아 사태의 현주소라고 할 수 있다.

아부다비의 민첩한 외교

2021년 11월 9일 UAE 외교장관 자이에드 알-나하얀(Zayed al-Nahyane)은 시리아 다마스쿠스를 공식적으로 방문하게 된다. UAE의 이러한 외교 행보에 대해 미 바이든 행정부는 "우려"를 표명하면서도 "놀라지는 않았다."고 발표하면서 UAE 정부가 미국 정부에 자국 장관의 시리아 방문을 사전에 통지하였음을 넌지시 내비쳤다. 대시리아 제재법 카이사르 법안(Caesar Act)의 제약에도 불구하고, UAE는 다마스쿠스에 대한 제스처를 점진적으로 강화해 나가면서, 중동 지역 관여를 축소하고, 시리아 문제에 있어 미묘한 입장을 취하고 있는 미 바이든 행정부에 압박을 가하고 있다. "아부다비는 시리아 정권과의 관여 방식에 상당한 주의를 기울일 것이지만, 그럼에도 불구하고 UAE가 시리아 정부를 회생시키기 위한 노력을 지속할 것이라는 점은 의심의 여지가 없다."고 걸프국가분석(Gulf State Analytics) 죠지오 카피에로(Giorgio Cafiero)는 전망한다. 2021년 말 현재 미국의 중동 정책의 틀, 특히 시리아 정책은 여전히 모호함으로 둘러싸여 있다. 2021년 9월 암만-카이로-다마스쿠스가 시리아를 통해 레바논에 전기와 가스를 공급하는 협정을 체결한데 대해 바이든 행정부는 제동을 걸지 않았다. 2022년 3월 18일 시리아 아사드 대통령은 UAE 아부다비를 공식 방문하면서 2011년 시리아 내전 발발 이후 시리아 대통령의 최소의 공식 해외 순방이자, 아부다비와 다마스쿠스 관계 복원의 추가적 조치라는 의미를 전달하고 있다. 2021년 3월 양 정상의 전화 통화 이후 UAE 외교장관 자이에드 알-나하얀(Zayed al-Nahyane)을 단장으로 하는 고위급 사절단이 이미 다마스쿠스를 방문한 적이 있다. 아부다비의 시리아 내전에 대한 입장은 매우 깊은 애매성으로 특징 지어져 왔다. 공식적으로는 시리아 야당 세력을 지지하면서도 막후에서는 다양한 분야에서 암묵적인 방법으로 아사드 정권과 관계를 유지한다. 아사드의 사촌 라미 마클루프(Rami Makhlouf), 시리아 재계 거물 싸메르 포즈(Samer Foz)가 미국의 제재에 도 불구하고 UAE에서 아무런 제약 없이 사업을 지속하고 있는 사실은 이를 방증 해 주고 있다.

걸프 관계 복원에 대해 동결 정책을 유지했던 트럼프와는 대조적으로 바이든 행정부는 요르단과 시리아가 10년 만에 관계 정상화를 위한 조치를 취했을 때 어 떠한 사후 조치도 취하지 않았다. 중동(Middle East) 국제관계 연구원 죠 마카론(Joe Macaron)은 "역내 다른 아랍 지도자들과 마찬가지로, 아부다비가 바이든 행정부를 시험대에 올리고 있다."[45]고 평가한다. 이번 방문은 또한 아부다비와 워싱턴이 우 크라이나 사태를 두고 관계가 경색된 분위기 속에서 이루어진다는 측면도 간과할 수 없다. 2021년 바이든 행정부 출범 이후 역내 지도자들은 긴장 완화의 길을 걷고 있다. 앙카라와 카이로의 대화 착수, 이집트와 카다르의 외교 관계 복원, 이스라엘 과 UAE의 협력 강화, 리야드와 테헤란의 관계 정상화를 위한 대화 착수 등 긴장 완 화의 움직임이 있어 왔다. 그러나 아부다비와 리야드는 우크라이나 전쟁이 자신들 의 노력을 무위로 만들거나, 모스크바가 외교적으로 너무 고립에 처하는 것을 원 치 않고 있다. 먼저, 아부다비와 리야드는 러시아야말로 역내 자신들의 주적인 이 란을 일정 방향으로 이끌 수 있는 유일한 국가로 인식하고 있다. 아울러, 모스크바 의 약화는 미국의 강화로 이어져 결과적으로 아부다비와 리야드의 동맹을 다양화 하고 미국에 대한 의존성을 줄이려는 양국의 열망에 찬물을 끼얹을 것을 우려하고 있다. 무엇보다도 사우디와 UAE는 백악관이 믿을 수 없는 동맹국일 뿐만 아니라 테헤란과의 핵 합의 복원에 혈안이 되어 있다고 인식하고 있다. 걸프국가분석(Gulf

State Analytics) 연구소 소장 죠지오 카피에로(Giorgio Cafiero)는 "아부다비는 러시아의 우크라이나 침공 사태에 중립적인 입장으로 대응하였으며, 크렘린의 심기를 건드리지 않기 위해 많은 주의를 기울이면서, 워싱턴에 대해서는 자신들의 독립성을 보여 주고 싶어한다."고 평가한다. 죠 마카론(Joe Macaron)도 "아부다비는 현재 자신들의 독립적인 외교 정책을 수행하고 있는 것이며, 미국에 대한 신뢰 부족 및 바이든 행정부와 충돌되는 정책 우선순위로 인해 워싱턴의 기분을 누그러뜨리려는 의지를 보이지 않고 있다."고 분석한다.

우크라이나 전쟁과 시리아 역학 구도 재편 가능성

우크라이나 사태로 시리아 사태는 새로운 국면으로 진입하고 있다. "아사드는 완전히 러시아에 의존하고 있기 때문에, 푸틴이 우크라이나에서 교착 상태에 직면할 경우 크렘린이 시리아를 지원하는 것은 더욱 힘들어지게 될 것"[46]이라고 브루킹스 연구소(Brookings Institute) 브루스 리델(Bruce Riedel)은 전망하면서 이러한 공백을 테헤란과 튀르키예가 메우려고 시도할 수 있다고 전망한다.

오바마 행정부가 2015년 체결한 이란과의 핵 협정(JCPOA)으로 테헤란은 2017년까지 지정학적 측면에서 행복의 기간을 경험하게 된다. 하지만 트럼프 행정부 출범 이후 이란이 역내에 구축한 지정학적 우위는 미국, 이스라엘, 걸프 지역 페트로 군주로 구성된 축에 의해 위협받게 되며, 이들 반-이란 연합 세력의 총공세는 2020년 1월 '시아파 고속도로'의 입안자인 까심 솔레이마니의 폭살로 정점에 도달하게 된다. 트럼프 최대 압박 전략에 잘 저항해 온 이란은 바이든 행정부가 출범하면서 더욱 공세적으로 나아가기 시작한다. 바이든 행정부가 이란에 대해 저자세의 유화적인 제스처를 지속하면서 테헤란과 그 대리 세력들은 더욱 대담해지고 있다. 이러한 와중에 발생한 러시아의 우크라이나 침공은 시리아 사태를 둘러싸고 모스크바와 경합 관계를 보이고 있는 테헤란의 시리아에서 지정학적 입지를 더욱 강화시킬 것이며, 이는 결국 이란과 이스라엘의 직·간접적인 충돌 가능성을 더욱 고조시킬 수 있다는 위험성을 내포하고 있다.

국제 무대에서 러시아의 약화는 이란으로 하여금 시리아에서 더욱 강한 인상을 남기려고 하는 유인으로 작용할 수 있다. 지금까지 시리아 사태와 관련한 협상, 군사 작전과 그 일정을 주도하고 주도권을 행사해 온 국가는 러시아라는 사실을 모두가 잘 인식하고 있다고 파리미국대학 교수 지아드 마제드(Ziad Majed)는 강조한다. 테헤란이 시리아 무대에서 존재감을 강화하게 되면, 이란은 이스라엘에 대한 위협의 강도를 높일 것이며, 이는 결국 시리아에서 양국 간의 직간접적인 충돌을 야기할 것이다. 이스라엘이 지금까지 시리아 내 이란과 그 대리 세력의 이해 관계에 대한 지속적인 공습이 가능했던 배경에는 텔아비브와 모스크바의 암묵적인 합의가 있었기 때문이며, 바로 이러한 이유에서 이스라엘은 우크라이나 전쟁 발발 이후 중립 정책 입장을 견지하면서 푸틴의 심기를 건드리지 않으려고 각별한 신경을 쓰고 있는 것이다.

2022년 5월 8일 시리아 아사드 대통령은 2019년 2월에 이어 2011년 시리아 내전 발발 이후 두 번째로 테헤란을 방문한다. 이번 방문은 2월 24일 발발한 우크라이나 전쟁을 배경으로 이루어지고 있다. 네덜란드 언론 모스크바 타임즈(The Moscow Times)는 5월 6일 "크렘린이 우크라이나 자국 군대를 지원하기 위해 시리아에 있는 러시아군의 일부 철수를 단행했으며, 남겨진 군사 기지는 이란 혁명 수비대와 헤즈볼라에 이전될 것"이라고 보도한다. 센츄리 재단(Century Foundation) 아론 란드(Aron Lund)는 다마스쿠스의 동맹국 러시아가 우크라이나 전쟁으로 경제적으로 어려움을 겪고 있기 때문에 과거와 같이 아사드 정권을 지원할 수 없는 입장으로 다마스쿠스의 입장에서 또 다른 동맹국인 이란에 의존하는 것은 당연한 것이라고 평가한다. 아사드가 튀르키예와의 충돌 및 시리아 북동 지역 미국 지원의 쿠르드 세력과 충돌 시 테헤란이 시리아 군대를 지원하는 문제와 관련하여 아사드가 이란의 지원을 모색할 것이라고 전망한다. "다마스쿠스의 입장에서 러시아와 이란이 장기적인 측면에서 시리아에 투자하는 것을 필요로 하고 있으며, 우크라이나 전쟁을 배경으로 아사드가 이란을 방문하고 있다는 것은 아사드가 이란의 지원 없이는 권력을 유지할 수 없다는 점을 본질적으로 인정하는 것"이라고 전략 정책 뉴스라인 연구소(Newslines Institute for Strategy and Policy) 니콜라스 헤라스(Nicholas Heras)는 평가한다.

2022년 3월 18일 아사드의 아부다비 방문에 이은 테헤란 방문은 다마스쿠스에 의한 외교적 균형 모색의 측면에서 당연한 조치라고 할 수 있다. 시리아-UAE 관계 정상화는 테헤란의 입장에서 큰 관심거리일 수밖에 없다. 테헤란과 아부다비의 관계 경색에도 불구하고, 양국은 기능적이고 실용주의적인 관계를 유지하고 있으며, 아부다비는 시리아 아사드에 대해서도 동일한 방식으로 접근하고 있다고 니콜라스 헤라스는 평가한다. 특히 지정학적 측면에서 아부다비는 시리아 아사드를 이집트 알시시(Al-Sisi) 대통령과 마찬가지로 장기적인 안정을 가져다 줄 수 있는 인물로 판단하고 있다. 이스라엘과 관계 정상화를 이룩한 아부다비의 위상은 이스라엘의 지정학적 이해 증진을 위해서도 활용될 수 있다. 이스라엘은 모스크바의 암묵적 동의하에 시리아 영토에 있는 이란과 헤즈볼라 군사적 자산에 대한 공습을 지속하고 있다. "이스라엘은 이란이 절대로 시리아 영토로부터 이스라엘에 대한 대규모 공격을 개시할 수 없다는 레드 라인을 분명하게 아사드에게 전달하였다. 본질적인 측면에서 이스라엘과 아사드 정권은 이러한 타협안(Modus Vivendi)을 현재까지 잘 유지하고 있으며, 이는 모스크바와 아부다비의 아사드 정권에 대한 노력 덕분"

이라고 니콜라스 헤라스는 평가한다. 그러나 2022년 6월 11일 이스라엘 군의 폭격으로 시리아 다마스쿠스 국제공항 운영이 마비된다. 이스라엘은 언론은 다음 표적이 시리아 아사드 대통령 궁이 될 수 있다고 언급한다. 이스라엘 총리 베네트는 이제 문어의 다리가 아닌 머리를 표적으로 하는 "문어(Octopus) 전략"을 발표하면서 이러한 합의에 변화의 조짐도 감지되고 있다.

제3장

미국의 후퇴와
러시아 중국

미국 외교 정책의 연속성 측면에서 미 행정부의 서로 모순되어 보이는 정책 노선에도 불구하고 미국의 대중동 정책은 중국 견제라는 전략적 최우선 순위에서 출발한다. 미 외교 정책이 개별 행정부의 전적인 영향력만으로 만들어진다는 믿음에도 불구하고 실제 미국의 외교 정책은 미국의 서로 다른 행정부가 준수하는 하나의 대원칙-미국의 가장 큰 지정학적 도전은 중동이 아닌 아시아 태평양 중국의 위협-에 기초하여 수립된다.[47] 이러한 대원칙에서 시리아 및 이라크 주둔 미군의 점진적인 감축이 지속될 것이며, 중동 지역 일부 문제에 있어서 미국 주도의 지정학적 안보 하청 관계(Security Subcontract)[48]가 더욱 심화되고 있다. 최근의 아랍 세계와 이스라엘의 관계 정상화라는 지정학적 변화도 미국의 중국 견제라는 세계 전략과 이스라엘의 지역적 야심의 결합체로 바이든 행정부하에 미국의 대중동 정책은 이러한 큰 맥락에서 연속성을 유지할 것으로 전망된다. 그러나 이러한 워싱턴 외교 정책의 연속성은 이란 핵 문제를 둘러싸고 단절성이 초래되고 있으며, 이로 인해 미국-이스라엘 전통적인 동맹 관계에도 영향을 가져오고 있다. 워싱턴 외교 정책 연속성의 큰 틀이 유지되어 오면서도 단절성이 크게 부각되게 된 계기는 트럼프와 바이든 행정부의 중동 정책 변화에서 찾아볼 수 있다. 물론 이러한 워싱턴 중동 정책의 단절성은 오바마 행정부에서 시작한다.

오바마 독트린: 미국의 군사적 비-개입 시발점

　2003년 이라크 전쟁의 여파 속에서 오바마, 트럼프를 거쳐 현재의 바이든까지 미국 대통령은 일관되게 중동 지역 탈-관여 정책을 추진해 왔으나, 실제 이행 과정은 지난하고 혼란스러운 모습을 보여 주고 있으며, 러시아의 우크라이나 침공으로 미국 정계의 점증하는 고립주의에 대한 의구심이 커져 가고 있다. 2003년 이라크 전쟁이 발발되고 얼마 지나지 않아 미국의 수많은 엘리트들은 재난을 인식하게 된다. 2006년 민주당 상원 의원 죤 케리(John Kerry)는 4년 전 이라크 침공에 찬성표를 던진 자신의 정치적 행위가 매우 심각한 실수였으며, 자신이 책임을 받아들인다고 인정한다. 동일 맥락에서 공화당 상원의원 죤 멕케인(John McCain)도 2018년 출간된 자신의 회고록에서 이라크 재난의 결과로 대외 개입에 대한 미국 국민들의 반감이 증대하였다고 회고한다. 이러한 미국 엘리트들의 각성으로 적극적 대외 개입 정책의 뒤를 이어 비개입주의 패러다임이 자리 잡게 되었으며, 오바마가 중심 인물이 되어, 2008년 민주당 대통령 경선에서 큰 승리를 쟁취된다.[49) 미국은 2003년 이라크 침공을 시작으로 사담 후세인을 축출하고 이라크 군을 해체하여 안보 공백을 초래하면서 이라크를 혼란의 나라로 만들기 시작한다. 2011년 오바마 행정부는 미국 주도의 이라크 전쟁을 종식하겠다고 공언하면서 마지막으로 이라크에 주둔하고 있던 미 전투 병력 50,000명을 철군하는 결정을 내리지만, 2년 후 극단주의 세력인 이슬람 국가(The Islamic State: IS) 부상이라는 현실에 직면에 2014년 다시 이라크로 복귀할 수밖에 없게 된다.[50]

중동 분쟁에 미국이 성급하게 개입한 것은 어떠한 여파를 가져올 수 있는지를 가늠할 수 없는 사막의 원정군 파병으로 귀결된다. 리비아 사태는 오바마의 이러한 인식에 확신감을 더해 주게 된다. 2011년 아랍 봉기를 무대로 UN의 동의하에 NATO는 당초 리비아 정부군의 학살의 위협에 직면해 있는 리비아 벵가지(Benghazi) 민간인을 구조하기 위해 리비아에 대한 군사 행동에 돌입하지만 결과적으로 리비아 독재자 까다피 독재 정권의 몰락을 초래하게 된다. 그 이후 정치적 과정도 뒤따르지 않았으며, 미 행정부는 파병을 수반하는 개입을 없을 것이라고 선을 그어 버린다. 그 결과 리비아는 점진적으로 해체되기 시작하며, 현지 민병대 간의 세력 각축 지역을 변모하게 된다. 시리아 문제와 관련 크렘린이 오바마를 곤경에서 구제한다. 모스크바는 아사드 정권이 보유하고 있는 화학 무기 폐기를 제안하자, 오바마는 선뜻 이러한 제안을 받아들이게 된다. 실질적인 의미에서 워싱턴은 시리아 문제의 관리권을 러시아에 외주화(Outsourcing)한 것이라고 할 수 있다. 러시아 푸틴은 2013년 오바마가 시리아 문제에 개입을 꺼려하는 것을 러시아에 대한 백지 수표로 인식하고 2015년 시리아 내전에 개입하여 무너져 가던 아사드 정권 부활 작전에 착수한다.

안보 하청(Security Sub-contracting)

중국의 부상으로 인한 지정학적 도전과 미국의 점증하는 에너지 독립성이라는 요인으로 인해 미국의 지정학적 우선순위가 변화하고 있음을 보여 주는 움직임이 오바마 행정부에서 시작되고 트럼프 행정부에서도 지속된 점진적이고 되돌릴 수 없는 미국의 중동 지역에서의 관여 축소 움직이다. 2020년 9월 아랍 세계와 이스라엘의 일련의 관계 정상화도 미국 주도의 이러한 안보 하청 관계의 측면에서 이해할 수 있다. 중국 견제를 위한 미국의 중동 지역 관여 축소 지속과 이스라엘의 MENA 지역 맹주로서의 지정학적 야심이 수렴한 것으로 이러한 맥락에서 이스라엘의 여타 GCC 국가와의 외교 관계 수립도 미국 안보 하청 구조에 조만간 편입될 것으로 전망된다. 아브라함 협정(Abraham Accords) 체결은 진정한 평화 협정이 아닌 새로운 동맹 관계 구축에 다름없다고 분석한 일각의 평가는 미국의 입장에서 중국을 견제하기 위한 세력 전략의 측면에서, 이스라엘의 입장에서 걸프 지역에 이란에 대응한 동맹을 형성하였다는 측면에서 매우 정확한 분석이라고 할 수 있다. 트럼프는 이란 핵 합의 탈퇴를 통해 시아파 이란과 순니파 페트로 군주 사이의 세력 균형을 이루었으며, 더구나 아브라함 협정 체결 통해 아랍 세계와 이스라엘 사이의 새로운 연합을 구축하여 중동 지역에서 미국의 안보 부담을 완화시키는 정책을 추진하였다는 측면에서 기존 행정부와 동일 정책 노선에 있다고 할 수 있다.

시리아 사태는 미국 안보 하청의 가장 두드러진 예로 적국인 러시아에 안보 하청을 주고 있다는 특징을 보이고 있다. 2008년 죠지아, 2014년 돈바스(Donbass) 친-러시아 분리주의 세력에 대한 지원과 크림 반도 병합을 통해 러시아는 나토의 세력 확대 억제를 위한 전쟁을 성공적으로 이끌었다고 평가받고 있다. 시리아 전쟁은 러시아가 아사드 정권 구원을 위해 군사적 개입에 성공한 또 다른 지역으로 유럽은 시리아 사태의 정치적 해결이라는 립 서비스만을 주창해 왔다. 2013년 8월 시리아 동구타 지역에 대해 아사드 정권이 화학 무기 공격을 감행하여 수백 명의 어린이를 포함하여 1천 5백 명 이상의 희생자가 발생하자, 오바마는 아사드 정권에 의한 화학 무기 사용을 용인할 수 없다는 '레드 라인' 천명에도 불구하고 실제 군사행동을 취하지 않으면서 소련 제국 부활과 민족주의로 무장한 러시아와 시리아에 잘못된 신호를 주게 된다. 결과적으로 러시아의 중동에서의 영향력 증대와 아사드 정권 연장에 기여하는 결과를 초래하게 된다. 시리아 사태와 관련 미국은 '정치적 해결'이라는 외교적 수사의 미명하에 사실상 시리아 문제의 많은 측면을 러시아에 하청 관계를 주었다고 할 수 있다.

이러한 하청 관계는 오바마 행정부의 시리아 사태에 대한 소극적인 대응에서 시작되어, 트럼프 행정부하에서 더욱 노골화되었다. 러시아 주도의 시리아 평화 구상(Astana Process)은 2019년 6월 25일 이스라엘 예루살렘에서 개최된 '이스라엘-미국-러시아 3국 간 국가안보보좌관 회의' 이후 크게 진전되었다는 점에 주목할 필요가 있다. 이러한 합의가 가능했던 배경에는 미국의 입장에서 시리아 사태에 중국의 개입을 견제할 수 있고 이스라엘은 러시아의 양해하에 아무런 제약 없이 시리아에서 이란의 영향력을 제거할 수 있으며 러시아는 이를 통해 시리아에서 자신의 안정적인 지정학적 입지를 구축할 수 있기 때문이다. 국제전략연구센터(Center for Strategic and International Studies: CSIS) 윌 토드맨(Will Todman)는 오바마 및 트럼프 행정부의 대 시리아 정책은 형태의 차이에도 불구하고 근본적으로 진정한 단절은 없으며 같은 논리가 유지될 것이기 때문에 바이든 행정부의 대시리아 정책에 큰 변화는 없을 것으로 전망한다.[51] 시리아 경제 재건, 석유 및 가스 등 분야에서 시리아 정부를 지원하는 기업과 사람에 대한 제재를 예정하고 있는 카이사르 법안 포함한 일련의 대시리아 제재 정책은 지속될 것이다. 시리아 내 이란의 영향력을 제거하기 위한 이스라엘의 정책에 상당한 자율성을 부여하는 미국의 정책 노선도 유지될 것으로 윌 토드맨(Will Todman)은 분석한다. 그렇다고 하더라도 미국과 이스라엘이 러시아에 시리아를 완전히 양보한 것도 아니며 양보하지도 않을 것이다. 카이사르 제재를 포함한 일련의 제재를 통해 중국의 시리아 재건 개입이 봉쇄되었을 뿐만 아니라 러시아는 시리아 재건 비용을 떠맡을 능력이 없기 때문에 시리아 제재 정책이 지속될 경우 궁극적으로 시리아는 내부적으로 폭발할 수밖에 없을 것으로 미국과 이스라엘은 계산하고 있다.

시아파 제재에 대한 초당적 합의

이란 주도 시아파 세력 약화를 목표로 한 정책은 그 궁극적인 목적과 방법에서의 큰 차이에도 불구하고 미국 정계에서 초당적 합의를 기반으로 추진되어 왔다. 아랍걸프국가연구소(Arab Gulf States Institute) 후세인 이비쉬는 바이든이 트럼프가 구축해 놓은 제재 정책을 완전히 뒤집어 버릴 것으로 기대하거나 우려하는 아랍 세계 지도자들이 있다면 그것은 여러 가지 측면에서 큰 오판이라고 지적한다.[52] 중동연구소(Middle East Institute) 하산 엠네임느(Hassan Mneimne)는 미 행정부가 레바논의 집권 여당(자유 애국 운동: Free Patriotic Movement)이자 헤즈볼라의 핵심 정치 연합 세력의 수장인 지브란 바실(Gebran Bassil)에 대해 제재 조치를 부과한 것은 일반적인 정치적 고려의 산물(By-product)과는 전혀 다른 논리-시아파 제재에 대한 초당적인 합의-를 따르는 미국 정치 제도의 연속성 측면에서 바라볼 필요가 있다고 해석한 것도 동일 맥락이다.[53][54] 헤즈볼라에 대한 제재안은 미 의회의 초당적 지지를 받고 추진된 것이기 때문에 바이든이 제재를 해제하려면 상당한 정치적 저항을 극복해야 할 것이다.[55] 오바마 시절 이란과의 핵 협상 타결에도 불구하고 2015~2016년 사이에 헤즈볼라에 대한 제재는 지속되었던 역사적 사실도 이를 증명해 주고 있다. 트럼프 행정부를 포함한 4개 행정부를 거친 엘리엇 아브람스(Elliott Abrams)는 바이든 행정부가 출범하더라도 핵 문제 및 이란의 지정학적 활동과 관련해서 신속하고 용이한 해결책은 없을 것이며 특히 트럼프 행정부를 포함하여 지금까지 이란에 대해 부과된 제재가 쉽게 해제되지는 않을 것으로 전망한다. 설령 바이든 행정부가 대이란 제재를 해제하고 싶어도 실행 불가능할 것이며, 미국은 이란에 대해 포괄적인 제재 구조를 구축해 놓았으며 이는 당분간 지속될 것으로 전망하면서 바이든의 대이란 정책은 모든 제재를 통해 규정되어야 한다고 평가한다.[56] 또한 엘리엇 아브람스는 "이란이 역내 안정을 저해하고 있다는 인식에 대해 미국 정계에는 폭 넓은 합의가 이루어져 있으며 이러한 측면에서 제재 강화는 장기적인 정책의 일환"이라고 언급한 사실도 시아파 제재에 대한 미 정계의 초당적 흐름을 보여 주고 있다.[57]

워싱턴 중동 외교 정책의 단절성

　오바마 행정부는 2003년 이라크 전쟁 및 중동 민주화의 환상에서 깨어나 '피벗 투 아시아(Pivot to Asia)' 독트린을 통해 중국을 견제하기 위해 미국의 중동 지역 개입 축소에 착수하면서도 오바마 외교안보팀은 이란의 위협에 대한 인식 및 방법론에서의 오판으로 이란과 핵 합의를 하는 전술적인 실수를 저지른 측면이 있다는 평가가 존재한다. 죠지 워싱턴 대학교 엘리엇 국제 관계학(Elliott School for International Affairs) 부교수 피라스 막사드(Firas Maksad)는 오바마의 이란과의 핵 합의(JCPOA)는 이란과 쿠바와 같은 깡패 국가(rogue states) 처리에 있어 미 정계의 오래된 초당적인 합의를 뒤집어 버리는 교조주의적 정책(Dogmatic Policy)으로, 주류 흐름에서 크게 벗어난 일종의 일탈로 해석될 필요가 있다고 평가한다.[58] 워싱턴 외교 정책의 단절성은 이란의 위협에 대한 인식에서 출발하여 미국과 이스라엘의 전통적 동맹 관계의 균열을 초래했다.

오바마 최대 유화 정책

바이든 대이란 유화 정책으로 트럼프-네탄야후 듀오가 '최대 압박 전략'으로 달성한 MENA 지역 시아파 약화가 원점으로 복귀할 움직임을 보이고 있다. 이스라엘의 입장에서 미국 바이든 행정부의 이러한 정책 실수는 불과 몇 년 전인 2015년 이란 핵 합의(JCPOA)의 전후의 중동 지정학 변화에서도 확인할 수 있다. 토니 블레어 글로벌 변화 연구소(The Tony Blair Institute for Global Change) 보고서는[59] 지난 몇 년간 MENA 지역에서 이슬람혁명수비대(IRGC)와 그 대리 세력들의 활동은 확대되어 왔으며, 더욱 위험스러워지고 있다고 평가하면서 이러한 흐름은 2015년 미국이 이란과 핵 합의를 맺으면서 이란에 대한 제재를 해제했기 때문이라고 평가한다. 서구의 입장에서 2013~2015년의 기간은 테헤란과 성공적인 외교의 기간으로 평가 받고 있다. 하지만, 서방 외교관들이 이란 외교장관과 핵 협의를 하는 바로 그 순간, 이란혁명수비대는 시리아 국민들의 혁명을 진압하고, 아사드 레짐을 붕괴에서 구원하기 위한 잔인한 계획을 집행하고 있던 기간이었다.

미국의 유화 정책의 폐해는 러시아의 시리아 정책에도 큰 영향을 주었으며, 2022년 2월 22일 러시아 탱크가 우크라이나 국경선을 넘게 되는 사태 전개에도 지대한 영향을 주게 된다. 2022년 우크라이나 사태의 원죄(Original Sin)는 2013년 8월과 2016년 12월 사이의 일련의 지정학적 사태 전개에서 찾을 수 있다. 2012년 8월 오바마는 시리아 내전에서 아사드 정권이 비-재래식 무기인 생화학 무기를 사용하는 것을 레드라인으로 설정하며 경고했다. 그러나 아사드가 시리아 다마스쿠스 지역 반란 세력에 대한 화학 무기 공격을 감행하자 태도를 돌변하며 꼬리를 내렸다. 2015년 9월 러시아는 소련 연방의 아프가니스탄 개입 이후 처음으로 러시아 군이 영토 이외의 지역인 시리아 내전에 대대적으로 개입하여, 다마스쿠스를 러시아의 한 주로 편입해 버린다.

러시아 푸틴은 워싱턴과 유럽 연합의 한계, 서구의 소심함을 시험대에 올리는 동시에, 시리아 내전을 200여 개의 러시아 신무기를 실험하고, 러시아 공군의 파일럿과 장비의 4분의 3 이상을 동원하는 실험장으로 활용하면서 MENA 지역에서의 세력을 확대해 나간다. 한 서방 외교관은 "시리아 문제에서 2012년 8월 오바마의 레드 라인 설정에도 불구하고 2013년 8월 미국의 태도가 돌변하지 않았다면, 2014년 러시아의 크림반도 병합(Annexation)은 없었을 것"이라는 견해를 표명한다. [60]

트럼프 최대 압박 정책

2017년 2월 15일 네탄야후 총리와 백악관 기자 회견에서 트럼프는 2국가 해법이 이-팔 분쟁의 유일한 방안이 아님을 언급하며 중동 정책 변화를 시사한다. 3개월 후 데이빗 프리드만(David Friedman)의 주 이스라엘 미 대사 부임, 5월 22일 트럼프 미 대통령 최초 예루살렘 '통곡의 벽' 방문, 그다음 날 이스라엘에 $75 million 상당의 추가적 군사 원조 제공을 발표한다. 2017년 12월 6일 트럼프는 예루살렘이 이스라엘의 수도임을 공식 인정하고, 주 이스라엘 미 대사관을 텔아비브에서 예루살렘으로 이전할 수 있도록 준비를 지시한다. 트럼프 대통령 재임 기간 취한 일련의 친-이스라엘 정책은 미국 복음주의 및 보수주의의 전통과 이스라엘 시오니즘 운동의 논리와 궤를 같이 하고 있다.

러시아 스캔들로 미국을 들쑤셔 놓은 트럼프는 2017년 5월 19일 취임 후 최초의 순방국으로 사우디아라비아를 방문한다. 그리고 그해 12월 6일 예루살렘이 이스라엘의 수도임을 인정하는 연설을 하면서 아랍 세계를 뒤흔들어 놓는다. 미들 이스터 모니터(Middle East Monitor)는 동 트럼프 선언을 "이스라엘 시온주의 열망(Zionist Aspirations)에 한 발짝 더 다가서는 또 다른 중요한 조치이자, 정확히 100년 전인 1917년 벨푸어 선언(Balfour Declaration)과 어깨를 나란히 할 수 있는 중요성을 지니고 있다."고 평가한다.[61]

그럼에도 불구하고 중동 문제의 민감성과 복잡성(Mideast quagmire)으로 인해 트럼프 중동 정책의 일관성을 간파하지 못하고 트럼프 '예루살렘 선언(Jerusalem Declaration)'을 단지 미국 국내 정치용으로만 해석하는 치명적 실수가 만들어진다. 언론은 많은 정황들이 트럼프 행정부가 단지 친이스라엘 성향의 미국 유대인들과 복음주의적 기독교도들을 자신의 정치적 기반으로 유지시키는 데 몰입해 있음을 보여 주고 있으며, 이번 선언도 마이크 펜스(Mike Pence) 미국 부통령으로 대변되는 이스라엘을 열렬히 지지하는 강성 기독교 복음주의자들의 정치적 힘을 보여 주는 것이라는 편협되고 근시안적인 분석을 내놓는다. 트럼프 중동 정책이 중구난방의 혼란스러움으로 특징 지어지며, 일관된 전략이 부재하다는 언론과 정치권의 비난에도 불구하고 트럼프 중동 정책은 미국 행정부 역사상 가장 친-이스라엘 성향을 보여 주었으며, 최대 압박 전략을 일관되게 추진하면서 궁극적으로 아브라함 협정(Abraham Accords) 체결이라는 트럼프 최대의 외교 치적을 남기게 된다.

2019년 2월 폴란드 바르샤바에서 이란과 이-팔 분쟁에 관한 중동 안보 정상회담인 '바르샤바 컨프런스(Warsaw Conference)'가 개최된다. 공식적 각료급 회담(Ministerial Conference)임에도 불구하고 많은 국가들이 낮은 지위의 대표단을 파견하거나 아예 불참[이란, 리비아, 시리아, 이라크, 팔레스타인 자치 정부(Palestinian Authority: PA), 튀르키예, 레바논 및 러시아]한 반면, 테헤란과 가까운 지역 국가들과 균형 외교 정책을 견지하고 있는 국가들은 각료를 파견하지 않았다. PA의 보이콧 요구와 이스라엘 총리 네탄야후의 역할이 뚜렷이 드러나는 가운데 걸프국가들의 높은 참여(사우디, UAE, 오만, 예멘, 모로코, 쿠웨이트, 요르단, 바레인)도 눈에 띠게 드러난다. 영국 옥스포트 애널리티카(Oxford Analytica)는 이에 대해 워싱턴의 양극화 외교(Polarising Diplomacy)를 반영하는 것이라고 분석한다.[62] 트럼프의 이러한 양극화 외교의 이면에는 워싱턴 정계의 정치 환경 극화에 기인하고 있으며, 중동 문제 특히 이스라엘과 관련한 외교 문제에 있어 공화-민주당의 간극은 더욱 벌어지고 있다. 미국 외교 정책의 단절성 측면에서 이란의 핵 문제, 탄도 미사일 및 팽창 정책과 중동 문제의 가장 본질적인 이슈인 이-팔 문제에서 바이든과 이스라엘의 견해 차이가 어떻게 표출되며, 봉합될 수 있는지 여부가 양국 관계 및 중동 정세 전개 양상의 주요한 변수가 될 것이라고 많은 전문가들이 전망한다.

이란의 위협에 대한 인식 차이

2021년 4월 이스라엘 연구소 예루살렘전략안보연구소(Jerusalem Institute for Strategy and Security) 부소장 데이빗 웨인버그(DAVID M. WEINBERG)는 이스라엘 예루살렘포스트[63] 기고를 통해, 바이든 행정부가 이란과의 핵 협상 진전을 가로막고 있는 네탄야후 주도의 이스라엘을 억제하기 위해 과거 오바마 행정부가 운영했던 "에코 체임버(Echo Chamber)"를 가동하여 전방위로 이스라엘을 견제 및 압박하고 있으며, 미 국방장관 오스틴(Austin)의 이스라엘 방문도 이러한 맥락에서 이루어지고 있다고 분석한다. 2012년 3월 미국은 이스라엘이 아제르바이잔(Azerbaijan) 바쿠(Bakou) 지역에서 이란의 핵 시설을 공습하기 위해 이스라엘군(IDF)와 모사드(Mossad)의 비밀 작전을 *"The Israelis have bought an airfield"*이라는 이름으로 폭로했다. 2021년 4월 발생한 홍해 이란 스파이 선박에 대한 이스라엘의 공격도 동일 맥락에서 미국이 언론을 동원하여 폭로한 것이라고 평가한다. 이외에도 웨인버그(WEINBERG)는 미 국무장관 블링컨이 이스라엘 외교장관 아슈케나지(Ashkenazi)에게 팔레스타인의 인권과 시민권이 이스라엘 국민들과 동일하지 않다고 지적하며 불만을 토로한 직후 팔레스타인에 대한 재정 지원 재개를 발표하는데, 팔레스타인 문제는 이스라엘의 입장에서 가장 민감한 이슈임을 감안할 때 바이든 행정부의 이스라엘 대한 적대적 메시지를 보여 주는 풍향계(Bellwether)로서의 일련의 사태가 계속 이어지고 있다고 분석한다.

이스라엘 하욤(ISRAEL HAYOM)은 2021년 10월 말 사설을 통해 이스라엘 베네트 내각과 바이든 사이의 달콤한 속삭임(Sweet Talk)의 시기는 이미 끝나 버렸다고 진단한다.[64] 미국과 이스라엘의 마찰의 시작은 이스라엘이 6개의 팔레스타인 비정부기구(NGO)를 테러 단체로 규정하면서 시작되었으며, 미국은 이스라엘의 이러한 일방적 조치에 텔아비브를 강력히 성토한다. 반면, 트럼프 행정부 시절 주유엔 미국 대사를 역임하였으며, 텔아비브의 강력한 지원자인 니키 헤일리(Nikki Haley)는 이란 핵 위협 제거와 관련하여 2021년 11월 트위터를 통해 *"If Israel makes the grave decision that its security depends on removing that threat, it should not wait for an American green light that might never come"*[65] 요지의 주장을 펼친 적이 있는데, 이는 미 공화당 행정부의 친이스라엘 성향을 잘 보여 주는 것일 뿐만 아니라, 이란 핵 문제, 이-팔 문제 및 여타 중동 문제를 둘러싸고 바이든 행정부와 이스라엘의 간극이 크게 존재하고 있음을 방증해 주고 있다.

트럼프와 오바마 이란 정책 차이는 테헤란의 위협에 대한 근본적인 인식 차이에서 기인한다. 워싱턴은 테헤란의 이라크에서 자연스러운 역할(Natural Role)을 인정하는 오바마의 논리(Mantra)를 통해 이란과의 핵 협정에 도달한다. 이에 반해 트럼프 정책 입안자들과 이스라엘 및 걸프 국가들은 *"reject the idea of Iran wielding control over small armies of militias in the country and over-extending its reach in political decision-making in Baghdad."*라는 인식에 기초해 트럼프의 강력한 최대 압박 정책을 지지해 왔다. 이란 봉쇄라는 정책 목적을 위해 걸프 국가와의 관계에서 인권과 민주적 가치를 도외시했던 트럼프와는 다르게 오바마의 대중동 정책은 리야드와 테헤란 사이의 균형 외교를 추구하였다. 바이든은 이미 대선 공약에서 "사우디와 관계를 재평가"하고 사우디를 "왕따(Pariah)"로 만들겠다고 공언해 왔듯이 바이든의 정책 인식은 기존의 최대 압박 전략과 충돌할 가능성이 크다고 할 수 있다. 오바마 행정부에서 활동했으며 현재 국제위기그룹(International Crisis Group) 소장인 로버트 말리(Robert Malley)가 트럼프 행정부의 대GCC 외교 정책이 이란에 대한 최대 압박 부과라는 대전제 위에서 수립되었다고 진단하고[66] 있듯이 바이든 행정부의 이란에 대한 유화 정책은 이란에 대한 제재 완화를 수반할 수밖에 없다는 측면에서 이스라엘은 이러한 상황을 심각하게 인식하고 있다. 이스라엘 의회 의원이자 정착촌 장관 차치 하네비그(Tzachi Hanegbi)는 채널 13 뉴스(Channel 13 News)와의 인터뷰에서 "이란과의 핵 협상 복귀는 이스라엘과 이란 사이의 충돌로 이어질 수 있는 문제"라고 언급한다. 이러한 인식은 바이든 행정부의 대이란 정책의 직접적인 이해 당사국인 이스라엘의 우려를 잘 반영해 주고 있다.

바이든 행정부는 이스라엘 및 사우디아라비아와 거리 두기를 원하는 민주당의 바람과 중동 지역에서 러시아와 중국의 개입을 제한하면서도 GCC 국가들과 확고한 협력 관계 구축을 위한 필요성 사이에서 균형을 모색할 것으로 워싱턴 연구소(Washington Institute) 현 소장이자 미국 국가안보위원회 중동 문제 전 소장인 마이클 싱그(Michael Singh)가 전망한다. 엘리엇 아브람스(Elliott Abrams)가 "이란이 역내 안정을 저해하고 있다는 인식에 대해 미국 정계에는 폭넓은 합의가 이루어져 있으며 이러한 측면에서 제재 강화는 장기적인 정책의 일환"이라고 언급한 것처럼 바이든의 핵 협상 재개를 통한 이란에 대한 유화 정책은 트럼프 행정부의 시아파 약화를 위한 최대 압박 전략을 통해 형성된 현실과 충돌할 가능성이 커져 가고 있다.

크렘린의 중동 및 지중해 팽창 정책

러시아는 하메이밈(Hmeimim) 공군 기지 및 타르투스(Tartous) 해군 기지와 같은 다양한 지정학적 이해 관계로 인해 시리아 아사드 정권의 붕괴는 모스크바의 중동 정책에 매우 위험스러운 결과를 초래할 수 있다. 푸틴은 시리아에서의 상당한 전략적 우위를 유지하면서, 엄청난 군사적 승리를 활용하여, 시리아에서의 경제적 과실을 수확하기를 바라고 있기 때문에, 모스크바는 시리아 대통령 아사드를 시리아 안정을 보장하고 더 나아가 모스크바의 지정학적 이해 관계를 수호할 수 있는 지도자로 인식하고 있다.

라타키아(Latakia) 및 타르투스(Tartous): 전략적 교두보

2022년 2월 중순 악화 일로의 우크라이나 위기 상황에서 러시아는 2월 중순 시리아 라타키아 지역 하메이밈(Hmeimim) 러시아 공군 기지에 초음속 미사일을 탑재한 전투기와 *Tupolev Tu-22M* 장거리 전략 폭격기를 급파하는 한편, 러시아 국방

장관 세르게이 초이구(Serguei Choigou)는 2월 15일 다마스쿠스를 방문하여 아사드와 면담을 통해 군사 및 기술적 협력에 관해 논의한다.

러시아는 라타키아 지역 하메이밈 러시아 공군 기지를 보유하고 있으며, 시리아 항구 도시 타르투스에는 러시아 해군 기지를 유지하고 있다. 워싱턴 연구소(Washington Institute) 러시아 중동 정책 전문가 안나 보르세브스카야(Anna Borshchevskaya)는 "양 군사 기지는 전략적으로 사활적인 문제로 역사적으로 동지중해 지역은 러시아-서방 세력 각축의 핵심 이해 관계 지역이라고 평가한다. 크렘린은 역내 교두보를 확보할 경우 다양한 전선에서 서방과의 대결에서 러시아가 더 좋은 위치를 선점할 수 있다는 것을 인식하고 있기 때문에 소비에트 시절의 러시아와 현재 제국을 꿈꾸는 러시아 모두 이 지역 선점을 위해 노력해 왔다."[67]고 평가한다. 러시아는 시리아 하메이밈 및 타르투스 입지를 발판으로 삼아 유럽 남부, 리비아를 포함한 북아프리카 지역에서 자신들의 영향력을 투사해 온다. 러시아가 크림 반도를 병합한 다음 해인 2015년 말 시리아 내전에 개입한 이후 크렘린은 하메이밈 공군 기지를 운용해 왔다.

러시아의 중동 및 지중해 세력 확대의 이면에는 지난 몇 년 간의 결정적 순간을 거치면서 푸틴이 더욱 대담해졌기 때문이다. 오바마는 2013년 시리아 내전 과정에서 아사드 정권의 생화학 무기 사용을 '레드 라인'으로 설정하였음에도 불구하고 아사드의 실제 화학 무기 사용에 대해 아무런 대응을 하지 않는다. 다음 해인 2014년 러시아는 미국의 무력감을 감지하고 크림 반도를 병합하며, 연이어 2015년에는 시리아 사태에 개입하게 된다. 러시아는 대규모 충돌에서는 자신들이 이길 수 없다는 점을 잘 인식하고 있음에도 불구하고, 서방이 자신들의 약체화를 지속적으로 발산하자 푸틴은 중동 및 지중해 팽창 정책에 더욱 열을 올리게 된 결과가 우리가 현재 목도하는 시리아 및 우크라이나 사태라고 할 수 있다. 2021년 출범한 바이든 행정부의 대시리아 정책은 난맥상을 보이고 있다. 2021년 후반 시리아를 통해 레바논에 에너지를 공급하는 계획, 시리아 아사드 정권의 아랍 연맹 복귀 움직임은 미국 등 서방의 암묵적인 승인 없이는 불가능하다는 측면에서 서방의 역내 세력 약화와 후퇴를 보여 주는 것으로 푸틴은 인식하고 있다. 요컨대 미국의 헤게모니 후퇴와 서구의 응집력 약화가 지속되면서 글로벌 및 지역 열강들이 지중해 및 중동 지역에서 세력 팽창을 모색하고 있는 것으로 러시아 및 튀르키예의 지난 몇 년간의 지정학적 활동이 이를 잘 증명해 주고 있는 것이다. 러시아는 현재 크림 반도와 시리아 군사 기지 연결을 통해 역내 러시아의 전략적 입지 강화를 기도하고 있다. 즉, 흑해, 카스피해 및 지중해에서의 교두보 강화를 통해 우크라이나, 유럽 전역 특히, 나토에 대한 압박을 행사할 수 있으며, 중동 전역과 북아프리카 지역에 러시아 제국의 힘을 투사할 수 있다고 계산하고 있는 것이다.

군사적 균형 정치적 교착

리비아 사태는 미국이 남긴 권력 공백을 지역 열강들이 개입을 통해 어떻게 자신의 영향력 지역으로 전환하는지를 여실히 보여 주는 사례이다. 러시아와 튀르키예의 리비아 사태에 대한 개입은 2018~2019년 사이에 본격화되는데, 가장 큰 지정학적 배경은 트럼프 행정부의 이란에 대한 최대 압박 전략이 제공해 주는 지정학적 호기에 편승한 것이다. 국제 사회의 진정한 정치적 의지의 결여, 특히 미국의 부재로 리비아 사태는 외국 군대의 주둔으로 외세가 주도하게 되었으며, 앞으로도 이러한 흐름은 지속될 것으로 전망된다. 사실상 리비아는 미국의 핵심 이해 지역이 아니며, 리비아 사태를 진지하게 생각하지도 않는다. "미국은 중장기적으로 러시아와의 협조라는 미명하에 러시아의 리비아 군사 주둔을 '용병 구조'에서 '평화 유지군'혹은 '인도적 공조'의 명분으로 전환할 것을 푸틴에게 요구할 수 있을 것"[68]으로 네덜란드 국제 관계 연구소(Clingendael Institute) 리비아 전문가 잘레 하르샤위(Jale Harchaoui)는 전망한다.

  군벌의 나라 리비아는 동부 토브룩(Tobrouk) 지역 군벌과 서부 트리폴리(Tripoli) 양대 세력을 중심으로 내란을 겪어 왔다. 2020년 10월 어렵게 정전 협정이 성사되고 2021년 12월 선거에 합의했음에도 불구하고 실제 리비아 선거는 계획대로 진행되지 못한다. 이러한 정치적 교착의 배경에는 리비아 지역 군벌과 열강들의 리비아 사태 개입이 자리 잡고 있으며, 사실상 미국이 남긴 세력 공백 속에서 러시아와 튀르키예가 시리아 사태 해결의 열쇠를 쥐고 있으나 개선의 가능성은 요원하다. 국제 사회의 지속적인 철군 요구에도 불구하고 리비아의 군사적 현실은 변함이 없으며, 러시아, 튀르키예, 시리아, 수단 및 챠드 군인들 약 20,000명의 해외 병력이 주둔해 있으며, 그중에서도 러시아와 튀르키예가 몇몇 군사 기지 통제를 통한 주도권을 바탕으로 리비아 석유 자원을 분할 점령하고 있다.

  양국의 입장에서 리비아는 아프리카 대륙으로 가는 관문으로, 이를 바탕으로 아프리카 지역과의 통상 이해 관계를 확대하고 유지해 주는 전략적 요충지이다. 트리폴리는 사헬(Sahel), 수단 및 튀니지에 대한 접근권을 보장해 줄 뿐만 아니라, 특히 러시아의 입장에서 전통적인 동맹국이자, 러시아 영토의 연속성이 확보된 이집트에 대한 접근권을 강화시켜 주는 핵심 지역이다. 튀르키예와 러시아가 리비아 군사 게임을 주도하고 있으며, 각자의 지역 정책의 틀에서 리비아 주둔을 유지해야만 하는 통상 및 전략적 이해관계를 가지고 있기 때문에 "2021년 현재의 세력균형이 변화할 가능성은 거의 제로에 가깝다."고 잘레 하르샤위(Jale Harchaoui)는 평가한다.

리비아 정치적 교착의 배경에는 또한 트리폴리에서 벵가지(Benghazi)에 아우르는 리비아 군벌 엘리트들이 자신들의 정치적 생존을 위해 각각의 외세와 공모하고 있는 측면도 크게 작용한다. 2019년 4월 동부 군벌 하프타르(Haftar)가 트리폴리에 대한 대대적인 공세를 전개하였을 당시 서부 군벌에 대한 튀르키예의 지원이 없었더라면 동부 군벌은 리비아 통일을 달성할 수 있었을 것이다. 반대로 러시아의 지원 없이는 동부 군벌 하프타르는 몇 주 만에 완전히 대패할 수 있음을 하프타르는 잘 인식하고 있기 때문에 리비아 양대 군벌 세력은 불안정한 국내적 균형을 유지하기 위해 외세의 지원에 의존할 수밖에 없으며, 바로 이러한 맹점이 리비아 사태 개선을 낙관하기 어렵게 만드는 주요 장애물로 기능하고 있다. 국제 사회의 끊임없는 리비아 철군 요구에 직면해 튀르키예와 러시아는 피상적인 조치를 취할 수도 있을 것이다. 튀르키예는 자신들이 고용한 수천 명의 용병 소환을 통해 철군으로 비쳐질 수 있는 연출을 시도할 수도 있으나, 이러한 매력 공세는 리비아 정치 군사 현실에는 큰 변화를 가져오지 못할 것이다. "정작 중요한 것은 리비아 서부 트리폴리 인근에 배치된 약 3,500~4,000명에 달하는 시리아 용병이 아니라, 동 지역에서 군사 기지를 관할하고 있는 800여 명의 튀르키예 관리들"이라고 잘레 하르샤위는 지적한다.

러시아-튀르키예 소치(Sotch) 정상회담[69]

미국의 중동 지역에서 후퇴로 여타 지역 강국들이 MENA 지정학 세력 각축에서 주도권을 잡을 수 있게 된 또 다른 지역이 시리아라고 할 수 있으며, 그 중심에도 러시아와 튀르키예가 자리하고 있다. 2021년 9월 29일 러시아 소치 러시아-튀르키예 정상회담의 배경은 시리아 북서부 이들립(Idleb) 지역에서 튀르키예 지원의 시리아 반군과 러시아가 지원하는 시리아 정부군간의 군사 대치 상황 악화 위험성에 대해 논의하기 위함이다.

이들립 지역은 군사적 충돌로 또 다른 시리아 난민 물결이 자국으로 유입될 것을 우려하는 튀르키예의 우려와 시리아 특히 이들립 지역에서 튀르키예군의 철군을 요구하는 러시아의 이해 관계가 교차하고 있는 지점이다. 러시아는 "알레포-이들립-라타키아를 연결하는 M4 고속도로 통제권 확보를 추구하는데, 이 고속도로는 통신, 통상 측면에서 매우 중요할 뿐만 아니라 이전에 앙카라가 약속한 의제"라고 오클라호마 대학 중동연구센터 소장 죠슈아 란디스(Joshua Landis)는 분석한다. 크렘린은 또한 튀르키예가 과거 알카에다 시리아 지부인 극단주의 지하디스트 단체이자, 시리아 반군 지역의 절반 이상을 통제하고 있는 하이아트 타흐리르 알 샴(Hay'at Tahrir el-Cham: HTS)를 축출하지 않고 있다고 비난하고 있다. 러시아는 이와 동시에 튀르키예와 시리아의 관계 개선을 시도하고 있는데, 갈립 달레이(Galip Dalay)는 "러시아는 시리아 당국이 쿠르드 노동자당 문제와 관련하여 1998년 다마스쿠스와 앙카라 사이에서 체결된 아다나(Adana) 협정 정신에 기초해 튀르키예와 시리아 양국 관계가 개선되기를 바라고 있으며, 이러한 큰 틀에서 앙카라가 시리아에서의 군사적 주둔을 최소화하기를 바라고 있다."고 분석하고 있다. 하지만 튀르키예의 입장에서 러시아의 제안을 받아들이기는 어려운데, 이들립 지역에서 튀르키예 군사적 주둔 감소는 시리아 아프린(Afrin) 지역에서 튀르키예의 군사력 주둔 약화로 이어지게 되며, 이는 결국 튀르키예가 테러 단체로 규정하고 있는 시리아 쿠르드족 민병대 YPG(인민 수호 부대: People's Protection Units) 세력과의 대결에서 대응 능력 약화로 이어질 것을 우려하고 있기 때문이라고 갈립 달레이(Galip Dalay)는 평가한다.

양국의 회담은 또한 미국과 튀르키예의 관계가 경색된 과정에서 성사되고 있다. 튀르키예는 2020년 12월 러시아 대공 미사일 S-400 1차분을 미국의 반대에도 불구하고 도입한 바 있는데, 에르도간 튀르키예 대통령은 2021년 9월 26일 CBS News 와의 인터뷰에서 튀르키예의 러시아 대공 미사일 2차분 구매와 관련하여 "미국이 튀르키예의 중동 지역 이해 관계를 무시하는 한, 튀르키예 경제와 나토에서 앙카라 입지에 초래되는 값비싼 대가에도 불구하고 S-400 2차분 도입을 강행할 것"이라고 표명한다. 튀르키예의 이러한 입장 표명에 대해 오클라호마 대학 중동 연구센터 책임자이자 시리아 전문가 죠슈아 란디스(Joshua Landis)는 "튀르키예가 러시아로 살짝 기울면서 앙카라는 미국에 대항해 가장 좋은 영향력 지렛대를 확보할 수 있으며, 이러한 수단을 통해 앙카라는 미국의 쿠르드 YPG 단체를 보호하고 이들에 대한 무기 공급을 중단할 것을 요청하고 있다."고 분석하고 있다.

러시아 철군과 시리아 역학 관계 재편[70]

2022년 4월 파이낸셜 타임즈는 크렘린이 우크라이나 교착으로 인해 리비아에 파견한 러시아 군과 시리아 용병에 대해 철군을 단행하였다고 보도한 이후, 5월 초에는 암스테르담 일간지 모스크바 타임즈(The Moscow Times)는 시리아 내 러시아 병력이 일부 철군을 단행하였으며, 러시아 군이 사용하던 군 기지는 이란혁명수비대와 헤즈볼라에 이전되었을 것으로 보도하며, 사우디 일간지 알 샤르크 알 아우사트(al-Chark al-Awsat)는 모스크바가 시리아 동북 지역 까미즐리(Qamichli) 공군 기지에 공격용 전투기와 헬리콥터를 파견하였다고 보도한다. 이곳은 미군과 시리아민주군(Syrian Democratic Forces: SDF)인 쿠르드 동맹군이 주둔하고 있는 지역이기도 하다. 2022년 5월 말 전개되고 있는 이러한 움직임은 튀르키예가 시리아 북쪽 지역에서 대규모 군사 작전을 전개하겠다고 발표한 지 불과 며칠 만에 이루어진 것이다.

러시아의 시리아 주둔군 재배치에 대해 러시아국제문제위원회(Russian International

Affairs Council: RIAC) 중동 문제 전문가 알렉시 글페브니코브(Alexey Khlebnikov)는 "시리아 주둔 러시아 병력 수준은 4천에서 5천 명 선에 불과하기 때문에 그 절반을 철수한다고 하더라고 우크라이나 전선에 큰 영향력을 가져오지 못할 것이 분명한 상황에서 크렘린이 구지 매우 제한적인 비상 병력을 철군할 이유가 없을 것"이라고 반문한다. 반면, 워싱턴 연구소(Washington Institute) 러시아 중동 정책 연구원 안나 보르세브스카야(Anna Borshchevskaya)는 "시리아에 대한 러시아의 입장은 매우 전략적인 성격을 띠고 있으며, 시리아는 러시아가 병력을 상당한 수준에서 철군하고 싶어 하는 지역 중의 하나로, 일부 병력 철군 가능성은 충분히 있으며, 이는 전술적 변화에 불과하다."고 분석한다. 로잔느(Lausanne) 대학교 교수 죠세프 다헤르(Joseph Daher)는 "러시아의 군사력 재배치가 있다 하더라고, 러시아는 군사력 이외에도 시리아 내 자국의 정치 및 경제력과 제도 망(Institutional Network)에도 의존할 수 있다면서, 한 가지 분명한 사실은 이란이 러시아의 군대 재배치를 활용하여 시리아에서 자신의 영향력을 증대시킬 것"이라고 전망한다.

러시아 군사 자산 재배치의 첫 번째 수혜자는 이란이 될 것으로 전망된다. 일부 언론은 병력 철군으로 남게 될 군 기지들이 시리아 남부와 알레포-다마스쿠스 축에 집중적으로 전개되어 있는 이란혁명수비대와 헤즈볼라 동맹 세력에 이전되었다고 언급하고 있다. 이러한 배경에서 시리아 아사드 대통령은 5월 이란을 방문하여 이브라힘 라이시(Ebrahim Raissi) 이란 대통령과 이란 최고지도자 알리 하메네이(Ali Khamenei)와 면담을 한다. "모스크바와 테헤란은 시리아에서 수년 전부터 긴밀히 협력해 왔다. 시리아 현상 유지와 미국의 영향력 확대 저지라는 공동의 이해 관계를 공유하고 있기 때문"이라고 센츄리 재단(Century Foundation) 연구원 아론 란드(Aron Lund)는 분석한다. 양국 모두 미국의 제재를 받고 있기 때문에 물자와 가스 및 석유를 맞교환하는 현물 거래를 하고 있으며, 이란 핵 합의 복원 협상에서도 모스크바가 이란과의 자유로운 교역이 허용되지 않는 한 핵 합의 복원을 봉쇄하겠다고 위협해 왔다. 시리아 야당 인사이자 작가인 아이만 압델 누르(Ayman Abdel Nour)는 "이란에 자리를 양보하면서 러시아는 이스라엘 국경과 매우 근접한 지역인 시리아 남부 지역에서 철군하고 있는데 그 주요한 목표는 이스라엘을 압박하여 텔아비브가 국제 문제에 개입하도록 하기 위함."이라고 분석한다. 시리아 아사드 정권은 모스크바의 승인 없이는 이스라엘 전투기를 표적으로 러시아 대공 시스템인 S-300을 사용할 수 없음에도 불구하고 5월 중순 시리아 미사일이 처음으로 이스라엘 전투기를 표적으로 발사되었다는 확인되지 않은 보도도 나오기 시작한다.

"우크라이나 전쟁으로 흑해 안보 문제에 있어서 튀르키예의 중심적인 역할이 다시 부각되었으며, 동 전쟁으로 러시아군은 강력한 압박감을 느끼고 있다. 특히나 튀르키예가 보스포러스(Bosphore) 및 다다넬스(Dardanelles) 해협을 러시아 해군을 상대로 폐쇄해 버리면, 러시아와 시리아 내 러시아 기지 간의 병참 연결성이 크게 감소하게 될 것"이라고 센츄리 재단(Century Foundation) 연구원 아론 란드(Aron Lund)는 분석한다. 2021년 워싱턴과 함께 튀르키예의 시리아 내에서의 군사 활동에 대한 반대 입장을 분명히 해 온 크렘린은 시리아 문제에 있어 과거에 비해 좀 더 중립적인 입장을 견지하기 시작한다. "러시아는 시리아에서 튀르키예의 활동 촉진을 통해 매우 민감한 시기에 러시아-튀르키예 관계를 상당히 완화시킬 수 있을 것"이라고 아론 란드(Aron Lund)는 전망한다.

베이징의 MENA 지정학적 야심과 도전

2021년 3월 말 이란과 중국이 25년 전략적 동반자 협력 관계를 수립하면서 중국의 중동 지역 개입이 확대되는 과정에 있었는데, 중국의 이란과의 유대 심화에 대해 이스라엘, 사우디 및 여타 MENA 지역 국가들은 크게 우려하게 된다. 심지어 중국은 자신들이 직접 이스라엘과 팔레스타인 문제 해결을 위해 양자 간 직접 대화를 주선하겠다고 제의하며 오버 스텝한다. 이러한 중국의 과잉 외교(Diplomatic Overreach)에 대해 당시 영국 파이낸셜 타임즈는 사설에서[71] 이러한 "중국의 제의는 아무리 좋게 평가하더라도 도발적으로 밖에 해석되지 않으며, 조금 나쁘게 본다면 베이징이 너무 순진하다."는 것을 보여 주는 것이라고 혹평한다. 이는 중동 문제(Mideast Quagmire)의 복잡성과 민감성을 잘 보여 주는 하나의 사례일 뿐만 아니라 MENA 지역에서 점진적으로 부상하고 있는 베이징의 지정학적 위상의 한 단면을 보여 주고 있다.

최근 몇 년 전까지만 해도 중동 지역에서 전개되고 있는 세력 경쟁의 커다란 역설 중의 하나는 중동 지정학 경쟁 무대에서 중국의 존재감이 크지 않다는 점이다. 그럼에도 불구하고 아이러니하게도 중국은 중동 지역의 안정과 불안정에 자유로울 수 없다. "중국은 자신들의 에너지 안보 측면에서 중동지역 안정을 핵심적으로 보고 있으며, 중동 지역 발전 또한 자국산 물품의 공급처로서 매우 중요시하고 있다."고 중동 문제 전문가 아드함 사흘룰르드(Adham Sahlouldd)는 분석한다.[72] 중국은 이러한 전략에 기초해 바브 엘 만데브(Bab Al-Mandeb) 및 호르무즈 해협에서의 해상 안전을 위해 2017년 중국 역사상 최초로 지부티(Djibouti)에 군사 기지를 건설하고, 파키스탄 항구 구아다르(Gouadar)의 군사화에 착수하였으며, 이란과는 합동 해상 군사 훈련을 실시했다.

그럼에도 불구하고 중국의 역내 영향력은 주로 경제적 측면에 한정되어 있다. 2019년 10월 유럽외교관계위원회(European Council of Foreign Relations)는 보고서를 통해 "중국은 중동 지역 지정학 긴장 완화에 실질적으로 어떠한 역할도 하지 못하고 있으며, 중국은 이 지역 안보 문제는 미국이 주도적으로 관리하고 있기 때문에 최대한 중동 문제에는 개입하지 않으려고 상당한 주의를 기울이고 있다."고 분석한다. 아드함 사흘룰르드(Adham Sahlouldd)는 "중동 지역에서 중국의 투자 전략은 장기적인 영향력 확대 전략으로서, 중국의 MENA 지역에서의 정치적 역할은 점진적으로 증대할 것이며, 중동 지역의 많은 것들이 미국의 중동 지역 관여 축소 움직임과 결부되어 변화될 것"이라고 전망한다.[73] 2019년 11월 요르단 부총리 및 산업통산부 장관을 역임한 자와드 아나니(Jawad Anani)는 중국 신화 통신사와의 인터뷰에서 "2030년 전체 아랍 인구의 70% 이상이 젊은층으로 이루어질 것이며, 일류급 경제 대국으로서 중국이 MENA 지역 안보와 안정에 기여할 고용 창출의 많은 기회를 제공해 줄 것"이라고 평가한 사실은 많은 것을 시사해 주고 있다.

통상 외교(Commercial Diplomacy)

2022년 중국 정부의 인권 유린을 빌미로 한 미국 바이든 대통령의 베이징 동계 올림픽 보이콧 요청에도 불구하고 실제로 많은 국가들 특히, 중동 국가들은 미국의 이러한 움직임에 동조하지 않는다. 이집트 알시시, 카타르 타밈, UAE 왕세자 MBZ가 참석하고 사우디는 정상급 인사를 대표로 파견하여, 중국 지도부와 소규모 정상 회의까지 개최하였다는 소문이다. 미국의 중동 지역 관여 축소가 더욱 심화됨에 따라 중동 각국이 자신들의 동맹국을 다변화하려고 모색하고 있으며, 이에 부응해 베이징의 지정학적 노력이 강화되고 있는 움직임은 양자의 입장에서 서로 윈-윈(Win-Win)하는 전략이라고 할 수 있다. 전통적으로 중동 지역에서 비중 있는 지정학적 역할을 하지 못했던 중국이 미국의 후퇴가 초래하는 권력 공백을 활용하여 중동 지역 순니-시아 양대 캠프 사이에서 등거리 외교(Equidistance Diplomacy)를 유지하고 있는 것이다. "중동 국가들과 돈독한 실무 관계를 유지하고 것은 베이징의 정책 노선과 중국이 선호하는 다자주의(Multilateralism)에도 부합하는 것"이라고 중동연구소(Middle East Institute) 중동프로그램 소장 존 칼라브레즈(John Calabrese)는 평가하면서, "베이징의 중동 외교 정책을 이끄는 기본 틀은 통상 외교(Commercial Diplomacy)에 있다."[74]고 분석한다.

중국의 MENA 지역 통상 정책을 통한 영향력 침투는 여러 곳에서 찾을 수 있다. 이집트 대통령 알시시(Al-Sissi)의 대표적인 카이로 동쪽 대규모 신행정 수도 계발 계획은 5백만 명의 인구를 목표로 다양한 첨단 스카이 라인이 들어설 계획이다. 이 계발 계획 중 상업 센터 개발 비용은 약 30억 달러 소요될 것으로 예상되며, 이 비용 중 85%를 중국이 제공할 계획인 것으로 알려져 있다.[75] 이집트는 최근 몇 년간 외국인 투자자들을 유인하는 중심지의 역할을 해 왔다. 러시아는 지중해에 핵 발전소를 건설 중이며, 독일 지멘스(Siemens)는 약 230억 달러 상당의 전기 철도 시스템 개발권을 획득하였다. 중국의 이집트 경제 침투는 신행정 수도 개발 계획에 한정되지 않는다. 베이징은 수에즈 운하 확대 일환인 산업 계획에 약 70억 달러를 투자하고 있다. 2016년 이후 중국은 투자, 차관 및 일대일로 이니셔티브(Belt and Road Initiative)의 일환인 지원금의 형태로 160억에서 200억 달러 상당의 자금을 카이로에 투자해 왔다. 중국의 경제적 영향력은 사우디와의 관계에서도 확인된다. 2019년 양국은 베이징-리야드 외교관계 수립 30주년 기념의 일환으로 280억 달러 상당의 약 30건의 경제 협력 협정을 체결한다. 중국은 리야드 최대의 통상 파트너로 연평균 통상 규모는 800억 달러에 이르고 있다.

경제 협력에서 군사 안보로

1990년대 이후 중국의 중동 지역에 대한 관심은 자국 경제의 안정적 성장을 위한 에너지 측면에 국한되었으나, 지난 십 년간 중국의 MENA 지역 관심은 급증하게 된다. 중국은 중동 지역을 2013년 시진핑이 착수한 일대일로(BRI)의 전략적 요소로 간주하고 있으며 이에 따라 인프라, 항만, 스테이디움 및 통신망 개발을 위한 투자에 집중하고 있다. 일대일로는 지중해를 시작으로 Suez 운하, 홍해, 아프리카 뿔에 위치한 바브 엘 만데브(Bab Al-Mandeb) 해협, 오만만뿐만 아니라, 이집트 포트 싸이드(Port Said), 오만 뒤끔(Duqm) 및 사우디 지잔(Jizan) 지역도 아우르고 있다. 이러한 대대적 투자 계획에 따라 중국은 2021년 이라크와 100억 달러 건설 계약을 체결하여 바그다드가 현재까지 BRI의 최대 수혜국이 된다. 중국은 또한 '소프트 파워' 필요성을 인식하여 바그다드 사드르(Sadr) City에 7천 개의 학교, 1천 개의 병원 및 약 9만 채의 가옥을 건설할 예정이다. 2022년 1월에는 미국의 시리아에 대한 제재법인 카이사르 법안(Caesar Act) 장애물에도 불구하고 중국은 시리아를 BRI 계획에 공식적으로 초청한다. 역내 불안정이 투자 안전과 무역 자유화에 초래할 위협에 대응하기 위해 중국은 이미 역내에 "정기 부정기 항구를 통한 군사적 상호 교류의 기지를 구축하였으며, 이곳에는 군사 대표단과 전투원들이 주재하고 있다."고 죤 칼라브레즈(John Calabrese)는 분석한다.

영국 가디언(Guardian)은 2021년 11월 19일 미국과 중국의 점증하는 패권 경쟁 속에서 미 정보 당국의 위성 사진은 아부다비 칼리파(Khalifa) 항구에 소위 중국의 비밀 군사 기지로 의심되는 건설 활동이 진행 중임을 인지하고, 바이든과 UAE 왕세자 MBZ 간의 직접 대화뿐만 아니라, 백악관 안보 보좌관과 중동 문제 조정관이 개입하여 결국 중국의 이러한 건설 활동이 중지되었다고 미국 월스트리트저널 보도 내용을 인용 보도한 바 있다.[76] 중국-UAE 비-석유(Non-Oil) 부문 무역 규모는 연간 500억 달러에 달하는 것으로 알려져 있다. 브렌데이스(Brandeis) 대학교 중동 경제 교수 나데르 하비비(Nader Habibi)는 "최근까지만 해도 중국은 중동 역내 군사적 주둔에 큰 관심을 가지지 않았으며, 아라비아 걸프만에서 미국의 군사력이 만들어 내는 안전과 안보를 활용하는데 만족해 왔다."고 평가한다.

MENA 지역 국가들의 안보 측면에서 워싱턴이 가장 중요하며 대체 불가능한 동맹국임에도 불구하고, 중국은 안보 파트너를 다양화기를 원하는 중동 국가들의 요구에 부응한 준비가 되어 있다는 신호를 보내면서 이제 미국과 안보 부문에서 경쟁 모드에 서서히 돌입하고 있는 것이다. 아부다비와 리야드는 미국의 중동 정책 변화에 직면해 최근 몇 년간 자신들의 외교 정책 재조정을 실시해 오고 있으며, 모든 방안을 선택지에 올려놓으면서 베이징과의 경제적 분야에서 한 발 더 나아가 군사, 안보 영역에서의 협력으로 외교의 장을 넓혀 가고 있다.

워싱턴 중동연구소(Institute for Middle East Studies) 전문가 엠마 수브리에(Emma Soubrier)는 "군사 안보 측면에서 군사 협력과 대규모 무기 판매에서 중동 국가들의 전통적인 서구 파트너들이 보이는 두각을 중국이 보여 주지는 못하고 있지만, 무장 드론(Armed Drone) 및 사이버 안보(Cyber-Security)와 같이 결정적인 역할을 할 수 있는 틈새(Niche) 시장에서 베이징이 두각을 보이고 있다."고 지적한다. 이러한 맥락에서 아부다비는 중국 후웨이(Huawei) 사와 5G 도입 계약을 체결하였으나, 민감 정보가 대량으로 중국으로 이전될 위험성을 우려하는 미국의 반대에 직면하게 되었으며, 이 사건의 여파로 UAE는 F-35 구매 협상을 잠정 보류한다는 결정을 워싱턴에 통보하기 이른 것이다. 또한 동 사건 발생 며칠 후 미국 CNN은 사우디가 중국의 지원으로 자체 탄도 미사일 생산에 착수했다고 보도하게 된다. 중국의 중동 지역 영향력 확대는 경제를 넘어 군사 안보 영역으로 확대되어 가고 있으며, 이러한 흐름은 양측이 공유하는 이념적 동질성으로 인해 더욱 공고화되고 있다. 나데르 하비비(Nader Habibi)는 "비-개입과 중립 유지는 MENA 지역 중국 외교 전략의 중요한 부분"이라고 평가하는데, 인권과 민주주의를 요구하는 서구의 성가신 개입주의와는 극히 대조를 이루고 있는 것이다.

아틀랜틱 위원회(Atlantic Council) 연구원이자 아부다비 자이드(Zayed) 대학 정치과학 부교수 죠나단 풀톤(Jonathan Fulton)은 "중국의 중동 지역에서의 정치적 역할 증대에 대한 수요가 있으며, 많은 중동 국가들이 이러한 측면에서 중국과의 관계 발전을 모색하고 있다."고 평가하면서, "미국이 MENA 지역에서 여전히 가장 중요한 외부 세력이기는 하지만, 워싱턴에 대한 과도한 의존의 위험성을 중동 각국이 잘 인식하고 있으며, 따라서 미국의 관여 축소로 인한 공백을 중국이 메워 줄 것이라는 희망에서 베이징과 더욱 긴밀한 관계를 구축하는 것은 논리적 판단"이라고 전망한다.[77] 그럼에도 불구하고 "장기적으로 중국의 경제 성장이 어려움에 봉착하고, 미국과 여타 서구 강대국들이 중동 지역 개발에 더욱 중요성을 부여할 경우, 베이징의 매력은 감소할 수밖에 없을 것"이라고 상하이 대학 중동 연구소 교수 홍다 판(Hongda Fan)은 지적한다.

제4장

이란 핵 문제와 오바마 중동 정책의 망령

걸프 페트로 군주들은 아랍의 봄 사태에서 이집트 대통령 무바락 및 모르시 정권 붕괴와 관련하여 미국이 보여 준 모순된 태도로 미국의 중동 정책과 안보 공약에 대한 심각한 의구심을 가지게 된다. 아랍의 봄 이후 현재까지 진행된 사우디와 UAE의 공격적인 대외 군사 외교 정책을 추진할 수밖에 없는 상황을 초래한 것도 오바마 행정부의 이율배반적인 중동 정책에 기인하고 있다는 점을 잘 인식하고 있다.

오바마 행정부 때부터 시작된 중동 지역에서 미군 철수는 결과적으로 역내 이란의 세력 확대와 이로 인한 이스라엘 및 걸프 국가들의 안보 불안정을 야기한다. 인권과 민주주의를 미국이 추구하는 외교 정책 가치로 표명했음에도 불구하고 오바마는 민주적으로 선출된 모르시 정권을 전복하고 권력을 찬탈한 시시(Sisi) 정권의 군부 쿠데타를 쿠데타로 규정하지 않았으며 쿠데타시 무슬림 형제단 등 수많은 이집트 시위자들을 잔혹하게 학살한 부분에 대해서도 현 이집트 대통령 알시시에게 면죄부를 부여하는 등 이율배반적인 태도를 보인다.

죠세프 웨스트팔(Joseph Westphal) 오바마 행정부 주 사우디 미국 대사는 오바마 행정부가 핵 협상 시 핵 문제 이외의 의제를 제기하지 못한데 대해 불만을 가졌으며, 이란의 미사일 프로그램과 지역 프록시(Proxy) 활동 문제가 제대로 다루어진다면 핵 협정 복귀를 받아들일 것으로 전망하고 있다.[78] 이스라엘과 순니파 걸프 국가들은 이란의 프록시 세력의 활동과 미사일에 더욱 위협감을 느끼고 있는 것이 중동 지정학 현실이다. 이란 민병대 문제는 의심할 여지없이 이념적인 문제이기는 하지만 단기적인 측면에서 레바논, 시리아 및 이라크에 산재해 있는 프록시 세력이 붕괴할 것이라고 예상하는 것은 환상에 불과하다고 평가하고 있는 죤 가즈비니안(John Ghazvinian, 미-이란 역사 전문가)는 이란이 MENA 지역에서 어떠한 동맹국도 어떠한 안전 보장 체재도 없다는 사실은 이란이 자신들이 구축해 온 프록시 세력이 이란에 제공해 주는 전략적 우위(Edge)를 보존하기 위해 수단과 방법을 가리지 않을 것이라는 것을 의미하는 것이라고 해석하고 있다.[79] 이란이 2개의 레드라인으로 설정하고 있는 탄도 미사일과 이란 프록시 세력의 위협은 이스라엘과 GCC 순니파 국가들의 입장에서도 국가 안보상 레드라인이기 때문에 양측의 이해 관계가 정면으로 충돌한다는 점에서 이란-이스라엘 군사적 충돌 가능성은 그 어느 때보다 고조되어 갈 것으로 전망된다.

미-이란 핵 협상의 주요 걸림돌

　바이든 행정부 출범 이후 미-이란 핵 협상 문제의 본질은 미국이 이란과 이스라엘의 양립할 수 없는 전략적 이해 관계를 어떻게 조율할 수 있는지 여부의 문제로 귀결된다고 할 수 있다. 이란 핵 문제를 둘러싸고 워싱턴-텔아비브는 지속적으로 갈등을 겪어 왔다. 르벡 국제(LeBeck International) 연구소 마이클 호로위츠(Michael Horowitz)는 이란 핵 문제를 둘러싼 미국과 이스라엘의 견해 차이는 단순히 다르다는 측면을 넘어서 완전히 정반대의 입장을 보이고 있다고 진단하면서,[80] 양측이 이란 핵 억제라는 공동의 목표를 공유하고 있음에도 그것의 달성 방안에 있어서는 지난 10년간 의견 불일치가 지속되었다고 진단한다. 가장 근원적인 요인은 핵 문제 부속 이슈이자 테헤란이 레드라인으로 설정하고 있는 이란 탄도 미사일과 친이란계 시아파 민병대 활동(Fugitive Weapons)[81] 문제가 자리 잡고 있다. 이란이 설정한 이러한 레드 라인은 이스라엘 및 GCC 주요 국가의 전략적 이해 관계와 정면으로 충돌한다는데 문제의 본질이 있으며 이들 국가들은 이란 핵 문제는 탄도 미사일 및 이란 프록시 세력과 분리해서 접근해서는 안 된다는 입장을 고수하고 있기 때문에 이스라엘과 미국의 알력은 더욱 심화될 것으로 전망된다.

레드 라인(red line)

이란 핵 프로그램은 1950년대 아이젠하워 행정부 시절 "평화를 위한 핵(Atoms for Peace)" 계획하에 미국의 지식 제공을 시작으로 1960년대 존슨 행정부는 이란 최초의 실험용 원자로를 제공해 준 것이 시초라고 할 수 있다.[82] 이란의 입장에서 방어적 군사력 증강은 1980년 이란-이라크 전쟁의 직접적인 결과라고 할 수 있다. 이란-이라크 전쟁에서 철저한 국제적 고립을 경험한 이란 혁명 정권은 군사적 자립성과 외부 세력에 의존하지 않는 안보 구축을 가장 중요시해 왔다. 테헤란은 이란-이라크 전쟁에서 서구 주요 열강들이 사담 후세에 제공한 군사 및 재정적 지원을 결코 잊지 않고 있으며 서구의 이란에 대한 철저한 전쟁 고립으로 군사 무기를 국제 암시장에서 구매할 수밖에 없었던 역사를 혁명 세대의 DNA에 각인하고 있다. 이란 최고지도자 아야톨라 하메네이는 2015년 7월 핵 협상 문서 서명 불과 2주 만에 후속 협상의 가능성을 완전히 배제하면서 JCPOA 혹은 그 어떤 물질적 보상도 MENA 지역 시아파 민병대 활동과 탄도 미사일 프로그램에 대한 이란의 지원을 변경시키지 못할 것이라고 공언한 바 있다.[83] 이란이 탄도 미사일 프로그램 이슈에서 양보할 수 없는 또 다른 요인은 MENA 지역에서 이미 일반화된 장거리 미사일 확산 문제라는 틀에서도 이해할 수 있다. 이스라엘, 사우디, 이집트, 시리아 및 튀르키예는 이미 장거리 미사일을 보유하고 있기 때문이다. 미국의 대이란 제재로 최첨단 전투기 생산에 의존할 수 없었던 이란은 대안으로 미사일 개발로 방향을 전환하였으며 상당 수준의 기술을 보유하고 있다는 것이 전문가들의 일반적인 평가이다.

이란 초강경파 대통령 출범

2021년 3월 24일 실시된 이스라엘 총선 결과는 이스라엘 정치의 극우화가 심화되고 있음을 보여 주었으며, 같은 해 6월 18일 예정된 이란 대통령 선거에서도 이란 보수파 상징 이슬람혁명수비대(IRGC: Islamic Revolutionary Guard Corps) 군 장성의 승리 가능성이 제기된다. IRGC 극우의 상징 호세인 데흐간(Hossein Dehghan)이 보수파 유력 후보로 점쳐지고 있어, 이란 대통령직이 IRGC의 수중에 넘어갈 경우 이미 이란 경제 내에 막강한 영향력을 행사하고 있는 IRGC의 이란 경제에 대한 통제력과 횡포는 더욱 심화될 것으로 전망된다. 또한 IRGC 주도 이란 대통령이 의미하는 가장 중요한 함의는 중동 지역에서 이란 외교 정책의 군사화가 심화될 것이라는 점이다. 이슬람 혁명 수출 이념이 DNA에 각인되어 있는 호세인 데흐간 주도의 이란 대통령은 이란 외교부를 포함하여 이란 외교 정책 기구의 군사화를 더욱 심화시킬 것이며, 솔레이마니 이후 시대 이란 시아파 벨트 저항의 축을 강화시키고자 하는 이란의 야망에 더욱 힘을 실어 줄 것으로 예상되나, 똑같이 정치적 우경화의 길을 가고 있는 이스라엘은 이러한 상황 전개를 결코 좌시하지 않을 것이다. 호세인 데흐간이 중동 지역의 '암종양(Cancerous Tumor)'로 규정한 이스라엘과의 대결에서 이란의 가장 중요한 전략적 자산인 레바논 헤즈볼라 수호를 위해 모든 수단을 동원할 것이다. 헤즈볼라를 국가 안보의 가장 직접적인 위협으로 인식하고 있는 이스라엘과의 충돌인 제3차 레바논 전쟁 발발 가능성이 이미 제기되는 등 중동 문제의 본질적인 측면을 둘러싼 진정한 대결의 무대가 레바논을 중심으로 전개될 가능성이 2021년 4월 제기되었으며, 그다음 달인 5월 이스라엘과 테헤란은 가자 지구를 배경으로 간접적으로 격돌하게 된다.

이스라엘 정치 우경화

이번 선거의 가장 중요한 측면은 이스라엘 정치의 우경화 및 극우화 심화로 극우 세력 연합인 종교적 시오니즘(Zionism)의 이스라엘 의회 크네셋(Knesset) 입성 가능성이며, 향후 이스라엘 정치와 외교 향방에 큰 영향을 미칠 것이라는 점이다. 종교 시오니즘 당수 브살렐 스모크리히(Bezalel Smotrich)가 주도하고, 유대 극단주의 이념으로 무장한 국수주의 정치인이자 랍비(Rabbi)인 메이르 카하네(Meir Kahane)을 추종하는 이타미르 벤 그비르(Itamar Ben Gvir) 주도의 오츠만 예히디트(Otzman Yehudit: "Jewish Power") 당이 참여하는 극우 세력이 부상하면서, 이번 선거는 이스라엘 극우 세력이 정치 무대에서 일반화되고[84] 있음을 보여 주는 선거라고 언론은 평가한다. 이스라엘 타임즈(The Times of Israel)는[85] 벤 그비르의 이스라엘 국회 입성은 이스라엘의 미국과의 관계뿐만 아니라 유태인계 미국인(American Jewry)과의 유대에도 큰 파장을 몰고 올 것이라고 우려하고 있다. 보수 언론 예루살렘포스트조차 인종 차별적이고 극우적인 경향의 벤 그비르의 의회 입성 가능성은 이스라엘의 글로벌 위상을 크게 저해할 것이라고 우려하고 있으며, 5번째 총선이 치러질 경우 이들 극우 세력은 더욱 세를 확대할 것이라고 걸프 뉴스(Gulf News)가 우려한다.[86]

이란 극우파 대통령 부상

이스라엘의 우경화 움직임과 병행해 이란 정치의 우향우 가능성도 고조되고 있다. 현재 이란 최고지도자의 군사 문제 보좌관이자, 로하니 대통령 집권 시기 전 국방장관이며, IRGC 장성(Guards commander) 출신 호세인 데흐간(Hossein Dehghan)이 가장 유력한 대통령 후보로 거론되는 보수파 인물로서 그의 대통령 당선은 이란 정치의 극우화 심화를 의미하는 것이다. IRGC 거물 호세인 데흐간은 1982년 이스라엘의 레바논 침공 당시, 처음으로 파견된 IRGC 부대원의 일원이었으며, 레바논 시아 이슬람 민병대 헤즈볼라 창설에 주요 역할을 한다. 1985년에는 헤즈볼라 강령 마련과 채택에 깊숙이 개입하였으며, 현 헤즈볼라 사무총장 하산 나스랄라(Hassan Nasrallah) 부상에 직접적인 영향을 끼친 인물이자, 1983년 헤즈볼라의 베이루트 미 해병대 막사 테러 당시 시리아 및 레바논을 커버하고 있던 IRGC 책임 사령관이었다. 특히, 호세인 데흐간는 2017년 이후 이란 최고지도자의 이란군의 병참 및 국방 산업 관련 특별 보좌관으로 테헤란의 핵심 전략인 탄도 미사일 프로그램을 직접 챙기는 인물로 알려져 있으며, 베이루트 항구 대폭발을 이스라엘의 소행으로 이미 비난한 바 있다. 영국 가디언과의 인터뷰에서 바이든 행정부가 트럼프 이란 외교 정책을 그대로 답습하고 있다고 비난했다. 전 테헤란 시장이자 현 이란 국회의장 모함마드 바께르 깔리바프(Mohammad Baqer Qalibaf)는 과거 IRGC 준장(Brigadier General)의 이력을 보유하고 있으며, 2017년 보수파 경쟁 후보 이브라힘 라이시(Ebrahim Raisi: 고위 성직자이자 사법부 수장)와의 경선 과정에서 양보한 바 있으나, 그 근본적인 배경에는 대통령직보다는 이란 최고지도자 자리를 노리고 있기 때문이라는 분석이 있다.

이슬람혁명수비대의 이란 경제 장악력 확대

IRGC 출신 인물이 이란 대통령 자리에 오를 경우 이는 이슬람혁명수비대의 이란 경제에 대한 장악력 확대로 이어질 것이다. 자선 단체(Charitable Foundations)의 일종인 보니아드(Bonyads)는 이란 혁명과 동시에 이란의 비공식적인 사회 보장 시스템의 일환으로 구축된 이후 꾸준히 세를 확장하여 현재는 이란 정치 경제의 중추로서 기능하고 있는 조직으로써 파르비즈 파타흐(Parviz Fattah)가 현 회장으로 있는 모스타자판 기금(Mostazafan Foundation), 아스탄 꾿스 라자비 기금(Astan Quds Razavi Foundation), 순교 기금(Martyrs Foundation: 이란 최고지도자의 직접 통제하에 있음.)이 3대 기구이다. 이들 3대 자선 단체를 포함하여 이란 전체 보니아드(Bonyads)가 이란 GDP의 약 30~40%의 비율을 점하고 있어 단순한 자선 단체를 넘어 사실상 대기업으로 기능하고 있다. 모스타자판 기금(Mostazafan Foundation)은 모회사 20개과 약 200개 기업을 포함하여 2016년 기준 전체 자산 규모가 200억 달러에 달하는 것으로 알려져 있다.[87] 이들 보니아드(Bonyads)는 정치 경제에 막강한 영향력을 행사하는 조직으로써 서구조차도 이란 최고지도자 통제하의 천문학적인 재산이 얼마인지 정확히 가늠하지 못하고 있는 것으로 알려져 있는바, IRGC 출신 군 인사가 대통령직을 인수할 경우 동 조직의 영향력은 더욱 확대될 것이며 이란 정치, 경제, 권력의 집중도가 심화될 것으로 전망된다.

호세인 데흐간은 현재 IRGC 투자 부문을 전담하고 있는 협동 기금(Cooperative Foundation) 보니아드 파아본 세파흐(Bonyad-e Faavon-e Sepah)의 수장으로 과거부터 IRGC의 이란 경제 내 영향력 확대를 주도해 왔다. 그가 이란 대통령직에 오를 경우, 미국과 서방의 제재에 직면해, 물품의 자국 생산, 밀수 및 불법 무역에 의존하고 있는 저항 경제(Resistance Economy)를[88] 주도하고 있는 IRGC의 이란 경제의 장악력은 더욱 심화될 것이다. 싸이든 모함마드(Saeed Mohammad)는 이슬람혁명수비대의 경제 내 건설 부문을 담당하고 있는 이란 최대 기업 카탐 엘-안비아 건설 회사(Khatam el-Anbia Construction Headquarters)의 현 수장으로, 이슬람혁명수비대의 젊은 기술 관료(Technocrate) 세대를 대변하고 있는 인물로 이란 대통령 선거 후보군에 포함되어 있다. 카탐 엘-안비아(Khatam el-Anbia) 같이 이슬람혁명수비대 통제하의 기업들은 정부 발주 사업에서 압도적인 특혜를 입고 있을 뿐만 아니라, 정부 회계 절차에서도 사실상 면제를 부여받고 있으며, 심지어 막대한 이윤 창출에도 불구하고 이들 IRGC 관련 기업들이 세금조차 제대로 내지 않고 있다고 로하니 정부는 여러 차례 불평한 바 있다.

테헤란-텔아비브 충돌 가능성

워싱턴 아랍걸프국가연구소(Arab Gulf States Institute) 이란 전문가 알리 알포네흐(Ali Alfoneh)는 온건 개혁파 하산 로하니(Rohani) 이란 대통령의 역할은 비엔나 협상의 틀 내에서 핵 협상 재개 문제에만 한정되며, 이란 강경파는 자신들이 핵 합의의 모든 이슈를 통제할 수 있기를 바라고 있다고 분석하고[89] 있듯이 중동 지정학 변화와 점증하는 국내 반대 세력에 직면해 이란 신정정권의 우경화는 더욱 빠르게 진행되어 이란 정치 우경화 및 외교 정책의 군사화 심화가 우려된다. 알리 레자 이슈라기(Ali Reza Eshraghi)와 아미르 호세인 마흐다브(Amir Hossein Mahdavi)는 2020년 8월 포린 어페어스 기고를[90] 통해 "터반(Turban) 대신 군화를 착용한 권력자들이 이란의 정치 권력을 머리에서 발끝까지 송두리째 빼앗아 가고 있다."고 이란의 국내 정치 흐름을 분석한 바 있다. 왕립합동군사연구소(RUSI) 이란 전문가 카스라 아라비(Kasra Aarabi)는 2020년 10월 기고문에서 "지난 수십 년간 이란 신정 체제의 이념 군사 조직인 IRGC가 이란의 '딥 스테이트(Deep State)' 역할을 해 왔으며, 현재에는 이란 대통령 자리까지

노리면서 이란 국가 전체를 인수하기 일보 직전에 있다."고 진단한다.[91]

　IRGC 주도 이란 대통령의 가장 중대한 함의는 IRGC의 대외 업무를 전담하고 있는 최정예 부대인 '꾿스 부대(The Quds Force)'가 이란 정권의 중동 지역 외교 정책을 사실상 추동하면서 하메네이 지도력을 중심으로 범 시아파 국가 구축이라는 이념 목표를 추구해 왔기 때문에, 이란 혁명 1세대인 호세인 데흐간 대통령 하 이란의 시아파 벨트 강화를 통한 혁명 수출은 더욱 고도화될 것으로 예상할 수 있다. 예루살렘 포스트는[92]이란이 예멘에서 사우디의 영향력 제거에 혈안이 되어 있으며, 예멘을 신무기, 장거리 탄도 미사일 및 후티 반군의 드론 능력 향상을 위한 시험장으로 활용하여 왔으며, 현재에는 사실상 예멘 내전을 주도하고, 예멘 사태를 프록시 전쟁의 중대한 분수령으로 삼아, 향후 미국과 이스라엘과의 충돌에 대비하고 있다고 진단한다. 2021년 4월 현재 바이든 행정부는 중동 문제의 본질인 이-팔 문제와 여기서 파생된 레반트(Levant) 지역 문제에 진지한 정책적 고려를 하지 않고 있으며 중동 문제의 변죽만 울리고 있다. 현재 진행 중인 예멘 내전 종식을 위한 사우디 이니셔티브도 그 근본적인 배경에는 핵 협상 진전을 위한 사전 정지 작업 차원에서 미국의 사우디에 대한 압박차원에서 진행되고 있는 측면이 더 크다고 할 수 있다. 시리아 및 레바논 사태 악화는 바이든 행정부 핵 합의 집착(Fixation)과 기타 중동 문제에 대한 무관심을 단적으로 증명해 주고 있다. 오바마 행정부가 핵 협정 복귀를 위해 여타 모든 중동 문제를 도외시했듯이 바이든 행정부도 똑같은 실수를 반복할 위험성에 처해 있다. 이스라엘 이란 정치 우경화 및 베이루트의 첨예한 정치적 극화를 배경으로 중동 문제의 본질을 둘러싼 중동 맹주 간의 격돌이 베이루트를 무대로 전개될 가능성이 고조되어 가고 있다.

탄도 미사일과 시아파 민병대

이란이 레드 라인으로 설정하고 있는 탄도 미사일 프로그램은 비엔나 협정 복귀 가능성을 미연에 가로막을 결정적 걸림돌로 작용할 가능성이 제기된다. 일각에서는 미국과 유럽 연합의 막대한 경제권 이권이라는 유인이 핵 협상 재개를 추동하고 있으며 바이든 민주당이 상원 다수당을 점할 경우 트럼프의 제재 장벽은 쉽게 해제될 수 있을 것으로 기대하고 있다. 이란 탄도 미사일 프로그램은 이스라엘 및 GCC 입장에서 핵 무기보다 심각하고 실질적인 안보 위협 제기하고 있는 사활적 이슈이며 이러한 위협에 맞서 이스라엘과 GCC의 반-이란 공동 전선이 형성되어 2016년과는 전혀 다른 지정학적 현실에 직면해 있기 때문에 미-이란 핵 협상 복귀 및 대타협 전망은 밝지 않다고 할 수 있다. 무엇보다도 정밀 유도 미사일로 무장한 친이란계 민병대를 활용한 IRGC의 MENA 지역 팽창 정책은 이란 보수정권의 절대 양보할 수 없는 마지노선이라는 이란 국내 정치적인 측면도 핵 협상 전망을 어둡게 하는 간과할 수 없는 중요한 요소이다.

고도화된 탄도 미사일

아랍의 봄으로 초래된 팽창 친화적인 중동 지정학 및 2015년 미국과의 핵 합의로 형성된 전략적 기회를 활용하여 이란혁명수비대 최정예 부대 알꾿스(Al-Quds)는 팔레스타인 가자 지구(Gaza Strip)에서부터 레바논, 시리아, 이라크를 거쳐 예멘에 이르는 광범위한 지역에서 탄도 미사일 프로그램을 핵심적인 수단으로 하여 시아파 벨트를 더욱 고도화시켜 왔다. 제임스 마틴 비확산 연구 센터(James Martin Center for Nonproliferation Studies: CNS) MENA 미사일 문제 전문가 파비안 힌즈(Fabian Hinz)는 걸프 국가들의 입장에서 이란 핵은 위협이기는 하지만 너무 추상적이며, 실질적이고 구체적인 위협은 후티 반군 혹은 이란 알꾿스(Al-Quds)가 발사하는 탄도 미사일이라고 지적한다.[93] 트럼프-네탄야후 앙상블의 최대 압박 전략의 목표는 이란이 구축한 시아파 벨트가 제기하는 고도화된 군사적 위협을 최대한 약화시키는 것이었으며 실제로 많은 성과에도 불구하고 시아파가 정밀 유도 미사일을 통해 걸프 국가 및 이스라엘에 제기하는 안보 위협은 사라지지 않고 있다. 카네기 재단(Carnegie Endowment) 카림 사드자드푸르(Karim Sadjadpour)는 "우리는 지난 20년간 이란의 핵 위협에 너무 도취되어 이스라엘과 이란 인접국에 실질적이고 직접적인 안보 위협을 제기하는 것은 이란이 확산시켜 온 소형 스마트 무기라는 사실을 간과해 왔다."고 지적한다. 유엔사무총장은 2020년 12월 초 UN 안보리 회의에서 리비아 사태에 동원된 대전차 유도탄이 이란에서 제조된 것이 확실하다고 언급한 바 있듯이 이란의 정밀 유도 미사일 기술이 고도화되었음을 확인할 수 있다. 두바이 소재 걸프 및 중동 군사문제 분석 연구소 소장 리아드 카흐와지(Riad Kahwaji)는 이란이 과거에 미사일로 목표물을 명중시키기 위해서는 여러 발의 미사일이 필요하였으나 현재에는 한두 개의 미사일로 목표물을 정확히 타격할 수 있으며 헤즈볼라와 같은 프록시 세력도 비록 공군력은 없음에도 불구하고 이스라엘 전역을 정확히 타격할 수 있는 능력을 보유하고 있다고 진단하고 있다.

중동판 진주만(Middle East's Pearl Harbor)

　이스라엘 군사 전문가들은 이란 공군이 2019년 9월 14일 20대의 드론과 정밀 유도 크루즈 미사일을 동원하여 사우디 주요 유전 지대인 압카이크(Abqaiq) 공격을 중동 지역의 '진주만(Pearl Harbor)'으로 규정한다. 이스라엘은 친이란계 민병대들이 정밀 유도 미사일로 이스라엘을 포위하고 있는 시아파 벨트 위협을 가장 심각한 안보 위협으로 인식하고 있으며 팔레스타인 가자 지구에서 하마스가 발사하는 미사일이 상징적으로 잘 보여 주고 있다. 파비안 힌즈(Fabian Hinz)는 레바논 헤즈볼라의 정밀 유도 미사일 능력은 여러 측면을 구분할 필요가 있다고 분석하고 있다. 시아파 벨트를 통해 이란에서 레바논으로 정밀 유도 미사일이 이전되는 문제의 경우 이스라엘의 지속적인 공습으로 상당 부분 좌절시킨 측면이 있지만 헤즈볼라 자체적인 로켓 및 정밀 유도 미사일 제약 능력은 또 다른 문제임을 인식할 필요가 있다고 진단한다. 2015년 핵 합의 시 배제되었던 이스라엘과 GCC 국가들은 이란의 핵 문제 이외에 탄도 미사일과 지역 팽창 정책에 대항해 단일 전선을 형성하여 미 행정부의 일방통행에 상당히 저항할 수 있는 상황이기 때문에 토마스 프리드만 (Thomas L. Friedman)은 2021년의 중동 지정학적 구도가 2016년 오바마가 백악관을 떠나던 당시의 환경과 근본적으로 다르다고 진단한다. [94]

탄도 미사일: 이란 외교 정책의 중추(Linchpin)

　이란 신정정권(Theocracy)은 리비아와 이라크가 자신들의 탄도 미사일 능력을 제약하는 협상안에 타협함으로써 궁극적으로 정권이 붕괴될 수밖에 없었다고 판단하고 있기 때문에 자신들의 군사 능력이자 마지노선인 탄도미사일 프로그램을 협상안으로 내놓을 가능성은 높지 않다고 할 수 있다. 이란 권력 구조의 측면에서도 탄도 미사일 프로그램과 핵 문제를 분리해서 바라볼 필요가 있는데 하메네이를 필두로 하는 이란혁명수비대가 탄도 미사일 프로그램을 주도하고 있기 때문에 이란 개혁 세력을 대표하는 로하니 이란 대통령은 탄도 미사일 문제와 관련해서는 사실상 협상의 여지가 거의 없다고 봐야 하며 개혁을 가로막는 강경 보수파들은 최대 압박 전략에도 불구하고 여전히 건재함을 과시하고 있다. 약 130,000명의 병력을 자랑하는 이슬람혁명수비대(IRGC)는 실질적인 이란 외교 정책의 선봉장으로서 역할뿐만 아니라 이란 경제의 절반 이상을 통제하면서 이란 혁명 정권의 탄탄한 국내적 기반을 형성하고 있다. 상비군과는 별개로 이란 혁명을 수호하기 위해 만들어진 이란혁명수비대는 이란의 탄도 미사일 프로그램을 주도하고 호르무즈 해협 통제권을 가지고 있을 뿐만 아니라 건설, 항만, 공항 및 국경과 같은 경제의 핵심 부문에 대한 통제권을 행사하고 있을 정도로 막강한 권력을 행사하며 이란 보수 정권 안정의 초석을 형성하고 있다. 이외에도 이란 혁명 정권을 지지하는 세력으로는 상호 부조와 후견이 제도(Clientelism)를 통해 형성된 부유하며 막강한 정치적 영향력을 행사하는 성직자(cleric) 세력과 최대 약 5백만 명으로 추산되는 자발적인 준군사(Paramilitary) 조직 바시지(Basij: 일종의 예비군)도 존재하고 있기 때문에 정권 위기 시 언제든 동원될 준비를 하고 있는 강력한 기득권 세력을 형성하고 있다.

미국과 이스라엘의 이해 관계 분화

2021년 10월 22일 이란 핵 문제를 둘러싼 미국과 이스라엘의 점증하는 이해 관계 분화의 배경 속에서 이스라엘 보수 언론 하욤(HAYOM)은 사설에서[95] 1973년 제4차 중동 전쟁인 욤 기푸르(Yom Kippur: 이스라엘의 속죄일) 전쟁 이후 이스라엘은 독자적인 국방 정책을 미국의 이해 관계에 종속시켜 왔으나, 현재의 이란 핵 문제를 둘러싸고 이러한 잘못된 정책이 붕괴하고 있다고 분석한다. 한편, 하욤의 또 다른 분석 기사는[96] 최근의 사태 전개는 이란의 자신감 증대를 보여 줄 뿐만 아니라 미국이 중동 지역을 방기(Abandoning)함에 따라 MENA 지역에서 이란이 영향력을 확대할 수 있는 커다란 권력 공백이 초래되고 있다는 이란의 인식을 강화시켜 주고 있다고 분석한다. 예루살렘 포스트 또한 최근 미 국무장관이 아브라함 협정에 대한 미국의 지지를 공언한 바 있으나, 바이든 행정부는 추가적인 이스라엘과 아랍 국가 관계 정상화를 위한 어떠한 움직임도 보이지 않고 있다고 하면서 그 배경에는 미 외교 정책 우선순위의 재배정의 결과일 뿐만 아니라 부분적으로 이념적 고려에 기인한 측면도 있다고 분석한다. 즉, 중동 문제에서 팔레스타인 문제의 중심성

(Centrality)을 여전히 맹신하고 있는 미 관리들이 아브라함 협정 체결의 추동력을 통해 평화의 서클을 확대하는 문제를 이스라엘의 이-팔 분쟁 개선을 위한 인센티브로 활용하려고 하고 있기 때문에 아브라함 협정의 중차대한 확대 움직임이 무한정 연기되고 있다고 진단하면서 바이든 행정부 중동 정책을 비난한다.

이스라엘의 워싱턴 탈-동조화(De-coupling with US)

2021년 5월 4차 하마스-이스라엘 전쟁은 이스라엘의 독립성 증대와 쇠퇴하는 미국의 대이스라엘 영향력을 보여 주고 있다. 전쟁 초기 바이든은 이스라엘의 자위권을 강력하게 지지하였으며, 미 의회는 이스라엘에 대한 군사 원조 삭감도 고려하지 않고 있으며, 심지어 팔레스타인들이 워싱턴에 대표부를 재개하는 것을 사실상 불가능하게 할 수 있는 법안을 뒤집을 생각조차 하지 않을 정도로 워싱턴 정계는 여전히 친-이스라엘 세력이 뒷받침하고 있다고 아랍걸프국가연구소(Arab Gulf States Institute) 후세인 이비쉬(Hussein Ibish)는 평가한다.[97] 그럼에도 불구하고 이번 가자 전쟁은 미-이스라엘의 전통적인 확고한 유대 관계 약화 현상도 동시에 진행되고 있음을 부각시켜 주고 있는 사건으로 평가받는다. 이스라엘은 군사적 측면에서도 독립성을 키워 왔다. 미국의 이스라엘에 대한 군사 원조가 절대적 수치로는 여전히 크지만, 비중면에서는 크게 감소하여 1981년 미국의 대이스라엘 군사 원조 규모가 이스라엘 GDP의 10%를 차지하였으나, 2020년에는 1% 수준인 40억 달러에 불과할 정도로 의존도가 낮아졌다고 NYT는 분석한다.[98] 미국의 기술에 크게 의존했던 이스라엘의 미사일 방어 기술도 대부분 국내 생산 및 유지가 가능할 정도로 자립성이 증대되어 왔으며, 이는 이스라엘의 군사적 자급자족 노력의 확고함을 보여 주는 것이라고 뉴욕 타임즈는 평가한다.

2010년대 중반부터 네탄야후 이스라엘 총리는 당시 오바마 재선 노력에 노골적인 반대 입장을 표명하면서 이스라엘-미국 관계를 곤두박질치게 하면서도, 비민주적인 국가와의 네트워크를 형성하여 브라질, 헝가리, 인도 및 여타 국가들과 외교 지평을 확대하여 이스라엘의 생존에 필수적이었던 미국 의존도를 낮추어 왔으며, 2020년 아브라함 협정 체결도 이러한 측면에서 이해할 수 있다. 미국의 이-팔 문제 영향력 약화를 보여 주는 중요한 지표 중의 하나로 뉴욕 타임즈는 이집트가 제4차 이스라엘-하마스 전쟁 정전을 거의 마무리하는 단계에서 미국이 개입하였다는 점에서 미국의 이-팔 문제의 영향력이 과거와 같이 크지 않다고 평가하며, 가치 외교인 인권 외교의 측면에서 민주적 가치를 바탕으로 한 대이스라엘 연성 압박의 효과도 해가 갈수록 약화될 것이라고 전망한다.

워싱턴의 정치 지형 변화도 미국과 이스라엘의 전통적인 유대 관계 약화 가능성을 보여 주고 있다. 포린 폴리시(Foreign Policy)는 바이든 행정부 팔레스타인 정책이 두 가지 측면에서 긍정적인 변화의 조짐을 보이고 있지만, 바이든이 어디까지 이-팔 문제에 관한 유리 천장을 깰 수[99] 있을지는 미지수라고 전망한다.[100] 첫째, 바이든 행정부는 팔레스타인 문제를 팔레스타인들의 정치적 권리(Rights)로 보는 틀에서 벗어나 불가분의 인권 문제(Inalienable Human Rights)로 접근하기 시작했다는 측면에서 전통적인 미-이스라엘 유대 관계의 균열 조짐이 나타나고 있으며, 이스라엘 정책에 대한 미국 내 비난 여론이 점차적으로 허용되는 분위기라고 진단한다. 이러한 민주적 가치 중시 정책보다 더 중대한 변화는 미국의 대이스라엘 군사 원조를 레버리지로 활용할 필요성이 있다는 진보 성향 미 정치인들의 요구가 커지고 있다고 점이다. 버니 샌더스(Bernie Sanders)는 미국의 대이스라엘 군사 원조에 제동을 걸었으며, 엘리자베스 워런(Elizabeth Warren)은 이스라엘이 점령하고 있는 지역에 대한 미국의 군사 원조를 제한하지 못하는 미국의 대이스라엘 정책을 가장 큰 문제

(Elephant In The Room)로 규정하고 있다. 이-팔 문제와 관련된 미국의 정치 지형의 변화는 과거에 미 군사 원조의 조건 부화를 반대했던 친-이스라엘 로비 단체인 제이 스트리트(J Street)와 어메리칸 포 피스 나우(Americans for Peace Now)가 현재 군사 원조 제한을 지지하고 있으며, 카네기 재단(Carnegie Endowment)도 반-이스라엘 성향을 보이고 있다고 포린 폴리시(Foreign Policy)는 진단하고 있다.

중국의 부상과 워싱턴-텔아비브 마찰

중국의 경제적 부상도 미국과 이스라엘의 전통적인 동맹 관계에 긴장을 초래하고 있다. 이스라엘은 노후화된 국가 기간 시설 현대화를 위해서 해외 투자를 필요로 하고 있다. 2014-2015년 이스라엘 하이파(Haifa) 및 아슈도드(Ashdod) 항구 건설 및 관리를 위한 계약이 중국 업체에 부여된다. 베이징은 "이스라엘이 매우 작은 나라이지만, 그럼에도 불구하고 이집트 시나이 반도 이외에 통상 요충지를 보유하고 있는 유일한 나라로서 인도양과 지중해를 연결하는 수에즈 운하의 대안"으로 여기고 있는데, 레바논-시리아-이라크 축은 너무 위험하고 불안정한 통상 루트로 인식하고 있기 때문이라고 부다페스트 안톨 죠세프 지식 센터(Antall Jozsef Knowledge Centre) 즈솔트 체프레기(Zsolt Csepregi) 평가한다. 중국-이스라엘 통상 규모는 2001년 10억 달러에서 2018년 116억 달러로 증가하였으며, 2020년 97억 달러로 잠시 주춤세를 보였다고 이스라엘 텔-아비브 대학 연구 센터 국가전략연구소(Institute for National Strategy Studies) 보고서가 보여 주고 있다.[101]

이러한 중국-이스라엘 관계 심화에 대해 미국은 점점 반대 목소리를 높여왔다. 트럼프는 이스라엘에 강력한 경고를 보냈으며, 미국 외교관들은 막후에서 이스라엘이 중국과의 관여를 지속하지 못하도록 방해 공작을 해 왔다. 그 결과 투자와 통상 규모는 감소하게 되었으며, 중국과 이스라엘의 공개적인 만남은 횟수가 현저히 줄어들게 되었다. 이스라엘-중국 파트너십의 황금 시대는 종식되었으며, 이스라엘은 더 이상 중국을 스토킹하지 않으며, 중국과 새로운 계약을 체결하기 전에 다시 한번 더 생각하게 되었다고 즈솔트 체프레기(Zsolt Csepregi)는 평가한다. 베네트-바이든 행정부 기간에도 중국-이스라엘 관계 심화 가능성은 커져 보이지 않는다. 2021년 바이든-베네트 회담에서 바이든은 이스라엘 정부에 중국과 관련된 사안에 압박을 하였으며, 그 결과 중국 업체에 부여되었던 텔아비브 경전철(Tel-Aviv Light Rail) 건설 사업 계약이 취소되었다고 언론은 보도한다. 이로 인해 중국은 자신들의 투자가 미국의 압박에 덜 취약한 지역을 필요로 한다는 점을 깨닫게 되며, 이란과의 관계 심화에 집중하게 된다. 지난 몇 년간 이스라엘과의 관계에서 텔아비브를 자극할 수 있는 발언을 자제해 왔던 베이징은 2021년부터 매우 뚜렷하게 친-팔레스타인 정책을 펼치기 시작한다.

베이징이 남긴 이러한 공백을 누가 메울 수 있을 것인지에 대한 의문에 대해 최근의 지정학적 움직임이 많은 해답을 주고 있다고 즈솔트 체프레기는 분석한다. "2020년 9월 아브라함 협정 체결의 주요한 배경 중의 하나는 이스라엘이 자신들의 국가 기간 산업을 위한 대규모 투자가 필요했기 때문으로, 아부다비는 이러한 계획에 수십 억 달러를 제공할 위치에 있었으며, 과거 베이징에 귀속되었던 이러한 역할을 아부다비가 대체하게 된 것"이라는 경제적 해석을 즈솔트 체프레기는 제시하고 있다.

우크라이나 전쟁과 이란 핵 협상 새로운 방정식

2012년 8월 미국 오바마 대통령은 시리아 내전에서 화학 무기 사용 가능성에 직면해 "화학 무기의 어떠한 움직임도 레드 라인을 넘게 되면, 미국의 반응에 영향을 줄 것이다."라고 공식적으로 표명한다. 1년 후인 2013년 8월 시리아 구타(Ghouta) 지역에서 화학 무기 사용으로 약 1,400여 명이 사망하는 사태가 발생하지만, 오바마 행정부는 아무런 대응을 하지 않게 된다. 오바마 행정부의 이러한 행보는 당시 미 행정부가 추진하던 이란과의 핵 합의와 긴밀한 관련이 있으며, 2022년 2월 러시아의 우크라이나 침공에도 불구하고 미국과 서방이 러시아를 제재하기 위한 모든 조치를 취하지 못하고 있는 배경에도 이란과의 핵 협상에서 러시아의 역할을 무시할 수 없기 때문이라고 이스라엘 하욤(HAYOM)은 주장하고 있다.[102] 실제로 오바마는 2015년 12월 "시리아 내 이란의 자산(Assets)을 존중한다."고 언급하며, 이란 핵 협정과 시리아 내전과의 관련성을 넌지시 내비친다. 월 스트리트 저널 기자 제이 솔로몬(Jay Solomon)도 시리아의 화학 무기 사용에 대해 미국이 군사 행동을 하지 않은 배경에는 핵 협상 성공을 위해 이란에 대한 배려가 크게 작용하였다고 보도한다.

세르게이 라브로프(Sergueï Lavrov) 러시아 외교장관은 2022년 3월 5일 미국이 러시아에 부과한 제재안은 러시아와 이란의 통상, 경제, 자유롭고 완전한 투자 및 군사 기술적 협력을 어떠한 경우에도 저해해서는 안 된다는 서명 보증을 요구하면서 이란 핵 합의 복원 협정이 새로운 국면으로 접어들게 된다. "러시아는 이란 핵 합의인 JCPOA를 서방과의 접촉의 장으로 여기고 있으며, 핵 협상 회담을 통해 러시아는 유럽 연합 및 미국과의 관계를 유지해 왔기 때문에, 현재 러시아가 개입하고 있는 더욱 확대된 지정학적 구도는 전혀 새로운 것이 없으며, 러시아가 이란 핵 협상을 영향력 행사의 지렛대로 활용해 왔다는 것을 우리는 잘 알고 있다."고 로버트 슈망 고등 연구 센터 중동 프로그램 지역 안보 구상(Regional Security Initiative au sein du Middle East Directions Programme of the Robert Schuman Centre for Advanced Studies) 압돌아라술

디브살라(Abdolarasool Divsallar)는[103] 분석하면서, "현재 새롭게 윤곽을 드러내고 있는 측면은 러시아의 우크라이나 침공 이후 모스크바에 부과된 강력한 제재 완화를 미국에 요구하는 방안이 모스크바의 입장에서 흥정과 교섭에서 교환의 조건이 될 수 있으며, 이는 결국 이란 핵 협상에서 중요한 역할을 하고 있는 러시아의 입지를 고려할 때 이란 핵 협상 문안을 최종적으로 마무리하는 과정을 더욱 복잡하게 할 수 있을 것"이라고 전망한다. 중동연구소(Middle East Institute) 이란 프로그램 소장 알렉스 바탄카(Alex Vatanka)도[104] 앞으로 며칠 혹은 몇 주 이내에 추가적으로 부과될 대 러시아 제재안에 따라, 모스크바는 우크라이나와 이란 핵 합의를 흥정의 대상으로 연결지으려고 할 것이며, 바이든 행정부가 이란과의 핵 합의 타결에 사활을 걸고 있기 때문에 미국-러시아 흥정 과정에서 우크라이나 제재를 협상의 수단으로 활용할 것이라는 사실을 크렘린은 잘 인식하고 있다고 평가한다.

테헤란의 입장에서 "친-푸틴 정책은 이슬람 공화국 생존을 위해 앞으로 러시아의 지원을 얻기 위해 필요한 모든 수단을 동원하는 소위 '동방 정책'이라는 이슬람 혁명 정권의 장기 전략의 중요한 요소를 구성하고 있다."고 레바논 베이루트미국대학(AUB) 이쌈 파레스 연구소(Institut Issam Fares) 알리 파덜라흐 네자드(Ali Fathollah-Nejad)는 평가한다. 그럼에도 불구하고 모스크바와 테헤란의 이러한 거래적 관계(Transactional Ties)는 테헤란이 모스크바에 크게 의존하고 있는 점, 과거 러시아가 이란에 대해 보여 준 기회주의적인 태도를 감안할 때 전혀 안정적이지 않다는 맹점을 내포하고 있다고 부언한다. 테헤란의 입장에서 우크라이나 사태는 2021년 8월 미국의 혼란스러운 아프가니스탄 철군과 마찬가지로 미국이 러시아의 침공으로부터 우크라이나를 보호하지 못했다는 점에서 미국 바이든 행정부의 무력감을 보여주는 또 다른 에피소드에 불과한 것으로 인식되고 있다.

이란혁명수비대 테러 단체 지정 해제

2019년 봄 트럼프 행정부는 최대 압박 전략의 일환으로 이란혁명수비대를 테러 단체로 지정한다. 한 국가의 정규 군대를 테러 단체로 지정한 트럼프의 조치에 대해 죠지 워싱턴 대학교 이란 미래 구상(George Washington University Future of Iran Initiative) 소장 바르바라 슬라빈(Barbara Slavin)은 "이란혁명수비대는 이미 미국의 여러 당국의 제재를 받고 있기 때문에 트럼프의 동 단체에 대한 테러 단체 지정은 오직 상징적이고 정치적인 타격에 불과하다."고 평가한다. 그럼에도 불구하고 동 단체의 테러 단체 지정 해제 문제는 미국-이란 핵 협상 진전을 가로막은 주요한 걸림돌로 작용한다. 2022년 3월 중순 바이든 행정부가 이란혁명수비대를 테러 단체 명단에서 해제할 수 있다는 소문이 언론을 통해 나오기 시작한다. 동 단체의 해제는 그러나 이란의 입장에서 실질적이고 상징적인 효과를 가져올 수 있다. 테러 단체 지정 해제는 이란혁명수비대의 대외 활동을 위한 더 많은 자금 지원이 가능함을 의미하기 때문에 레바논 헤즈볼라의 자금력이 증대할 것이며, 자신들의 역할을 더 충실하게 할 수 있으며, 레바논과 시리아에서의 헤즈볼라의 역할에 매우 긍정적인 결과를 불러올 것이다. 무엇보다도 테헤란은 테러 단체 지정 해제를 통해 이란이 미국과의 대결에서 어떻게 테헤란이 굴복하지 않았으며, 워싱턴이 먼저 꼬리를 내렸다는 정치적 선전으로 활용할 것이라고 카네기중동센터(Carnegie Middle East Center) 모하나드 하지 알리(Mohanad Hage Ali)는[105] 전망한다. 또한 워싱턴의 테러 단체 지정 해제 움직임은 긴장 완화 움직임의 일환으로 해석할 수도 있으며, 미국-이란 핵 합의와 병행해서 진행 중인 이란-사우디 양자 협상에서도 큰 진전을 가져올 수 있을 것으로 일각에서는 전망한다.

그러나 2022년 5월 25일 바이든 행정부는 이란혁명수비대를 테러 단체 명단에서 해제하지 않을 것이라는 사실을 이스라엘 베네트 총리에게 알린다. 이에 베네트 총리는 이러한 원칙적인 결정과 미국이 이스라엘의 진정한 친구인 점에 대해 감사의 뜻을 자신의 트위트를 통해 전달한다. 2022년 5월 22일 미 상원 외교관계 위원회에서 열린 JCPOA 협상 및 이란 정책 관련 청문회에서 바이든 행정부 이란 특사 로버트 말리(Robert Malley)는 "이란혁명수비대에 대한 미국의 입장에는 변화가 없을 것"이라고 언급한다. 한편, 2022년 5월 22일 테헤란 외교 정책을 주도하는 이란혁명수비대 최정예 부대 알꾿스(Al-Quds) 고위 장성 하싼 싸이드 코다야리(Hassan Sayyad Khodayari)가 자신의 자택 앞에서 암살당하는 사건이 발생한다. 미국 뉴욕타임즈는 이스라엘 정부가 이란혁명수비대 간부 암살 사건의 배후가 자신들임을 미국 정부에 직접 알렸다고 보도한다. 뉴욕 타임즈의 이러한 비밀 유출 보도에 대해 채널 12 뉴스(Channel 12 News)는 이스라엘 관리들이 미국 정부가 비밀 정보를 뉴욕 타임즈에 유출하면서 완전히 무방비로 당했다는 분위기라고 보도하면서, 이러한 불협화음은 양국의 긴밀한 전략 관계에서 매우 드문 일이라고 평가한다.[106] 이스라엘 정부는 암살된 알꾿스(Al-Quds) 간부는 이스라엘과 서방에 대한 해외 테러 작전을 전담하는 이란혁명수비대 최정예 부대 소속 'Unit 840'의 부사령관이라고 주장한다. 영국 가디언은 미국이 이란혁명수비대를 테러 단체 명단에 유지하기로 결정하면서 이란 핵 합의 복원 전망에 심각한 타격이 가해질 것이라고 전망한다.[107]

중동판 나토(Arab NATO) 창설 잿걸음

텔아비브에서 젯다에 이르기까지 이란의 위협과 지역 안정에 대한 공동 인식은 바이든 중동 순방의 주요 의제가 되며, 워싱턴은 역내 자신의 동맹국들에게 안전 보장을 제공하면서 안심시키려고 하고 있다. 취임 이후 처음으로 중동을 방문한 바이든은 2022년 7월 14일 '예루살렘 선언'을 통해 이스라엘에 큰 선물을 안겨 줬다. 동 선언은 매우 중요한 문서로 양국이 이란이 핵 무장하는 것을 절대로 허용하지 않을 것이며, 이를 담보하기 위해 양국 국방력의 모든 가용한 수단을 동원할 것을 약속하고 있다. 아랍권 일각에서는 이 문서를 바이든이 이란과의 핵 합의 옵션을 폐기한 것으로 해석한다. 텔아비브의 입장에서 중요한 것은 이란에 대한 군사적 위협의 신뢰성을 담보하는 것이다. 다시 말해 비엔나 핵 협상이 붕괴할 경우 믿을 만한 '대안(Plan B)'이 존재하고 있음을 보여 주어야 하는 것이다. 이러한 맥락에서 워싱턴과 텔아비브 사이의 협력을 증진하고, 견해 차이를 최소하기 위한 노력이 진행 중이며, 특히 트럼프가 시도했던 이스라엘을 포함하는 중동판 나토(NATO) 창설을 위한 미국 주도의 외교적 노력이 바이든 행정부에서 다시 전개되고 있다. 베니 간츠(Benny Gantz) 이스라엘 국방 장관은 6월 말 이스라엘과 중동 국가들은 역내 번영과 안정을 위한 폭넓은 동반자 관계 구축 과정에 있다고 하면서 중동 지역 방공 시스템 구축을 언급했다. 미 월 스트리트 저널(The Wall Street Journal)은 미국의 후원하에 이스라엘과 아랍 군 당국자들이 2022년 3월 이집트에서 비밀 회담을 개최하였으며, 동 회담에는 카타르와 사우디 책임자들도 참석하였을 것으로 보도한다. 지난 7월 초에는 이스라엘 관리들이 카타르에서 개최된 미국중부사령부(CENTCOM) 회의에 참석하였으며, 도하가 팔레스타인 문제와 관련하여 '실무적 관계(Working Relations)'만을 유지하고 있음을 감안할 때 매우 이례적인 일이라고 할 수 있다. 미국 주도의 중동 지역 새로운 안보 구상 구축 움직임과 관련하여 이란 외교부 대변인 나세르 카나니(Nasser Kanani)는 역내 새로운 안보 구조는 오히려 역내 공동의 지역 안보를 약화시키는 효과만 초래할 것이며, 유대 시온주의 체제의 안보 이익만을 증진시킬 뿐이라고 비난했다. 바이든은 7월 16일 사우디 젯다에서 개최되었으며, 이라크, 요르단 및 이집트 정상이 참여한 GCC+3 회담에서 MENA 지역의 '단기 및 장기적인' 식량 안보 지원을 위해 10억 달러 지원을 약속했다. 또한 워싱턴은 2023년부터 2029년까지 매년 14억 5천만 달러의 자금 지원에 관한 협정을 요르단과 체결한다. 미국 주도의 MENA 지역 새로운 안보 구조 구축 움직임과 관련하여 아랍권의 일각에서는 자신들의 안전이 아닌 타국의 안보를 위한 미사일 방어막 구축을 위한 외교적 각축이 경제적 난국에 처해있는 아랍 국가들의 밀과 에너지 수입에 영향을 미치지 않기를 바란다는 냉소적인 반응을 쏟아 내고 있다.

바이든이 이스라엘 Channel 12 news와의 인터뷰에서 이란 핵 무장을 막기 위한 마지막 수단으로 무력 사용이 가능함을 언급하고 있는 바로 그때, 나스랄라 레바논 헤즈볼라 사무총장은 이스라엘이 레바논의 지중해 카리쉬(Karish) 가스 자원을 강탈해 갈 경우 전쟁은 불가피할 것이라고 위협했다. 바이든의 이스라엘 방문으로 이란 핵 문제를 둘러싼 양국의 마찰이 어느 정도 해소될 수 있을 것이며, 미국이 추진하고 있는 중동판 나토 창설 구상이 어느 선까지 현실화될 수 있을지를 판단하는 것은 시기상조일수 있다. 그럼에도 불구하고 바이든의 이번 중동 순방의 주요 배경 중의 하나는 우크라이나 전쟁을 배경으로 중동 지역에서 무력 충돌이 발생할 경우 국제 유가 폭등으로 가뜩이나 어려운 역내 안보와 글로벌 경제에 파괴적인 결과가 초래될 수 있다는 우려가 자리 잡고 있다. 우크라이나 전쟁에 이은 새로운 중동 전쟁 발발의 여파는 레바논을 거쳐 심지어 아시아 지역까지 전이될 수 있다. 그럼에도 불구하고 MENA 지역에 더 큰 혼란이 초래될 수 있는 위험성이 우크라이나 전쟁이 불러온 소용돌이의 그림자에 묻혀 버리고 있다. 이스라엘과 레바논의 해양경계획정과 이란의 핵 문제와 관련된 협상의 결과에 따라 지금 중동은 또 다른 전쟁과 강요된 평화(Dictated Peace) 사이의 중대한 갈림길에 처해 있다. 이란 핵 협상 교착 상태에도 불구하고 워싱턴은 이슬람혁명수비대를 테러 단체 지정에서 해제하라는 테헤란의 요구를 묵살해 버렸으며, 바이든이 중동 순방을 통해 이란을 표적으로 한 중동판 나토 창설 움직임을 보이고 있는 2022년 7월 현재 MENA 지역 평화의 전망은 그 어느 때보다도 살얼음판을 걷고 있다.

제5장

트럼프-네탄야후 듀오 최대 압박 전략

트럼프 중동평화안 '세기의 거래(Deal of The Century)'의 성공적인 시행과 담보를 위한 일련의 움직임이 2017년 트럼프 행정부 출범 이후 중동 정세를 일관되게 추동하고 있는 근본적인 배경으로 작용한다. 백악관 입성 후 가장 먼저 사우디를 순방한 트럼프는 그다음 조치로 2017년 12월 6일 지난 반세기 이상 이-팔 분쟁에 관한 미국 행정부의 예루살렘 지위에 관한 전통적인 정책을 완전히 뒤집고 예루살렘이 이스라엘의 분리할 수 없는 하나의 수도임을 선언한다. 그 후에도 트럼프는 일관되고 극단적인 친-이스라엘 정책을 내놓게 된다. 텔아비브에서 예루살렘으로 미 대사관 이전, 골란고원에 대한 이스라엘 주권 인정 등 일련의 친-이스라엘 정책과 병행하여 이란에 대한 최대 압박 전략을 추진한 근본적인 배경은 트럼프가 2020년 1월 발표한 중동평화안 세기의 거래의 성공적인 안착을 통해 이-팔 문제를 항구적으로 해결하겠다는 미국과 이스라엘의 강력한 의지가 숨어 있었다.[108]

트럼프 행정부의 이란 및 헤즈볼라에 대한 '최대 압박 전략'은 사실상 이중적인 의미를 내포하고 있다. 미국의 최대 압박 전략의 주된 일차적 대상은 이란이 구축한 시아파 초승달에 압박이라고 할 수 있다. 더 나아가 GCC 국가, 팔레스타인, 이집트, 레바논 및 요르단 등 중동평화안의 핵심 이해당사국도 간접적인 표적의 대상이 되고 있다.[109] 2017년 12월 중동 모니터(Middle East Monitor)는 "걸프 왕정 국가들이 이란이 제기하는 거짓 위협을 믿고, 팔레스타인들의 정당한 대의를 자신들과 전혀 무관한 일로 강등시켜 버렸으며, 이슬람 저항 운동에 대응하고 걸프 순니 헤게모니에 대한 유일한 저항 세력인 시아 이란에 대항한 거대한 군사 동맹 형성을 기도하고 있다."[110]고 전망한다.

세기의 거래 추진의 정치 경제적 배경

2002년 레바논 베이루트에서 개최된 아랍 연맹 회의에서 채택된 "아랍 평화 구상(Arab Peace Initiative)"에도 불구하고 아랍 세계와 이스라엘은 아랍의 봄 이후 막후에서 지속적으로 관계를 유지해 온다. 표면적인 충돌 노선의 이면에서 전개되고 있는 아랍 세계와 이스라엘의 관계 개선은 아라비아 반도의 새로운 지도자인 리야드 MBS와 아부다비 MBZ에 의해 주도되었으며, 역내 이란의 팽창주의에 직면해 이스라엘과의 전략적 이해 관계 수렴을 최우선시하고 있다. 트럼프 행정부 출범으로 이스라엘의 대아랍 외교는 최고 단계에 진입한다. 2018년 10월 이스라엘 관리들은 스포츠 외교의 일환으로 UAE와 카타르를 방문하며, 이와 동시에 네탄야후 총리는 오만에서 카부스(Qabous) 국왕과 면담한다. 부동산 재벌, 트럼프의 사위, 세기의 거래 주요 입안자 중의 하나인 쿠슈너(Kushner)는 경제적 유인을 제공하면 팔레스타인들이 트럼프 평화 구상을 수용할 것이라고 계산하고, 2019년 6월 25일에서 26일 양일 간 바레인에서 "Peace to Prosperity"로 명명된 국제 워크숍을 통해 트럼프 평화안의 경제적 구상을 발표하면서 트럼프 중동평화안은 차근차근 진행된다. 2020년 6월 이스라엘의 요르단 계곡 병합의 위험성에 직면해, 아랍 국가들은 국내 및 역내 여론을 누그러뜨리기 위해 병합을 규탄하는 강한 어조의 성명서를 발표한다. 그럼에도 불구하고 "이러한 외교적 수사의 이면에는 아부다비와 리야드가 이스라엘과의 협력을 지속할 것이라는 의지가 숨어 있다. 왜냐하면 걸프 왕정 국가들과 이스라엘 사이에는 강력한 연합 관계가 이미 형성되어 있으며, 이러한 동맹 관계를 통해 튀르키예, 무슬림 형제단 및 이란 이슬람 공화국이 제기하는 점증하는 위협에 대응할 수 있기 때문"[111]이라고 걸프 국가 애널리틱스(Gulf State Analytics) 소장 죠지오 카피에로(Giorgio Cafiero)는 분석한다.

거대한 구조 변화(Tectonic Regional Shift)

트럼프 행정부 중동평화안 세기의 거래 추진 배경은 이스라엘의 국가전략, 팔레스타인(WB/GS: West Bank/Gaza Strip)이 처한 냉혹한 현실, MENA 지역 국가들의 국내 정치 경제적 여건 및 중동 지정학의 측면에서 살펴볼 필요가 있다. 불과 15년 전만 하더라도 수많은 중동 문제의 관측통들이 이스라엘이 팔레스타인 문제에 관한 지속 가능하고 평화로운 해결책을 찾는데 실패할 경우 텔아비브는 점점 더 외교적 고립에 처할 것이라는 분위기가 2000년대 중반 이스라엘이 직면한 외교적 및 지정학적 현실이었다. 그러한 2011년 아랍의 봄 이후 이스라엘의 전통적인 우방 유럽 및 미국 이외에도 새로운 파트너들-인도, 러시아 및 아프리카 국가들-까지 확대되며, 막후에서 아랍 국가들과 이스라엘의 관계가 개선되기 시작한다. 2020년 적어도 단기적으로는 이스라엘은 상황 전개 향방에 영향력을 행사할 수 있는 결정적 능력을 보유하고 있다고 이스라엘 언론은 진단하였다. 텔아비브는 역대 가장 친이스라엘 성향을 보이는 미 행정부의 유례가 없는 지지를 등에 업고, 러시아 크림 반도(Crimea) 지역에서부터 인도 카슈미르(Kashmir) 지역에 이르기까지 해묵은 영토 분쟁을 촉발하면서 세계적인 돌풍을 일으키고 있는 강력한 민족주의의 순풍이라는 지정학적 분위기를 간파한다. 더 나아가 이스라엘은 이-팔 분쟁 측면에서 팔레스타인 민족주의 운동이 역사상 가장 저조한 움직임을 보이고 있을 뿐만 아니라 아랍 형제들이 팔레스타인들에게 보여 주는 냉대가 복합적으로 작용하여 중동 정치 지형에 거대한 구조적 변화가 일어나고 있음을 감지하고 트럼프가 제공해 준 세기의 기회를 맞이하여 본격적인 MENA 지정학 재편에 착수한다.[112]

공동의 적: 테헤란

테헤란을 출발 바그다드, 다마스를 거쳐 베이루트에 이르는 시아파 축이 현실적인 측면으로 구체화되면서 시아파와 순니파 공동체 간의 극화 현상이 심화되는 반면 이스라엘과 걸프 왕정 사이의 본격적인 관계 개선의 시초가 만들어지게 된다.[113] 이스라엘 총리 네탄야후는 오랫동안 기회가 있을 때마다 트럼프 신임 대통령에게 "이란의 위협은 미국, 이스라엘 및 아랍 국가들에게 위험하다."는 점을 여러 차례 강조한다. 2018년 1월 네탄야후 총리는 미국 MSNBC와의 인터뷰에서 이스라엘-아랍 국가 간의 포괄적 평화를 주창하면서, 현재 중동의 많은 아랍 국가들이 이스라엘을 더 이상 적국으로 인식하지 않고 있으며 오히려 아랍 세계와 이스라엘을 위협하고 있는 이슬람 쌍둥이 세력인 이란과 다이쉬(Daech) 세력에 맞서는 동맹국으로 인식하고 있기 때문에 아랍-이스라엘 평화를 구축할 수 있는 유례가 없는 기회 앞에 놓여 있다고 강조한다. 동일 맥락에서 당시 이스라엘 국방부 장관 아비그도르 리베르만(Avigdor Lieberman)는 이란이 역내 사우디아라비아의 역할에 족쇄를 가하려고 기도하고 있다고 비난하면서, 테헤란이 중동 지역을 불안정으로 몰아넣는 주요 요인이라고 몰아세운다. "나의 적의 적은 나의 친구"라는 격언에 기초해, 이스라엘과 사우디는 이란과 시아파 초승달이라는 2가지 공동의 적에 대항하기 위한 공동의 안보 문제 접근 방식에 기반해 양측의 접촉을 본격화할 태세를 보이고 있다고 전문가들은 전망했다.[114]

국가 안보 전략

1990년대 초반 이스라엘과 요르단 간의 평화 협정 및 이-팔 사이에 체결된 오슬로 협정 체결의 구조적 배경에는 냉전 종식으로 인한 미국의 압도적 힘을 배경으로 하고 있다. 1987년 시작된 팔레스타인 제1차 봉기의 장기화, 1990년 걸프 전쟁에 직면해 팔레스타인해방기구(PLO)가 이라크를 지지하는 전략적 실수를 저지르면서 사우디아라비아 등 걸프 산유국에서 대거 추방된 팔레스타인들의 국내 귀환이 초래한 재정 파탄으로 PLO가 존망의 위기에 처하자 팔레스타인 지도부는 이스라엘과 전격적으로 비밀 평화 담판에 응하게 된다. 2020년 초반 트럼프 행정부 중동평화안도 중동지역에서 여전히 압도적인 영향력을 행사하고 있는 미국과 이스라엘의 노골적인 권력 정치를 배경으로 한다. 세기의 거래 안보 부문은 이스라엘의 사활적 안보 이해 관계를 반영해 주고 있으며, 이스라엘의 요르단 계곡(Jordan Valley) 병합 움직임이 대표적이다.[115] 이스라엘 베니 간츠(Benny Gants) 국방부 장관은 "일생일대의 기회이자 50년 만에 찾아온 이번 기회를 놓친다면 '세기의 실패'가 될 것"이라며 황금 같은 이번 기회를 절대 놓쳐서는 안 된다고 역설한다. 트럼프는 아랍 세계에 대한 경제적 보상책인 500억 달러 자금 부족으로 세기의 거래가 좌초되는 일은 없을 것이라고 공언한다. 2020년 1월 백악관에서 트럼프 평화안 발표 시 특히 눈여겨볼 대목은 UAE, 바레인, 오만 대표가 참석한 점이다. 이에 대해 네탄야후는 연설에서 각별히 감사의 인사를 전하는 순간은 매우 인상적이라고 할 수 있다. 2020년 9월 UAE와 바레인은 이스라엘과 평화 협정에 공식적으로 사인하게 된다.

팔레스타인이 처한 냉혹한 현실

세기의 거래는 표면적으로는 2국가 해법을 수용한 것으로 비쳐지나, 서안 지구와 가자 지구(WB/GS)의 가혹한 현실은 팔레스타인 국가 수립 가능성이 거의 허구에 가깝다는 것을 수많은 이-팔 분쟁에 관한 전문 보고서들이 증명해 주고 있다. 더구나 이-팔 분쟁의 역사는 이스라엘이 팔레스타인 국가 수립의 전망을 절대 받아들이지 않고 있음을 증명해 주고 있다. 오슬로 협정 체결을 통해 이스라엘은 팔레스타인에 대한 점진적 병합(Gradual Annexation)을 지속해 왔으며, 미래에도 계속 진행할 것이다. 오슬로 협정 체결로 팔레스타인 자치 지역 라말라(Ramallah)는 이스라엘의 안보 하청 업체(Sub-contractor)로 전락해 버렸다는 것이 일반적인 평가이다. 트럼프 세기의 거래가 만약 타협점에 이르면 이러한 서안 지구의 종속적인 지위는 더욱 심화될 것으로 전망된다. 이런 맥락에서 이번 트럼프 세기의 거래도 1993년 및 95년 오슬로 협정(Oslo Accords)의 후속편에 불과하다.

딜레마에 처한 MENA 지역

아랍의 봄은-산유국 및 비산유국 여부를 불문하고- 지난 반세기 이상 중동 정치 시스템을 지탱해 왔던 페트로 달러에 의존한 정치 경제 시스템인 "사회 계약(Social Pact/Contract)"이 붕괴의 조짐을 보이기 시작했다는 점을 보여 주고 있다는 측면에서 중대한 의미를 지니고 있다. 2019년 시작된 저유가 및 팬데믹의 이중고로 인해 중동 각국의 정치 경제적 모순이 심화되고 가속화되고 있음을 방증해 주는 것이 중동 각국이 경험한 대규모 반정부 시위라고 할 수 있다. 이스라엘의 한 저명한 전략가는 과거 이스라엘과 아랍 세계의 대결 구도에서 이스라엘의 안보에 위협적인 존재였던 이들 아랍 국가들의 본질적 취약성(Intrinsic Fragility)이 역설적이게도 현재 이스라엘의 안보에 가장 위협적인 요인임을 지적하며, 이-팔 문제 해결을 위해 전략적 인내심을 가질 것을 주문하고 있다. 이러한 상황에서 아랍 지도자들은 자신들의 허물어져 가는 권력 기반을 유지하는 데에만 골몰해 있으며, 중동의 대부분의 국가 지도자들은 붕괴되기 시작한 권력 기반으로 인해 심각한 정권 안보의 위험성에 노출되어 있다.

세기의 거래 주요 이해당사국이라 할 수 있는 거의 모든 중동 국가들이 이러한 구조적인 취약성이라는 약점을 노출하고 있다. 미국과 이스라엘의 최대 압박 전략은 바로 이러한 중동 각국의 정치 경제의 구조적 취약성을 기반으로 하고 있다. 산유국들의 경우 사회 경제 구조의 변화로 정권의 정당성의 기반이 약화되어 가고 있으며, 비산유국들은 이러한 정치적 모순뿐만 아니라 경제적 취약성까지도 노정하고 있기 때문에 미국과 이스라엘의 최대 압박 전략에 직면해 속수무책인 것이 현실이다.[116] 이집트 군사 정권은 이미 연료 보조금(Fuel Subsidy)의 완전한 폐지를 단행하여 국제 금융 기구로부터 찬사를 얻은 바 있다. 하지만 보조금 폐지와 함께 부가가치세 도입으로 수백만 명의 이집트인들이 빈곤의 나락으로 내몰리고 있으며, 이에 군부 정권의 억압 정치는 더욱 가혹해지고 있는 것이 이집트가 처해 있는 정치 경제 현실이다.[117] 요르단 국왕에 대한 노골적이고 의도적인 고립화 시도는 심화되고 있다. 저유가와 팬데믹의 이중고와 더불어 최대 압박 전략의 칼날이라고 할 수 있는 달러의 횡포(The Tyranny of Dollar)로 수많은 중동국가들이 경제적 나락으로 향해 가고 있으며, 레바논의 유례가 없는 경제 금융 위기 심화는 이를 단적으로 증명해 주고 있다.[118]

유럽 연합의 친이스라엘 정책

2020년 초반 국제 정세는 각자도생의 논리가 지배하는 현실 속에서 작동하고 있다. 특히 중동 각국은 미국의 중동 지역 관여 축소 움직임과 함께 이란이 구축한 시아파 세력의 위협이라는 지정학적 위협에 노출되어 있기 때문에 '팔레스타인 대의 (Palestinian Cause)'에 대해 더 이상 과거와 같은 관심을 기울일 수 없다. 설상가상으로 아랍 세계의 분열과 분절화는 2011년 아랍의 봄 이후 심화되어 왔으며, 2019년의 저유가의 지속과 팬데믹의 대유행으로 이러한 무슬림 세계의 파편화와 급진화는 심화되는 반면 유럽의 정치 우경화도 이스라엘의 입지를 강화시켜 주고 있다. 아랍 연맹 긴급 회의에서 지부티 외교장관은 "아랍의 약점과 분열이 없었다면 우리는 '세기의 거래'라는 말조차 듣지 못했을 것이다."라고 한탄한다. MENA 지역 각국이 처한 가혹한 지정학적 현실을 잘 대변해 주고 있는 것이다.

아랍 연맹과 GCC가 한 목소리를 내지 못하고 있듯이, UN과 EU도 미국과 이스라엘의 총공세에 직면해 적절한 대응책을 내놓지 못하고 있다. EU는 대이스라엘 제재까지 거론하고 있으나 2020년 전후 국제 정세를 감안할 때 실효성은 의문시된다. 유럽 연합은 정치적 마비(Paralysis)에 취약한 내부 구조로 인해 종이호랑이에 불과하다.[119] 이스라엘은 유럽 내 자신들의 점령(Occupation) 정책의 친구인 헝가리, 루마니아, 슬로바키아 및 체코에 의존할 수 있으며, 독일의 죄책감, 무슬림에 대한 증오 및 미국의 압력에 기댈 수 있다.[120] 이-팔 문제를 바라보는 유럽 연합의 정치 지형도 지난 10년간 많은 변화를 경험한다. "2011년 아랍 스프링, 시리아 내전과 그것이 유럽에 초래한 해악인 테러 공격과 이민 증가, 마지막으로 이란 핵 문제로 인해 유럽 연합의 중동 정책 우선순위가 완전히 변화된 배경이 유럽연합이 친-이스라엘 성향으로 기울게 되는 주요 요인들"[121]이라고 포린 폴리시는 분석한다. 2011년 프랑스는 1967년 6일 전쟁(Six-Day War) 직후 당시 매우 친-팔레스타인 성향을 보인 프랑스 샤를르 드골(Charles de Gaulle) 대통령이 착수한 이스라엘에 대한 무기 금수 조치를 44년만에 파기하고 약 5억 달러 상당의 이스라엘 헤론(Heron) 드론을 도입한 사실은 이러한 흐름을 단적으로 보여 주고 있다. 유럽 연합의 친이스라엘 정책 흐름은 단지 이스라엘의 경제적 및 기술적 힘에 기인하는 것은 아니다. 유럽 연합의 대이스라엘 정책 변화의 근저에는 유럽 사회 자체 변화라는 더 깊은 요인이 자리하고 있으며, 이러한 변화를 초래한 가장 직접적인 요인은 이슬람 극단주의 세력에 의한 잔인한 테러 공격이 자리 잡고 있다. 프랑스 한 국회의원은 "프랑스는 이슬람 극단주의와의 투쟁이라는 측면에서 이스라엘과 공동 전선을 형성하고 있다. 그 어느 때보다도 급진주의 위협이 이스라엘과 프랑스를 더욱 가까운 이웃으로 만들고 있으며, 이러한 테러 위협이 유럽의 외교 정책 변화를 잘 설명해 주고 있다."고 분석한다.

2020년 트럼프와 네탄야후의 총공세에 직면해, 전통적인 친-팔레스타인 국가인 프랑스는 이-팔 문제에까지 외교 전선을 확대할 입장에 있지 못하며, 나치 학살이라는 과거의 망령에 사로잡혀 있는 독일은 미국의 무역보복의 위협에 직면해 있고 영국은 이미 전열에서 이탈한 상황이다. 2020년 1월 23일 예루살렘 야드 바셈 홀로코스트(나치의 유대인 대학살) 추모관에서 이스라엘 건국 이래 최대 국가 외교 행사로 치러진 세계 홀로코스트 포럼에서 네탄야후는 모든 국가가 이슬람 시아파 맹주인 이란과 맞서야 한다고 주장하였으나 그 이면에는 구주 국가들이 트럼프가 발표한 중동평화안에 적극 동참할 것을 요청한 것이다. 실제로 이스라엘은 동 포럼 전후에 반유대주의(Anti-Semitism/Anti-Zionism) 수사학을 동원하여 EU 회원국과 러시아를 강력히 압박하였다. 러시아와 튀르키예만이 미국과 이스라엘의 중동 최대 혼란 전략에 편승하여 자국의 지중해 연안에서의 국익 극대화를 추구하고 있으며 리비아 및 시리아 사태가 이를 여실히 증명해 주고 있다. 특히, 러시아는 이번 평화안 편승에 대한 대가로 크림 반도 병합 및 그로 인한 경제 제재 측면에서의 반대 급부를 요구할 수 있으며, 실제로 러시아는 트럼프 중동평화안 성공 여부에 큰 영향력

을 행사할 수 있는 국가이기 때문에 이스라엘은 러시아와의 외교에 큰 공을 들이게 된다. [122]

요르단 계곡 병합(Annexation of Jordan Valley)

트럼프 중동평화안의 가장 중요한 측면은 팔레스타인 서안 지구에 위치한 요르단 계곡(Jordan Valley)에 대한 이스라엘의 일방적인 병합 시도라고 할 수 있다. 아랍의 봄, 극단주의 세력 IS(Islamic State) 등장, 역내 이란의 세력 부상으로 이스라엘-팔레스타인 분쟁은 중동 형제 국가들의 우선순위에서 밀려나 주변화되어 왔다. 이와 동시에 트럼프 행정부 출범 이전까지 이집트와 요르단 단 2개 국가와 평화 협정을 체결하고 있는 이스라엘은 아랍 국가들과 관계 구축 모색을 시도하고 있었다. 이런 와중에 역대 가장 친-이스라엘 성향을 보이는 트럼프 행정부 출범이 가져다준 '세기의 기회'와 유럽 연합의 분열 및 팔레스타인들의 통합 실패라는 우호적 지정학 현실 속에서 이-팔 문제의 현상을 타파하기 위해 요르단 계곡 병합이라는 급진적인 정책을 추진하게 된 것이다. 서안 지구에 대한 이스라엘의 사실상 병합(De Facto Annexation)은 1967년 이후 현재까지 진행되어 왔으며, 앞으로도 중단 없이 진행될 것이다. 2020년 6월 병합을 둘러싼 이스라엘 국내 및 국제적 논의의 본질은 결국 법적 병합(De Jure Annexation)으로 귀결된다. 설령 법적 병합이 선포되더라도 서안 지구의 현실을 급격하게 변화시키지 못할 것이다. 이스라엘은 이미 팔레스타인 서안 지구의 모든 것을 병합해 왔기 때문에 법적 병합 발표와 이에 대한 미국 정부의 공식 승인(Recognition)은 텔아비브의 입장에서 금상첨화(Icing on the cake)에 불과할 뿐이라고 일각에서는 지적한다. [123]

현실적인 대안 모색

　2020년 6월 아랍권의 한 언론은 트럼프 중동평화안을 사실상 네탄야후 평화안으로 규정한다. 워싱턴과 텔아비브가 세기의 거래 성공을 위한 결의 앞에서 팔레스타인을 필두로 아랍 국가들은 저항은 너무나 미약해 보인다. 더구나 달러의 횡포로 대변되는 미국과 이스라엘의 현실 정치의 위력 앞에서 아랍 세계의 결속의 가능성은 요원해 보인다. 팔레스타인 서안지구 요르단 계곡 병합은 팔레스타인과 요르단 내부에 각각 심각한 내홍으로 이어질 가능성이 제기된다. 이러한 혼란의 여파가 자국들로 전이되는 것을 우려하는 중동의 각국과 구주 국가들은 결정적인 순간이 오면 요르단의 팔레스타인 대안 국가화를 현실적인 대안으로 진지하게 고민할 수밖에 없을 것으로 전망된다. 1세기 전 1919년 하심 왕조 에미르 파이살(Emir Faisal)은 1917년 벨푸어 선언의 후속 조치로 이스라엘과의 비밀협정 체결을 통해 팔레스타인을 배신하고 유대인들이 아랍 영토에 침투할 수 있는 길을 터 주게 된다. 역설적이게도 100년이 지난 2020년 현재 팔레스타인들이 과거 하심 왕조의 배신에 대해 역사의 보복을 가할 수 있는 가능성이 커져가고 있는 것이 비극적인 중동 정치 현실이다.

최대 압박 전략의 지경학(Geo-economics)

트럼프 행정부의 전폭적인 지지를 기반으로 이스라엘은 아랍의 봄으로 초래되고 저유가와 팬데믹으로 가속화되고 있는 중동 지정경학 질서 재편을 통해 자신들의 통상 및 경제 이익을 극대화를 시도한다. 이스라엘의 GCC 국가와의 일련의 외교 관계 수립의 지경학적 함의는 이스라엘 경제의 아랍 경제권으로의 완전한 통합을 의미하는 것으로 미국의 최대 압박 전략을 배경으로 중동 지경학 질서도 근본적인 변화를 겪고 있다. 이스라엘은 헤자즈(Hejaz) 철도 노선 부흥 계획 및 하이파(Haifa) 무역항 확대를 통해 자국 경제를 지중해(유럽)와 걸프 지역을 연결하는 통상 허브로 구축하려는 지경학적 움직임을 본격화한다. 그 과정에서 베이루트 항구는 트럼프 중동 지정학 재편의 최대 피해자로 부상하게 된다.

미국의 대레바논 정책 강경 기조 전환

2020년 6월 17일 대 시리아 제재법인 시저법(Caesar Act)의 시행으로 미국과 이스라엘의 최대 압박 전략의 전선이 확대 및 강화되고 있다. 미 의회 공화당 싱크탱크 RSC(Republican Study Committee) 내부 보고서 『The RSC National Security Strategy: Strengthening America & Countering Global Threats』 발표의 배경에도 최대 압박 전략의 확대 강화 움직임과 궤를 같이 하고 있다. 경제 전쟁의 최대 격전지인 레바논에 대한 총공세의 일환으로 미국과 이스라엘이 추진 중인 여러 압박 방안-IMF 협상, UNIFIL 임무 강화 및 카이사르(Caesar Act) 제재법 발효-에 이은 추가적인 제재 가능성을 언급한 동 보고서를 통해 헤즈볼라 및 레바논 정부에 대한 최대 압박 전략이 한층 강화되고 있다.

레바논 언론은 무엇보다도 동 보고서가 미국의 레바논에 대한 정책적 인식이 급격히 변화하는 것을 보여 주는 것이라고 진단하며 권고안이 현실화되지 않도록 베이루트가 외교적 노력을 경주할 것을 주문한다. 동 보고서는 경제 제재를 대외 정책의 핵심적인 수단으로 여기고 있는 백악관의 외교 정책 철학과 궤를 같이 하는 것이라고 평가한다. 보고서에서는 여러 차례 이스라엘 및 미 당국자의 견해를 인용하여 헤즈볼라의 미사일 무기고가 이스라엘의 전략적 위협이기 때문에 헤즈볼라 무력화 방안으로 레바논이라는 국가 자체를 무력화시킬 수밖에 없다는 정책적 제안을 하고 있다고 언론은 전한다. 이런 인식은 이스라엘의 전 국방장관 아비그도르 리베르만(Avigdor Lieberman)의 유명한 정책 노선인 '레바논=헤즈볼라'로 분명하게 반영되고 있으며, 레바논계 미국인이자 연구원인 토비 바드란(Tony Badran)의 "레바논의 안정이 이란의 시아파 벨트 및 미사일 무기고의 안정을 의미한다면 이는 미국의 이해 관계에 부합하지 않는다."는[124] 주장과 일맥상통하는 것이라고 언론은 분석한다.[125][126]

미 공화당 정책보고서의 제안이 현실화될 경우 초래될 여파는 단순히 헤즈볼라 봉쇄라는 차원에 그치지 않는다는데 문제의 심각성이 있다고 언론은 분석한다. 레바논 내전(1975~1990)을 통해 레바논 내 팔레스타인 해방 기구(PLO) 세력이 심각한 타격을 입게 되었듯이 헤즈볼라를 무력화시킬 수 있는 이상적인 수단으로 또 다른 내전을 모색하고 있는 이스라엘과 미국의 정책 결정자들과 이념가들이 있을 수 있음을 우려하며 이들의 정책이 중동 지역에 또 다른 실패 국가를 양산하여 잠재적 파급 효과를 가져올 것이라고 경고한다. 레바논은 헤즈볼라가 존재하는 전략적 위협에도 불구하고 지금까지 소위 '레바논의 특수성'을 누려 왔다. 이란 및 헤즈볼라에 대한 봉쇄 정책은 추구하되 절대로 레바논의 안정성은 해치지 않는다는 서구의 암묵적인 정책적 합의를 통해 이러한 특수성을 유지되어 왔으나 상기 보고서는 이러한 기존 정책 틀에서 벗어나는 것으로 평가할 수 있다. 왜냐하면 트럼프 중동평화안의 큰 틀에서 이루어지는 이스라엘의 서안 지구 병합과 GCC 주요 국가와의 관계 정상화라는 지정학적 목적 이외에도 미국과 이스라엘이 추구하는 MENA 지역 최대 금융 허브로서 레바논 금융 산업 붕괴라는 지경학적[127] 목적에도 부합하기 때문이다. 2006년 이스라엘은 헤즈볼라와의 전쟁에서 많은 경우 군사적 목표물이 아닌 레바논 경제 사회 기반 시설에 대한 공격을 감행하여 레바논에 엄청난 경제적 손실을 초래한 역사적 사실은 많은 것을 시사해 주고 있다.

베이루트 항구 대폭발

이스라엘의 요르단 계곡 병합이 임박하고 미국의 레바논에 대한 압박이 최고조에 이르던 2020년 6월 초 레바논 국회 부의장 엘리 페르즐리(Elie Ferzli)는 레바논 현대 역사에 대한 자신의 회고록 『La Histoire la plus belle ce etait demain』 출간회에 참석한 기자단 앞에서 레바논이 처한 암울하고 위험한 현실에 대한 자신의 견해를 피력한다. "우리는 현재 소위 트럼프 세기의 거래가 현실화될 위험성 속에서 살고 있다. 과거 오래 전부터 베이루트에 대한 대규모 금융 지원에 대한 반대급부로 레바논 내 팔레스타인들의 현지 정착 방안에 대한 시도가 있어 왔다. 이러한 팔레스타인 난민들의 현지 정착 시도는 현재 전대미문의 경제 금융 위기와 이스라엘의 요르단 계곡 병합 전야를 배경으로 강력하게 재복귀하고 있다. 이와 더불어 베이루트에 직접적 파급 효과를 가져오는 미국과 이란의 대결 국면도 상황을 더욱 악화시키고 있으며, 지정학적 게임에서 전략적 우위를 확보하기 위한 시도로 인해 베이루트는 값비싼 대가를 치르고 있다. 2020년 11월 미 대선까지 레바논에 대한 압박은 극도로 강해질 것이다. 나는 나의 판단이 틀리기를 바라지만, 내가 언급한 목적을 달성하기 위한 모든 가용한 수단이 현재 활용되고 있다."고 2020년 6월의 중동 정세를 평가한다. 이와 더불어 엘리 페르즐리는 "베이루트 금융 산업은 레바논 번영의 초석이다. 텔아비브가 아랍 국가들과 경제 및 금융 관계 수립을 모색하고 있는 작금의 현실에서 레바논이 MENA 지역에서 가장 큰 금융 산업을 계속해서 유지할 수 있을 것인가라는 의문이 제기된다. 아랍 국가들의 페트로 달러를 손에 넣기 위해서 이스라엘은 레바논 금융 산업을 파괴시켜야 하는데 바로 이것이 현재 진행 중인 음모"[128]라고 경고한다. 한편, 헤즈볼라 사무총장 하산 나스랄라는 2020년 6월 17일 발효한 미국의 대시리아 재제법인 '시저법(Caesar Act)' 발효 직후 TV 연설에서 "시저법은 시리아뿐만 아니라 레바논도 타겟으로 하고 있기 때문에 레바논에 심대한 타격을 가져올 것이라고 강조하면서, 시리아는 레바논 수출품의 유일한 통로이기 때문에 레바논은 시리아의 재건 시장 참여를 바라고 있다. 레바논이 시리아와의 국경을 폐쇄하기를 기도하는 세력들은 레바논과 이스라엘과의 국경을 개방할 것을 우리에게 강요하고 있는 것으로 이는 도저히 받아들일 수 없는 것"[129]이라고 언급한다. 약 2개월이 채 지나지도 않은 2020년 8월 4일 베이루트 항구에서는 원인 미상의 대폭발이 발생한다.

통상 고립 타파

트럼프 행정부 출범 이후 강화된 대이란 및 대 헤즈볼라 경제 제재 조치에 이은 2020년 시리아 제재법(Caesar Act) 발효, 2020 걸프 국가와의 일련의 외교 관계 수립의 지경학적 배경에는 이스라엘이 직면한 통상 고립을 타파하여 자국의 경제 및 통상 이해 관계를 극대화하려는 지경학적 목적도 숨겨져 있다. 2021년 10월 미 석유 기업 세브론(Chevron)은 동지중해 이스라엘의 최대 천연 가스 사업을 운영 중인 미 휴스턴 Noble Energy 회사를 40억 달러에 매입하여 동 지중해 가스전 확보를 위한 세력 각축에 본격적으로 뛰어든다. 엑슨 모빌(Exxon Mobil)을 제치고 자산 규모 미국 최대 석유 회사에 등극하게 된 세브론(Chevron)의 동 조치는 지정경제학적 의미를 내포하고 있다. 글로벌 석유 회사들은 트럼프의 최대 압박 전략 이전까지만 해도 페르시아 걸프 산유국들과의 관계 소원(Alienation)을 우려하여 이스라엘과의 사업 관계를 피해 왔다. 이스라엘과 UAE 및 바레인과의 관계 수립 이후 메이저 석유 회사들은 자신들의 이스라엘과의 사업 관계 구축에 대해 걸프 군주들이 이제 더 이상 "발끈"하지 않는다는 사실을 인식하게 되었으며 동지중해 가스전 확보 전쟁에 본격적으로 진출하기 시작한다.

1948년 벤구리온 당시 세계 시온주의(Zionism) 협회 회장에 의해 이스라엘 독립이 선언된 이후 이스라엘은 아랍 세계로부터 정치 경제적 고립에 처하게 되었으며 아랍 세계는 유럽을 연결하는 교역항으로 하이파(Haifa) 대신 베이루트(Beirut)를 선호한다. 그 결과 아랍 시장 접근성을 상실한 이스라엘의 하이파 항구는 오랫동안 국내 무역 활동에 한정될 수밖에 없었으며 이스라엘의 통상 잠재력은 지금까지 발휘되지 못한다. 아랍 세계의 이러한 대이스라엘 통상 고립 전략은 이집트(1979) 및 요르단(1994)과의 평화 협정 체결을 시작으로 조금씩 균열을 보이기 시작한다. 2011

년 시리아 내전으로 베이루트-다마스쿠스 교역이 저해되면서 기존 아랍 세계의 반-이스라엘 통상 질서가 본격적으로 와해되기 시작한다. 워싱턴 아랍 센터(Arab Center) 전문가 죠 마카론(Joe Macaron)은 항구적 불안정성, 다양한 상호 적대감 및 미국의 경제 제재라는 구조적 제약에 직면해 있는 중동 지역 일부 아랍 국가들은 이 지역에서 통상을 유지하기 위해 어쩔 수 없이 이스라엘과 무역 관계를 유지할 수밖에 없었다고 진단한다.

Haifa 항구 및 Hejaz 철도: 국가 통상 전략의 중추

2020년 9월 이스라엘과 GCC 국가와의 외교 관계 수립은 이스라엘의 국가 통상 전략에 기반한 지경학적 야심에도 기초하고 있다. 협정 체결로 하이파(Haifa)가 해상 통상의 지역 중심지로서의 탄탄한 토대가 마련된 것으로 아랍 센터(Arab Center) 전문가 죠 마카론(Joe Macaron)은 평가한다. UAE-이스라엘 관계 정상화 이후 이 지역 통상 질서 변화는 더욱 구체화되고 있다. 미국, 이스라엘 및 UAE가 조성하기로 합의한 30억 달러 규모의 투자 기금(Abraham Fund)이 첫 번째로 계획하고 있는 프로젝트 중의 하나가 홍해(the Red Sea)의 에일라트(Eilat)와 지중해의 아슈켈론(Ashkelon)을 연결하고, 이스라엘 내륙을 관통하는 오일 파이프라인 부흥 계획이라고 언론은 전한다.

지중해-홍해 파이프라인(The "Med-Red" pipeline)은 1979년 이란 혁명 이전까지 이란 석유를 유럽으로 운송하기 위해 건설된 바 있다. 재건이 완료되면 걸프산 석유가 수에즈 운하를 우회(Bypass)할 수 있어 에너지 가격 하락 및 빠른 선적을 가능하게 할 것이라고 미국국제개발자금조합(International Development Finance Corporation) 회장 아담 보흘레(Adam Boehler)는 평가한다.[130] 이츠하크 라빈(Yitzhak Rabin) 이스라엘 전

총리는 "이스라엘을 지역 통상 및 금융의 허브로 만들기를 원하며 레바논은 단지 관광지로서의 역할에 머물기를 바란다."는 입장을 과거에 지속적으로 표명한 바 있다. 이스라엘은 이러한 국가 통상 전략에 기반해 하이파 항만 물동량 처리 능력 확대라는 목적 이외에도 육상 물류 인프라에 대한 대대적인 투자를 통해 하이파와 내륙 지역을 연결하려는 목적으로 2016년에는 하이파 항만과 베이트 신(Beit Shean: 요르단 국경 인근 지역) 경제 지역(Economic Zone)을 연결하는 고속도로를 개통한 바 있다. 또한 이스라엘은 오토만 제국 시절 존재했던 헤자즈(Hejaz: 사우디 서부 지방) 철도 노선 부흥 계획을 통해 이스라엘과 요르단 및 사우디아라비아를 연결하여 걸프 지역과 동지중해 및 유럽을 연결하는 진정한 교역 중심지로서의 입지 구축을 도모하고 있다. 오토만 제국 시절 헤자즈 철도 노선은 사우디 메디나(Medina)와 시리아 다마스쿠스를 연결하는 노선으로 그 당시 물류 흐름의 핵심적인 역할을 하였으며, 이스라엘 하이파 항구와 연결된 지선이 있었다.

상기 철도 노선 부흥 움직임은 사우디가 "Vision 2030" 계획의 일환으로 추진 중인 거대 신도시 계획인 네옴 계획(Neom Project)과도 밀접한 관련성이 있는 것으로 알려져 있다. 이스라엘-사우디아라비아 외교 관계 수립시 헤자즈 철도 노선 부흥 계획과 맞물려 급물살을 탈 가능성이 클 것으로 전망된다. 네옴 신도시는 헤자즈 철도 노선과 연결될 가능성이 크며 북쪽으로 요르단의 아카바 항구, 서쪽으로 홍해를 접하고 있어 이집트 및 이스라엘의 항구 도시 에일라트(Eilat: 요르단 아카바와 마주함.)도 인접해 있는 전략적 요충지에 건설 예정이다. 이스라엘 정보 교통부 장관(Israeli Intelligence and Transport Minister) 이스라엘 카츠(Yisrael Katz)도 여러 계기에 "이스라엘은 3개 대륙을 연결하는 교량 역할을 하며 동쪽에서 서쪽으로 걸프 지역, 지중해 및 유럽을 연결하는 교역 중심지를 목표로" 하고 있으며, "동일한 전략적 틀에서 '지역평화구상트랙(The Tracks for Regional Peace Initiative)'을 통해 역사적인 헤자즈 철도 노선 부흥에 확고한 의지를 가지고 있다."고 언급한다. 표면적으로는 이스라엘이 하이파 항만 입지 강화를 통해 걸프 지역과 하이파 항구의 경쟁력 제고를 목표로 한다고는 하나 그 이면에는 텔아비브가 하이파 항구를 매개로 아랍 세계를 군림할 수 있게 하는 또 다른 수단의 기능을 할 것이라는 지정경학적 야심이 숨겨져 있다고 중동연구소(Middle East Institute) 로이 옐리넥(Roie Yellinek)이 분석한다.[131] 이스라엘 하이파 항구의 새로운 명칭인 "걸프 포트(Le port du Gulf)"는 하이파 항만의 지정학적 중요성, 텔아비브의 지역적 야심, 그리고 무엇보다도 항구 명칭의 저변에 깔려 있는 이스라엘과 걸프 국가들의 공동의 이해 관계라는 중대한 함의를 내포하고 있다.

베이루트와 하이파의 전통적 경쟁 관계

베이루트 항구 대폭발의 지정학적 함의가 시아파 벨트에 대한 결정적 한 방이라면 지경학적 함의는 베이루트 항만의 급속한 쇠퇴와 하이파 항구의 비상을 의미한다. 프랑스 위임 통치 시절 이후 하이파 항만과 전통적으로 경쟁 관계에 있던 베이루트 항만은 중동 지정학 재편의 충격파로 최대 피해자로 전락하면서 하이파 항구가 베이루트 항만을 빠른 속도로 대체하고 있다. 하이파 신 항구 개설(Inauguration)이 공교롭게도 베이루트 항만 파괴와 병행적으로 진행 중이라는 사실은 중동 지역 내 2개의 전통적 통상 루트의 1세기에 걸친 경쟁 관계를 잘 보여 주는 것이다. 영국 주도의 하이파-암만-바그다드와 프랑스 주도의 베이루트-다마스쿠스-바그다그 통상 루트가 치열한 물밑 경쟁을 벌이고 있다. 이러한 배경을 바탕으로 전략적 투자를 하고 있는 하이파 항만은 인근 베이루트 항만과 경쟁에서 현재 정치 경제적 비교 우위(Comparative Edge)를 보이고 있으며, 하이파 항구의 역사에 대한 보복이 본격화되고 있다.[132] 이스라엘이 구상하고 있는 헤자즈 철도 노선 부흥 계획과 관련하여 베이루트미국대학(AUB) 정치연구부(Political Studies Department) 소장 힐랄 카샨(Hilal Kashan)은 "베이루트는 이미 지역 경제 및 금융 허브로서의 역할을 상실하였으며, 헤자즈 철도 노선이 완공되면 항만으로서의 베이루트의 역할은 역사의 뒤안길로 사라져 버릴 것"으로 전망한다.

오슬로 협정의 후속편

1920년대 이후 줄곧 이스라엘 시온주의는 두 개의 큰 흐름을 중심으로 거친 아랍 세계의 바다를 항해해 오면서 국가 건설의 꿈을 이어 왔다. 자유주의 이념을 표방하는 노동 시온주의(Labor Zionism)와 우익 성향의 수정주의 시온주의(Revisionist Zionism)가 나란히 공존해 왔다. 이스라엘 건국의 아버지이자 최장수 총리를 역임한 데이빗 벤 구리온(David Ben-Gurion)이 주창하는 자유주의 버전은 자유롭고, 독립적이며, 평등한 유대 국가 건설의 꿈을 구현하고 있다. 반면, 수정주의 시온주의 이념의 창시자이자 이스라엘 우파의 정신적 아버지 제브 자보틴스키(Zeev Jabotinsky)는 열렬한 유대 민족주의자로 지중해와 요르단강 동/서안 지구 사이에 있는 영토 전역에 대한 이스라엘의 주권을 주창하면서 팔레스타인과의 대결 정책인 "철의 장벽(Iron Wall)"전략을 입안한 인물이다.

2000년 팔레스타인 2차 봉기 발발 이후 이스라엘 사회는 꾸준히 우경화의 길을 걷게 된다. 네탄야후 주도의 4번의 내각도 이러한 흐름의 원인이자 결과라고 할 수 있다. 『철의 장벽: 이스라엘과 아랍 세계(The Iron Wall: Israel and the Arab World)』의 저자 아비 슐라임(Avi Shlaim)은 2019년 4월 이스라엘 총선에서 네탄야후의 승리는 이스라엘 국가 건설의 수정주의 비전의 성공이 아니라 결과적으로 전체 시온주의 열망을 위험에 빠트릴 수 있는 더 검고 사악한 세력의 승리라고 혹평한다. 아비 슐라임은 정치와 종교의 결합은 매우 폭발성 있는 위험한 조합이기 때문에 네탄야후가 이-팔 분쟁의 종교적 측면이 더욱 부각되도록 하면서 결과적으로 이-팔 분쟁의 해결을 더욱 어렵게 하고 있다고 평가한다. 그럼에도 불구하고 이스라엘 내부의 국가 건설을 둘러싼 이념 대결과 논쟁은 팔레스타인들의 입장에서 동전의 양면에 불과하다고 할 수 있다.

알론 플랜-오슬로 협정-세기의 거래

2020년 1월 트럼프 평화안 발표에 대해, 이스라엘 진보 언론 하레츠(HAARETZ)는 트럼프 중동평화안 세기의 거래와 이-팔 평화 합의 오슬로 협정 간에 직접적인 연결 고리를 발견할 수 있다고 하면서, 트럼프의 중동 평화안으로 팔레스타인들은 이스라엘의 안보 노예로 전락할 것이라는 암울한 전망을[134] 내놓았다. 한편, 2020년 6월 트럼프 중동 평화안에 따라 이스라엘 네탄야후 총리가 조만간 팔레스타인 서안 지구 "Area C" 지역에 위치한 요르단 계곡 병합을 단행할 것이라는 전망이 주류를 이루고 있는 가운데 일각에서는 이러한 병합 논리가 이스라엘 총선을 위한 국내 정치적 수사에 불과하다고 평가절하 하는 상반된 시각도 존재한다. 그러나 트럼프 중동평화안 세기의 거래는 1967년 이스라엘 총리가 주창한 알론 플랜에 이어 오슬로 협정의 연속선상에서 이해할 필요가 있다.

알론 플랜(Allon Plan)

　알론 플랜은 이스라엘 총리 이갈 알론(Yigal Allon)이 1967년 6월 '6일 중동 전쟁' 이후 제안한 평화안으로 이스라엘과 요르단 사이에 위치한 서안 지구를 분할하고, 이스라엘이 점령하고 있는 골란 고원에 드루즈(Druze) 국가를 창설하며, 대부분의 시나이 반도를 아랍 국가에 되돌려 준다는 내용이다. 동 계획의 골자이자 주된 목표는 서안 지구 요르단 계곡, 동예루살렘 및 에치온 블록(Etzion bloc) 지역을 이스라엘이 병합하고, 나머지 지역은 팔레스타인 자치 지역으로 만들어 요르단에 귀속시킨다는 제안이었으나 요르단 후세인 국왕은 즉각 동 제안을 거부했다. 알론 계획의 기본 아이디어와 전략은 오슬로 협정을 거쳐 2020년 트럼프 중동평화안까지 이어져 오고 있다는데 그 중요성이 있다. 1967년 전쟁의 여파로 수십만 명의 팔레스타인이 요르단 계곡에서 쫓겨난 이후 이 지역은 제리코(Jericho)를 포함하여 1967년의 인구수와 2020년 현재의 인구수가 거의 동일하며 오히려 감소해 왔다는 점이 이를 증명해 주고 있다. 즉, 알론 계획에 따라 실질적으로 이스라엘은 수많은 조치들을 통해 자신들의 목적을 달성해 왔으며, 요르단 계곡 팔레스타인들 공동체의 재성장을 저지해 왔던 것이다. 요르단 계곡은 수자원이 풍부한 곳으로, 이스라엘은 시추 작업을 통해 엄청난 수자원을 이스라엘 정착민과 이들이 운영하는 집약적 수출 농업 산업에 공급하고 있다. 안보를 빌미로 한 요르단 계곡 병합으로 이스라엘은 서안 지구의 모든 팔레스타인들이 소비하는 전체 수자원의 3분의 1 가량의 천문학적인 양의 물을 이스라엘 국민이 전용할 수 있을 것으로 예측되고 있다.

오슬로 협정(The Oslo Accords)

　이스라엘의 치밀함, 팔레스타인의 분열, 서구의 위선이 어우러져 만들어진 오슬로 협정은 정치적으로 팔레스타인들의 내부 분열과 반목을 제도화하며, 경제적으로 팔레스타인 서안 지구를 이스라엘 경제의 하부 종속 구조로 완전히 편입시킨 것으로, 이스라엘이 팔레스타인과의 협상에서 추구하는 것이 무엇인지를 여실히 잘 보여 주고 있다. 이스라엘의 팔레스타인 식민지 정착 계획은 오슬로 협정을 통해 더욱 다듬어지고 고도화된다. 오슬로 협정에 따라 서안 지구는 3개의 지역으로 분리되어 서로 다른 법적 행정적 지위를 누리게 되었다. 이스라엘은 이러한 양자 합의를 기만적으로 이행하면서 요르단 계곡의 사실상 병합을 차근차근 진행한다. 오슬로 협정은 1993년 1차, 1995년 2차(Oslo II) 협정으로 이루어져 있다. 1차 오슬로 협정은 이스라엘 점령군 권한의 팔레스타인 이전을 원활히 한다는 미명하에 동예루살렘을 포함해 이스라엘이 점령하고 있는 서안 지구를 3개의 개별 지역-Area A, B, C-으로 분리하여 차등적인 행정 및 치안 권한을 행사하도록 규정하고 있으며, 2차 오슬로 협정에 의해 이러한 합의가 시행에 들어가게 된다. Area A는 서안 지구 영토의 18%, 인구의 55%을 점하고 있으며, 이곳은 PA(Palestinian Authority)가 행정 및 치안을 모두 담당한다. Area B는 영토의 20%, 인구의 41% 비중을 차지하고 행정은 PA가 치안은 이스라엘-PA 공동 관할 지역이다. 마지막으로 트럼프 중동평화안에 따라 병합을 예정하고 있던 요르단 계곡을 포함하고 있는 Area C는 가장 중요한 지역으로 영토의 62%를 점하고 있으나, 인구는 팔레스타인 전체 2백 5십만 명 중에서 약 15만 명 정도의 비중을 보이고 있는 지역으로 이스라엘 행정 및 치안을 전적으로 담당하고 있는 지역이다. [135)]

이스라엘은 Area C에 대한 완전한 관할권을 통해 요르단 계곡의 광대한 지역을 군사 훈련 혹은 자연 보호 구역으로 지정하여, 요르단 강 인근 농지에 대한 팔레스타인들의 접근을 봉쇄했다. 또한 수자원을 빼앗아 가고 팔레스타인들이 사용하던 우물을 고갈시켜 버린다. 요르단 계곡 건설 금지 명령을 내리고, 상하수도 및 전력망에 대한 접근을 차단하고, 팔레스타인들의 거주 빌딩과 인프라를 파괴한다. 2000~2006년 동안 진행된 팔레스타인 1차 봉기 기간 중 이스라엘은 2002년 3월 '방어 방패 작전(Operation Defensive Shield)'을 통해 2000년 초반부터 시작된 테러 공격에 대응한다는 명목으로 서안 지구 팔레스타인 자치 지역에 침투하지 않는다는 약속을 깨고 점진적으로 팔레스타인 자치 지역에 대한 통제권을 강화해 나간다. 특히 이스라엘이 2002년부터 서안 지구에 건설하기 시작한 분리 장벽으로 팔레스타인들의 현실은 극적으로 변화하기 시작했다. 구세대는 이동의 자유와 팔레스타인 자치 지역 물품의 저렴함을 찾는 이스라엘 관광객들을 맞이할 수 있었던 반면에 신세대들은 길거리에서 무장한 이스라엘 군인들이 어설픈 아랍어로 "정지해.", "차량에서 내려.", "바지 내려."라고 위협하는 어두운 현실 속에서 암울하게 살아가고 있다.[136] 이스라엘 점령군은 2022년 5월 이스라엘 베르셰바(Beersheba), 하데라(Hadera), 브네이 브라크(Bnei Brak) 지역에서 연이어 발생한 테러 이후, 팔레스타인 도시 제닌(Jenine), 나블루스(Nablous), 헤브론(Hebron), 라말라(Ramallah), 베들레헴(Bethlehem) 및 제리코(Jericho) 지역에 대한 침투를 강화하였고 이스라엘과 팔레스타인 양측의 갈등은 악화일로를 걷고 있다.

오슬로 협정의 주역 이착 라빈(Yitzhak Rabin)과 시몬 페레스(Shimon Peres)는 팔레스타인들의 자치권을 지지하기는 하였지만, 이들 팔레스타인들이 독립 국가를 수립할 정도의 자치권을 의미하는 것은 아니었다. 라빈 총리가 구상한 팔레스타인 자치권의 형태는 국가에 미치지 못하는(less than a state) 개념에 기초해 있었다. 라빈과 페레스의 평화안에는 점령이라는 용어 자체가 언급되지 않았으며, 팔레스타인 "국가(State)"는 오슬로 협정에서 예정하고 있는 점진적 단계를 거친 최종 목표로 규정되지 않는다. 오히려 야세르 아라파트는 이스라엘로부터 테러와 기타 폭력 행위 사용을 포기할 것을 강요당했고, 그에 대한 반대급부로 PLO가 팔레스타인 민족을 대표하는 공식 단체로 국제적으로 인정받게 되면서 지금의 PA(Palestinian Authority)가 만들어지게 되자, 가자 지구 하마스와의 경쟁에서 우위를 확보하는 데 만족한다.

1995년 11월 오슬로 협정의 주역 이스라엘 라빈 총리가 오슬로 협정에 반대한 이갈 아미르(Yigal Amir)에 의해 암살된다. 그 뒤를 이어 하마스에 의한 일련의 테러가 발생하면서 팔레스타인 국가 창설과 점령지로부터 철군에 반대하는 이스라엘 리쿠스(Likud) 당수 네탄야후가 총리직에 올랐다. 1998년 빌 클린턴이 중재한 이-팔 합의인 '와이오 강 플랜테이션(Wye River Plantation)' 이행을 둘러싼 이스라엘 내부의 혈투로 네탄야후 내각은 붕괴된다. 1999년 7월 출범한 이스라엘 노동당 출신 에후드 바락 총리는 시리아와 팔레스타인과의 평화 합의를 15개월 이내에 이끌어 내겠다고 공언하지만, 2000년 9월 28일 리쿠드 당수 아리엘 샤론(Ariel Sharon)이 예루살렘(Temple Mount)을 전격적으로 방문하면서 2차 팔레스타인 봉기(Al-Aqsa Intifada)인 이-팔 무력 충돌이 격화된다. 2001년 미국 신행정부가 출범하고 에후드 바락도 선거에서 대패하면서 이-팔 평화 프로세스는 급제동에 걸리게 되었고 이-팔 분쟁 해결의 전망은 더욱 요원하게 된다.

세기의 거래(The Deal of the Century)

트럼프 평화안의 안보 부속서가 팔레스타인에게 강요하는 내용은 단순히 이스라엘 극우 시각만을 대변하는 것에 국한되지 않는다. 이스라엘 국방장관 베니 간츠(Benny Gantz)와 에후드 바락(Ehud Barak) 전 이스라엘 총리의 트럼프 평화안에 대한 지지를 2020년 치러진 이스라엘 총선용 수사(Rhetoric)에 불과한 것으로 해석하는 것은 순진할 정도로 빗나간 판단이다. 요르단 계곡을 사실상 이스라엘의 영토로 인정하고 있는 트럼프 평화안의 안보 부속서는 수 세대에 걸친 이스라엘 안보

지도자들-이들 대부분은 민간 정치 지도자가 된다.-이 추구해 온 전략적 목적을 잘 반영해 주고 있다. 이스라엘이 오슬로 협정을 기만적으로 이행하면서 서안 지구 Area C의 광대한 지역에 소수 팔레스타인 거주지(Palestinian Enclaves)가 만들어지게 된 것이며, 팔레스타인들은 이곳에서 오로지 "교통 연속성(Transportation Contiguity)"만을 향유하고 있을 뿐이다. 이러한 측면에서 트럼프 중동평화안과 오슬로 협정 간에는 직접적인 연결 고리가 존재한다고 이스라엘 진보 성향 언론 하레츠(HAARETZ)는 분석하면서 "트럼프 평화안을 네탄야후 이스라엘 총리를 위한 우호적 선거 지원에 불과한 것으로 일축하거나, 혹은 이번 평화안이 명백히 실패할 수밖에 없는 망상에 불과한 것으로 평가 절하하는 것은 치명적 오판이 될 것"이라고 전망한다. "왜냐하면 오슬로 협정과 마찬가지로 세기의 거래도 이스라엘의 식민지 계획에 완벽하게 부합하기 때문이다."[137]

아브라함 협정(Abraham Accords)

    왈라 뉴스(Walla News) 저널리스트 바락 라비드(Barak Ravid)는 자신의 저서 『*Trump's Peace: The Abraham Accords and the Reshaping of the Middle East*』에서 이스라엘의 서안 지구 정착촌 병합이 당초 예정일이었던 2020년 7월 1일을 불과 하루 정도를 남겨 두고 취소되었다고 주장한 사실을 이스라엘 예루살렘 포스트가 2021년 12월 보도한다.[138] 네탄야후 연립 정부의 정치적 합의에 따라 이스라엘은 2020년 7월 1일 팔레스타인 서안 지구 Area C에 건설된 정착촌에 대한 병합을 단행할 예정이었으나, 실제 병합은 이루어지지 않게 된다. 워싱턴 주재 UAE 대사인 유세프 알 오타이바(Yousef Al Otaiba)가 UAE가 이스라엘과 관계 정상화에 대한 반대급부로 요구한 사항은 이스라엘의 서안 지구 병합 중지였으며, 이스라엘-UAE 및 미국의 이해 관계가 맞아 떨어져 결국에 UAE-이스라엘 관계 정상화의 반대급부로 요르단 계곡 병합이 정지하게 되었다고 바락 라비드는 자신의 저서에서 밝히고 있다.

    UAE와 바레인이 이집트(1979년)와 요르단(1994년)에 이어 이스라엘과 손을 잡으면서 아랍 세계와의 대결에서 이스라엘의 지정학적 고립 해소는 가속화된다. 이스라엘이 아랍 국가들과 평화를 구축하려는 과정에서 치러야 할 정치적 대가가 거의 없기 때문에 네타냐후의 입장에서 일류급 성공(First-Class)이라고 워싱턴 근동 연구소(Washington Institute for Near East Policy) 데이빗 마코브스키(David Makovsky)는 평가한다.[139] 네타냐후는 요르단 계곡 병합 정지를 잠정 중지한다는 입장 표명만으로 평화 협정을 이끌어 낸 것이다. 과거 베긴(Begin) 이스라엘 총리는 중동 평화 구축의 일환으로 이집트 시나이 반도를 포기해야만 했으며, 라빈 총리는 팔레스타인 자치 수반 아라파트와 오슬로 협정을 체결한 반대급부로 1995년 11월 4일 이스라엘 극우주의자에 의해 암살당하는 값비싼 정치적 대가를 치뤘다.

미국의 영향력이라는 편향성에서만 중동 문제를 바라보는 일각의 분석은 공화당 트럼프와 민주당 바이든 행정부하에서 미국의 대요르단 정책이 완전히 전혀 다른 방향으로 전개되고 있는 측면을 설명하지 못하는 맹점을 안고 있다. 이러한 일견 모순되어 보이는 미 행정부의 대요르단 정책은 이스라엘과 아랍 세계의 전통적인 대결 구도와 이-팔 갈등 구도를 통해 이해할 때 정확한 중동 정세 분석이 가능해진다. 아브라함 협정 체결을 미국의 중동 지역 헤게모니 축소로 인한 권력 공백과 걸프 왕정 및 이스라엘의 이란의 위협에 대응한 결과물로만 해석하는 것도 중동 문제의 본질에서 크게 벗어난 분석이다. 이스라엘과 GCC 순니파 왕정들이 느끼는 이란의 위협에 대한 공동 대응에 앞서, 협정 체결 배경은 본질적으로 트럼프 행정부 중동 평화안 '세기의 거래' 추진 과정의 일부이자 그 결과물로 만들어졌다는 사실을 잊지 말아야 한다.

급진적이지만 현실적 해결책

　민주주의 고양(Democracy Promotion)을 주창한 부시(George W. Bush)의 중동 정책과 2003년 사담 후세인 축출, 2011년 아랍 정치 격변 과정에서 오바마 행정부의 정책 노선이 초래한 안보 불신과 2015는 이란과의 핵 합의 과정 등 지난 20여 년 미 행정부가 보여 준 중동 정책 노선은 걸프 군주들에게 커다란 정신적 충격을 안겨 줬다. 설상가상으로 2008년 전세계를 강타한 금융 위기의 여파로 발생한 "아랍의 봄"은 중동지정학 차원에서 이스라엘-아랍 세계의 대결 구도에서 아랍 세계의 응집력에 균열을 초래하고, 이스라엘과 GCC 국가의 간극이 점차 좁혀지는 효과를 가져왔다. 대내외적 위기감에 직면한 GCC 국가들은 독자 생존을 모색하도록 하는 큰 경종을 울리는 사건으로 기억한다.[140) 아랍의 봄으로 초래된 무슬림 형제단의 위협과 급진 아랍국가(Radical Arab states) 현실화라는 실존적 위협에 직면해 이스라엘과 GCC 국가들의 이해 관계가 수렴할 수 있음을 보여 주는 주는 사건이 2013년 무슬림 형제단의 모르시 정권을 축출하고 등장한 현재 이집트 대통령 알시시 군부 정권이다. 아랍의 봄 이후 지역 정치에 전면으로 부상하기 시작한 이슬람주의 무슬림 형제단의 위협에 이은 2019년 저유가의 현실화 및 팬데믹으로 초래된 실존적 위협에 직면한 GCC 국가들은 이제 더 이상 과거의 틀에 얽매여 있을 수 없다는 인식이 강화되었고 트럼프와 네탄야후의 최대 압박 전략이라는 지정학적 흐름에 순응할 수밖에 없었던 것이다. 트럼프-네탄야후 듀오는 이러한 지정학적 현실을 최대한 활용하여 아랍 세계와 이스라엘의 전통적인 대결 구도 해체와 이-팔 문제의 급진적인 해결을 추구하게 되었다.

분리할 수 없는 이스라엘의 수도 vs 알 악사 모스크

아브라함 협정으로 중동 지역이 평화의 서클 단계로 진입하고 있다는 평가의 이면에는 예루살렘 지위 문제라는 폭발적인 이슈가 숨어 있다. 예루살렘 지위 문제는 양측의 이해 관계에 따라 이스라엘 측에서는 분리할 수 없는 이스라엘의 수도(Undivided Capital of Israel), 템플 마운트(The Temple Mount)으로 이해되고 있으며, 팔레스타인들의 입장에서는 동 예루살렘(East Jerusalem), 알 악사 모스크(Al Aqsa Mosque)라는 용어로 대변되고 있다. 예루살렘 지위 문제의 전개 양상은 중동 지역 전쟁과 평화 이슈의 불가분의 관계를 형성하고 있다. 아부다비는 평화 협정의 명분으로 병합 정지라는 슬로건을 내걸었지만 사실상 표면적인 정책에 불과하며 중동 문제의 핵은 예루살렘 지위이다. UAE-이스라엘 평화 협정이 극단주의 대응을 강조하고, 중동 전략 어젠다 개시에 관해 명문화하였지만, 이-팔 문제를 포함한 알 악사 모스크 지위 문제에 대해서는 전혀 언급이 없다는 점을 유의할 필요가 있다. 롤와흐 알카테르(Lolwah Alkhater) 카타르 외교차관은 "관계 정상화는 이-팔 분쟁의 핵심이 아니며 따라서 해결책도 될 수 없다. 분쟁의 핵심은 국가 없이 점령하에서 살고 있는 팔레스타인의 비극적인 처지"라고 꼬집는다.

예루살렘 지위 문제와 관련된 또다른 주요 이해당사국은 사우디와 요르단이 있다. 이스라엘 언론은 사우디 관리의 발언을 인용하여 "사우디 정부가 이미 2019년 12월부터 알 악사 모스크 관할권 문제에 사우디 대표를 포함시키는 문제와 관련하여 이미 협의에 들어갔다."고 보도했다. 동 문제는 향후 이스라엘-사우디 외교 관계 수립의 핵심적인 쟁점 문제로 어떤 형태로든 부각될 것이다. "이-팔 문제 해결에 있어 공정하고 정당한 해결이 전제되지 않는 이상 이스라엘과의 외교 정상화는 없을 것"이라는 리야드의 입장 표명은 외교적인 수사(Rhetoric)에 불과하다. 그 이면에는 알 악사 모스크 관련 사우디의 종교적 권위와 경제적 이권을 양보할 수 없다는 사우디의 속내가 숨어 있다. 메카, 메디나와 함께 이슬람 3대 성지 중의 하나인 알 악사 모스크가 내포하는 있는 중요한 경제적 함의는 사우디가 하지(Hajj) 시즌 및 연중 순례자를 통해 창출하는 수입을 통해 확인할 수 있다. 연평균 종교 관광 소득이 사우디 GDP 5% 상당하는 160억 달러에 달한다. 알-악사 모스크에 대한 리야드의 영향력 확대는 요르단을 희생양으로 전개될 가능성이 높다는 점에서 암만의 불안정성은 증대하고 있다.

온건 아랍 국가 vs 전면적 관계 정상화

경제적 측면에서 워싱턴이 저유가와 팬데믹으로 인해 경제적 곤궁에 처한 MENA 지역 지도자들은 달러 자금 유인을 위해 무엇이든지 할 것이라는 '달러의 횡포' 논리에 크게 의존해 정책을 추진해 왔으나 일부 아랍 국가들의 경우 이스라엘과의 관계 정상화가 초래할 국내 정치적 비용을 너무 과소평가하는 실수를 저지른다. 아틀랜틱 위원회(Atlantic Council) 카메룬 후드슨(Cameron Hudson)은 이스라엘-수단 관계 정상화 관련, 워싱턴이 수단-이스라엘 외교 관계 수립이 수단의 과도 정부에 가져올 잠재적 불안정성을 과소평가했다는 측면이 있다고 지적하면서, 반-이스라엘 및 이슬람주의 성향이 강한 카르툼과의 관계 정상화 움직임은 수단을 온건 아랍 국가로 전환하기 위한 최대 압박 전략의 측면에서 바라볼 필요가 있다고 진단한다.[141] 아브라함 협정의 중요성은 온건 이슬람 국가들이 실용주의와 이스라엘의 국가 정체성에 대한 존중을 선택했다는 의미가 있다. 미국 더 힐(The Hill)은 많은 중동 문제 전문가들이 아랍 국가들이 이스라엘을 국가로서 인정하고 종교적 정통주의(Orthodoxy) 대신 온건주의를 선택하고 있는 아브라함 협정이 도래하고 있음을 예상하는데 실패한 측면이 있다고 평가한다.[142]

이스라엘의 일방주의 위험성

2020년 9월 이-팔 문제의 가장 본질적인 부분인 예루살렘 지위 문제와 밀접히 관련된 동예루살렘 지역 지바트 하마토스(Givat Hamatos) 정착촌 건설 동결 여부 문제를 둘러싼 이스라엘 국내적 논란이 잘 보여 주듯이 이스라엘 극우파의 점증하는 실질적인 병합(Practical Annexation)에 대한 요구와 UAE와의 평화 협정 유지 사이에서 적절할 균형을 어떻게 유지할지가 앞으로 네탄야후가 직면한 도전이라고 일각에서는 평가한다. 이집트와 평화 협정을 체결(1979)하고 협정 내용의 완전한 이행(1982) 기간에도 이스라엘의 예루살렘 병합(1980), 이라크 핵 시설 공격(1981), 골란 고원 병합(1981), 시나이 반도 철군 2개월만에 제1차 레바논 전쟁(1982) 등 일방주의 위험성을 간과해서는 안 된다. 2021년 6월 베네트 내각이 새롭게 출범하고 네탄야후를 정치의 중심에서 끌어내리면서 이스라엘의 일방주의의 가능성은 감소해 왔다. 그러나 2022년 6월 말 연약한 베네트 연립 정권의 자진 해산안이 통과되고 2022년 11월 1일 새로운 이스라엘 총선 일정이 확정되면서 네탄야후의 화려한 복귀 가능성이 점쳐지고 있다.

팔레스타인 대의 사망 증명서

중동 정치에서 아브라함 협정 체결의 가장 중요한 두 가지 의미는 지난 70년 이상 중동 정치 지형을 형성해 왔던 이스라엘과 아랍 세계의 전통적인 대결 구도가 공식적으로 종언을 고하였다는 것을 의미하는 것뿐 아니라 중동 문제의 가장 본질적인 측면인 이스라엘-팔레스타인 분쟁의 고전적이고 교과서적인 해결책으로 제시되어 왔던 2국가 해법(Two-state Solution)이[143] 사실상 사망 선고서를 수령받았다는 것이다.

완전한 이혼

아브라함 협정은 지난 수십 년간 걸프 왕정 국가들과 팔레스타인 하나로 엮어 온 전통적이고 특별한 유대 관계에 가해진 결정적인 타격(Nail in the coffin)이다. 팔레스타인 자치 정부 수반 압바스는 소위 '걸프 온건 국가'들과의 관계가 완전한 이혼 상태에 접어들었기 때문에 이들 국가와의 관계를 재고할 수밖에 없을 것이라고 중동연구소(Middle East Institute) 이-팔 프로그램 소장 칼리트 엘진디(Khaled Elgindy)는 전망한다.[144] 2002년 채택된 아랍 컨센서스 '아랍 평화 구상'과 2국가 해법은 임상적 (Clinical) 사망 상태에 처하게 된 것으로 팔레스타인과 아랍 온건 왕정 국가들의 전통적인 관계는 이미 오래전부터 악화의 길을 걷고 있다.

이스라엘과 아랍 세계의 관계 해빙 움직임은 이란과 이라크의 위협으로 중동 정치 질서가 위협받기 시작한 1990년대 초반에 이미 시작되었으며, UAE, 바레인, 카타르 및 사우디아라비아는 이미 몇 년 전부터 이스라엘과 막후에서 협력을 진행해 왔다. 이와 더불어, 걸프 페트로 군주의 팔레스타인 서안 지구 자치 정부 라말라 (Ramallah)에 대한 지역 원조가 점진적으로 고갈되기 시작한 것도 단지 어제오늘의 일에만 그치는 것이 아니다. 비록 양측 관계 악화가 표면화된 것은 최근이지만, 이러한 관계 소원의 저변은 이미 30년 전부터 시작하였다고 팔레스타인 전문가 다우드 쿤탑(Daoud Kuttab)은 평가한다. 전통적으로 사우디는 팔레스타인에 대한 가장 성실한 물주(Bankroller)로서의 역할을 해 왔으나, 2020년 1월 이후 어떠한 자금 지원도 제공하지 않고 있다고 하나네 하슈라위(Hanane Achraoui) 팔레스타인 외교관이 언급했다. 이러한 측면에서 텔아비브, 마나마 및 아부다비 외교 관계 수립은 팔레스타인과 걸프 왕정 간의 모호한 관계에 대한 의혹을 완전히 걷어 내는 계기가 되었으며, 팔레스타인과 아부다비, 마나마 및 리야드와의 관계 악화의 에필로그를 장식하는 무대라고 할 수 있다. 수많은 팔레스타인들이 걸프 지역에서 보내오는 달러에 크게 의존하는 라말라 팔레스타인 자치 정부는 걸프 왕정에 대한 절대적 의존성으로 인해 완전히 등을 돌릴 수 없다는 현실 정치의 한계점을 노정하고 있다. 그럼에도 불구하고 일각에서는 걸프 왕정이 남긴 권력 공백을 지역 맹주들이 파고들 것이며, 이는 결국 중동 정치 극화의 심화로 이어져 이란-튀르키예-카타르 축에 유리한 팔레스타인 정치 현실이 형성될 수도 있다고 전망한다. 이러한 일각의 우려는 실제로 2021년 5월 발생한 가자 전쟁을 통해 현실화되게 된다.

워싱턴 죤스 홉킨스 고등 국제 연구소(Johns Hopkins School of Advanced International Studies) 교수 발리 나스르(Vali Nasr)는 아브라함 협정은 팔레스타인 문제가 이미 사망하였다는 전제에서 진행되었으며 따라서 협정 체결과 이스라엘 정착촌 확대 및 여타 식민지 영토 확장 지원이라는 네탄야후 총리의 강경 노선을 사실상 보상하는 결과를 초래한 것이라고 평가한다. 반면 카네기재단 이-팔 문제 전문가인 자하 하싼(Zaha Hassan)은 "중동 지역 문제를 잘 알고 있는 사람들의 입장에서 아브라함 협정 체결이 평화의 큰 돌파구를 가져올 것이라고 믿는 것은 매우 어려운 일"[145]이라고 전망한다. 미국 3개 행정부를 거친 중동 평화 협상가로 활동한 데니스 로스(Dennis Ross)는 아브라함 협정을 중동 지역에 중요한 진전이라고 규정하면서도, 2021년 5월에 발생한 이스라엘과 가자 지구의 폭력 사태 전개는 팔레스타인 문제가 여전히 이스라엘과 아랍 국가들과의 관계에 그림자를 드리우고 있음을 증명해 주었다고 평가한다.

그럼에도 불구하고 트럼프 행정부하에서 2019년 10월까지 중동 특사로 활약했던 헝가리 유대인 난민의 아들 제이슨 그린블라트(Jason Greenblatt)는 2021년 5월의 하마스와 이스라엘의 무력 충돌은 중동 지역에서 아브라함 협정이 얼마나 중요한지를 역설적으로 강변해 주고 있다고 해석하면서, 동 협정은 의도적으로 이-팔 문제를 이스라엘과 아랍 국가들의 관계와 완전히 분리시켜 접근하였으며, 중동 지역이 미래를 향해 앞으로 나아갈 수 없도록 장애물의 역할을 해 온 팔레스타인의 중동 평화에 대한 비토권(Veto)을 박탈한 것이라고 해석한다. 국제위기그룹(International Crisis Group)의 라말라 지부 수석 연구원 타릭 바코니(Tareq Baconi)는 "현재의 이-팔 비극은 트럼프에서 시작된 것이 아니며, 미국은 수십 년 전부터 이스라엘의 점령과 정착촌 확장을 가능하게 해 왔으며, 어떤 의미에서 트럼프 행정부는 팔레스타인들을 무시하는 측면에 있어서 이전 행정부보다 좀 더 솔직했다는 평가가 더 정확하지만, 그럼에도 불구하고 트럼프 외교 정책은 이스라엘 우익 세력이 가장 극우적인 정책을 아무런 대가 없이 추진할 수 있도록 허용한 측면은 있다.”고 평가한다.[146] 아브라함 협정의 정신과 추동력은 사라지지 않고 있으며, 지정학적 역학 구도 변화로 인해 오히려 더욱 확대 심화될 수 있다.

아랍 평화 구상(Arab Peace Initiative) 허울

2002년 3월 27-28일 베이루트 포에니시아(Phoenicia) 호텔에서 아랍 평화 구상(Arab Peace Initiative) 채택 이후 20년이 지난 2022년 3월 27~28일 양일간, 이스라엘 네게브(Negev) 사막 내 이스라엘 건국의 아버지 벤 구리온(Ben Gourion)의 유해가 묻혀 있는 스데 보코(Sde Boker)에서 지금까지 전례가 없는 아랍 국가들과 이스라엘 간 개최된 ‘네게브 정상회담(Negev summit)’은 지난 몇 년 전부터 잉태되기 시작한 역내 패러다임 변화를 여실히 증명해 주고 있다.[147] 아랍 평화 구상 20주년 기념일은 네게브 정상회담의 그림자에 가려져 버리게 된다. 네게브 회담 약 일 주 전에 열린 이집트 유명 해변 도시 샴 엘 세이크(Charm Al-Cheikh)에서 열린 이집트-이스라엘-UAE 정상회담에서도 팔레스타인은 지역 문제를 위해 완전히 소외되어 버린다.

이스라엘과 아랍 세계 간의 샴 엘 세이크와 스데 보코(Sde Boker) 양대 정상회담은 역내 전대미문의 상황들이 결합되어 탄생한 새로운 축(Axis)의 가장 최근의 모습이라고 할 수 있다. 요르단 압둘라 2세 국왕이 네게브 정상회담을 보이콧하고, 두 번에 걸친 정상회담에 불참한 측면도 눈여겨봐야 한다. 전례가 없었던 이러한 역내 정세 변화는 아랍의 봄, IS(Islamic State) 부상, 미국의 역내 고립주의 경향으로 특징지어져 왔으며, 지-전략적 및 경제적 측면에서 역내 이해 관계가 수렴하고 있는 각국의 민족주의적 정책으로 더욱 강화되고 있다. 이러한 새로운 중동 패러다임 구조 속에서 팔레스타인은 부차적인 위치로 전락해 버렸다.

극우 정치 폭력의 일반화

2021년 4월 말 예루살렘에서 발생한 이-팔 충돌은 이미 수십 년 전에 시작된 이념적이며 정치적인 운동의 표출에 불과하다. 인종 차별적이고 초국수주의(Ultra-nationalism) 이념으로 무장한 정치 폭력은 이제 일반적인 현상이 되었다. 브살렐 스모크리히(Bezalel Smotrich)와 이타미르 벤 그비르(Itamar Ben Gvir) 두 극단 세력이 종교 시오니즘(Religious Zionism)의 기치 아래 형성된 정치 연합의 이스라엘 의회 입성이 이를 증명해 주고 있다고 언론은 분석한다. 이스라엘 진보 성향 하레츠(Haaretz)의 기디온 레비(Gideon Levy)는 초정통유대주의(The ultraorthodox) 세력은 현재 이스라엘에서 성장하고 있는 일종의 신나치(Neo-Nazi) 운동의 상비군(Reserves)으로, 이들의 존재는 극우주의 세력인 살렐 스모크리히와 이타미르 벤 그비르에게 찬란한 미래를 약속해 주고 있다고 전망하고 있다.

이에 반해, 팔레스타인 자치 정부 수반 아부 마젠[Abu Mazen: 마흐무드 압바스(Mahmoud Abbas)의 별명]은 2021년 4월 27일 성명에서 "예루살렘 알 악사 모스크를 표적으로 하는 모든 계획을 거부할 것이며, 이스라엘은 여전히 팔레스타인 선거 방해를 기도하고 있다."라고 발표하는 등 양측은 충돌을 불사하고 있어, 전 이스라엘 총리 에후드 올메르트(Ehud Olmert)는 "우리는 또 다른 봉기(Intifada)의 길로 나아가고 있다."고 경고한다. 이스라엘 예루살렘 포스트는 2021년 5월 이-팔 정치 일정은 이-팔 양측의 중요한 역사적 종교 및 정치 일정, 라마단(Ramadan), 1948년 5월 15일 대재앙의 날(Nakba day: 1948년 이스라엘이 독립을 선언하면서 약 70만 명의 팔레스타인 사람이 추방당한 사건), 압바스의 팔 선거 연기 발표 가능성과 하마스의 폭력적 대응 등 폭발적인 일정으로 가득한 매우 긴장될 달이 될 것이며 여하한 촉발 요인으로 언제든 폭발할 수 있다고 우려하고 있다. 이스라엘의 식민지 정착촌 확대를 통한 정치 환경의 우경화 움직임은 역사적으로 팔레스타인 서안 지구를 점령한 1967년 제3차 중동 전쟁에서 시작되어 1990년대에 크게 확대되었으며, 트럼프 행정부 시절 일방적인 정책으로 더욱 노골화된 바 있다. 이러한 우경화 배경에는 사회 및 인구학적 요인도 크게 작용했다. 이스라엘 초정통 유대주의 하레디(Haredi) 공동체의 급부상도 이스라엘 정치 우경화의 기반을 제공해 왔다. 대부분 가난하며 종교적인 이들 급진 세력은 이스라엘 전체 인구의 12%를 점하고 있으며, 서안 지구 및 예루살렘 정착촌 확대를 통해 이들의 정치 경제적 요구를 충족시켜 주고 있는 것이다. 이스라엘의 대 팔레스타인 식민 정책(Expanded settlements and Land grabs)은 정부 주도의 조직적이며 일관된(Systemic and Coherent) 국가 전략으로 네탄야후 총리의 실권 가능성과 무관하게 이러한 정책은 유지될 것이기 때문에 이스라엘의 정착촌 확대 정책을 일정 시점의 이스라엘 총리의 개인적인 국내 정치적 의도만으로 해석하는 것은 치명적인 오판이라고 할 수 있다. 글로벌 인권 단체 휴먼 라이츠 와치(Human Rights Watch)는 이스라엘이 팔레스타인을 상대로 인종 차별(Apartheid)과 박해의 인권 범죄를 자행하고 있다고 비난하는 내용의 인권 보고서(2021년 4월)에서, 이스라엘의 대팔레스타인 정책을 *"Laws, policies, and statements by leading Israeli officials make plain that the objective of maintaining Jewish Israeli control over demographics, political power, and land has long guided government policy."*[148]로 규정하며 비난한다.

분절된 정체성(Fragmented Identity)

팔레스타인의 정체성은 이스라엘의 점령하에 있는 서안 지구(West Bank), 이스라엘의 봉쇄(Blockade)하의 Gaza Strip, 이스라엘에 병합된 동예루살렘, 마지막으로

1948년 이스라엘 국가 수립에도 불구하고 이스라엘에 남아서 현재 이스라엘 전체 인구의 20%를 차지하는 팔레스타인을 지칭하는 '이스라엘 국적의 아랍 시민(Arab citizens of Israel)'으로 서로 완전히 분절되어 이스라엘이라는 국가에 대해 서로 다른 경험과 인식을 가져왔기 때문에 공동의 정체성을 확립하지 못하고 있다. 팔레스타인 공공외교 연구소(Palestine Institute for Public Diplomacy: PIPD) 소장 살렘 바라흐메흐(Salem Barahmeh)는 "팔레스타인 각각의 공동체가 2021년 5월 가자 전쟁과 동시에 봉기한 것은 매우 드문 일이며, 팔레스타인 정체성은 지금까지 매우 분절되어 왔다."고 진단한다.[149] 이러한 정체성 분절화(Fragmented Identity)는 팔레스타인의 지리적, 사회적, 정치적인 교류 상실로 이어졌으며, 그 이면에는 지난 15년간 팔레스타인 선거 부재가 초래한 탈-정치화(De-politicization)와 이-팔 분쟁에 무관심한 새로운 팔레스타인 중산층을 탄생시킨 서안 지구 파타흐(Fatah)의 신자유주의 정책 도입(Neoliberal Policies)이 자리 잡고 있다고 살렘 바라흐메흐(Salem Barahmeh)는 분석한다.

이스라엘의 전설적인 외교관 아바 이한(Abba Ehan)은 1973년 11월 제네바 평화 협상 직후 *"The Arabs never miss an opportunity to miss an opportunity."*라는 유명한 재담으로 팔레스타인과 협상의 어려움을 토로한 바 있다. 이러한 풍자적 표현은 이-팔 분쟁의 역사에서 내부적 분열과 알력으로 반-이스라엘 단일 전선을 형성하지 못해 실패로 점철된 역사를 집약적으로 표현해 주고 있다. 팔레스타인들은 잘못된 협상 전략으로 자신의 입지를 약화시켜 온 화려한 전력이 있는데 최초 제안을 거부했다가 나중에 더 협상력이 약화된 상황에 처해 어쩔 수 없이 기존 제안보다 더 나쁜 협상안을 받아들이게 된다. 1947년 유엔 분할안의 용어가 너무 사악하다는 이유로 당초 거부했다가 1948년 훨씬 더 불리한 여건에서 동 UN 분할안을 받아드릴 수밖에 없었다. 1977년에는 이집트 사다트 대통령이 제안한 팔레스타인 자치안을 거부했다가 1993년 오슬로 협정을 통해 더욱 제한적이고 잠정적인 자치

권에 만족할 수밖에 없었다. [150]

사실상 병합(De Facto Annexation)

많은 중동 전문가들은 2국가 해법 실현 가능성을 매우 낮게 보고 있다. 실제 팔레스타인 서안 지구와 가자 지구(WB/GS)의 현실은 이곳에서 팔레스타인을 추방하려고 혈안이 되어 있는 이스라엘에 의해 공격적으로 변화해 왔음을 보여 준다. 이-팔 문제에 관한 수많은 전문 보고서들도 치밀하고 세밀하게 이러한 현실을 증명해 주고 있다.

가장 유명한 팔레스타인 지식인이자 오슬로 평화 협정의 반대자였던 에드워드 싸이드(Edward Said)는 *"The Oslo Accords have institutionalized separation and subjugation of Palestine."*을 초래해 왔으며, 오슬로 협정의 부산물인 서안 지구 Palestinian Authority(PA)는 *"An instrument of the Israeli government,"*에 불과하다고 평가한다. [151] 아일랜드(Ireland) 의회는 2021년 5월 26일 만장일치로 이스라엘의 "사실상(De Facto) 병합"을 비난하는 내용의 결의안을 만장일치로 통과시키면서, *"The scale, pace and strategic nature of Israel's actions on settlement expansion and the intent behind it have brought us to a point where we need to be honest about what is actually happening on the ground. It is de facto annexation."*라고 이스라엘의 팔레스타인 정책을 공격한다. [152] 뉴욕 타임즈는 "이스라엘 내부적으로 이스라엘과 팔레스타인 간의 충돌선이 이번처럼 뚜렷이 부각된 적은 없었으며, 이-팔 문제의 근원적인 요인인 이스라엘의 팔레스타인 점령과 고도의 차별적인 정책이 해결되지 않는 이상, 예루살렘은 계속해서 중동의 진정한 화약고(Tinderbox)로 존재하면서 또 다른 재난을 초래할 것"이라고 우려했다. 이스라엘 예시 아티드(Yesh Atid) 당수인 야이르 라피드(Yair Lapid)조차 온

건주의자로 인식되고 있음에도 불구하고, "이스라엘 땅에서 아랍 사람들이 사라지기를 바라며, 자신의 최우선 순위는 'To maintain a Jewish majority in the land of Israel.'"이라고 표명할 정도로 이스라엘의 대팔레스타인 정치 폭력이 일반화되었다고 뉴욕 타임스는 분석한다.[153] 이스라엘 신정부 유력한 총리로 거론되는 나프탈리 베네트는 이스라엘 정치인 중에서도 팔레스타인 독립 국가 건설의 가장 헌신적인 반대론자일 뿐만 아니라 서안 지구 병합의 열렬한 옹호자로 잘 알려져 있다.

반-네탄야후 연립 정부도 이-팔 문제를 안보 문제로 인식하고 있기 때문에 대팔레스타인 정책 변화의 가능성은 매우 낮을 것이며, 이스라엘의 대팔레스타인 정책 노선에서 본질적인 일탈은 없을 것으로 전망된다. 라말라(Ramallah) 이스라엘 정치 분석가 엘리 니산(Eli Nisan)은 이스라엘의 취약한 반-네탄야후 연립 정부의 정책 전망에 대해, "이스라엘 정부 변화에도 불구하고 안보 문제에서 이스라엘의 정책 변화는 없을 것"이라고 알아라비아(Alrarabiya) TV 채널과의 인터뷰(5.30)에서 언급했다. 국제위기그룹(International Crisis Group) 보고서는 동예루살렘을 둘러싼 최근의 충돌은 이-팔 분쟁을 추동하는 근본적인 요인들을 전형적으로 보여 주는 사건으로, 이스라엘의 그 어떤 정부도 하마스의 예루살렘을 대한 요구 사항을 수용할 수 없을 것이라고 전망했다.[154] 이스라엘 언론도 이번 가자 전쟁으로 인해 이스라엘 국내에 소위 "평화 진영"은 사라져 버렸으며, 이스라엘 정치 지형을 더욱 우경화로 기울게 하였으며, 하마스 미사일은 2국가 해법을 사실상 사장(Bury)시키고 있다고 평가한다. 2021년 11월 21일 팔레스타인 유럽 연합 대표 스벤 쿤 본 브루그스도르프(Sven Kuhn von Brugsdorff)는 이스라엘이 서안 지구와 예루살렘을 단절시키는 마지막 단계에 도달하였다고 경고하면서, 미래 팔레스타인 국가 수립 전망을 완전히 파괴시켜 버릴 이스라엘의 사실상 병합 조치에 깊은 우려를 표명한다.

팔레스타인 대안 국가화 요르단

트럼프 행정부가 출범한 이후 중동 평화안이 추진되는 과정에서 트럼프 세기의 거래 추진의 최대 피해자는 요르단 하심 왕가가 될 것이라는 분석이 지배적이었으며, 2021년 3월 발생한 요르단 궁정 쿠데타가 이를 방증해 주고 있다. 카타르 국영 방송사 알자지라(Al Jazeera) TV 인터뷰에서 전 요르단 외교장관 마르완 무아세르(Marwan Muasher)는 트럼프 중동평화안을 평가하면서, "이스라엘과 미국은 서안 지구와 가자 지구에서 팔레스타인 국가 창설을 원하지 않으며, 이스라엘은 특히 자신들이 통제하는 팔레스타인 영토에서 팔레스타인들이 다수가 되는 것이 바라지 않고 있다."고 언급한다. 그는 또한 "이스라엘의 의도는 팔레스타인들을 서안 지구에서 쫓아내고(Displace), 요르단으로 하여금 이들을 관리하도록 요청하기 위한 필요한 여건을 조성하려고 기도하고 있다."[155]고 강조한다.

아브라함 협정 체결로 세계 유수의 관광지 페트라(Petra)와 사해(Dead Sea)와 정치적 위협을 가할 수 있는 반대 인물에 대한 물샐틈없는 통제로 유명한 나라 요르단의 전략적 가치가 급격히 축소되고 있는 것이 21세기 초반 암만이 처한 중동 정치 현실이다. 향후 이-팔 분쟁 및 이스라엘-사우디 관계 개선은 예루살렘 성지 관할권 문제 및 요르단의 팔레스타인 대안 국가화 문제를 매개체로 하여 전개될 가능성이 크다. 전통적인 이스라엘-아랍 세계의 대결 구도와 2국가 해법의 사망 선고서 수령을 거부하고 있는 요르단 하심 왕조의 안정을 위협할 요인은 증대될 것으로 전망된다. 2021년 3월 요르단 왕가는 쿠데타 위협에 직면하게 되나, 바이든 행정부 출범으로 구사일생하게 된다.

바이든 중동 정책의 최대 수혜국

2021년 바이든 행정부는 미국의 중동 정책, 특히 사우디와의 관계에서 소위 재조정 정책을 천명하면서 트럼프 행정부의 중동 정책과 정반대의 입장을 취하면서 출범한다. 바이든 중동 정책 방향 전환(Volte-face)으로 가장 큰 수혜를 입은 국가는 요르단 하심 왕가로 판명된다. 실제 요르단 압둘라 국왕은 바이든과 정상회담을 한 최초의 중동 국가라는 타이틀을 거머쥐게 되는데, 트럼프 행정부 취임 이후 최초의 순방 국가가 사우디였다는 사실과 극히 대조적인 양상을 보이고 있다. 대요르단 정책에 있어서 두 미국 대통령의 견해 차이는 2021년 3월 발생한 요르단 궁정 쿠데타를 통해 구체화된다.

2021년 4월 3일 토요일 요르단 정보 당국이 현 요르단 국왕 축출 쿠데타 혐의로 압둘라 국왕의 이복동생인 함자흐 빈 후세인(Hamzah bin Hussein) 왕자를 가택 연금하고, 샤리프 하산 빈 자이드(Sharif Hassan bin Zaid) 전 사우디 특사 및 바셈 아와달라흐(Bassem Awadallah) 전 왕실 비서실장 등 20여 명의 고위 인사를 체포하는 사태가 발생한다. 요르단 수도 암만 연구소 포에닉스 경제학 센터(Institute Phenix Center for

Economics and Informatics Studies) 소장 아흐마드 아와드(Ahmad Awad)는[156] 이번 사건을 요르단 역사상 강도 측면에서 가장 큰 사건으로, 위기의 끝이 아닌 시작으로 규정하면서, 요르단이 정치, 경제 및 민주적 개혁이 필요함을 보여 주는 것이라고 진단한다. 영국 킹스 칼리지 대학 교수 앙드레아스 크리에그(Andreas Krieg)[157]는 요르단 정부가 이번 사건에 외부 세력이 있었다고 주장한 것은 현 단계에서 국면 전환용에 불과하며, 내부 숙청(Purge)에 불과하다고 평가하는 시각도 존재한다. 그럼에도 불구하고 이번 쿠데타 시도와 관련 사우디와 UAE의 연루 가능성 제기는 전혀 근거 없는 주장은 아니라는 사실에 주목할 필요가 있다.

요르단 궁정 쿠데타 이후 미국 언론은 이번 궁정 쿠데타 시도가 미국의 동맹국인 사우디 및 이스라엘과의 협조 속에서 트럼프 행정부에 의해 수 년간 준비되어 왔을 가능성을 제기한다. 워싱턴포스트 데이비드 이냐시오(David Ignatius)는 트럼프 행정부 전 현직 관리들과의 인터뷰를 통해 실제로 요르단 국왕 압둘라 2세의 위신을 저해하기 위한 목적으로 지난 3년간 미국-이스라엘-사우디 주도로 요르단 국왕에 대한 압박이 존재했음을 보여 줬다.[158] 데이비드 이냐시오는 "미국, 영국, 사우디, 이스라엘 및 요르단의 소식통을 통해 수집한 정보들을 면밀히 재구성하면 요르단 국왕에 대한 압박은 실제로 존재하였으며, 트럼프가 네탄야후-MBS 동맹을 기초로 한 세기의 거래를 추진한 이후에는 이러한 압박이 더욱 증대되어 왔음을 보여 주고 있다."고 결론 내린다.[159] 그러면서 "요르단 국왕이 자신의 중동 평화 프로세스의 주요 걸림돌이라는 트럼프의 믿음이 있었다."는 전 CIA 고위 관리의 말을 인용한다.

급제동

트럼프 및 네탄야후 정부 시절 요르단은 트럼프 행정부 세기의 거래 추진 과정에서 완전히 배제되고 철저한 고립에 처하게 된다. 심지어 이스라엘 일부 진보 언론 조차도 "이스라엘 우파 세력들이 이-팔 문제의 근원적인 해결책으로 요르단 하심 왕가의 전복을 기도하고 있다."[160]고 분석한다. 2020년 말 트럼프 재선 성공이 중동 정치 지형 판도의 변화를 주도할 결정적 사건이 될 것이라는 전망 속에 바이든 행정부가 출범하면서 요르단 왕가에 대한 압박은 급제동이 걸리게 된다. 미 백악관은 2021년 7월 7일 요르단 압둘라 국왕이 워싱턴을 방문하여 바이든과 정상회담이 예정되어 있음을 발표한다. 이에 대해 일부 관측통들은 바이든이 사우디에 보내는 직접적인 메시지라고 평가한다. 주 요르단 사우디 대사는 요르단 국왕 압둘라 2세와의 면담과 포토 압(Photo-op)을 통해 "사우디는 이제 더 이상 요르단 국왕에 대한 어떠한 음모에도 가담하지 않을 것"이라는 리야드의 공식 입장을 미국 바이든 행정부에 전달하게 된다. 바이든은 압둘라 국왕과의 회담을 통해 역내 역학 구조 변화에 직면해 워싱턴과 암만의 전략적 파트너십을 강조하고 있다. 실제 미국은 아프가니스탄에서는 철군하였음에도 불구하고, 아프간 미 병력의 일부를 요르단으로 이전하고, 카타르에 주둔하고 있는 미군과 군사 하드웨어를 요르단으로 이전하면서 역내에서 더 큰 전략적 비중을 암만에 실어 주고 있다고 일각에서 분석하고 있다.

다른 한편, 요르단의 정치적 반대 세력 억압과 궁정 음모(Palace Intrigue)는 문제의 본질이 아니며, 2021년 4월 요르단의 정치적 위기가 보여 주는 본질은 MENA 지역 중심에 위치한 미국 보호령의 고통스러운 종말에 불과하다고 평가하는 시각도 존재한다.[161] 요르단은 해외 원조로 연명하는 가난한 나라인 '바나나 공화국(Banana Monarchy)'이 되어 버렸으며, 정치적 정당성은 누더기 상태로, 워싱턴이 대규모로 제공하는 원조와 무기에 의존해서 살아가고 있다. 지난 수년간 미국의 원조액이 요르단의 모든 국내 재정 수입보다 크다는 사실은 요르단의 경제적 기반의 취약성을 단적으로 보여 주고 있다.

바이든 행정부 출범으로 구사일생한 하심 왕가는 미국의 경제적 지원에 대한 대가로 2021년 1월 31일 미국과 새로운 방위 조약 '2021 국방 협력 협정(Defense Cooperation Agreement)'에 서명할 수밖에 없게 된다. 미군에 무제한의 작전 권한을 부여하는 군사 협력 협정으로 요르단 전 국토가 미국의 거대한 군사기지로 전환되어 버렸다는 비판적 시각이 제기되고 있다. 냉전 시절 공산주의와 아랍 민족주의 두 극단주의 세력으로부터 이스라엘과 석유가 풍부한 아라비아 반도를 보호하기 위한 지정학적 방화벽의 역할을 해 온 요르단의 전략적 중요성이 저하되고 있는 현실을 피할 수 없을 것으로 전망된다. 이스라엘과 미국의 입장에서 이러한 방어벽을 역할을 할 수 있는 지도부가 반드시 하심(Hashemit) 왕가 주도의 지도부가 되어야 필요는 없기 때문이다. 2021년 7월 요르단 국왕 압둘라 2세와 이스라엘 신임 총리 베네트가 비밀리에 접촉하여 양국 관계 강화를 위한 의견을 교환하면서 요르단과 이스라엘은 네탄야후 집권 역사의 페이지를 넘기게 되었다고 언론은 보도한다. 뒤이어 양국 외교장관의 회동이 이루어지게 되며 요르단은 이스라엘로부터 5천만 큐빅 미터의 물을 추가적으로 구매할 수 있게 되었다. 요르단 생산품의 팔레스타인 서안 지구 수출액 상한선이 1억 6천만 달러에서 7억 달러로 인상하는 방안에 양국은 합의하게 된다. 바이든 행정부 출범으로 이스라엘-요르단 관계 악화 문제가 표면적으로 완화되고 있음에도 불구하고 "팔레스타인 문제에 관해 이스라엘 베네트 총리의 접근법이 요르단 국왕의 방식과 근본적으로 충돌하고 있기 때문에 양국 긴장은 지속될 것이며, 이러한 입장 차이를 어떻게 관리하고, 완전한 위기의 심연으로 빠져들지 않도록 하는 것이 양측 관계의 핵심적인 이슈가 될 것"이라고 워싱턴 중근동 연구소(Washington Institute for Near East Policy) 연구원 가이쓰 알-오마리(Ghaith al-Omari)는 전망한다.[162]

팔레스타인 대안 국가화

요르단 압둘라 국왕의 가장 중요한 목표 중의 하나는 이스라엘 극우파가 바라고 있는 요르단의 팔레스타인 대안 국가화를 어떤 대가를 치르더라도 막겠다는 것이다. 중동 문제의 본질인 이-팔 문제의 고전적 해결책인 2국가 해법과 관련하여 압둘라 국왕은 미국 오바마 대통령과 매우 특별할 관계를 유지해 온 것으로 알려져 있었으나, 트럼프 행정부 출범으로 국왕의 입지는 크게 약화되게 된다. 요르단의 팔레스타인 대안 국가화에 우호적인 트럼프 중동평화안이 추진되면서 요르단과 이스라엘의 관계도 악화일로를 걷게 된다. 트럼프 중동평화안 발표 이틀 전 요르단 국왕은 알맘라카(Almamlaka) TV와의 인터뷰에서 "요르단의 중동평화안에 대한 입장은 이미 잘 알려져 있다. 암만을 희생양으로 하는 어떠한 제안에도 동의하지 않을 것이다."라는 입장을 표명하면서 요르단의 팔레스타인 대안 국가화 움직임에 강력히 반발한다.

최근 몇 년간 중동 지역에서 가장 눈에 드러나지 않았지만, 중동 역학 구도를 가장 불안정하게 할 가능성이 있었던 요르단 궁정 쿠데타에 대해 전 CIA 관리이자 브루킹스 연구소(Brookings Institution) 브루스 리델(Bruce Ridel)은 "2021년 7월 바이든-압둘라 정상회담은 함자 음모(Hamza conspiration)에서 사우디의 역할 문제에 대해 공개적으로 논의하지는 않을 것이지만, 사우디 MBS 입장에서는 엄청나게 중요한 사안이 될 것"[163]이라고 전망한다. 바이든 행정부의 중동 정책인 재조정이 역설적이게도 요르단에 생명선을 제공해 주고 있다. 요르단 하심 왕조 정당성의 상당 부문은 성지인 알-악사 모스크 수호자로서 입지에 크게 의존하고 있으나 세기의 거래는 근본적으로 1994년 이후 하심 왕가의 관할권하에 들어간 예루살렘 알-악사 모스크에 대한 하심 왕가의 정당성을 심각하게 훼손하고 있다. 특히 트럼프 대통령의 사위 제라드 큐슈너(Jared Kushner)가 입안을 주도한 중동평화안은 예루살렘을 이스라엘의 수도로 인정하고 있을 뿐만 아니라 점령지 서안 지구 일부에 대한 이스라엘의 병합을 예정하고 있기 때문에 과거부터 제기되어 온 요르단의 팔레스타인 대안 국가화 위협이 현실화될 가능성을 배제할 수 없었기 때문이다.

팔레스타인 대안 국가화 방안은 트럼프 행정부에서 하루아침에 만들어진 허상이 아니며, 기본적인 아이디어는 중동 역사와 궤를 같이 하고 있다. 1921년 수립된 요르단은 애초에 1차 세계 대전 이후 국제 연맹이 부여한 영국의 팔레스타인 위임 통치령의 일부분에 불과하였으나, 1921년 영국이 팔레스타인 지역에서 요르단을 분리하는 결정을 하게 되면서 수립된 것으로 요르단 국가의 영속성에 대한 큰 기대가 존재하지 않았다. 1948년 1차 중동 전쟁의 배경에도 이스라엘 시오니즘 운동이 초래할 지역 불균형을 가장 우려한 요르단 왕가의 두려움이 주요 배경으로 작용했다. 전쟁의 여파로 초래된 팔레스타인들의 대탈출(Exodus)의 이면에는 요르단이 팔레스타인들의 국가 수립을 위해 사라져 버릴 것이라는 비밀스러운 희망이 자리 잡고 있었다. 1948년 이스라엘 국가 창설로 약 75만 명의 팔레스타인들이 요르단과 서안 지구로 떠나는 피난길에 올랐을 때, 막후 외교 협상의 원칙은 이들 팔레스타인들을 지원하여 경제적으로 안착토록 하는 것이었다. 실제 이러한 원칙은 1955년 "죤스톤 플랜(Johnston Plan)"으로 널리 알려진 요르단 통합 수자원 계획(Jordan Valley United Water Plan)을 통해 실제 추진된 적이 있다. 동 계획의 기본적인 아이디어는 대규모 인프라 투자를 통해 팔레스타인들의 요르단 계곡 정착을 지원하는 것이었으나 아랍 연맹의 거부로 실현되지 못하게 된다. 요르단 계곡 수자원을 둘러싼 충돌은 아랍 국가과 이스라엘 간의 다차원적인 분쟁의 한 단면으로 지속된다.[164]

3차 중동 전쟁인 1967년 6일 전쟁의 여파는 요르단 하심 왕조가 직면한 존재론적 위협을 인식하는 계기가 된다. 먼저, 예언자 무함마드의 후손임을 자처하는 요르단 후세인(Hussein) 국왕은 이스라엘의 동 예루살렘 점령을 받아들일 수밖에 없게 된다. 다른 한편, 후세인은 전쟁 이후 자국으로 유입되는 외국 자금의 일부가 요르단을 팔레스타인들의 대안 국가로 전환하려는 움직임과 관련되어 있음을 인식하게 된다. 외부적인 고립감이 커져가고 요르단으로 유입된 팔레스타인 민족주의가 세를 불려 가는 현실 속에서 후세인 국왕은 빼앗긴 영토 수복에 대한 의지를 점점 포기하게 되며, 하심 왕조의 안정과 연속성 유지에만 모든 역량을 집중할 수밖에 없는 처지에 놓이게 되었다.

2020년 6월 중동 역학 구도의 급변이 초래하고 있는 공포와 위협 속에서 요르단은 요르단 계곡 병합이 초래할 존재론적 고통을 다시 경험하게 된다. 이러한 고통은 팔레스타인 국가 수립의 전망이 사라져 가고 있는 현실에서 팔레스타인들의 대량 이주 가능성과 요르단 하심 왕조의 불안정 심화에 의해 초래되었다. 부분 병합이든 완전 합병이든 이스라엘의 요르단 계곡 병합이 현실화되면 서안 지구 약 2백 8십 만 명의 팔레스타인들의 운명은 요르단 당국의 책임과 관할 아래로 들어가게 될 것이라는 우려가 제기된다. 외교관이자 2002~2004년간 요르단 외교 장관을 역임한 마르완 무아세르(Marwan Muasher)는 "이스라엘이 팔레스타인 국가 수립을 원치 않기 때문에, 여전히 실현 가능한 유일한 정치적 시나리오는 점령지 서안 지구 밖의 요르단으로 팔레스타인들을 대량 이주시키는 방안"[165]이라고 전망한다. 2021년 4월 요르단 궁정 쿠데타와 관련하여 헌터 칼리지(Hunter College) 정치과학 교수 질리안 슈웨들러(Jillian Schwedler)는 요르단 강 동쪽에 위치하며, 현재의 요르단의 일부를 형성하고 있는 동안 지구(East Bank) 일각에서는 압둘라 국왕이 요르단의 마지막 왕이 될 수도 있다는 소문이 나돌고 있음을 언급한다. [166]

쪼그라드는 하심 왕조

프랑스와 영국 제국주의 야망의 주된 무대였던 튀르키에 오토만 제국의 잔해 속에서 수립된 요르단의 국경선은 코냑과 샴페인의 영향인 소위 '윈스턴 처칠의 딸꾹질(Winston's Hiccup)'에 의해 지그재그로 그어지게 된다. 프랑스와의 식민지 경쟁에서 영국 외교관 마크 사익스(Mark Sykes)는 중동 지역에서 대영제국이 통제하는 소위 아랍 국가들의 벨트를 모색하는 과정에서 1921년 당초 영국의 팔레스타인 위임통치령의 일부분에 불과한 요르단을 분리하는 결정을 내리게 된다. 이러한 결정의 배경에는 부분적으로 종교정책적 고려에서 식민지 경쟁 상대인 프랑스를 아라비아 반도에서 배제하려는 의도와 더불어 당시 영국의 통제하에 있던 인도의 안전을 보장하려는 영국의 전략적 의도가 작용하였다고 영국 역사학자이자 『A Line in the Sand』의 저자인 제임스 바르(James Barr)가 분석한다.[167]

하지만, 역사는 코냑과 샴페인의 술기운보다 더 주도면밀하며 서구의 제국주의의 책략에 더 부합하는 방향으로 진행된다. 중동 성지 메카의 수호자 후세인(Hussein)과 1915~1916년 사이에 교환한 서한 맥마흔 선언(The Hussein-McMahon correspondence)에 따라 후세인이 오토만 제국의 아랍 지역의 독립과 예멘 아덴 지역을 제외한 아랍 왕정의 수립을 요구했음에도 불구하고 맥마흔은 메소포타미아(Mesopotamia) 지역은 영국에 할당하고 시리아 지역은 프랑스에 배정하고 남은 지역으로 구성된 왕국의 수립을 제안하면서 확답을 꺼리게 된다. 결국 하심 왕가의 단일 아랍 국가 수립의 열망은 1916년 사익스-피코(Sykes-Picot) 협정과 1920년 산 레모 회담(San Remo conference)에 의해 양 제국주의의 영향권으로 분할되게 된다. 프랑스가 1921년 후세인(Hussein)의 아들 파이살 빈 후세인(Faycal ben Hussein)을 시리아 왕에서 축출하자, 영국은 파이살(Faycal)을 이라크 왕좌의 자리에 앉히나, 1958년 이라크에서 군사 쿠데타로 붕괴하게 된다. 한편, 윈스톤 처칠은 프랑스의 압도적 군사력을 언급하면서, 후세인(Hussein)의 또다른 아들인 압달라 벤 후세인(Abdallah ben Hussein)이 시리아 파이살(Faycal)을 지원하는 것을 포기하도록 설득하면서 그 대가로 현재의 요르단 영토를 제시한다. 요르단 국가 수립은 일종의 위로상의 일환이며, 이스라엘 시온주의의 부상을 우려하는 아랍인들을 누그러뜨리기 위한 방편이었던 것이다.

1970년대 고유가에 힘입어 요르단 토착 부족민 베드윈과 유입된 팔레스타인 간의 연약한 사회 계약을 구축하여 왕조의 연속성을 힘겹게 유지해 나가게 된다. 하지만 1980년대 저유가 시대의 도래로 점점 고갈되어 가는 재원을 둘러싼 사회 계약 세력들의 충돌은 표면화되기 시작한다. 1987년 12월 발생한 팔레스타인 1차 봉기에 직면해 후세인 국왕은 서안 지구에 대한 요르단의 행정적 및 법적 관계 단절에 착수하게 된다. 후세인의 패착은 외교 정책에서도 노정된다. 1980년대 후반 대한민국은 소위 저유가, 저달러 및 저금리로 이루어진 국제 경제의 훈풍이 가져다준 경기 부흥기를 구가하지만, 중동 산유국과 비산유국은 오히려 저유가로 인해 경제적 어려움에 봉착했었다. 요르단도 예외는 아니었으며, 1989년에서는 IMF와 세계은행이 암만에 요구한 공공 부문에 대한 급격한 지출 감소와 구조 조정 계획을 포함하는 긴축 조치의 여파로 반정부 시위가 발생했다.

1991년 바그다드의 쿠웨이트 병합에 반대하는 미국 주도의 35개국 다국적 연합군의 걸프 전쟁에 직면해 후세인은 "친-이라크 중립 정책(Pro-Iraqi Neutrality)"을 표방하면서 동맹국인 미국으로부터 불명예를 얻게 된다. 요르단 국왕은 "서방의 개입은 단지 이라크를 상대로 한 것이 아니며, 모든 아랍인과 무슬림을 상대로 한 것으로, 개입의 목적은 이라크를 파괴하고 '사익스-피코 협정(Sykes-Picot Agreement)'보다 더 위험한 방식으로 중동을 재편하려고 하는 것"이라고 언급하면서 완전히 빗나간 외교 정책을 추진하여 국제적 고립을 자초하게 된다. 1990~1993년 미 국무부 중동 문제 부차관보인 데이빗 맥(David Mack)은 후세인(Hussein)의 이러한 정책은 이라크 사담 후세인의 정치적 선전에 영향을 받은 것이라고 평가한다. 후세인(Hussein)은 사우디 왕가가 권력을 부당하게 빼앗아 간 사우디 헤자즈(Hejaz) 지역에 대한 하심 왕가의 전통적인 영향력을 되찾을 수 있고, 이라크가 제공하기로 약속한 저가의 석유 공급으로 경제적 지원이라는 혜택을 누릴 수 있을 것이라고 판단했으나, 결국 치명적인 오판으로 판명된다.[168] 그 결과 요르단이 크게 의존하고 있는 금융 지원은 단절되었으며, 요르단 제품의 걸프 지역 광대한 시장에 대한 접근은 봉쇄되어 버린다. 1993년 이스라엘과 팔레스타인이 오슬로 협정을 체결하자, 후세인 국왕은 내외적인 위기 극복을 위해 중동의 평화 흐름에 편승하면서 1994년 10월 26일 이스라엘과 역사적인 평화 협정을 체결하면서 아랍-이스라엘 대결 구도에서 아랍 세계의 전열을 완전히 이탈하게 된다.

2020년 트럼프 중동평화안의 의제에 올라 있던 요르단 옵션(Jordan option: 요르단 하심 왕가의 팔레스타인 흡수)이 제기하는 위협은 1990년대에도 제기된다. 후세인이 1994년 이스라엘과의 평화 협정에 사인을 할 수밖에 없었던 배경에는 1993년 오슬로 협정이 가져올 요르단의 고립감과 "요르단 옵션"의 위협감에 직면해 이스라엘과 완전한 협정 체결을 통해 이스라엘 우익 세력이 모색하고 있는 '요르단의 팔레스타인 대안 국가화' 방안을 미연에 방지하기 위한 의도도 크게 작용하게 된다.[169] 평화 협정 체결 3년 후인 1997년 미국은 요르단이 안고 있던 7억 달러 상당의 부채를 탕감해 주는 결정을 하게 된다. 하지만 요르단 경제의 구조적 취약성으로 인한 평화의 배당금의 효과는 일반인들이 체감하기에는 너무나 적은 금액이었다. 1999년 사망한 후세인의 후임 압달라 국왕은 경제 자유화를 자신의 경제 정책의 핵심으로 설정하고 2000년 10월 워싱턴과 자유 무역 협정을 체결한다. 전기, 수도, 교통, 통신 부문의 대규모 민영화 이후 사회적 불균형은 더욱 악화되고, 부패 구조와 자금 세탁망을 통해 병행적으로 포식 경제(Economy of Predation) 구조가 형성되면서 아랍의 봄 전야에 이미 사회적 폭발의 모든 요소들이 갖추어지게 된다. 압달라 국왕은 국제 사회로부터 자금을 융통하기 위해 긴축 조치를 수용하고, 대규모 민영화를 추진하면서 요르단 왕가의 전통적 지지 기반인 부족 사회와의 괴리감은 커져가게 된다. 레바논 AUB 대학 정치적 교수이자 요르단 정치 전문가인 타리크 텔(Tariq Tell)은 압달라 국왕이 채택한 신자유주의 경제 정책의 일환인 민영화의 여파로 동안 지구(East Bank) 부족망의 침식은 가속화된다.[170] 경제적 파이의 몫이 축소되고, 공공 부문 일자리와 각종 수당들이 축소되기 시작하자, 동안 지구 거주민(East Banker)의 불만도 폭증하게 된다. 그 와중에 압달라 국왕은 2011년 아랍의 봄이라는 현실에 봉착한다. 2018년 5월 압달라 국왕의 강력한 반대에도 불구하고 트럼프는 텔아비브 미 대사관을 성지 예루살렘으로 이전하면서 요르단에서는 2018년 6월 시위가 발생하게 되며, 경기 침체 악화 속에서 12월 요르단 정부가 소득세 인상 조치를 발표하면서 암만에서 대규모 반정부 시위가 촉발된다. 사우디 MBS는 요르단 지원을 위한 25억 달러 상당의 긴급 지원금 지원을 약속하지만, 실제 약속된 대부분의 지원 자금이 요르단으로 유입되지 않게 되며, 대내외적 혼란 속에서 트럼프의 세기의 거래라는 가장 위협적인 현실에 직면하게 된다.

요르단 옵션(Jordan Option)

1994년 10월 26일 이착 라빈(Yitzhak Rabin) 이스라엘 총리와 요르단 국왕 후세인은 빌 클린턴 미 대통령이 지켜보는 가운데 이스라엘-요르단 평화 협정에 사인하게 된다. 이스라엘이 팔레스타인과 오슬로 협정을 체결한 그 이듬해인 1994년 요르단은 조용한 협력 외교를 통해 중동 지역의 공식적인 평화 퍼레이드에 참여하게 되었다. 그럼에도 불구하고 요르단의 이러한 외교 행보는 팔레스타인보다 먼저 이루어질 수 없었다. 요르단은 독자적 외교 행보를 감행하기에는 너무 작은 나라였으며, 항상 팔레스타인이 먼저 움직여야만 했던 것이다. 요르단과 협정 체결 이듬해인 1995년 9월 28일 워싱턴에서 이스라엘 총리 라빈은 요르단을 노골적으로 무시하면서 팔레스타인과 "서안 지구와 가자 지구에 관한 이-팔 잠정 협정(Israeli-Palestinian Interim Agreement on the West Bank and Gaza Strip)"을 체결하게 된다. 그러나 그 이후 라빈은 암살되고 그의 후임자인 네탄야후 총리는 라빈이 요르단은 노골적으로 무시했던 만큼이나 암만을 무시하게 되며, 이스라엘의 요르단 고립화 정책은 2021년 바이든 행정부가 출범하기 전까지 매우 위험한 수준으로까지 전개되었다. 요르단 하심 왕가의 붕괴는 이스라엘과 팔레스타인 모두에게 축복이 될 수 있다는 얘기가 공공연하게 나돌고 있는 것이 요르단 왕가가 처한 지정학적 현실이다. 더구나 부상하는 러시아와 후퇴하는 미국이라는 중동 지역의 새로운 지정학적 현실을 항해해 나가야 하며, 사우디와 이란이라는 지역 아랍 강국들 사이에서 사실상 거의 불가능에 가까운 균형 외교를 추구해야 한다.

예루살렘 성지 관할권

요르단은 아랍 세계의 이스라엘 대한 공격의 방어막이었을 뿐만 아니라 팔레스타인과의 관계에서 주요한 매개체로서의 위치를 자랑해 오며 지난 수십 년간 미국의 안정적이고 신뢰할 수 있는 동맹국의 지위를 누려 왔다. 특히 요르단은 시리아, 이라크, 이스라엘 및 이스라엘이 점령하고 있는 서안 지구와 국경을 마주하고 있기 때문에 지역 안보의 중추 기능을 담당해 왔다.

예루살렘의 무슬림 기독교 성지 관할권 문제는 압달라 2세 국왕이 무함마드 선지자의 직계 후손(41대)임을 강조해 온 왕실의 정통성과 직결된 문제이다. 역사적 유래는 1924년 영국 위임 통치령 팔레스타인 최고무슬림위원회에서 후세인 빈 알리[Hussein bin Ali: 당시 헤자즈(Hejaz) 왕국 국왕]에게 성지 관할권을 정식으로 인정한 이후 하심 왕가의 유산으로서 요르단 국왕이 계속 승계해 왔다. 1967년 3차 중동 전쟁을 통해 이스라엘이 동예루살렘을 점령한 직후 이스라엘측은 알 악사 모스크의 역사적 종교적 지위 및 이에 대한 요르단의 관할권을 명시적으로 인정하였으나, 지금까지 실질적인 출입 통제권을 행사하고 있으며, 이스라엘의 예루살렘 지위에 관한 현상 변경 의도에 대한 의혹이 지속적으로 제기되어 왔다. 요르단 3세계 연구소(Third World Institute) 라이드 파와지(Raed Fawzi) 소장은 당시 큐슈너 백악관 수석 고문이 "아브라함 협정을 바탕으로 아부다비를 통한 무슬림들의 예루살렘 성지 방문이 용이해질 것"이라고 언급한 것은 요르단의 관할권에 대한 침해이며, 직항로 개설 과정에서 사우디의 협조에 대해서는 사의를 표하면서도 똑같이 협조를 제공한 요르단을 언급하지 않은 것은 의도적 배제라고 꼬집는다.

2022년 5월 중순 요르단 압달라 국왕은 바이든 행정부 출범 이후 두 번째로 워싱턴을 방문한다. "예루살렘을 둘러싼 이스라엘과 팔레스타인의 충돌이 격화되는 속에서 하심 왕조가 알악사 모스크에 대한 암만의 역할 확대를 추진해 왔다."고 민주주의 수호 재단(Foundation for Defense of Democracies) 부소장 조나단 샨저(Jonathan Schanzer)는 분석한다. 반면, 미국평화연구소(US Institute of Peace) 이-팔 분쟁 프로그램(Israeli-Palestinian Conflict Program) 소장 루시 쿠르테-엘렌보젠(Lucy Kurter-Ellenbogen)은 압달라 국왕의 이번 방문은 조만간 종료 예정인 미국의 요르단에 대한 원조 협약의 갱신에 대한 워싱턴의 지지를 확보하는 것이 방문의 주된 목적이라고 분석한다. 요르단은 예루살렘 이스라엘-팔레스타인 폭력 사태에 대해 깊이 우려할 뿐만 아니라 알-악사 모스크에 대한 암만의 전통적인 역할에 대해서도 불안해하고 있다.

암만은 서안 지구 정치 세력 PA(Palestinian Authority)를 대신해 하마스가 영향력을 확대하는 상황을 원치 않으며, 예루살렘에 대한 암만의 전통적인 역할이 리야드에 의해 대체되는 시나리오가 현실화되는 것을 우려하고 있다. 암만은 트럼프 행정부 시절 경험한 지역 고립으로 정치 경제적 위기에 처한 바 있다. 걸프 국가들의 전통적인 경제적 지원은 단절되어 버렸으며, 저유가와 팬데믹의 여파로 암만의 고립은 더욱 심화하게 되면서 미국의 경제적 지원에 대한 대가로 2021년 1월 31일 미국과 새로운 방위 조약 '2021 국방 협력 협정(Defense Cooperation Agreement)'에 서명할 수밖에 없었다.

바이든 행정부 출범에도 불구하고 암만의 정치 경제적 여건은 크게 개선되지 않고 있다. 정치적 불안정 지속과 경제 위기 심화 속에서 암만은 워싱턴과 원조 협정을 갱신해야 하는 녹록하지 않은 현실에 처해 있다. 예루살렘 폭력 사태 악화는 알-악사 모스크에 대한 암만의 전통적인 역할까지도 위협하고 있다. 바이든 행정부는 사우디에 대한 외교 정책 재조정으로 MBS와의 관계가 급격하게 경색되어 왔다. 사우디가 무슬림 3대 성지 중의 하나인 예루살렘 관할권에 대한 요르단의 전통적인 역할을 대신할 수 있기를 바라고 있기 때문에 미국은 이번 요르단 국왕과의 회동을 통해 예루살렘에 대한 흥미로운 제안을 MBS에 할 수도 있을 것이다. 압달라 국왕이 이러한 함정을 잘 회피할 수 있을지는 시간이 말해 줄 것이다. 외교관계위원회(Council on Foreign Relations: CFR) 중동연구 선임 연구원 엘리엇 아브람스(Elliott Abrams)는 "이번 회담은 언제나처럼 해외 원조 수준에 대한 논의가 당연히 있을 것이다. 하지만, 이번 방문에는 새로운 이슈에 대한 중요성도 강조될 것인데 바로 예루살렘(The Temple Mount) 문제가 바로 그것"이라고 전망한다. [171]

워싱턴의 이스라엘-팔레스타인 정책 대전환[172]

트럼프 미 대통령은 2017년 12월 6일 예루살렘이 이스라엘의 수도임을 인정하는 연설을 하면서 아랍 세계를 뒤흔들어 놓는다. 중동 모니터(Middle East Monitor)는 트럼프의 선언을 이스라엘 시온주의 열망에 한 발짝 더 다가서는 또 다른 중요한 조치로서 중동 지정학의 중요성 측면에서 1917년의 벨푸어 선언과 어깨를 나란히 할 수 있다고 평가한다.[173] 아브라함 협정의 비평가들은 UAE가 이스라엘과의 관계 정상화의 반대급부로 팔레스타인 서안 지구 병합의 잠정 정지를 이끌어 냈다고 주장하면서 아부다비가 자신들의 아랍 세계에 대한 배신을 정당화하였다고 비난한다. 더구나 병합은 현재에도 진행 중인 과정이기 때문에 이스라엘의 입장에서 병합의 잠정 정지 약속은 큰 양보가 될 수 없다고 평가한다. 2020년 10월 31일 바로 전 달에 체결된 이스라엘과 아랍 국가들의 평화 협정인 아브라함 협정의 열기 속에서, 미국은 아주 조용하게 이스라엘-팔레스타인 정책에 또 다른 큰 전환을 의미하는 매우 중요한 조치를 취하면서 트럼프 평화안 비평가들의 주장이 사실임을 증명하게 되었다.

사실상 병합(De Facto Annexation)

1970년대 미국과 이스라엘은 '양국 산업 연구 개발 재단', '양국 과학 재단(Binational Science Foundation)' 및 '양국 농업 연구 및 개발 재단'을 설립했다. 상기 세 개의 기본 협정의 대원칙은 1949년 이스라엘 독립 전쟁의 정전(armistice) 협정의 틀에서 만들어지고 국제적으로 인정된 국경선인 소위 "그린 라인(Green Line)" 내에서의 활동에 한해서만 자금 지원을 제공받는다는 단서가 붙어 있다. 하지만 트럼프 행정부는 이들 과학 협력을 규율하는 협정에 대한 수정안을 발표하면서 이들 단서 조항은 사문화되게 된다. 수정된 협정에 따라 앞으로 이들 3개의 공동 재단은 서안 지구(West Bank)과 골란 고원(Golan Heights) 그 어느 지역에서 진행되는 연구와 계획에 대해 자금 지원을 할 수 있게 된 것이다. 표면적으로는 국가 간의 고리타분한 과학 협력에 불과할 수 있는 이들 협정 수정안은 도대체 어떠한 중요한 정치적 및 지정학적 의미를 가지고 있는 것일까?

과학 협력에 관한 3개의 협정 수정안이 국제 정치 및 중동 정치에 던지는 함의는 서안 지구와 골란 고원에 대한 미국의 극적인 정책 변화를 의미하는 것이다. 특히, 후자와 관련해서는 트럼프 행정부가 2019년 이스라엘의 골란 고원 병합을 공식적으로 인정한 조치의 논리적인 연장이라고 할 수 있다. 비록 트럼프 행정부의 정책 변화가 완전한 승인에 버금가는 조치라고는 할 수 없을지라도, 서안 지구를 이스라엘 영토의 일부로 인정하려는 움직임의 큰 진전이라고 평가받을 수 있다. 이들 조치와 더불어 트럼프 행정부는 예루살렘에서 태어난 미국 시민의 법적 지위에 관한 오랜 논쟁도 종식시켜 버렸다. 즉, 미 국무부는 이 문제에 관한 미국의 오랜 정책 기조를 뒤엎어 버리면서, 예루살렘에서 태어난 미국 시민이 여권에 기재되는 출생국으로 이스라엘을 기재할 수 있도록 한 것이다. 요컨대, 글로벌 관례상 및 국제법상 예루살렘은 이스라엘의 영토가 아닌 국제 공역으로 여겨져 왔으나, 트럼프가 예루살렘을 이스라엘의 수도로 인정하고, 미 대사관이 텔아비브에서 예루살렘으로 이전하면서 이러한 국제적 전통이 산산조각 나게 된 것이다.

명시적이고 더욱 확대될 가능성이 있는 미국 행정부의 이스라엘-팔레스타인 문제에 관한 이러한 정책 변화는 심오한 움직임이며 이러한 정책으로 다양한 유대인 로비 단체들로부터 얻게 될 엄청난 지원을 감안할 때 되돌리기는 어려울 것으로 언론은 분석한다. 트럼프 행정부에서 상대적으로 영향력은 저조한 미국 유대인 로비단체 에이팩(AIPAC)도 이러한 변화에 강력한 지지를 보낼 것이다. 또한 이스라엘을 위한 크리스찬 연합(Christians United for Israel), 미국 시온주의 기구(The Zionist Organization of America)와 같은 한층 더 극단적인 유대인 단체의 지지는 말할 것도 없는 것이다. 더욱이 향후 미국을 엄습할 가능성이 큰 수많은 정치 위기 속에서 미국의 이러한 이-팔 정책 변화는 최소한 초당적 지지를 받을 것으로 전망되며, 미국의 정치 흐름이 어떤 방향으로 기울게 되는지 여부에 상관없이 되돌릴 수 없는 흐름이 될 것이라고 전문가들은 전망하고 있다.[174]

UNRWA 무력화

유엔 팔레스타인 난민 구호 사업 기구(UNRWA)는 1949년 이후 수백만 명의 팔레스타인 난민에게 긴급하고 실질적인 원조를 제공해 왔다. 그것 이상으로 이 기구는 팔레스타인의 권리를 보호하기 위한 정치적 플랫폼으로 기능하면서 이-팔 분쟁에서 팔레스타인 목소리를 대변해 왔다. 연 평균 예산 16억 달러로 요르단, 레바논, 시리아, 가자 지구 및 서안 지구에 산재해 있는 5백 6십만 명의 팔레스타인 난민들에게 생명줄의 역할을 해 왔다. 2022년 4월 24일 팔레스타인 국가 위원회(Palestinian

National Council) 정치 위원회 의장 살레흐 나세르(Saleh Nasser)는 "UNRWA 위임권(Mandate)이 조만간 종식될 수 있다."고 폭탄 선언을 한다. UNRWA 지위, 권한 및 업무의 변화가 초래될 수 있으며, 최악의 경우 동 기구의 활동이 정지될 수 있다고 염려한다. UNRWA가 현재 겪고 있는 위기는 단순히 자금 공여국의 의지 결여에만 국한되지 않는다. 그 이면에는 더 거대하고 사악한 무엇인가 존재하는 매우 중대한 이슈임을 간과해서는 안 된다고 람지 바르두드(Ramzy Bardoud)는 역설한다.

미국 트럼프 대통령의 보좌관이자 그의 사위인 제라드 큐슈너(Jared Kushner)는 2018년 6월 요르단 수도 암만을 방문했다. 트럼프 사위는 요르단 국왕 압달라에게 요르단에 주재하는 약 2백만 팔레스타인의 난민 지위를 박탈할 것을 요청했으나 실패하였다고 포린 폴리시(Foreign Policy)는 보도한다. 그로부터 3개월 후 트럼프 행정부는 UNRWA에 대한 자금 지원 중단을 공식 발표한다. UNRWA 예산의 30% 이상을 공여하는 미국의 조치는 동 기구에 파괴적인 결과를 초래했으나, 민간 부문과 개인의 기증에 의존해 근근이 지금까지 연명해 왔다. 2021년 4월 바이든 행정부는 트럼프가 중단한 UNRWA에 대한 자금 지원 재개를 발표하면서 팔레스타인 난민들에게 큰 위안을 안겨 준다.

그러나 바이든 행정부의 UNRWA 정책은 공표되지 않은 한 가지 중대한 조건(Caveat)을 팔레스타인에게 부과하고 있다. 워싱턴은 UNRWA가 미국-UNRWA 협력 프레임 워크(US-UNRWA Framework for Cooperation)로 알려진 2개년 계획에 동의를 하는 경우에만 자금 지원을 하겠다는 것이다. 동 계획은 본질적인 측면에서 UNRWA를 이스라엘과 미국의 팔레스타인 정책 수단으로 전락시키는 것과 다름없는 조치로 평가받는다. 이러한 정책적 틀을 통해 UNRWA는 미국과 이스라엘에 "팔레스타인 해방 기구 회원으로 혹은 여타 조직에서 군사 훈련을 받거나, 혹은 테러 활동을 자행한 팔레스타인 난민"에게는 자금을 지원하지 않은 것을 약속한다. 더구나 새로운 협정은 UNRWA가 팔레스타인 교과 과정 내용조차 모니터링 하는 것을 요구하고 있다. "미 국무부와의 협정 체결을 통해 UNRWA는 사실상 팔레스타인 난민에게 원조와 구호품을 제공하는 인권 기구에서 미국 더 나아가 이스라엘의 안보와 정치 어젠다 증진을 위한 안보 조직으로 완전히 전락해 버렸다."[175] 팔레스타인 거주 및 난민권을 위한 바딜 리소스 센터(BADIL Resource Center for Palestinian Residency and Refugee Rights)는 지적한다. 설상가상으로 2021년 9월 유럽 연합 국가들은 폭력 조장을 포함하는 팔레스타인 교과 내용의 수정을 조건으로 UNRWA에 대한 자금 지원이 가능하도록 하는 수정안을 유럽 의회가 제출하게 한 것도 이러한 흐름과 궤를 같이 하는 것이다.

반유대주의(Anti-Semitism)

2022년 바이든 행정부 출범 2년차에 접어들면서 트럼프-네탄야후 듀오의 급진적인 중동 정책 추진이 초래한 여파와 반발로 인해 반-유대주의(Anti-Semitism: 유대인에 대한 증오와 차별)가 전세계를 엄습하고 있다. 2021년 9월 23일에는 미 민주당 미시간 하원 의원이 팔레스타인 서안 지구, 동예루살렘 및 가자 지구 지역을 점령 지역(Occupied Territories)으로 규정하는 것을 미국의 대팔레스타인 정책으로 하고, 이러한 정책에 기초해 미국의 모든 공식적인 정책, 문서 및 통신에서도 서안 지구가 점령 지역으로 일관되게 유지되도록 하는 법안을 발의한 바 있다. 동 법안은 1967년 이전 국경선에 기반한 2국가 해법과 이스라엘의 무기 사용을 제한하는 내용을 포함하고 있다. 무엇보다도 동 법안은 미 하원과 상원의 통과 가능성이 매우 낮은 가능성에도 불구하고 이스라엘과 팔레스타인 각각의 입장에서 매우 중요한 정치적 함의를 내포하고 있다.

특히, 발의된 법안은 서안 지구의 정착촌 확대 정책이 국제법에 위반되지 않는다고 2019년 선언한 트럼프 행정부 시절의 매우 중요한 이-팔 정책을 뒤집는 것이기 때문에 더욱 의미가 있는 것이다. 또한 동 법안은 서안 지구에서 생산된 제품을 "이스라엘 생산(Made in Israel)"로 인정하고 있는 기존의 정책을 뒤집는 것으로, 동 법안에 따라 향후 서안 지구에서 생산된 제품에 대해 "Made in Israel" 용어 사용을 금지하고, "서안 지구 생산(Made in West Bank)"로 표기되거나 혹은 "동 예루살렘 생산(Made in East Jerusalem)"으로 표기될 것을 규정하고 있다. 마지막으로 동 법안은 미국의 대이스라엘 군사 원조가 이스라엘의 서안 지구에 대한 주권을 강요하거나 2국가 해법의 실현을 가로막은 방식으로 사용될 것으로 금지하는 내용도 포함되어 있다.[176] 2022년 7월 15일 바이든은 예루살렘 올드 시티(The Old City of Jerusalem) 외곽의 동-예루살렘(East-Jerusalem) 지역을 방문한 최초의 현직 미국 대통령이 된다. 자신의 동-예루살렘 오구스타 빅토리아(Augusta Victoria) 병원 방문을 사적인 것으로 규정하고, 이스라엘 대표가 자신과 동행하는 것을 거부하면서 바이든은 이스라엘의 예루살렘에 대한 주권이 서-예루살렘(West-Jerusalem) 지역에만 한정된다는 메시지를 암묵적으로 내비쳤다는 점에서 전임자 트럼프 정책과의 거리 두기를 시도하고 있다. 그럼에도 불구하고 바이든은 트럼프가 취한 매우 중대한 결정-골란 고원에 대한 이스라엘의 주권 인정, 미 대사관의 예루살렘 이전 조치 및 2020년 아브라함 협정 체결-을 번복하지 않으면서 워싱턴의 대 팔레스타인 정책의 연속성을 보여 주게 된다.

트럼프 중동 정책의 복사판

2022년 2월 포린 어페어스는 워싱턴과 예루살렘이 초기의 성공적인 출발에도 불구하고 조만간 일련의 매우 민감한 이슈를 둘러싸고 충돌이 표면화될 것이라고 전망한다. 2021년 바이든 행정부가 출범하고 같은 해 베네트 이스라엘 총리가 취약한 연립 정부를 구성한 이후 2022년 초반까지 상대적으로 양측의 관계가 큰 충돌이 없었던 것은 바이든 행정부가 베네트 연립 정부의 취약성을 고려하여 연정의 지속성을 위해 끊임없이 노력했기 때문이라고 평가한다. 그 대표적인 예가 바로 바이든이 선거 운동 기간에 약속한 예루살렘 미 영사관 재개설 정책을 실제로 밀어붙이지 않는 것이라고 분석하면서 네탄야후 전 이스라엘 총리의 정계 복귀 위험성이 거세되면서 바이든-베네트 밀월 기간도 종점을 향해 가고 있으며, 팔레스타인, 이란 및 중국 문제 등 일련의 중요한 이슈에서 미국과 이스라엘의 충돌이 본격화될 것이라고 전망한다.

중동 아이(Middle East Eye) 공동 창업자 겸 편집국장 데이빗 허스트(David Hearst)는 2022년 5월 예루살렘을 둘러싼 이-팔 갈등이 격화되고 있음에도 불구하고 바이든이 빈둥거리고만 있다고 비난하면서, 바이든의 중동 정책이 사실상 트럼프 중동 정책 복사본으로 점진적으로 변화하고 있다고 분석한다. 바이든 대표 정책(Signature Policy)인 이란과의 핵 합의에서 방향을 선회하고 있으며, 전 트럼프 대통령의 외교 치적 아브라함 협정의 미완성 부문인 사우디-이스라엘 관계 정상화 이슈에 조금씩 관심을 기울기 시작했다고 분석한다.[177]

카타르는 더 이상 포위 상태에 있지 않으며, 테헤란은 여전히 최대 제제 아래에서 허우적거리고 있으며, 미국의 모든 관심은 이스라엘과 아랍 세계의 점증하는 밀착 관계에 쏠려 있다고 진단한다. 11개월에 걸친 이란과의 핵 협상에서 미국은 몇몇 미해결 문제를 빌미로 협상 테이블에서 발을 빼버렸으며, 로버트 말리(Robert Malley)가 제안한 이란혁명수비대를 테러 명단에서 해제하자는 방안에 대해 바이든이 퇴짜를 놓으면서 이란 핵 협상은 거의 공중 분해될 수 있다고 진단했다. 대신 바이든의 관심이 사우디와 이스라엘로 옮겨 가고 있다. 2022년 5월 24일 미국 정보 사이트 엑시오스(Axios)는 미 백악관 중동 문제 조정관 브렛 맥구르크(Brett McGurk)와 글로벌 에너지 안보 보좌관 아모스 호슈스테인(Amos Hochstein)이 금주 비밀리에 리야드를 방문하여 사우디와 중요 문제에 관해 논의하였으며, 바이든의 6월 리야드 방문하는 방안도 논의되었을 것으로 보도한다. 브렛 맥구르크는 최근 홍해 티란(Tiran)과 사나피르(Sanafir) 두 개의 섬 반환과 관련하여 사우디, 이스라엘 및 이집트 사이에서 비밀 협상을 주도했다고 언론은 보도한다. 삼자 간 협정이 체결될 경우 역내 외교에서 바이든 행정부의 큰 외교적 진전일 뿐만 아니라 리야드와 외교관계 수립을 바라고 있는 이스라엘의 입장에서도 큰 도약이라고 할 수 있다.[178]

다양한 보고서들이 MBS의 이스라엘과의 관계 정상화를 바라고 있다고 평가함에도 불구하고 사우디 국왕의 반대로 위험을 무릅쓰고 결단을 내리지 못하고 있다고 언론은 보도한다. 사우디의 실질적 지도자 MBS는 이스라엘과의 관계 정상화를 그의 주된 외교 정책의 목표로 설정해 왔다. 트럼프 행정부가 출범하자 MBS는 당시 이스라엘 네탄야후 총리와 비밀 회동을 통해 친분을 구축하면서 미 백악관에 자신의 이름을 각인시키고, 트럼프 왕조와의 관계 구축의 수단으로 활용해 왔다. 중동 지도자들의 이러한 종류의 국정 운영술과 현실간의 괴리가 지금처럼 큰 적은 없었다. 사우디, 팔레스타인 및 이집트 사람 어느 누구도 자신들이 인식하지 못하는 상황에서 맺어지는 거래에 그 어떠한 목소리도 내지 못하고 있으며, 이로 인해 사우디, 팔레스타인 및 이집트 사람들의 삶은 심오한 영향을 받을 것이다. 진실의 순간이 오면 이들 국가들의 지도자는 국민들에 의해 린치당한(Lynch) 리비아 까다피(Gaddafi)가 경험했던 것과 동일한 운명에 직면할 수 있다고 데이빗 허스트(David Hearst)는 경고한다.

예루살렘은 성전(The Crusades)과 크림 전쟁(The Crimean War)이라는 큰 전쟁을 촉발시킨 전력을 보유하고 있다. 점령 동예루살렘 유대화(Judaisation), 거의 주마다 전개되는 이스라엘 군의 알 악사 모스크에 대한 습격, 예루살렘 모스크(Dome of the Rock)를 해체해 버리자는 요구, 자국 국기를 휘날리는 팔레스타인들에 대한 공격 등 이 모든 요인들로 인해 예루살렘은 이란 핵 농축 프로그램보다 더 강력한 폭탄으로 변모하고 있다고 우려하면서, 트럼프가 주 이스라엘 미국 대사관을 텔아비브에서 예루살렘으로 이전하고, 바이든 행정부가 이스라엘이 점령하고 있는 팔레스타인 동예루살렘 지역에 미국의 영사관 설치하겠다는 약속을 지키기를 거부하면서 워싱턴은 예루살렘에 대한 이스라엘의 무소불위의 공격적인 정책에 제동을 걸 수 없게 되었다고 데이빗 허스트(David Hearst)는 분석한다.

제6장

21세기 십자군: 시아파 민병대
(Fugitive Weapons) [179)]

전통적인 민족 국가(Nation-state) 중심의 글로벌 정치에서 비-국가 행위자(Non-state Actors)의 중요성이 전면에 부상하게 된 가장 결정적인 배경은 2001년 발생한 9·11 테러라고 할 수 있다. 이러한 글로벌 및 지역 정치에서 비-국가 행위자들의 존재감을 가장 크게 체감할 수 있는 지역이 바로 MENA로 일컬어지는 중동 지역이라고 할 수 있다. 역내 새로운 지정학적 현실로 인해 서구의 관심이 역내 국가 건설과 안정화 노력에서 멀어져 가면서, 무장한 비-국가 행위자가 글로벌 시스템 특히, 실패 국가(Failed State)의 리스트가 늘어나고 있는 중동 지역에서 맹위를 떨치면서 역내 및 글로벌 정치를 뒤흔들고 있다.

친이란계 시아파 민병대(Fugitive Weapons)로 대변되는 이란이 구축한 시아파 초승달(Axis of Resistance)의 위협을 단순한 정치적 선전에 불과한 것으로 일축해 버리는 것은 중동 정세를 이해하는 데 치명적인 실수가 될 수 있다. 테헤란의 MENA 팽창 정책의 주요 수단은 프록시(Proxy) 민병대와 탄도미사일 연합에 기초해 있기 때문이다. 이슬람(이란)혁명수비대 고위 장성 골람 알리 라쉬드(Gholam Ali Rachid)는 "테헤란은 자국 영토 이외의 지역에 6개의 군대를 창설하였다."고 공공연히 언급한다. 이란혁명수비대가 구축한 6개의 시아파 대리 세력은 레바논 헤즈볼라, 이라크 PMF(알-하쉬드 알-샤으비: al-Hachd al-Chaabi), 예멘 후티, 시리아 아사드(Assad) 정권의 군대, 팔레스타인 하마스 및 팔레스타인 이슬람 지하드(Islamique Jihad)로 구성되어 있다. 베네트 이스라엘 총리는 2021년 10월 10일 "이란이 이스라엘 북부 골란 고원 국경 지역에 이란혁명수비대 주둔(Entrenchment)을 기도하고 있다."고 비난한다.

레반트 지정학 공통 분모: 시아파 이란의 영향력

친이란계 시아파 세력의 영향력은 예멘, 레바논, 시리아 및 이라크에 광범위하게 산재하여 이들 국내 정치를 좌지우지할 뿐만 아니라 중동 정세 전반에도 큰 영향을 미치고 있다. 이란 시아파의 영향력은 통제 불능의 헤즈볼라 무기고(Arsenal), 이스라엘의 시리아 데이르에조르(Deir Ezzor) 지방 부카말(Boukamal) 지역 공습을 통해 확인할 수 있으며, 이라크 PMF(인민동원군: Popular Mobilization Forces) 응집력 약화의 이면에는 친이란계 시아파 민병대와의 밀접한 관련성이 자리 잡고 있다. 레바논이 역사적으로 팔레스타인 민병대(Fedayeen), 시리아 점령, 현재 헤즈볼라(이란) 지배라는 외부 세력의 강력한 개입의 역사로[180] 실패 국가의 길을 걷고 있듯이, 바이든 행정부의 대이란 및 대이라크 정책도 이란의 영향력하에 있는 이라크 PMF 향방에 큰 영향을 미칠 것이며 그 여파에 따라 이라크의 미래 및 중동 정세도 크게 좌우될 것으로 전망된다. 카타르 대학 걸프 연구(Gulf Studies Center of Qatar University) 교수이자 연구원 니콜라이 코즈하노브(Nikolay Kozhanov)는 "미국의 셰일 붐과 아울러 중동 석유가 서구 열강들의 우선순위 리스트에서 밀려나면서 걸프 국가들이 점점 더 이란의 위협에 취약해지고 있다. 이란은 '인프라 테러' 전술로 전환했기 때문에 이스라엘과 사우디와 같은 국가들은 시아파 민병대가 제기하는 군사적 위협의 손쉬운 목표물이 되었다."고 분석한다.[181] 바이든 행정부가 이미 이란에 대한 유화 정책 움직임을 보이고 있는 2021년 초반 이스라엘과 GCC 주요 국가들은 친이란계 민병대 세력이 자신들의 안보에 미치는 위협을 심각하게 받아들이고 "최대 압박 전략의 원점 회귀"의 위험성을 가장 우려하고 있다. 전 미 국무장관 헨리 키신저는 바이든 행정부가 핵 협상 복귀 등 이란에 대한 유화 정책을 취할 경우 MENA 지역은 더 불안정해질 것이며, 더 많은 문제들이 초래될 것이라고 전망하고 있는 것도 이러한 유화 정책으로 자칫 트럼프 최대 압박 전략이 미완으로 끝나 이란과 시아파 프록시(Proxy) 세력에 화려한 재기 기회를 제공해 줄 위험성이 있기 때문이다.[182][183]

히삼 알-하쉬미(Hisham Al-Hashemi) 보고서

히삼 알-하쉬미 보고서는 이라크 내 이란 시아파 민병대의 위협이 여전히 맹위를 떨치고 있음을 보여 주고 있다. 이라크 안보 및 무장 단체 전문가인 히삼 알-하쉬미는 2020년 7월 자택 앞에서 2명의 무장 괴한의 총격으로 사망한 인물로서 이라크 개혁을 주창하는 등 민병대 무장 단체에 대한 반대 입장을 고수해 왔던 인물이다. 알-하다쓰(Al-Hadath) 방송은 2020년 12월 30일 방송을 통해 동인이 피격 이전 작성한 이라크 PMF 상세 내용과 이란의 영향력이 바그다드를 완전히 포위하고 있다는 내용의 보고서를 입수하여 보도한다. 하쉬미는 사망 직전 자신이 만든 매우 위험한 내용의 동 보고서로 인해 자신의 신변에 이상 조짐이 있음을 간파하고 동 보고서를 제2의 인물에게 전달하였으며 제3의 인물을 통해 동 보고서를 입수하게 되었다고 인터뷰어가 언급한다.

동 보고서는 이라크 PMF 내 이란의 프록시 민병대가 바그다드와 이라크 지방을 연결하는 주요 검문소에 이라크 보안군과 나란히 포진하여 바그다드 구석구석을 사실상 포위하고 있다고 분석하고 있다. 이들 민병대 세력은 검문소에서 세금 명목으로 불법으로 순니파 이라크 인들의 자금을 강탈하고 있으며 검문소마다 규모에 따라 매일 최소 1만 달러에서 최대 10만 달러의 자금을 강탈하고 있는 것으로 동 보고서는 언급하고 있다. 다만 이러한 불법 활동에 대해 이라크 정규 정부군이 얼마나 깊숙이 개입되어 있는지에 대해서는 알 수 없다고 언급하고 있다. PMF 내 서로 다른 민병대의 점증하는 갈등 관계는 친이란계 민병대 세력이 이라크 정치 경제에 얼마나 깊숙이 침투해 있는지를 상징적으로 보여 주는 징후로써 이러한 친이란계 민병대 세력은 이라크 주권의 가장 큰 걸림돌일 뿐만 아니라 이라크 사회와 국가 기능을 좀먹은 부패의 근원적인 요인으로 인식되고 있다. 많은 민병대 지도자들이 이라크 최고 부자들의 클럽에 소속되어 있으며 금융 사기와 공금 횡령을 통한 신용 사기가 일반화된 이라크 부패 시스템을 통해 부를 축적해 왔으며 검문소는 금전 강탈의 일상적인 장소가 되어 버렸다.

시리아 동부 데이르에조르(Deir Ezzor)와 부카말(Boukamal) 두 지역은 이라크와 시리아를 연결하는 시아파 고속도로의 핵심 전략 지역 중의 하나이기 때문에 이스라엘의 끊임없는 공습의 표적이 되어 왔다. 르벡 인터내셔널(LeBeck International) 마이클 호로위츠(Michael Horowitz)는 트럼프의 비호하에 이스라엘이 이란의 군사적 이해 관계를 타격할 수 있는 기회의 창이 닫치고 있으며, 바이든 행정부하에서 시리아 이란 군사 인프라에 대한 대규모 공습은 미-이스라엘 관계 손상 등 값비싼 정치적 비용을 초래하기 때문에 현재의 트럼프 지원을 최대한 활용하고 있다고 분석한다.[184] 워싱턴 연구소(Washington Institute) 시아파 민병대 전문가 필립 스미쓰(Phillip Smyth)는 "이란혁명수비대의 영향력은 이라크 지도부 및 외교 분야에 확고하게 입지를 구축하고 있으며, 이라크 주재 이란 대사도 지난 30년간 이란혁명수비대가

이라크에서 구축해 온 이란의 영향력 서클의 일부분"[185]이라는 점에서 이란의 이라크에 대한 영향력을 가늠해 볼 수 있다.

2021년 이라크 예산의 세부 내역을 통해서도 친이란계 시아파 민병대의 영향력은 확인된다. 2021년 이라크 정부 예산 중 PMF의 예산 규모가 이라크 외교부를 포함한 6개 부처의 예산을 합친 규모보다 더 클 정도로 시아파 민병대의 영향력은 막강하기 때문에 알카디미 이라크 총리는 대외적 강성기조에도 불구하고 친이란계 민병대와 출동할 수 없는 입장이라고 이라크 사회학 센터(Sociology Center of Irak) 소장 아델 바카완(Adel Bakawan)은 분석한다.[186] 이란의 레반트 지역 영향력 반경은 솔레이마니의 활동을 통해서도 확인할 수 있다. 솔레이마니는 바그다드에서 예멘 사나를 연결하는 이란의 프록시 네트워크의 핵심축(Linchpin)으로 테헤란에서 아침, 바그다드에서 점심, 베이루트에서 저녁을 소화할 정도로 활동 반경이 넓은 것으로 유명한 인물이다.[187] 이라크 아부 마흐디 알-무한디스(Abou Mahdi al-Mohandis)와 듀오(Duo)를 형성하여 테헤란의 바그다드에 대한 점진적인 영향력 확대와 이라크를 이란의 사실상 지방 정부로 강등시켜 온 핵심적인 인물이기 때문에 미국과 이스라엘은 최대 압박 전략의 일환에서 그를 제거한 것이다. 워싱턴 민주주의 수호 재단(Foundation for Defence of Democracies) 소장 마크 뒤보위즈(Mark Dubowitz)는 미국이 솔레이마니 제거를 통해 테헤란에 가한 큰 타격에도 불구하고 이란의 보복심을 과소평가해서는 안 된다고 경고한다.[188]

이라크 친이란계 시아파 민병대 영향력하의 PMF[189]

2015년 7월 이란이 열강들과 맺은 핵 합의 JCPOA 체결 직전인 5월 이란 하산 로하니 대통령 보좌관인 알리 유네시(Ali Younesi)는 "이란은 과거 역사에서 항상 그랬듯이 이제 다시 제국(Empire)이 되었으며, 이라크 바그다드는 이란의 실질적인 수도로서 이란의 문명, 문화 및 정체성의 중심지이다."[190]고 발언한다. 2019년 8월 뉴욕 타임즈는 이스라엘이 시리아에 무기를 이전하기 위한 이라크 무기 저장고에 공습을 감행하면서, 텔아비브의 이란 시아파 민병대에 대한 전장이 이라크 영토까지 확대되고 있다고 보도한다. 2003년 사담 후세인 몰락 이후 이라크는 이란의 영향력 지역을 넘어 점진적으로 사실상 이란의 하나의 지방으로 강등된다. 테헤란의 입장에서 이라크는 국가 안보 전략과 역내 헤게모니의 추구의 주요한 축을 형성하고 있다. 유네시(Younesi) 보좌관의 발언을 페르시아 왕국의 과대망상에 기초한 정치적 구호만으로 일축해 버리기에는 이란의 이라크 침투의 결과는 매우 공고하며, 그 역사 또한 시아파 주도권을 둘러싼 이란과 이라크의 경쟁 과정에서 시작된다.

나자프(Najaf) vs 꼼(Qom)[191]

시아파 대부를 자처하는 이란 꼼(Qom)-이라크 나자프(Najaf)의 조용한 신학 경쟁 관계는 양국의 정치 종교적 담론을 통해 조용히 진행되어 오다가 1979년 이슬람 혁명 이후 표면화되어 본격화하기 시작한다. 사담 후세인이 잔인하게 시아 이슬람을 억압하면서 이라크 시아파 성지 나자프(Najaf) 우월성이 상실된 반면, 이란 꼼(Qom)이 열두 이맘(Twelve Imāms) 종교적 권위의 중심지로 자리를 대신한다. 이란 혁명 지도자 호메네이는 이란 신정 정권의 철학적 기저인 윌라야트 알-파키흐[Wilayat al-faqih: 이슬람 법학자 후견 제도(Guardianship of the Islamic Jurist)]를 주창하며, 이란과 이라크 시아의 정치적 연합을 통해 비-시아(Non-Shia) 정권에 대한 저항을 추구한다. 2003년 이라크 침공과 사담 후세인 독재 붕괴로 이라크 시아 정치는 새로운 시대로 접어들게 된다. 나자프가 대 아야톨라 알리 알-시스타니(Grand Ayatollah Ali al-Sistani)의 지도력 하에 재부상한다. 이란 꼼(Qom)과 대조적으로 시스타니(Sistani)는 이란과 같은 신정 지배(Clerical Rule)를 반대할 뿐만 아니라 정치 종교 분리 원칙을 주창한다.

이란의 이라크에 대한 헤게모니 추구와 이에 대한 바그다드의 저항은 종교 및 이념적인 측면에서 이처럼 나자프 vs 꼼 대결 구도로 이해할 수 있다. 이러한 종교 이념 대결은 정치적으로 이라크 PMF 내 이라크 시스템과 호메네이 시스템 간의 경쟁 관계로 표출되고 있다. PMF 내 친이란계 민병대는 주로 바드르(Badr), 카타입 헤즈볼라(Kataib Hizbullah), 및 아싸입 아흘 알 하끄(Asaib Ahl al Haq)로 구성되어 있다. 반면, 친-시스타니(Pro-Sistani) 연합은 알-사드르(Al-Sadr) 정치 연합이 주도하면서 서로 경쟁 관계를 형성하고 있다. 이러한 경쟁 구도를 일각에서는 이라크 민족주의와 친-이란파의 대결로 묘사하나 또 다른 일각에서는 이라크 나자프와 이란 꼼의 오래된 신학 대결의 군사적 측면의 표출에 불과한 것으로 해석하기도 한다. 그럼에도 불구하고 21세기 중동 지정학 측면에서 양측의 대결을 나자프-꼼 신학 마찰이든 혹은 이라크 민족주의자(Sistanist)와 이란 신정정치(Khomeinists) 간의 현대판 정치적 알력이든 그 이면에는 이라크 정치와 중동 정치에 커다란 영향력을 행사하는 친이란계 시아파 세력이 중심을 차지하고 있는 것이 21세기 레반트 지정학의 현실이다.

탈-바트화(De-baathification)와 분할(Dis-unification)

순니 아랍 국가들은 2003년 5월 이라크 사담 후세인 순니 바트당(Baathist) 레짐이 붕괴되면서 초래된 지정학적 지각판 이동이 불러온 여파로 불안정성의 위험에 노출되기 시작한다. 이러한 순니 아랍의 우려는 2004년 요르단 압달라 2세가 "시아파 초승달(Croissant Chiite)" 구축 가능성이 불러올 위험을 경고하면서 공론화하게 된다. 헤즈볼라가 저항의 축으로 묘사하고 있는 시아파 초승달은 페르시아 이란, 사담 이후 이라크, 아사드 정권의 알라위트(Alawites) 시리아를 거쳐 레바논 헤즈볼라로 연결되는 시아파 고속도로를 의미한다. 요르단 국왕의 발언은 시아와 순니 간의 전통적인 균형이 구조적으로 영향을 받을 것이며, 그 결과 이라크 국경선에만 한정되지 않는 새로운 문제를 초래할 것이라 것을 함축하고 있다. 지정학적 현실은 부분적으로 압달라 국왕의 판단이 옳았음을 증명해 주고 있다. 이라크, 시리아, 레바논을 거쳐 지중해로 이어지는 '육상 회랑(Terrestrial Corridor)' 구축으로 이란은 과거 페르시안 제국 때와 마찬가지로 지중해 강대국이 다시 될 가능성이 높은 것으로 인식되게 된다.[192)]

바트주의(Baathism)는 세속적 아랍 민족주의와 동유럽 블록 형태의 사회주의가 혼합된 정치 이념으로 1960년대 이후 수 십 년간 이라크와 시리아 정치를 주름잡으면서, 시리아 아사드 가문과 이라크 사담 후세인 정권이 아랍 세계에서 독특한 정치 체제를 유지하도록 해 준다.[193] 사담 후세인 집권 하 소수파임에도 바트(Baath) 레짐은 시아파와 쿠르드를 희생양으로 구축된다. 시아와 쿠르드에 대한 사담의 억압 정책은 1991년 시아 봉기를 피비린내 속에서 억압해 버렸으며, 1994년에는 할라비자(Halabja) 쿠르드 마을에 대해 화학 무기 공격으로 이어진다. "2003년 이라크 침공을 단행한 미국은 사담 후세인의 이러한 폭거를 종식하기 위한 정책을 두 가지 법령 시행을 통해 추진한다. 탈-바트화(De-baassification)와 이라크의 분할(Dis-unification)."[194]이라고 이라크 사회학 센터(CSI) 소장 압델 바카완(Abdel Bakawan)은 분석한다. 두 가지 정책은 바트당에 소속된 사람들뿐만 아니라 순니파에 대해서도 자행되면서 이들이 살라피스트(Salafist) 이념으로 기울게 되며, 2014년 IS 전격적인 발흥의 토대를 마련하게 된다. IS는 지난 10년간 순니 아랍인들의 정치, 군사 및 경제적 박탈감을 자양분으로 성장하지만, 그 결과는 치명적으로 판명된다. IS에 의해 국내 난민이 된 4백 2십만 명은 대부분 순니 아랍인들로 판명된다.

이라크 최대 순니 지역의 하나인 모술(Mosul) 지역에서는 시아파가 침투하여 시아 종교 재산을 관리하는 조직을 통해 순니 재산에 대한 강탈을 시도하면서 양측의 갈등이 비화되고 있다고 현지 조사를 통해 언론은 전한다. 시아파의 이러한 공세에 직면해 순니 아랍인들은 바그다드 중앙 정부로부터 아무런 지원도 받지 못하고 있는 것이 모술 지역 순니 이라크인들이 처한 현실이라고 한탄한다. 시아 아랍인들의 모술 이주 정착 위협에 직면해 순니 아랍 인들이 겪고 있는 이러한 정치 경제적 박탈감은 이들이 IS와 같은 극단주의 단체에 귀화하는 위험성을 다시 고조시키고 있다.[195]

누리 알 말리키 순니 배제 정책과 2006~2009 이라크 내전

사담 독재 붕괴 이후 종파적 정치 시스템이 이식되면서 사담 바트당 독재 아래에서 오랫동안 억압받아 온 이라크 사회의 다수를 형성하고 있던 시아파는 재기의 기회를 얻게 된다. 이와 함께 시아 출신이며 친이란 성향의 누리 알 말리키(Nouri Al-Maliki) 총리가 착수한 순니에 대한 차별적인 정책은 이라크 종파 전쟁의 씨앗이 된다. 이러한 이라크 내전의 결과는 현재까지도 영향을 미치고 있으며, IS와 같은 순니 극단주의 단체의 부상은 이를 잘 보여 주고 있다. 말리키 총리하에서 이란은 이라크의 부를 강탈하고, 이러한 자금력을 바탕으로 이라크 국내뿐만 아니라 중동 전역에 이란의 혁명 이념 수출과 헤게모니 팽창 정책을 지속한다. 시리아 전쟁의 자금 지원과 아사드 정권의 정치적 후원의 원천도 이라크이며, 시리아에서 전쟁을 수행한 수많은 이란 민병대의 급여도 말리키 총리 이라크 예산에서 충당되었다. "2005년 이후 이라크 정부의 다양한 각료들은 시아파 정당 특히, 시아파 주요 정당의 하나인 '이슬람 다와당(Dawa)' 출신으로 지명된다. 다와 정당의 구성원들은 이란-이라크 전쟁으로 이란으로 망명했던 조직원들이 복귀하여, 권력을 독점하고, 이라크 내부의 시아파 세력인 사드리스트(Sadrist) 운동을 배제하는 정책을 추진하였다."[196]고 프랑스 국립과학연구센터(CNRS) 소장이자 이라크 전문가인 피에르-장 루이자르드(Pierre-Jean Luizard)는 설명한다. 2019년 10월 촉발된 이라크의 반정부 시위도 이란이 이라크 정치 지도자들에게 행사하는 막강한 영향력에 대한 강력한 저항 의식의 표출이라고 할 수 있다. 이란이 이라크 나자프(Najaf)와 시아파 무슬림 성지인 카르발라(Karbala) 지역에서 금융적인 측면에서 영향력을 확대하면서 잠식하고 있는 현실도 이라크 현지인들의 이란에 대한 분노의 원천이 되고 있다.

2006년에서 2009년간 지속된 이라크 내전은 미국 주도의 연합군이 지원하는 이라크 정부(Mahdi Army)와 알-카에다를 중심으로 다양한 정파적 무장 단체 사이에서 먼저 전개된다. 2006년 2월 이라크 알 카에다 순니 세력이 시아 이슬람 성지 중의 하나인 알-아스카리 샤린(Al-Askari Shrine: 사원)을 공격하면서 이라크 정파 분쟁이 전면적인 내전으로 돌입하게 된다. 시아 민병대의 순니 민간인에 대한 보복으로 순니는 시아 민간인을 공격하는 등 일련의 보복 물결이 초래된다. 2011년 미군이 이라크에서 철군하면서 알-카에다의 반란으로 이라크의 혼란은 지속된다. 2014년 6월 이라크 알-카에다 계승자를 자처하는 '이라크 레반트 이슬람 국가(The Islamic State of Iraq and the Levant: ISIL)' 즉, IS(Islamic State)는 이라크에서 대규모 군사 공세를 감행하고 자칭 전-세계적 규모의 이슬람 칼리파트 왕국을 선포하여 2017년 붕괴까지 이라크 정부와 ISIL 사이에 전면적인 전쟁이 지속하게 된다.

테헤란의 강력한 억제력

PMF(Popular Mobilization Forces, 아랍어 Hashd Al-Shaabi)는 2014년 이라크 국토의 3분의 1 이상을 점령하게 된 다이쉬(Daesh) 이슬람주의 민병대를 격퇴하기 위해 대부분의 시아 무장 단체와 자발적 봉사자들로 구성된다. 2017년 공동의 적인 IS 격퇴에 큰 역할을 하면서 정치력과 정당성을 획득한 이라크 시아파 민병대는 2018년 5월 선거에서 모끄타다 사드르(Moqtada Sadr)의 뒤를 이어 제2의 정치 세력으로 급부상한다. 친이란계 시아파 민병대들이 모여 구성된 단체가 PMF로 이들은 약 63,000명 정도로 이루어져 있다. 이외에 바드르(Badr) 민병대 등 기타 민병대도 존재한다. PMF가 시리아와 국경을 접하는 이라크 북부와 서부에서 주로 활동하는 반면, 바드르(Badr)는 바그다드 동쪽과 북쪽 지역을 세력권으로 하고 있다. "시아파 민병대 중에서도 가장 급진적인 단체는 하라카트 헤즈볼라 알-누자바[Harakat Hezbollah Al-Noujaba(HHN)] 민병대로 이들은 이스라엘, 골란 고원 및 미군 기지에 대한 공격을 주문하는 이란의 요구에 언제든지 호응하는 단체이며, 드론으로 무장하고, 이란군의 숙식을 제공해 주며, 이란 병참 지원 역할을 제공해 주고 있다."고 워싱턴 연구소(Washington Institute) 연구소 걸프, 이란, 이라크 안보 및 군사 전문가 마이클 나이츠

(Michael Knights)는 분석한다.

　이라크 시아파 민병대는 이란의 영향력하에 있으며, IRGC는 이라크에 다양한 단체와 대리 세력들을 보유하고 있다. 이들 민병대는 테헤란의 전진 기지와 사실상의 억제력으로 작용하면서 정치 및 군사적인 측면에서 이슬람 공화국의 역내 정치의 전략적 핵심축(Linchpin)의 역할을 하면서 이라크 국내 정치와 중동 정치에 큰 영향력을 미치고 있다. 시아파 민병대의 이러한 영향력의 원천은 주로 이라크 정부의 약화와 이라크를 좀먹고 있는 만연된 부패에 기인한다는 것이 전문가와 분석가들의 공통된 평가다. "시아파 민병대는 자금, 무기 및 훈련 측면에서 보잘 것 없는 수준을 보이고 있음에도 불구하고, 이들은 테헤란뿐만 아니라 이라크 내에 뿌리 깊게 자리 잡은 부패망을 통해서 재정, 정치 및 군사적 지원을 얻고 있다."[197]고 마이클 나이츠(Michael Knights)는 분석한다. 또한 "민병대는 이란을 이라크 정부의 보호국으로 인식하고 있다."고 싱크 탱크 채텀 하우스(Chatham House) 이라크 전문가 레나드 만수르(Renad Mansour)는 평가한다. 시아파 민병대의 힘은 이라크에 한정되지 않는다. 이란은 미국과의 전쟁 개시 때 의존할 수 있는 다양한 대리 세력들을 이라크, 시리아, 헤즈볼라, 예멘 및 팔레스타인 가자 지역에까지 보유하고 있다. 이란이 재래식 무기 측면에서 미국에 대적할 수 없으나, 테헤란은 미국과 이스라엘의 공격 시 언제 어디서든지 대응할 수 있는 비대칭적(Asymmetric) 능력을 보유하고 있다.

이스라엘 "전략 센터" 위협[198]

　2021년 10월 10일 이라크 총선 전에 친이란계 민병대 세력의 SNS에는 두바이 최고 건물 부르즈 칼리파에 이스라엘 국기가 조영되고 리야드와 아부다비의 숙적인 예멘 후티 세력인 안스알라흐(Ansarallah)로 하여금 UAE 폭격을 조장하는 사진들이

게재된다. 또한 훨씬 이전에는 후티 반군이 드론을 동원하여 두바이 부르즈 칼리파 건물을 공격하는 영상이 친이란계 민병대 세력의 텔레그램에 나돌기도 한다. 친이란계 시아파에 동조적인 평론가 아흐만드 압델 쉬다(Ahmand Abdel Ssda)는 10월 17일 UTV 채널과의 인터뷰에서 이번 이라크 총선 조작으로 인해 친이란계 시아파 세력이 2018년 당시 획득한 의석의 3분의 2 상당의 지분을 상실하였기 때문에 이라크 친이란계 시아파(PMF)의 향후 대응이 군사화 가능성도 있음을 내비친다. 더구나 일부 중동 전문가들은 "UAE가 이라크 영토로부터 군사적 공격의 목표물이 될 수 있다."고 경고까지 한다.

실제로 2022년 1월 17일 예멘 후티 반군은 드론과 크루즈 미사일을 동원하여 UAE 수도 아부다비 중심부에 대한 테러 공격을 감행한다. 3월 13일 이란은 약 12발의 탄도 미사일로 이라크 북부 쿠르드 지역 이르빌(Erbil) 지역을 공격한다. 이란의 혁명 이념 군대인 이란혁명수비대는(IRGC) 이번 미사일 공격이 자신들의 소행임을 확인하면서, 아르빌 지역 이스라엘이 운용 중인 "전략 센터(Strategic Center)"를 표적으로 하였다고 주장한다. 그 뒤를 이어 2022년 4월 13일 이브라함 라이시(Ebrahim Raisi) 이란 대통령은 푸아드 후세인(Fouad Hussein) 이라크 외교장관과의 면담에서 "테헤란은 이란의 인근 국가들, 특히 이라크가 이슬람 공화국의 안보를 교란시킬 수 있는 그 어떤 외세의 주둔도 허가하지 않을 것으로 기대한다."고 언급하면서 이라크 쿠르드 지역이 태만(Negligence)한 태도를 보이고 있다고 비난한다. 그러면서 이란 대통령은 테헤란은 이스라엘의 움직임을 면밀히 모니터링하고 있으며, 이스라엘이 이라크를 포함하여 그 어떤 국가를 수단으로 역내 안보를 위협하도록 허용하지 않을 것이라고 공언한다.

이라크 미군 철군의 위험성

워싱턴 연구소(Washington Institute) 데이빗 폴락(David Pollack)은 미군이 이라크에 주둔해야 하는 이유를 여러 가지를 열거한다. "여러 가지 매우 중요한 다자적 이해관계가 미군의 이라크 주둔 논리에 녹아 있다. 이슬람 국가(IS) 억제, 취약한 동맹국 보호 및 이란이 이라크 석유 수입을 빼앗아 가지 못하도록 하는 것이 주요한 존재 이유"[199]라고 평가한다. IS는 이라크에서 재기의 기회를 노리고 있다. 이라크가 이란의 영향권으로 완전히 종속되어 버릴 경우 미국의 사활적 동맹국인 요르단의 불안정이 초래될 수 있다. 이 경우 이스라엘은 시리아에서와 마찬가지로 무기 선적을 막기 위해 이라크에 대한 공습을 감행할 것이며, 이러한 사태 악화는 더 큰 규모의 지역 전쟁으로 비화할 가능성을 고조시킬 것이다. 미군의 아프간 철군 이후 미국은 특히 정보 수집 측면에서 강력한 이스라엘에 더욱 의존하게 되었다. 이란이 이라크를 통제하게 될 경우 이란은 이라크 석유 수입을 빼돌려, 이란의 재래식 및 핵 무기 개발을 위해 필요한 자금을 지원하게 될 것이다. 데이빗 폴락은 이란의 레바논, 예멘 및 시리아 지배는 이라크가 이란의 항구적인 이란의 대리 세력(Proxy)으로 전락하는 재난과는 비교의 대상이 될 수 없으며, 오로지 이란이 사우디를 정복하거나 혹은 이슬람의 2대 성지 메카와 메디나를 접수하는 사태만이 페르시안 제국이 이라크 아랍인들을 자신들의 관할지로 만드는 사태를 능가(Outshine)할 수 있는 것이라고 평가한다. 그럼에도 불구하고 미국은 이란이 제기하는 이러한 전략적 시험대에서 실패해 왔다. 미국은 이라크 총리 암살 시도, 사우디 아람코 오일 시설에 대한 이란의 드론 공격, 페르시아만을 지나는 국제 상선에 대한 이란의 공격과 위협, 마지막으로 이란의 초정밀 유도 미사일이 레반트 지역으로 침투할 수 있도록 해 주는 전략적 회랑(Corridor)인 시리아 알-탄프(Al-Tanf) 미군 기지에 대한 공격에도 대응하지 않으면서 이란의 위협에 적절히 대응해 오지 못했다고 분석한다.

전략적 고리: 다마스쿠스

2011년 중동 정치 격변 아랍 반란(The Arab Revolt)의 여파로 초래된 시리아 내전의 발발과 외세의 개입을 통한 첨예한 세력 각축으로 갈기갈기 찢어진 시리아의 상황도 전형적인 중동 정치 질서의 비극적인 단면을 보여 주고 있다. 역내 전통적인 아랍 강국의 역할을 해 온 시리아는 중동 정치 전환기 아랍의 봄의 여파로 그 영향력이 주변부화 된다. 다마스쿠스는 범-아랍주의와 반-제국주의 및 반-이스라엘 운동의 대변인을 주창하며 1974년까지만 해도 이스라엘에 대항한 중동 전쟁에서 주도적인 역할을 한다. 1982년 제1차 레바논 전쟁에서도 이스라엘에 저항해 역내 입지를 공고히 하면서 2005년 시리아 군의 레바논 철군까지 영향력을 유지한다. 지역 및 글로벌 강국인 러시아, 이란, 튀르키예 및 이스라엘이 각자가 원하는 시리아의 미래를 만들어 가기 위해 치열한 각축을 전개하고 있다. 역설적이게도 현재 시리아가 처한 비참한 상황과는 대조적으로 시리아는 전통적으로 중동 정치에서 커다란 영향력을 행사해 왔으나, 아랍 세계의 파편화 과정에서 중동 군사 강국 이라크 붕괴에 뒤이어 2011년 아랍의 봄의 여파로 시리아가 내전에 돌입하면서 과거의 영향력과 위상을 회복하지 못하고 있다. 그럼에도 불구하고 시리아는 중동 정치의 핵심 지역인 레반트에 여전히 중요한 위치를 점하고 있으며, '까심 솔레이마니 독트린(Qassem Suleimani Doctrine)'의 중요한 일부분으로 기능하고 있다.

2003년 이라크 전쟁의 가장 중요한 결과는 이라크 바그다드가 이란의 영향권으로 완전히 편입된다는 점이다. 2011년 시리아 내전은 테헤란 영향력이 시리아 지역으로 확대 심화되는 데 중요한 기회를 제공해 주었다. 테헤란이 2003년 이라크 전쟁 이후 점진적으로 구축한 이라크에서의 안정적인 지정학적 우위를 바탕으로 이란의 팽창 정책인 지중해를 향한 서진 정책이 더욱 심화 확대되고 있다는 틀에서 이해할 필요가 있다. 이란혁명수비대(Pasdaran) 공식 일간지 자반(Javan)은 2017년 11월 "시리아 데이르엘조르(Deir ez-Zor)와 아부카말(Bou Kamal) 지역 접수를 통해 이란은 지중해와 베이루트로 이어지는 육상 회랑(Corridor)을 구축하였음을 보도하면서 테헤란 천년의 역사에 중대한 사건"[200]이라고 자평한다. 역내 군사적 관여는 테헤란의 입장에서 절대적 중요성을 지니는 지정학적 투자로 여겨지고 있다. 2009년 이란군 참모총장 세이드 하산 피르자바디(Seyed Hassan Firouzabadi)는 "반-이스라엘 저항 운동에 대한 우리의 지원은 이란의 국가 안보를 보호하고, 역내 테헤란의 영향력 카드를 확대하기 위한 지출"이라고 규정한다.

시리아의 전략적 중요성

현재 시리아는 3개의 지역으로 분열되어 있다. 미국이 지원하고 있는 쿠르드노동자당(PKK) 시리아 지부이자, 쿠르드 민병대가 주도권을 쥐고 있은 시리아민주군(Syrian Democratic Forces)이 시리아 카라(Raqqa: 시리아 내 IS의 최대 거점 도시였으나 2017년 10월 17일 SDF가 탈환함.)를 중심으로 시리아 동부 지역을, 튀르키예가 시리아 북부와 북서 지역을 그리고 아사드 정권이 유프라테스강에 위치한 데이르엘조르(Deir ez-Zor)와 아부카말(Bou Kamal) 지역을 포함한 시리아 나머지 전역에 대한 통제권을 행사하고 있다. 한편, 러시아는 시리아 수도 다마스쿠스와 시리아 제1의 해안 도시 라타키아(Latakia) 지역에서 역할을 하면서 아사드 정권의 존립을 뒷받침하고 있으며, 이란은 알-아부카말(Albukamal), T-4 및 골란 고원 인근에서 대리 세력인 헤즈볼라를 활용하여 이스라엘을 위협하고 있다.

2018년 5월 이스라엘 베사(BESA: The BEGIN-SADIT CENTER FOR STRATEGIC STUDIES) 연구소 힐렐 프리쉬(Hillel Frisch)는 보고서[201][202]에서 "이스라엘과 이란의 완전히 모순되는 목표-테헤란은 시리아를 이란의 직접적인 군사 활동의 최전방 기지로 변화시키려고 시도하고 있는 반면에 이스라엘은 이를 막기 위한 필사적인 노력을 하고 있는 지정학적 현실-를 달성하려는 양측의 결의를 감안할 때, 이란과 그 대리 세력을 한 축으로 하고 이스라엘을 다른 한 축으로 하는 양측 간의 전쟁 발발 가능성이 매우 높으며, 이러한 전쟁의 주요 수단은 미사일이 될 것"이라고 예측한 바 있다. 2021년 4월 이란 핵 협상 복귀를 둘러싸고 이해당사국 간의 충돌이 격해지던 시기에 포린 어페어스는 기고문을[203] 통해 바이든 행정부가 강력한 외교를 통해 사태 악화를 미연에 방지해야 한다고 주문하면서 이스라엘과 이란 사이의 커다란 충돌을 야기할 수 있는 요인들이 우려스러울 정도로 복합적으로 수렴하고 있다고 분석한다. 2021년 5월 이스라엘과 이란은 팔레스타인 가자 지구에서 대리전의 형태로 간접적으로 충돌하면서 제4차 가자 전쟁이 발발하게 된다.

이란의 입장에서 시리아의 중요성은 레바논의 헤즈볼라와 비견할 수 있다. 까심 솔레이마니(Qassem Suleimani)가 "이란의 외교 정책은 시리아에서 시작 된다."고 할 정도로 이란 및 이스라엘 양자 모두에게 시리아의 전략적 중요성은 매우 크다. 향후 미국과 이란의 협상에서도 이란이 레드 라인으로 설정하고 있는 이란의 탄도 미사일 능력 및 역내 이란의 팽창 정책이라는 두 가지 이슈도 시리아의 전략적 중요성과 밀접히 관련되어 있다. 테헤란은 시리아를 저항의 축의 핵심적인 일부분일 뿐만 아니라 레바논 헤즈볼라에 무기 및 여타 지원품 이전을 위한 주요 통로로 여기고 있다. 더구나 이란은 아사드 이후 정권이 이란의 영향력을 인정하지 않고, 정부 구성에 있어 순니파 세력의 비중이 커져 사우디로 기울 가능성을 우려하고 있기 때문에 시리아에 친이란 성향의 정부의 존재는 이란의 생존과 영향력에 사활적인 중요성을 갖는 문제로 인식하고 있다.[204]

시리아로부터 독립에서 이란의 지배 아래로

부시 행정부 시절 2003년 이라크 전쟁, 2004년 레바논 안보리 결의안 1559 채택과 그 여파로 발생한 2005년 라픽 하리리(Rafic Hariri) 레바논 총리 암살과 2005년 시리아의 레바논 철군까지 다마스쿠스는 레바논 국내 정치와 중동 역학 구도에 큰 영향력을 행사한다. 2003년 이라크 전쟁을 둘러싸고 충돌했던 미국과 프랑스가 당시 레바논을 점령하고 있던 시리아를 압박하기 위한 협조(Coordination) 체제의 결과물이 유엔 안보리 결의안 1559라고 할 수 있다. 다시 말해 레바논을 둘러싼 서방과 시리아의 힘겨루기를 배경으로 2004년 9월 2일 채택된 결의안이다. 바로 다음 날 시리아는 레바논에서 모든 외국군의 철군과 외세의 개입이 없는 자유로운 대통령 선거를 요구하는 유엔결의안 1559 위협에 직면해 친-시리아 성향의 레바논 대통령 에밀 라후드(Emile Lahoud) 임기 연장을 통해 유엔결의안 1559를 무력화하면서 동 결의안의 실행은 실패하게 된다. 많은 분석가들은 라픽 하리리 전 레바논 총리가 동 결의안 채택 움직임을 주도했기 때문에 2005년 그의 암살의 배후에는 바로 이러한 결의안 1559 채택과 관련된 시리아의 힘겨루기가 작용한 것으로 해석하고 있다.[205] 2005년 시리아의 베이루트 철군으로 레바논은 독립을 달성하는 듯 했으나, 2011년 아랍의 봄과 시리아 내전 발발로 레바논에 대한 시리아 지배 시대는 종식되고 그 자리를 이란 신정 정권이 대체하게 된다. 바꾸어 말하면, 이스라엘의 골란고원에 대한 식민 점령에 이어 시리아는 2005년 레바논에서 물러나게 되며, 2011년 시리아 내전의 발발로 이란의 피비린내 나는 헤게모니 추구의 주요 무대의 위치로 전락하게 된다.

시리아 내전은 아사드 정권의 초반 열세에도 불구하고 2013년 레바논 헤즈볼라의 개입, 2015년 러시아의 개입으로 전세는 역전되게 된다. 헤즈볼라에 있어 아사드 정권의 존망은 자신들의 생존과 직결된 문제이다. 시리아 혁명 성공은 대부 이란과 연결되는 고속도로의 차단을 의미할 뿐만 아니라 소위 '저항의 축' 내 영향력 있는 동맹의 상실을 의미하는 것이기 때문에 헤즈볼라는 이란의 지원 아래 시리아 내전에 개입하여 2016년 12월 알레포(Alepo), 2018년 동 구타(Eastern Ghouta) 교전의 승리에 결정적 역할을 하면서 헤즈볼라의 역내 위상은 급격히 제고되게 된다. "헤즈볼라는 레바논 시리아 국경을 보호하여, 무기와 모든 종류의 물자의 자유로운 이동을 확보하는 문제가 자신들의 완전한 생존 문제와 직결되어 있기 때문에 개입할 수밖에 없었다."[206]고 카네기 중동 센터(Carnegie Middle East Center) 모하나드 하지 알리(Mohanad Hage Ali)는 평가한다.

시리아 내란이 발생하자 이스라엘은 헤즈볼라와 이란의 동맹국이자, 자신의 주요 적성국인 시리아를 약화시킬 수 있는 기회로 여긴다. 시리아 순니파에 우호적인 다마스쿠스 새로운 정권 도래는 이란의 약화로 이어질 수 있기 때문이다. 한편, 시리아 혁명은 이스라엘 북부 국경에 지하드 혹은 이슬람주의로 무장한 체제가 수립될 수 있다는 위험 부담도 존재하기 때문에 시리아 내전 초반 이스라엘은 중립 정책을 취하게 되나, 2016년 알레포에서 아사드가 결정적 군사적 승리를 거두면서 이스라엘의 대시리아 정책은 큰 전환을 맞게 되는데, 가장 큰 배경에는 헤즈볼라와 이란이 이스라엘에 제기하는 군사적 위협이 자리 잡고 있다. 헤즈볼라와 다마스쿠스의 관계 변화까지 초래한 시리아 내전으로 헤즈볼라는 이라크와 예멘 사태에도 개입하면서 일정 역할을 하는 역내 진정한 공격력을 가진 조직으로 거듭나게 된다. 이로써 이란은 테헤란에서 레바논까지 연결되는 저항의 축 회랑(corridor)의 보전에 성공하게 되고, 시리아에서 모스크바와 경쟁하며 피비린내 나는 헤게모니 추구에 착수하게 된다. 이스라엘의 입장에서 레드 라인이라고 할 수 있는 골란 고원과 시리아 남부 지역에 헤즈볼라 주둔 위협에 직면해 이스라엘은 러시아의 동의하에 시리아 내 이란과 헤즈볼라 군사적 목표물에 대한 공습과 미사일 타격을 2022년 현재까지도 유지하고 있는 것이다.

이중 전략

테헤란은 내부적으로 대외 개입에 대한 반대 목소리가 커져 가고, 시리아에서 이란을 배제하려는 크렘린과 텔아비브의 밀담이 강화되는 분위기 속에서, 이란 최고 지도자 하메네이의 측근 보좌관이며, 이란혁명수비대(Pasdaran)의 고위 장성인 메흐디 따이엡(Mehdi Taeb)은 "시리아는 이란의 35번째 지방으로, 우리가 시리아를 잃게 되면 테헤란을 지탱할 수 없게 된다."[207]고 언급하면서 시아파 고속도로에서 차지하는 시리아의 중요성을 환기시킨다. 시리아 내전 개입은 테헤란에 있어 존재론적 위협을 제기하는 전쟁이다. 러시아 특히 이란의 지원으로 내전의 승기를 잡은 아사드 정권 안정을 위해 테헤란은 군사적 측면에 민병대 도가니(Militia Melting Pot)와 사회 경제적 측면에서 현지 사회 활동이라는 두 가지 카드를 활용하고 있다.

이란혁명수비대(pasdaran), 헤즈볼라, 이라크 시아파 특수 단체 바드르 조직 (Organisation Badr), 아싸입 아흘 알-하끄(Assaib Ahl al-Haq), 카타입 헤즈볼라(Kataeb Hezbollah)는 아프간 및 파키스탄 시아파, 시리아, 이라크, 레바논 시아파 등으로 구성된 민병대를 훈련하고 무장하면서 이들 민병대를 헤즈볼라화(Hezbollahization)해 왔다. 이란의 해외 군사력 투사는 테헤란의 트레이트마크인 사회 운동과 항상 병행해서 이루어진다. 저항 사회(Society of Resistance) 구성을 위해 이란은 현지 친-이란계 민병대 세력으로 하여금 병원, 학교 설립 등 사회 서비스를 제공하도록 유인하며 현지 당국을 지원하도록 독려한다고 캐나다 국방부 중동 분석가 토마스 주니오(Thomas Juneau)는 분석한다. 2006년 제2차 레바논 전쟁 이후 베이루트 남부 재건을 주도한 자선 재단 지하드 알-비나(Jihad al-Bina)는 알레포와 시리아 여타 지역의 학교 및 도로망 재건 사업을 도맡아 하고 있다고 포린 폴리시는 언급한다. 워싱턴 연구소(Washington Institute) 아흐마드 마지디야르(Ahmad Majidyar)는 2018년 초반 아사드가 이란 최고 지도자 하메네이 보좌관 아릴 아크바르 벨라이아티(Ali Akbar Velayati)에게 이란 아자드(Azad) 이슬람 대학교 시리아 분교 설립을 허용하였다고 보도한다. 이러한 방식을 통한 영향력 침투는 이스라엘에 의해 물리적 인프라 회랑이 파괴될 때 정치적 영향력 회랑의 생존을 보장해 줄 뿐만 아니라, 테헤란이 제공해 주는 대학, 문화 센터, 자선 협회는 테헤란과 그 대리 세력의 군사적 활동으로 인한 부정적 영향으로부터 안전망의 역할을 해 주고 있는 것이다. 브루킹스 도하 센터(Brookings Doha Center) 연구원 알리 파덜라흐-네자드(Ali Fathollah-Nejad)도 "이란은 문화 및 교육 센터 설립과 같은 연성 권력을 활용해 시리아에서 이란의 존재감을 제도화하기 위해 노력해 왔다."고 평가한다. 이란은 시리아 동부 지역 부족 사회에서 군사, 사회 및 경제적 영향력 확대를 모색하고 있으며, 이란의 지원을 받고 있는 이들 부족 세력들은 미국의 시리아 철군 시 미군이 지원하는 쿠르드 세력인 SDF(Syrian Democratic Forces) 통제하의 지역을 침범할 태세이기 때문에 미국의 정책 결정자들이 이러한 점을 심각하게 받아들일 필요가 있다고 피크라 포럼(FIKRA FORUM) 정책 분석 보고서가 제언한다.[208] "테헤란과 그 대리 세력의 시리아에서의 존재감은 공동체 정착과 현지 뿌리내리기 방식을 통해 지난 몇 년간 강화되어 왔기 때문에 시리아에서 이슬람 공화국 이란의 영향력을 제거하는 방안은 점점 더 어려워지고 있다."[209]고 옴란 센터(Omran Center) 군사 전문 연구원 나브바르 사반(Navvar Saban)은 분석한다.

저항의 축 최전방: 레바논 헤즈볼라(Party of God)

    이스라엘과 아랍 세계의 전통적인 대결 구도 측면에서 시리아와 이집트는 2011년 아랍의 봄을 기점으로 강력한 군사력을 보유한 역내 영향력 있는 아랍 국가로서의 지위를 상당히 상실하게 된다. 시리아는 내전 발발 이전까지 역내 지정학 게임에서 이-팔 문제와 레바논 문제를 다마스쿠스의 지정학적 영향력 제고와 유지를 위한 협상 카드로서 활용해 왔다. 러시아가 레바논의 안정을 궁극적인 시리아의 안정을 위한 본질적인 요소로 인식하듯이, 다마스쿠스와 베이루트의 관계는 중동 정치의 과거를 이해하고 역내 정세 향방을 전망하는데 매우 중요한 부분이라고 할 수 있다. 레바논 헤즈볼라 사무총장 하산 나스랄라는 주요 계기에 TV 연설을 자주 한다. 그의 연설은 레바논 대통령, 국회 의장 혹은 총리의 연설보다 더욱 비중 있게 다루어진다. 그의 연설에서 가장 많이 등장하는 아랍어는 "미흐와르 알무까와마(mihwar almuqawama)"로 레반트(Levant) 지정학을 이해하는 핵심 용어인 저항의 축(Axis of Resistance)을 의미하며, 하산(Hassan) 나스랄라(Nasrallah)의 이름도 Hassan(Beauty)과 Nasrallah(Victory of God)의 결합어로 '알라(신) 승리의 아름다움'을 의미한다. 2020

년 말 미국을 대선을 앞두고 트럼프 재선 실패와 바이든 행정부 출범 가능성이 짙어지는 가운데, 2009~2013년 주 미국 이스라엘 대사를 역임한 마이클 오렌(Michael Oren)은 제2기 트럼프 행정부 대 중동 정책을 전망하면서 "이스라엘은 트럼프 제2기 행정부 출범 시 하마스 및 헤즈볼라 문제를 "처리"할 수 있는 절호의 기회를 놓치지 않을 것"이라고 아쉬워한다. 이러한 평가는 한편으로 트럼프 행정부하 미국과 이스라엘의 중동 정책 궁합(Chemistry)이 얼마나 긴밀한지를 잘 보여 주고 있다. 다른 한편, 그보다 더 중요한 측면은 이스라엘의 국가 안보에 가장 치명적이고 급박한 위협이라고 할 수 있는 헤즈볼라가 중동 정치에서 차지하는 비중을 방증하고 있다.

지리적 난쟁이 지정학적 거인

2019년 말 미국 트럼프 대통령과 네탄야후 총리 양자 모두 국내정치적 수세로 인해 트럼프 중동평화안 추진이 교착 상태에 처해있는 것으로 분석된다. 그러나 이러한 미국과 이스라엘의 국내 정치적 어려움에도 불구하고 2019년 중동 정치 경제의 커다란 담론인 트럼프 세기의 거래의 성공적인 착수와 안착은 대이란 및 대헤즈볼라 약화를 위한 일련의 노력들의 집합체라고 할 수 있는 트럼프 최대 압박 전략의 궁극적인 목적이었다는 사실을 레바논 지식층은 잘 인식하고 있었다.[210] 베이루트는 트럼프 중동평화안의 주요 구성 요소 중의 하나였으며, 앞으로도 크기로는 작지만, 비블로스(Byblos)로 유명한 레바논은 워싱턴 및 텔아비브뿐 아니라 여타 지역 및 글로벌 열강들의 대중동 정치에서 큰 비중을 차지할 것이다. 외세의 베이루트 개입을 유인하는 요인이 지중해 석유와 시장 때문이라고 판단하는 것은 치명적 오판이다.

2018년 6월 주 레바논 러시아 대사 알렉산더 자셉킨(Alexander Zasepkin)은 레바논 알레이(Aley) 지역 러시아 문화원 개원식에서 연설을 한다. 러시아 알레이 문화 센터는 발벡(Baalbeck), 트리폴리(Tripoli), 베이트 메리(Beit Mery), 바트룬(Batroun), 나바티예(Nabatieh), 라샤야(Rashaya) 및 바클린(Baakline)에 이어 8번째 러시아 문화원이다. 러시아가 2018년 기준 중동의 이 작은 나라 구석구석에 약 8개의 문화원을 운영하고 있으며, 워싱턴이 1조 원 상당의 대규모 철통 보안의 베이루트 대사관을 건설하고, 파리가 레바논 국제지원그룹(CEDRE) 회의를 주도하며, 베를린의 재외공관 규모에서 베이루트가 탑 텐(Top Ten)의 위치를 점하고 있는 21세기 비블로스(Byblos)의 거대한 현실 인식에 대한 진지한 노력이 선행되어야 한다.[211] 2019년 3월 25일 트럼프가 골란 고원(Golan Heights)에 대한 이스라엘의 주권을 천명한 사실, 레바논-이스라엘 국경에서 활동하는 UNIFIL과 시리아-이스라엘 국경의 UNDOF 유엔 평화 유지군의 주둔도 레바논의 전략적 중요성을 환기시켜 주고 있다. 지리적 난쟁이 비블로스는 지금까지와 마찬가지로 미래에도 계속해서 중동 및 글로벌 정치 판도에 지각 변동을 불러일으킬 수 있는 중대한 지정학적 변화의 근원지로 언제든지 부상할 수 있는 지정학적 거인이라고 할 수 있으며, 그 배후에 헤즈볼라가 자리를 틀고 있다.

이란 혁명의 부산물(By-product)

헤즈볼라 사무총장 하산 나스랄라가 한 TV 연설에서 언급한 "I am just a simple soldier within the army of wali el-faqih." 발언은 레바논 헤즈볼라(Party of God)와 테헤란 물라(Mollah) 정권 사이의 심오하고 이념적이며 전략적인 관계의 본질을 잘 드러내 주고 있다. MENA 지역에서 발생하는 그 어떤 사건이든 이란 이슬람 혁명 정권의 팽창 정책에서 헤즈볼라가 차지하는 압도적이며 우월적인 지위를 매일매일 증명해 주고 있다. 레바논 헤즈볼라 창설의 역사는 이란 이슬람 공화국의 부상과 분리할 수 없으며, 당시 레바논 시아파가 처한 사회 정치 경제적 상황과 밀접히 관련되어 있다. 역사적으로 거대한 순니 세력의 그림자 아래서, 시아파는 오랜 배제와 차별 정책으로 고통받아 왔으며, 이러한 정책은 오토만 제국까지 거슬러 올라간다. 1970년대 초반 무사 사드르(Moussa Sadr)는 팔레스타인 무장 단체 정착과 이스라엘의 끊임없는 공습에 직면해 팔레스타인 파타흐(Fateh) 세력의 교육과 훈련 아래 무장 민병대 "아말 운동(The Movement Amal)"을 비밀리에 창설하고, 시아 공동체의 사회 정치적 열망에 부응하기 위한 대중 운동 "박탈당한 자들의 운동(The Movement of the Dispossessed)"에 착수한다. 이와 병행적으로 세이크 모함마드 메흐디 샴세딘(Cheikh Mohammad Mehdi Chamseddine)과 세이크 모함메드 후세인 파들랄라(Cheikh Mohammad Hussein Fadlallah) 두 회교 법학자도 시아파 공동체에 침투하여 강력한 이슬람 문화 형성을 위한 활동을 개별적으로 전개한다. 레바논 시아파 공동체의 점진적인 부상은 이란 이슬람 혁명으로 전혀 새로운 차원으로 접어들게 되며, 테헤란 물라(Mollah) 정권에 충성하는 헤즈볼라 창설의 기초를 단단히 다지는 역할을 하게 된다.[212] 1982년 이스라엘의 레바논 침공은 다양한 시아파 세력들이 규합하여 형성된 헤즈볼라 부상의 결정적인 촉매제 역할을 하게 된다. 이스라엘 점령에 대한 저항 조직이라는 이름표 아래 이란혁명수비대는 1982년 6월 레바논 동부 베카(Bekaa) 지역 통제권을 사실상 접수하게 된다. 베카 지역 레바논 군 병영 접수를 통해 시아 전투원 훈련 캠프를 설치하고, 시아 종교 학교(Haouza)를 설립하고, 라디오 방송국 개국 및 잡지를 창간하며, 민병대 훈련 센터를 조직한다.

1978년 8월 31일 이맘(Iman) 무사 사드르(Moussa Sadr)는 시아파 최고 위원회(Shiite Supreme Council) 의장 자격으로 리비아 독재자 까다피(Kadhafi)의 초청으로 리비아를 방문하게 되나, 그 이후 그의 행방은 영원한 수수께끼로 남게 된다. 무사 사드르가 생존했더라면 시아파 공동체의 정체성과 방향성은 완전히 달라졌을 것이라고 역사학자들은 평가한다. 그는 1970년대 정치적 배제와 사회 경제적 차별에 직면해 레바논과 중동 지역에서 형태를 잡아가기 시작한 시아파 이슬람 사상의 흐름에 대해 비판적이며 결단력 있는 입장을 견지한다. 이러한 정치 및 민중적 분위기 속에서 1975~1978년 사이 무사 사드르와 이란 아야톨라 호메네이 사이에 이라크 대 이맘(Grand Imam) 모흐센 알-하킴(Mohsen Al-Hakim)의 권위에 대한 해석을 둘러싸고 갈등이 표출되기 시작한다. 무사 사드르는 최고 권위(Supreme Authority)는 이라크 나자프(Najaf)에서 형성된 모흐센 알-하킴이라고 주장하는 데 반해, 이란 호메네이(Khomeyni)는 자신을 시아파 최고의 권위자라고 주장한다. 1979년 이란 이슬람 혁명 성공으로 레바논 시아파 이슬람 흐름은 결정적인 순간을 맞이하게 된다. 테헤란 이슬람 공화국이 이제 중심부가 되어 이를 핵으로 시아파 운동이 공전하게 된다. 이러한 흐름은 레바논에만 한정되는 것이 아니라 중동 전역에도 피할 수 없는 대세로 자리 잡게 된다.[213]

헤즈볼라 무장 해제의 지정학적 이해 관계

2022년 1월 23일 베이루트에서 레바논과 GCC 국가 간의 외교 분쟁을 중재하고 있는 쿠웨이트 외교장관은 사우디를 필두로 한 걸프 왕정 국가의 외교 관계 복원을 위한 12개의 조건을 제시한다. 그 중에서도 특히 주목할 항목은 레바논 민병대 특히, 헤즈볼라의 무장 해제를 규정하고 있는 유엔 안보리 결의안 제1559호 준수, 2006년 헤즈볼라-이스라엘 전쟁 중지를 요구하는 안보리 결의안 제1701호 존중, 레바논의 아랍 국가의 내정에 대한 불간섭 및 거리 두기 정책이 포함되어 있다. GCC 왕정은 레바논과의 외교 관계 복원의 전제 조건의 더 구체적인 예로는 레바논 정부가 정부 통제 밖의 민병대가 소유하고 있는 무기를 중앙 정부가 독점할 것으로 요구한다. 또한, 국경 및 검문소 통제를 강화하고 공항 보안 조치 강화를 통해 사우디아라비아로의 마약 유입을 방지할 것을 요청하는 내용도 포함되어 있다. 마지막으로 사우디 및 Gulf 왕정에 적대 정책을 펼치고 있는 헤즈볼라 주도의 일체의 정책을 금지하는 조건을 내놓는다. 하지만, 신의 당(Hezbollah)의 입장에서 쿠웨이트가 제안한 중재안은 절대로 받아드리기 어려운 요구 사항이다. 저항의 축의 입장에서 지역적 및 국제적 상황 전개와 밀접히 관련된 전략적 중요성을 내포하고 있기 때문이다.

가장 핵심적인 요구 사항은 레바논 내 모든 민병대의 해체와 무장해제를 규정하고, 레바논 정부의 통제력을 전 영토로 확대할 것을 요구하고 있는 유엔 안보리 결의안 제1559호의 준수를 요구하고 있는 항목이다. 그러나 이는 레바논 공중 분해를 초래할 수 있는 폭발력 있는 요구 사항이다. 헤즈볼라 문제 전문가 까심 까시르(Kassem Kassir)는 쿠웨이트 구상에 규정된 요구 사항은 단 하나의 문제로 귀결되며 그것은 바로 유엔 안보리 결의 1559로 압축된다고 분석하면서, 신의 당 입장에서 쿠웨이트 구상은 "잠재적 전쟁 계획의 재정의"에 불과하다고 평가한다. 까시르(Kassir)의 이러한 분석은 결의안 1559가 채택된 2004년 9월 2일 전후의 혼란스러운 지정학적 분위기를 상기시켜 주는 것이다. 동 결의안은 레바논에서 모든 외국군의 철군과 외세의 개입이 없는 자유로운 대통령 선거를 요구하고 있다. 하지만, 동 결의안이 제기하는 위협에 직면해 시리아는 친-시리아 성향의 레바논 대통령 에밀 라후드(Emile Lahoud) 임기 연장을 통해 유엔 결의안 1559를 무력화하면서 동 결의안의 실행은 실패하게 된다. 많은 분석가들은 라픽 하리리 전 레바논 총리가 동 결의안 채택 움직임을 주도했기 때문에 그의 암살의 배후에는 바로 이러한 결의안 1559 채택과 관련된 힘겨루기가 작용한 것으로 해석하고 있다.[214] 2022년 1월 걸프 왕정들이 쿠웨이트 구상을 통해 미국과 이스라엘이 일련의 제재 부과와 전쟁을 통해 달성하지 못했던 헤즈볼라 무력화를 재시도하고 있는 것으로 레바논 시아파는 인식하고 있다. 2004년 유엔 결의안 채택을 통해 헤즈볼라의 위협을 제거하는 데 실패하자 미국과 이스라엘은 2006년 이스라엘-레바논 전쟁에 결국 의존하게 된 것이다.

예멘 후티 반군

아라비아 반도 변방에 위치한 예멘은 오랫동안 MENA 지역 순니-시파 대결 구도에서 빗겨나 있었다. 이슬람 순니 분파 세력 샤페이즘(Chafeism)과 시파 분파 자이디즘(Zaydism) 간의 알력은 예멘에서 종교적 측면보다는 씨족(Clanic)적 성격이 더 강하다고 할 수 있다. 예멘 인구의 3분의 1을 구성하고 있는 후티 반군은 자이디스트(Zaydites) 성향을 가지고 있지만, 이란 시아파의 다수를 형성하고 있는 열두 이맘(Twelver Shi'ism)파에 동화되지는 않았다. 그러나 2014년 후티 반군이 예멘 수도 사나(Sanaa)를 침공하면서 시작된 내전으로 예멘 사태는 후티 지원의 이란과 예멘 대통령 지원의 사우디 양대 무슬림 세력 간의 대리전으로 변모하게 된다. 이란의 위협에 대항해 리야드-아부다비 주도의 연합군이 구축된다. 예멘 내전은 또한 외교적 각축으로도 전개되는데, 특히 사우디-UAE 연합 축은 GCC 회원국인 카타르를 견제한다. 왜냐하면 도하의 자유 전자(Free Electron) 외교 정책으로 인해 카타르가 GCC 품에서 벗어나 테헤란으로 기울어졌기 때문이다. 2017년 6월 5일 리야드-아부다비-마나마-카이로는 도하와 외교 관계를 단절하고 카타르 봉쇄를 단행한다. 동 조치는 2017년 5월 리야드에서 트럼프 대통령과 몇몇 아랍 및 무슬림 국가들 간의 정상회담이 개최된 이후에 단행되게 된다. 동 정상회담의 목표는 극단주의와 테러리즘과의 전쟁 논의로 회의 기간 이란은 MENA 지역 모든 문제 발단의 원흉으로 지목된다. 예멘 내전 개입 및 카타르 봉쇄에 이어, 사우디 MBS는 레바논 헤즈볼라의 영향력 견제에 착수하게 되며, 그 일환으로 레바논 총리 싸이드 하리리(Saad Hariri)를 2017년 12월 리야드에 소환하여 사임을 종용한다.

이란과 공동의 수정주의(Revisionist) 이념을 공유하는 후티 반군은 중동 지역에서 동일한 인식을 공유하고 있는 국가 및 비국가 행위자들로 이루어진, 이란 주도의 비공식적 연합체인 저항의 축 틀에서 존재해 왔다. 이란, 헤즈볼라와 마찬가지로 대부분 시아파인 이들 후티 반군은 미국, 이스라엘, 사우디 및 여타 순니파 동맹국들이 주도하고 있는 중동 지역 질서를 거부하고 있다. 이란은 후티 반군과의 연합을 통해 아라비아 반도 남부를 거점으로 사우디와 UAE에 대한 지속적이고 전략적인 군사적 압박을 가하고 있으며, 이란혁명수비대의 후티 반군에 대한 지속적인 첨단 무기 공급으로 후티 반군은 공세적 태세를 유지할 수 있었다. 하지만 후티 반군의 테헤란에 대한 의존성 증대로 인해 예멘 시아파 반군은 점점 더 테헤란의 요구에 더욱 적극적으로 부응하고 있다.[215] 2021년 3월 이스라엘 예루살렘 포스트는[216] 이란이 예멘에서 사우디의 영향력 제거에 혈안이 되어 있으며, 예멘을 신무기, 장거리 탄도 미사일 및 후티 반군의 드론 능력 향상을 위한 시험장으로 활용하여 왔으며, 현재에는 사실상 예멘 내전을 주도하면서 예멘 사태를 중동 지역 대리전의 중대한 분수령으로 삼아, 향후 미국과 이스라엘과의 충돌에 대비하고 있다고 진단한다.

제7장

이스라엘과
아랍 세계의 대결 구도

미국 뉴욕 타임즈는 2021년 5월 국제판 기고문에서 MENA 지역에서 전개되는 사태를 *"The rivalry between Iran and the Saudis fuels political feuds and armed conflicts in Lebanon, Syria, Iraq and Yemen."*로 매우 명료하게 규정한 바 있다.[217] 이란과 사우디의 경쟁 관계는 MENA 지역 각국의 국내 정치에 투영되고 있으며, 레바논, 시리아, 이라크 및 예멘에서 전개되고 있는 무력 분쟁의 근본적인 배경 중의 하나라는 것이 중동 정세의 일반적인 평가이다. 하지만 이러한 역내 분석 구도는 의도했든 의도하지 않았든 매우 중대한 결함을 내포하고 있다. 시아 vs 순니 대결 구도를 넘어 중동 지정학은 이미 다각화되어 있다. 튀르키예, 러시아가 새롭게 중동 지정학 게임에 적극적이고 깊숙이 개입하고 있다. 무엇보다도 중동 문제를 순니 vs 시아의 구도 혹은 사우디 vs 이란 vs 튀르키예의 삼각 구도로 해석하는 것은 중동 문제의 본질에서 크게 벗어난 것이라고 할 수 있다. 중동 정세 분석의 기본 틀은 전통적인 아랍vs이스라엘 대결 구도, 그중에서도 이-팔 문제에서 시작할 때 중동 문제의 본질에 가장 근접한 역내 정세 분석과 향후 예측이 가능해질 수 있다. 복잡하고 혼란스러운 중동 문제의 파고에 휩쓸려 본말을 전도하는 분석이 중동 정세 평가의 주류를 형성하고 있는 것이 한반도에서 바라본 왜곡된 MENA 현실이다.

1917 벨푸어 선언(Balfour Declaration)

1914년 제1차 세계대전의 발발과 오토만 제국의 분할 과정에서 발표되는 벨푸어 선언은 유대 시온주의 궁극적 열망인 유대 단일 국가 수립의 결정적 순간으로 기록된다. 유럽의 병자 오토만 제국이 1차 세계 대전에 참전하기로 결정하지만 진영 선택을 잘못하면서 시온주의자들에게 세기의 기회를 안겨 준다. 2017년 12월 7일 트럼프가 예루살렘을 이스라엘의 불가분의 수도임을 공식적으로 인정하는 '예루살렘 선언(Jerusalem Declaration)'은 정확히 100년 전인 1917년 11월 2일 영국 외교장관이 공표한 '벨푸어 선언'과 궤를 같이 하고 있다. 트럼프 예루살렘 선언의 함의는 벨푸어 선언이 20세기 초강대국 대영제국의 비호하에 유대 시온주의 안착(Settlement)의 표현이라면, 'Balfour Declaration 2.0'으로 규정할 수 있는 예루살렘 선언은 21세기 초강대국 미국의 엄호하에 유대 시온주의 심화의 표출로 평가받을 수 있다.

제1차 세계 대전과 오토만 제국 붕괴 여파

제1차 세계 대전과 그 여파로 초래된 국경선 분할이 현재 중동 지역이 겪고 있는 혼란과 고통의 주요한 요인 중의 하나라는 것이 일반적인 역사적 평가이다. 제일 먼저 1차 세계 대전의 승전국 영국과 프랑스가 중동지역 패권 경쟁의 연장선상에서 전쟁 이후 소위 "유럽의 병자" 오토만 제국의 붕괴와 그에 따른 국제 권력 구도 재편 과정에서 중동 지역의 새로운 국경선 분할을 시작하게 되면서, 역사학자 아놀드 토인비(Arnold Toynbee)가 명명한 소위 "동방 문제"가 시작된다. 가장 대표적인 것이 영국으로 서구 열강들은 자신들의 이 지역에서의 통제력 확보를 위해 정책 추진 과정에서 놀라운 불합리성을 보이게 되는데, 오토만 제국의 아랍 지역을 놓고 영국이 자신의 동맹국들에게 서로 양립할 수 없는 약속을 하게 된다. 1915년 이집트 주재 영국 고등 판무관은 하심 왕가의 후세인에게 통합 아랍 왕국 건설을 약속하지만 그 이듬해인 1916년에 체결된 사익스-피코(Sykes-Picot) 협정으로 이러한 약속은 사문화되게 된다. 영국과 프랑스 양대 유럽 열강은 협정 체결 당시 여전히 미점령 지역으로 남아 있던 이라크, 시리아 및 팔레스타인 지역을 분할 점령한다는 내용의 상기 협정을 체결하게 되는 것이다. 영국은 한 발 더 나아가 1917년 레반트 지역에서 프랑스의 영향력 견제를 위해 팔레스타인 지역에 유대인들의 국가 건설을 지지한다는 내용의 "벨푸어 선언(Balfour Declaration)"을 하면서, 맥마흔이 애초에 후세인 빈 알리에게 약속한 "맥마흔 선언"은 결국 지켜지지 않게 되는 것이다. 동일 맥락에서 영국은 1920년 후세인 빈 알리의 아들 파이살(Faycal)이 시리아 왕으로 올라서도록 막후에서 지원하나 프랑스의 견제로 이러한 영국은 계획은 수포로 돌아가게 된다. 영국은 또한 하심 왕가가 통치했던 사우디 헤자즈(Hejaz) 지역에서 하심 왕조의 지정학적 야망을 좌절시키기 위해 파이살(Faycal)에게 이라크를, 파이살(Faycal)의 아들인 압달라(Abdallah)에게는 요르단(Transjordan) 지역을 약속하면서 동시에 훗날 현재의 사우디아라비아 왕가가 될 와바비트 왕가에는 무기를 지원하기까지 한다. 이러한 와하비즘(Wahhabism)를 중심으로 사우디아라비아 국가가 훗날 창설되는 것이다.

한편, 영국의 강력한 지정학적 경쟁국인 프랑스도 중동 문제에서 자기만의 비전문성(Amateurism)을 보여 주게 된다. 프랑스는 대 레바논(Grand Liban) 창설 및 시리아 분할을 시도하면서 오토만 제국의 분할(Balkanization)에 착수하게 된다. 영국과 프랑스 양국이 중동 문제에서 보여준 아마츄어리즘은 아르메니아 문제에서도 중대한 결과를 초래하게 된다. 영국과 프랑스는 쿠르드인들에게 자신들의 국가 건설을 약속하면서 그에 대한 대가로 쿠르드인들이 오토만 제국에 저항하도록 독려하게 된다. 하지만, 영국과 프랑스의 이러한 약속도 1920년 체결된 세브르 조약(Sevre Treaty)으로 지켜지지 않게 되며, 오토만 제국의 분할을 규정하고 있는 세브르 조약 자체도 무스타파 케말(Mustapha Kemal)의 군사 쿠데타로 인해 조약 내용이 실제 이행되지 않게 된다. 영국과 프랑스는 심지어 1915~1916년 사이에 발생한 오토만 튀르키예 제국에 의한 아르메니아 대학살 사건이 발생하였을 때에도 침묵을 지킬 정도로 자신들의 지정학적 이해관계 유지에만 골몰하게 된다. 영국과 프랑스가 오토만 제국의 해체 과정에서 자행한 이러한 중동 문제에서의 정책적 아마츄어리즘과 즉흥성이 현재 중동 지역이 고통 받고 있는 폭력과 분쟁의 대부분의 씨앗을 제공한 것이라고 역사학자이자 레바논 재무장관을 지낸 조르주 콤(Georges Corm)은 평가하고 있다.[218]

오토만 제국은 인구학적 및 지리적 측면뿐만 아니라 천연자원, 경제 및 사회구조의 이질성이 매우 커다란 제국이었다. 이러한 제국의 붕괴로 초래된 파편화로 인해 아랍 세계의 태생적인 약점이 형성된다. 그러나 아랍 세계의 이러한 취약성과는 대조적으로 1차 세계 대전 이후에도 자신들의 본연의 국경선 수호를 통해 단일

성을 유지할 수 있었던 두 개의 나라가 바로 페르시아(1935년 이란이 됨.)와 튀르키예이다. 한편, 오토만 제국의 분할에 대한 반작용으로 내부적으로 종교적인 응집력을 보이면서 강력한 국가로 부상하는 나라가 1932년 창설된 사우디아라비아이며 그 뒤를 이어 1948년 이스라엘이 팔레스타인 지역에 침투하여 이-팔 문제를 초래하면서 중동 지역 대결 구도를 형성하게 된다. 아랍 민족주의자들이 소위 지방 국가(Provincial States)로 규정한 이러한 아랍 지역의 태생적인 약점은 오토만 제국의 해체로 만들어진 새로운 지방 국가들의 엘리트들이 국민들이 바라는 단일의 열망을 무시하고, 공동의 이해 관계와 미래 전망을 제시하지 못하면서 아랍 지역의 이러한 취약성이 지속되고 있다. 이집트에 나세르(Nasser) 정권이 들어서고, 서구 제국주의에 맞서 이집트 수에즈(Suez) 운하를 국유화하는 1950년에 접어들어서야 지방 국가의 엘리트들은 범-아랍주의(Pan-Arabism) 소속감을 인식하게 되나, 이러한 아랍 세계의 각성도 냉전 구도가 형성되면서 단명하게 된다.

지리적 파편화를 넘어, 아랍 세계의 정치적 분할(Balkanization)과 오토만 제국의 종식이 가져온 권력 공백이 복합적으로 작용하여 제2차 세계 대전 이후 아랍 세계에 뿌리 깊게 지속되는 정치적 분열이 초래된다. 미국과 동맹을 맺고 있으며, 대부분 군주 국가로 이루어진 민주 진영과 1차 세계 대전의 부산물인 소련이 지원하는 반제국주의(Anti-imperial) 성향의 공화국인 알제리, 이집트, 이라크 및 시리아 등으로 이루어진 공산주의 세력으로 양분되게 된다. 사우디는 1969년 자신들의 주도로 이슬람협력기구(OIC)를 창설하고, 1970년대 유가의 폭등에 힘입은 막대한 재정 능력을 바탕으로 수표 외교(Cheque Diplomacy)에 착수한다. 이를 통해 중동의 많은 지역에 종교적 이념을 강화[불경 문화(Profane Culture)의 붕괴]시키며, 여러 사회 현상 분석을 종교적 측면으로만 해석하면서 정신적 혼란을 초래하기도 한다. 자유 진영의 대장 미국은 1945년 창설된 아랍 연맹(League of Arab States)의 자유 진영의 복제판인 이슬람협력기구를 도

구화하여 제3세계 및 사회주의 이념의 영향력 확대를 견제하게 되는 것이다.

벨푸어 선언: 극복할 수 없는 이-팔 간극

1914년 제1차 세계 대전의 발발은 시온주의 운동에 하늘이 준 기회라고 할 수 있다. 병들어 가는 오토만 제국의 지배하에 있던 팔레스타인 지역에서 1882~1914년 기간 동안 현지 토지와 노동 시장 침투를 통한 시온주의와 함께 이스라엘 역사의 결정적 형성기를 만들어 낸 사회주의 영향을 크게 받은 동유럽 출신들의 노동 시온주의(Labor Zionism) 운동은 1차 세계대전의 발발에 힘입어 정치적 시온주의(Political Zionism) 운동과 하나가 되는 결정적 계기를 맞이하게 된다. 테오도어 헤르츨(Theodor Herzl)이 창시하고, 이스라엘 초대 대통령 하임 바이츠만(Chaim Weizmann)이 주창한 정치적 시온주의는 제1차 세계 대전 이후 형성되는 중동 지정학 구도에 막대한 영향력을 행사하게 되며, 이 과정에서 유대 세력이 영국을 설득하여 발표한 것이 벨푸어 선언이다. 1917년 11월 2일 영국 전쟁 내각 외무 장관 아서 제임스 벨푸어(Arthur James Balfour)는 영국 유대 공동체의 비공식 지도자인 유대인 가문 로스차일드 제2대 남작인 월터 로스차일드(Walter Rothschild)에게 보낸 공개 서한에서 오토만 제국의 팔레스타인 지역에 유대 국가 수립을 돕겠다고 약속한다. 벨푸어 선언 내용의 뿌리는 영국 시온주의 대표자인 하임 바이츠만이 1904년 맨체스터에 정착하면서 영국 국민들을 상대로 시온주의에 대한 지지를 이끌어 내기 시작한 20세기 초에 기원한다. 동 선언은 이스라엘 국가의 외교적 초석이나 반대로 팔레스타인과 아랍인들에게는 1948년 이스라엘 국가 창설[팔레스타인들에게 대재앙(Nakba)를 의미]의 씨앗을 잉태하고 있다. 즉, 벨푸어 선언은 영국이 오토만 제국을 격파하기 위해 아랍 세력의 지원을 확보하기 위해 아랍 사람들의 위한 나라를 세워 주겠다고 약속한 '맥마흔 선언'과 정면 충돌한다는 측면에서 이-팔 문제의 기원을 찾을 수 있다.

설상가상으로 런던과 파리는 전쟁 패배로 해체될 오토만 제국을 둘이서 갈라 먹기로 밀약한 '사익스-피코(Sykes-Picot Agreement)' 협정을 체결하면서 '동방 문제'의 복잡성과 폭발성은 더욱 심화하게 되는 것이다.

비옥한 초승달(The Fertile Crescent)은 일반적으로 티그리스(Tigris), 유프라테스(Euphrates), 및 나일(Nile)강을 지칭하는 것으로, 광대한 이 지역은 현재 이라크, 시리아, 요르단, 팔레스타인, 레바논 및 이집트를 포함하는 레반트(Levant) 지역으로 중동지정학 변화를 주도하고 있는 MENA 정치의 중심적인 위치를 차지하고 있다. 오토만 제국도 이 지역을 병합하고 동화시키기 위해 4세기 동안을 노력해 왔으나, 1차 세계 대전의 여파로 오토만 제국의 영향력하에 있던 레반트 지역에서 1916년 아랍 반란(Arab Revolt)이 발생하면서 오토만 제국의 붕괴가 시작되며, 영국과 프랑스가 제국주의의 야심을 가지고 이 지역에 침투하게 되면서, 역사학자 에드워드 싸이드(Edward Said)가 자신의 역작 『오리엔탈리즘(Orientalism)』에서 명명한 '동방 담화(The Orientalist Discourse)' 문제가 발생하게 된다. 오리엔탈리즘은 세계를 동서로 구분하여 서구의 우월성을 주장하며 중동 지역에서 서구의 지배와 개입을 정당화하기 위해 만들어진 이데올로기다. 이러한 이념적 기반에 기초해 영국은 팔레스타인 땅에 유대인들의 국가 수립을 약속한 1917년 벨푸어 선언을 발표하게 된다. 지난 70년간 전개되고 있는 이-팔 분쟁의 가장 근본적인 배경이자, 중동 문제의 근본적인 불화를 잉태한 씨앗이 뿌려지게 된다.[219]

대영제국의 벨푸어 경은 1917년 유태인 시오니즘의 숙원을 공식적으로 승인하는 벨푸어 선언을 발표한다. 이후 벨푸어 선언은 실질적인 효과를 가져온다. 1920년 1차 세계 대전을 승리한 연합국 주도로 개최된 산 레모(San Remo) 회담에서 친-시오니즘 결정이 이루어지게 된다. 국제 연맹은 유태인 국가 창설을 담보하기 위해 팔레스타인 지역의 위임 통치권(the Mandate for Palestine)을 대영제국에 부여하게 된다. 팔레스타인들은 서구 열강이 느끼는 식민지 시대 이후의 죄책감(Post-colonial Guilt)을 무기화하여 이-팔 분쟁에 나서고 있다. 저명한 팔레스타인계 미국인 에드워드 싸이드(Edward Said)는 벨푸어 선언에 대해 "유럽 열강들이 비유럽 영토에 대해 취한 결정으로 그곳에 거주하고 있는 대다수 토착인의 존재와 바람을 완전히 무시한 결정"이라고 평가한다.

하임 바이츠만-에미르 파이살 런던 비밀 협정

1세기 전 1919년 하심 왕가의 에미르 파이살(Emir Faisal)이 벨푸어 선언의 후속 조치로 이스라엘 시온주의 지도자 하임 바이츠만(Chaim Weizmann)과 영국에서 비밀 협정 체결을 통해 팔레스타인들을 배신한다. 1차 세계 대전이 종식되고 오토만 제국이 해체될 기미를 보이자, 에미르 파이살의 부친인 후세인 빈 알리(Hussein bin Ali)는 메카의 대 청지기(The Grand Sharif of Mecca)로서 모든 아랍인들의 왕이라고 자칭한다. 토머스 에드워드 로렌스(T. E. Lawrence)의 중재로 열린 비밀 회담에서 파이살은 해체된 오토만 제국의 아랍 지역에서 아랍 국가 창설에 대한 시온주의자들의 지지에 대한 반대급부로 벨푸어 선언 지지를 약속한다. 하지만, 잠재적 아랍 국가의 영토에서 팔레스타인은 제외된다는데 이-팔 문제의 씨앗이 뿌려지게 된다. 하심 왕가의 야심을 추구하는 과정에 파이살(Faisal)은 유대인들이 팔레스타인 지역을 식민지화하는 방안을 피할 수 없는 반대급부로 판단하고, 팔레스타인 지역에 대한 유대인들의 국가적 및 역사적 권원을 인정하며, 벨푸어 선언의 이행을 위한 모든 조치가 취해져야 하며, 유대인들의 대규모 팔레스타인 지역으로의 이주도 받아들이게 된다.

하지만, 1차 세계 대전의 연합국은 파이살에게 독립 아랍 국가를 허용하지 않는다. 대신 연합국은 위임 통치 시스템을 통해 아랍 지역을 분할하여 시리아, 레바논은 프랑스에게 팔레스타인과 요르단(Transjordan)은 영국에게 통치권을 부여하게 된다. 파리 평화 협정 회담장을 떠나면서 파이살은 무서운 배신감을 직감하게 된다. 본인이 1차 세계 대전 과정에서 오토만 제국을 배신하고 영국에 협력했던 자신의 과거가 이번에는 영국의 배신으로 자신에게 부메랑이 되어 돌아오고 있음을 목도하게 된다. 몇 달 후인 1919년 7월 파이살을 왕으로 하는 미래 시리아 아랍 왕국 창설을 지지해 구성된 시리아 국민 의회는 시리아에 대한 프랑스 위임 통치령을 거부하고, 팔레스타인을 시리아의 불가분의 일부로 선언하는 결의안을 통과시킨다. 그러나 파이살이 이러한 노력을 주도하다가 오히려 프랑스에 의해 시리아에서 강압적으로 쫓겨나게 된다. 3년 후인 1922년 영국은 팔레스타인 지역에서 벨푸어 선언을 이행할 연합국의 위임 통치권을 공식적으로 인정받게 된다. 영국은 하심 왕가에 대한 보상책으로 파이살을 이라크의 왕으로, 그의 형제 압달라(Abdallah)는 요르단 왕으로 앉히게 되며, 헤자즈(Hejaz) 지역은 사우디아라비아의 일부분으로 귀속되게 된다. 1946년 팔레스타인을 제외하고 모든 아랍 국가들은 독립을 획득하게 된다. 1947년 10월 18일 팔레스타인 지역 분할 계획(Partition Plan)에 관한 유엔 투표 전날 시온주의 지도자 바이츠만(Weizmann)은 연설에서 "팔레스타인 이외의 아랍 지역에서 독립이 달성되었으며, 아랍인들은 팔레스타인 지역에서 유대인들이 자유롭게 정착하고 발전할 수 있는 권리를 인정할 것"이라고 공언한다. 다음 해인 1948년 영국은 팔레스타인에서 완전히 발을 빼게 되며, 이스라엘은 독립을 선언한다.[220] 2020년 1월 트럼프 행정부가 중동평화안인 '세기의 거래'를 발표하면서 팔레스타인들은 자신의 운명이 또 다시 강대국들이 부여한 위임 통치령과 자신들이 모르는 비밀 메모로 무장한 외국의 정부 관리들에 의해 결정될 수 있는 암울한 현실에 또 다시 처하게 된다. 약 1세기 전 영국의 커즌 경(Lord Curzon)이 팔레스타인들에게 거만한 태도로 *"You cannot do without us."*라고 한 발언을 새삼 상기시켜 주고 있는 비극적인 중동 정치 현실이다.

이스라엘의 점진적인 고립 탈피

　중동 역사에서 이집트의 전략적 위상 변화를 통해서도 전통적인 대결 구도 속에서 이스라엘-아랍 세계의 힘의 구도 변화를 분명히 인식할 수 있다. 2013년 군사 쿠데타를 통해 집권한 알시시 이집트 군부 정권은 과거 카이로가 누렸던 외교적 위상을 제고하려고 시도하고 있다. 하지만, 2022년 이집트가 처한 현실은 카이로가 더 이상 나세르 주도의 아랍 민족주의 혹은 비동맹 운동을 주도할 수 있는 위치에 있지 않음을 보여 주고 있다. 2011년 아랍의 봄과 그 여파로 발생한 이집트 내부적인 혼란 이후 이집트의 역내 영향력은 꾸준히 감소해 왔다. 1970년대 이후 페트로 달러로 무장한 걸프 국가들의 영향력 증대, 1979년 혁명 성공을 통한 이란의 부상과 21세기 초반 튀르키예의 역내 영향력 증대로 카이로의 전략적 위상은 그 어느 때보다도 위축되어 왔다. 2021년 9월 체결된 아브라함 협정으로 인해 이집트는 자신들의 존재감마저 위협받고 있는 것이 전통적인 역내 맹주 국가였던 이집트가 처한 21세기의 현실이다.

중동 맹주로서의 위상 상실

1958년 2월 22일 가말 압델 나세르(Gamal Abdel Nasser)는 시리아 다마스쿠스 거리에서 승리의 퍼레이드를 펼친다. 당시 시리아와 함께 아랍연합공화국 수립을 규정한 문서에 사인을 한 나세르는 바로 전 해인 1957년 이집트 수에즈 운하 국유화에 성공하고, 프랑스, 영국 및 이스라엘과의 대결에서 승리하면서 역내 맹주로서 위상 수립에 성공한다. 수에즈 국유화 성공에 힘입어 사상 처음으로 범-아랍주의의 열망이 구체적인 결과를 만들어 내면서 이제 막 태동하기 시작한 새로운 중동질서 형성의 토대를 마련하는 것처럼 보였다. 약 60여 년의 세월이 흐른 2022년 현재, 카이로가 비동맹 운동을 주도하고, 이집트 대통령의 연설이 중동 전역에 생중계로 방송되면서, 역내 아랍인들의 일상의 흐름을 좌지우지했던 카이로 영광의 시대는 이제 과거의 일이 되어 버렸다. 이집트는 전통적인 우위-많은 인구, 전략적인 지리적 위치 및 군사력-를 여전히 자랑하고 있음에도 불구하고 내부적인 혼란, 역내 새로운 각축 세력의 등장 및 이스라엘-아랍의 전통적인 대결 구도의 종식을 예고하고 있는 아브라함 협정 체결이라는 삼중고로 인해 카이로의 전통적인 위상은 급속한 쇠퇴를 경험하고 있다.[221]

이집트는 2011년 민중 혁명의 여파로 초래된 내부적인 불안정의 시기를 겪게 된다. 이집트 구 독재자 무바락 정권이 붕괴되고 무슬림 형제단 주도의 모르시(Morsi) 대통령이 집권하게 되자 위협을 느낀 역내 보수 왕정들은 군부 출신의 알시시 현 대통령을 이집트 권자의 자리에 올리면서 이슬람 극단주의 위협에 대응한다. 지역 맹주들은 2011년 정치 격변으로 초래된 역내 권력 공백을 파고들면서 자신들의 세력 확대를 도모한다. 튀르키예, 러시아 및 이란은 카이로의 전통적인 앞마당인 리비아뿐만 아니라 이집트의 오랜 동맹국인 시리아 사태에 개입하기 시작한다. 이란의 영향력이 아직도 크지 않은 역내 문화적인 측면에서도 이집트의 영향력은 신오토만 제국의 영광을 불러일으키는 튀르키예 TV 시리즈에 의해 빠르게 대체되고 있다. 1979년 이스라엘과 평화협정을 체결하면서 아랍 국가들에게 배신감을 안겨주었던 이집트는 2021년 아브라함 협정 체결로 인해 카이로의 역내 존재감이 무력화되는 현실에 위협감을 느끼고 있다. 알시시 군부 정권은 과거의 위상 만회를 위해 금융, 군사 및 외교적 노력을 배가하면서 카이로의 지역 정책에 대한 진지한 구조 조정을 시도하고 있으나, 두 가지 구조적인 제약으로 인해 이러한 지정학적 열망의 구현 가능성은 높지 않은 것으로 평가받는다. 먼저, 카이로는 지정학적 야심 구현을 뒷받침해 줄 경제적 자원 측면에서 매우 제한적인 행동 반경을 보유하고 있을 뿐만 아니라 걸프 왕정들의 재정 능력을 따라갈 수 없으며, 이들 걸프 국가들에게 재정적으로 크게 의존하고 있다는 한계점을 노정하고 있기 때문에 역내 이란, 튀르키예 및 사우디의 영향력을 견제할 능력이 크게 제한되어 있다. 둘째, 제4차 가자 전쟁을 통해 전통적인 중재 역할의 위상을 잠정적으로 되찾은 카이로는 가자 지구 하마스와 같은 이슬람 극단주의 세력에 대한 강경 입장을 완화하는 태도를 보이고는 있으나, 카이로가 워싱턴이 주도하는 순니 동맹국 진영과 같은 배를 타고 있기 때문에 이집트가 이들 이슬람 극단주의 세력과 장기적인 측면에서 의미 있는 관계 발전으로 이어질 가능성은 낮다는 것이 일반적인 평가이다.

이란-시리아 연합

2019년 10월 17일 혁명 이후 치러진 2022년 5월 15년 레바논 의회 선거의 결과 레바논 양대 시아파 중의 하나인 아말 운동(Amal Movement) 세력은 크게 약화된 것으로 드러난다. 그럼에도 불구하고 아말 운동의 대표 나비흐 베리(Nabih Berry) 국회의장은 5월 31일 또 다시 국회의장으로 당선되면서 7선 연속 국회의장이 된다. 베리 국회의장은 자국에 부임한 신임 대사 등 외교관들에게 레바논 정치 구조를 다음과 같은 재담을 통해 설명하곤 한다. "베이루트 정치에서 대통령은 항상 기독교 마로니트(Maronite), 총리는 순니파, 마지막으로 국회의장은 '시아파'가 아닌 반드시 '나비흐 베리'가 되어야 한다."는 말장난을 항상 늘어놓는다고 전해진다.

시아파의 관점에서 레바논 입법부를 장악하는 것이 필수불가결한 측면이 있다고 스스로 생각할 수 있겠지만, 이러한 베이루트 정치 현실을 인정하는 것은 비단 레바논 시아파에 국한되지 않는다. 본질적인 측면에서 나비흐 베리(Nabih Berry) 종신 신분 보장(Inamovibilite) 체제는 시리아의 레바논에 대한 지배 체제를 공고히 하게 되는 1990년 11월 시리아 수도에서 체결된 일종의 평화 조약의 결과물이기 때문이다. 시리아, 이란, 헤즈볼라, 아말 사이에서 체결된 다마스쿠스 협정(Damascus Accord) 협정으로 레바논 내전 기간 치열하고 피비린내 나는 대결 관계를 유지해 온 레바논의 두 개의 시아파 민병대 간의 무력 충돌은 종식되게 된다. 동 협정으로 레바논에 시리아-이란 연합 구조가 자리 잡게 되며, 두 시아파 민병대 간의 역할과 기능이 명확하게 구분되게 된다. 내란에서 승리한 헤즈볼라는 중무장한 무기고를 유지한다는 특권과 함께 테헤란에 레바논 영토와 이스라엘과의 사실상 국경선을 보장해 주는 임무를 부여받게 된다. 이러한 역할을 통해 헤즈볼라는 이란이 근동 지역에서 강력한 지정학적 행위자로서의 역할을 할 수 있도록 해 주는 것이다. 반면, 시아파 아말은 잠입 공작을 통해 레바논 정치 제도에 세포 조직을 형성하여 레바논 국가라는 돈줄(Cash Cow)을 쥐어짜 낼 수 있는 능력을 부여받게 된다. 이스라엘이 2000년 레바논 남부에서 철군하고, 2005년 시리아 군의 베이루트 철군으로 시리아 지배가 공식적으로 종식되고, 헤즈볼라가 2006년 2차 레바논 전쟁 이후 자신들의 무력을 내부로 돌리고 내향적 성향을 보이기 시작하면서 상황이 변화하기 시작하지만 시리아-이란 연합 구조에 기초한 헤즈볼라와 아말의 역할 분담은 여전히 유효하다고 할 수 있다. 특히 시온주의 팽창이라는 위협에 직면한 아랍 세계의 관점에서 2011년 시리아 내전 발발의 여파로 다마스쿠스의 레바논에 대한 우위권이 테헤란으로 이전된 것에 불과하다고 할 수 있다.

1948년 제1차 중동 전쟁과 1956년 2차 Suez 전쟁

지난 반세기 이상 동안 발생한 대부분의 주요한 중동 전쟁은 아랍-이스라엘 분쟁과 냉전의 일부로서 이해할 필요가 있다. 제1차 석유 파동 이전까지 미국은 중동 지역에서 소련 공산주의 세력 팽창을 저지하기 위해 이스라엘과 함께 튀르키예와 이란을 근대화하여 중동 지역 공산주의 세력의 보루로서의 역할을 할 수 있도록 동맹을 형성하여 안보 하청을 맡기게 된다. 하지만, 이스라엘과 아랍 세계의 무력 충돌을 단순히 냉전 구도라는 블랙홀의 틀에서만 이해하게 되면 중동 문제의 본질을 둘러싼 매우 중요한 많은 측면들을 놓치게 된다는 점을 인식할 필요가 있다. 아랍-이스라엘 대결구도는 냉전 구도와는 별개로 독립적인 요인을 통해 전개되는 경우도 다반사이기 때문이다. 1948년 독립 이후 일련의 중동 전쟁은 아랍 세계와 이스라엘의 전통적인 대결 구도에서 텔아비브가 어떻게 아랍 국가들을 각개 격파하는지 관점에서 바라볼 필요가 있다. 양측의 전쟁이 아랍-이스라엘 대결 구도에 어떠한 영향을 가져오고, 이 과정에서 어떠한 아랍 국가들이 부침을 겪게 되며, 그 결과 이스라엘이 아랍 세계와의 대결에서 어떻게 점진적으로 역내 고립을 타파해 가는지를 중심으로 이해하면 21세기 현재 전개되는 중동 정치의 흐름을 이해하는 데 다양하면서도 중요한 실마리를 찾을 수 있다. 아랍 세계와 수많은 전쟁을 치른 이스라엘은 2020년 9월 아브라함 협정 체결을 통해 아랍 세계의 반-이스라엘 구도를 완전히 붕괴시켜 버린다.

증오와 불신의 대결 구도

1947년 11월 유엔에서 표결된 팔레스타인 분할안은 아랍과 이스라엘 2국가 수립과 유엔 관할하의 예루살렘 성지 국제화를 규정하고 있다. 당시 팔레스타인 지역 유대인은 전체 인구의 3분의 1, 전 영토의 6% 미만을 차지하고 있었음에도 불구하고, UN 분할안에 따라 유대인들은 팔레스타인이 다수를 차지하는 주요 도시뿐만 아니라 하이파(Haifa) 및 자파(Jaffa)와 같은 주요 해안 도시를 포함하는 전 영토의 55%를 얻게 되며, 그 결과 팔레스타인들은 주요 농지 및 해안 항구를 박탈당하게 된다. 유엔 결의안 181 표결 직후, 팔레스타인과 시온주의 무장 단체는 전쟁에 돌입하게 된다.

이스라엘 시온주의 움직임이 초래할 수 있는 역학 불균형을 우려한 요르단은 시리아, 레바논, 이라크, 이집트와 함께 이제 막 탄생한 이스라엘을 상대로 한 전쟁을 개시한다. 1948년 1차 중동 전쟁의 결과 아랍인들은 패배의 고통에서 벗어날 수 없었으며, 이스라엘 사람들은 자신들의 이웃국가들이 자신들을 파괴하려고 시도하고 있다는 사실을 결코 잊을 수 없게 된다. 증오와 상호 불신을 공유하고 있는 양측은 또다른 전쟁이 조만간 찾아올 것이라는 것을 서로 너무나 잘 알고 있었다. 양측의 대결 구도는 1950년대와 1960년대 냉전 구도의 심화로 더욱 격화되게 된다. 1960년대까지만 해도 이스라엘은 미국 군사 원조의 최대 수혜국이 아니며, 텔아비브는 군사적으로 프랑스와 영국에 크게 의존했다. 1948년 전쟁의 여파로 1950년대 초반 이스라엘 벤구리온은 당시 이스라엘에 대한 주요 위협인 아랍 세계의 이스라엘의 침투에 저항한 보복 전략을 채택하게 되며, 이스라엘의 아랍 세계에 대한 무력 사용의 정당성에 관한 미국과 이스라엘의 오랜 논쟁을 촉발하는 계기가 된다.

범-아랍주의(Pan-Arabism) 나세리즘(Nasserism) 급부상

7개 국가로 구성된 아랍 연합군이 이제 막 태생한 유태인 국가에 커다란 패배를 경험하면서 아랍 국가들은 수년의 정치적 대격변을 경험하게 된다. 왕정 지도자들에게 배신감을 느끼고 굴욕당한 중동 각국의 군사 지도자들은 1948년 1차 중동 전쟁 패배의 결과로 권력을 잡게 된다. 1952년 이집트 나세르는 이집트 왕정을 무너뜨리고 권력을 잡고, 1956년 제2차 중동 전쟁인 수에즈 위기에서 영국, 프랑스, 이스라엘에 저항하면서 수에즈 운하 국유화를 달성하여 아랍 세계의 영웅이자 지도자로 떠오르게 되면서 범-아랍주의 나세리즘이 발흥하게 된다. 이로 인해 1958년 이집트와 시리아의 아랍연합공화국 수립 및 1964년 팔레스타인 해방 기구(PLO) 창설이라는 결실을 맺기도 하나 그 이면에는 아랍 국가 간의 이해 관계 충돌과 상호 불신이 자리하고 있다. 그럼에도 불구하고 아랍-이스라엘 대결 구도에서 이집트의 역내 영향력은 중동 역학 구도에 중심적인 역할을 지속하게 된다. 1970년 집권을 시작한 사다트 이집트 대통령이 1979년 이집트-이스라엘 평화 협정에 사인을 하면서 아랍-이스라엘 대결 구도에 큰 균열이 초래되어 이스라엘은 역내 고립감을 해소해 나가기 시작한다.

군사 독재 vs 왕정 체제

아랍 국가들은 단결, 사회주의 및 민족주의에 대해 많은 얘기를 했으나, 1950년대 실제 현실은 아랍 국가들이 심각하게 분열되어 있었다. 왕정을 무너뜨리고 권력을 잡은 시리아와 이집트 지도자들은 요르단과 사우디 왕정 지도자들이 자신들에게 음모를 획책할 수 있다는 불안감에 떨고 있는 반면, 아랍 왕정 국가들은 시리아와 이집트에서 권력을 잡은 군부 독재(Military Junta) 지도자들이 자신들의 왕정 국가를 혼란에 빠뜨릴 수 있는 혁명을 부추길 수 있다고 두려워한다. 특히, 사우디 아라비아는 1950년대와 60년대 군 관리들이 하나 둘씩 보수 왕정을 정복하게 되는 사태를 목격하면서, 군사 독재의 강력한 반대자로 자리매김한다. 사우디 왕가(the House of Saud)는 이집트, 이라크, 리비아 및 예멘 왕가들의 비참한 운명을 목격하면서 자신들의 안보 우려에서 심지어 자신들의 군대를 약화 혹은 분절시키기 위한 조치를 취하기도 했다. 또한 팔레비(Pahlavi) 왕조하의 이란과 같은 반혁명 국가와 연합 전선도 구축하게 된다. 1969년 군사 쿠데타로 권력을 잡은 리비아 까다피는 이집트 나세르가 주장한 범아랍주의(Pan-Arabism)와 이슬람식 사회주의(Islamic Socialism) 및 반제국주의를 혼합하여 자신만의 정치사상을 주창하며 부상하게 되는 것도 동일 맥락에서 이해할 수 있다. 이러한 간극은 1958년 수립된 이집트와 시리아가 합쳐진 아랍연합공화국이 단명하여 1961년 해체하게 된 점, 1966년 시리아와 이라크 바트당의 완전한 결별, 팔레스타인 문제를 둘러싼 이집트 군사 독재자 나세르와 왕정국가 요르단 후세인간의 긴장 관계를 통해서도 표면화되게 된다. 이집트 나세르는 요르단 후세인을 서방의 종복으로 인식하는 반면, 후자는 전자가 1950년대 요르단 왕정을 뒤흔들고 요르단 사회를 혼란에 밀어 넣으려 한다고 의심한다. 요르단 국왕은 1967년 6월 중동 전쟁 이전 1967년 5월 30일 요르단군을 이집트 지휘 아래에 두는 군사 협정을 이집트 나세르와 체결한다. 이들 아랍 국가들은 중동 역사에서 가장 중요한 전쟁이자, 그 여파가 2022년 현재까지도 미치고 있는 제3차 중동 전쟁인 6일 전쟁에 돌입하게 된다.

1967년 제3차 중동 전쟁과 이스라엘 점령

    이집트의 전략적 위협과 요르단과 시리아의 이유 없는 공격에 직면하여 결정적 승리를 거둔 이스라엘은 시나이 반도, 가자 지구, 서안 지구, 및 골란 고원을 점령하면서 전쟁 개시 단 6일만에 이스라엘의 기존 국토 면적의 3배에 달하는 영토를 획득하게 된다. 소련과 이념 대결 과정에 있던 미국은 1967년 중동 전쟁을 기점으로 이스라엘을 새로운 눈으로 바라보기 시작하며, 1973년 제4차 중동 전쟁인 10월 전쟁에서 이스라엘 대한 전폭적인 지원으로 이어지게 된다. 이스라엘과 팔레스타인은 1967년 전쟁의 가장 큰 여파를 경험하게 된다. 이스라엘은 팔레스타인 영토에 대한 점령에 착수하게 되며, 이러한 점령 정책은 거의 반세기 이상이 지난 오늘날까지도 폭력, 점령, 정착촌, 예루살렘 지위 문제 등을 중심으로 중동 정치와 글로벌 정치에까지 영향을 미치고 있다. 예루살렘을 핵으로 하는 성지(The Holy Land)는 종교, 문화 및 민족주의가 수렴하는 거대한 지각 판(Tectonic Plates)이다. 이들 사이를 가로지르는 단층선(Fault Lines)은 단 한 번도 조용한 적이 없었으며 항상 위험한 상황에 있다. 1967년 전쟁 유산(Legacy)을 도외시하는 것은 결코 중동 문제 해결의 방안이 될 수 없다. 당시 이스라엘 외교 장관 압바 에반(Abba Eban)은 시리아와 국경을 접하고 있는 골란 고원에서 시작하여 이집트 시나이 반도 및 요르단 강 전역을 가로지르는 이스라엘의 새로운 국경선을 "평화의 보장이 아닌 조기 전쟁으로의 초대(not as a guarantee of peace but an invitation to early war)"로 평가한 통찰력은 1973년 제4차 중동 전쟁을 통해 증명되며 2022년 현재의 시점에도 여전히 유효하다.

아랍 민족주의 바트당 부상

런던 소아스(SOAS) 교수 림 아부 알-파들(Reem Abou al-Fadl)은 "탈식민지 시기 아랍 연맹을 분열시킨 주요한 요인은 유럽과 미국 제국주의로부터 후원을 계속 모색하려는 회원국과 이집트 주도의 범-아랍주의 혁명 블록을 형성하려고 하는 아랍 회원국 간의 갈등"이라고 분석한다. 특히, 사우디아라비아는 이집트의 지배에 반기를 들면서 긴장이 초래되어 1950~60년대 소위 '아랍 냉전 구도'가 형성되게 된다. 아랍 연맹 내 이러한 불협화음은 1962년 내전이 발발한 예멘에 혁명 세력을 지원하기 위해 이집트군이 파견되면서 더욱 강화되게 된다. 자신들의 국경선 근처에 이집트군이 주둔하는데 대해 사우디가 불안해하면서 양측의 갈등은 더욱 심화되게 되며, 이집트 군사 정권과 전통적인 군주 국가인 사우디의 대결 양상은 더욱 첨예화되게 된다. 하지만 이집트의 헤게모니와 범-아랍주의의 영향력은 1967년 6일 전쟁 발발로 쇠락의 길을 걷게 된다. 한편, 모든 아랍 국가를 하나의 나라로 통일하는 동시에 당시 아랍 지역을 지배하고 있었던 서구 식민 지배에 투쟁하기 위한 아랍 민족주의 및 세속주의 운동이 점차 아랍 각국에 세력을 넓혀 가게 된다. 그중에서 가장 강력한 흐름이 시리아와 이라크 바트당으로 두 나라에서 바트주의(Baathism)는 1963년 권력을 잡게 되나, 이후 1966년 이라크의 바트당은 시리아의 영향력 아래 귀속되는 것을 우려하여 다마스쿠스의 지도(Guardianship)에서 이탈, 서로 당의 정통성을 놓고 경쟁하게 된다.

팔레스타인 민족 운동 폭발과 '검은 구월(Black September)'

1967년 6일 전쟁으로 아랍 국가들이 겪은 폭력적인 패배 직후, 아랍 연맹은 수단에서 회의를 개최하여 소위 "Three no's of Khartoum"을 채택한다. 'No peace with Israel, no recognition of Israel and no negotiation with Israel.'라는 반-이스라엘 단일 전선이 형성된다. 1967년 전쟁은 역설적이게도 나세르의 꼭두각시에 불과하다는 평가를 받던 팔레스타인 민족주의 운동을 촉발하는 주요한 계기가 된다. 팔레스타인들은 1948년 5월 15일 나크바(Nakba: 대재앙)에 이어 1967년 6월 5일 '낙사(Naksa: 좌절)' 속에서 약 20만 명의 팔레스타인 피난민들이 요르단으로 유입되면서 후세인 이븐 탈랄(Hussein ibn Talal) 요르단 국왕은 집권 이후 처음으로 요르단 정치적 안정이 위협받아 자신이 축출될 수 있음을 자각하게 된다. 범-아랍주의의 맹위 속에서 1964년 창설된 팔레스타인해방기구(PLO)의 수장 아라파트의 목적은 이스라엘이 점령하고 있는 지역뿐만 아니라 궁극적으로 요르단까지 통제하여, 암만을 '아랍의 하노이'로 변모시키려고 한다는 것이 분명해진다. 1970년 9월 팔레스타인 해방 민족 전선은 3대의 서방 항공기를 납치하여 요르단의 버려진 공항에 강제 착륙시키는 사건이 발생하자, 요르단 국왕은 군사 정부 구성을 발표하고 팔레스타인 게릴라에 대한 정부의 대대적 토벌 작전인 '검은 구월'을 작전을 개시하여 팔레스타인들의 요르단 내 세력 확대에 대응하게 된다. 게릴라 세력은 1971년 11월 28일 카이로에서는 요르단 총리 와스피 알-탈(Wasfi al-Tall)을 보복 암살하면서 '검은 9월단'을 창설하게 된다. 팔레스타인 파타흐(Fateh) 주도의 이들 세력은 수많은 게릴라 작전을 전개하게 되는데, 1972년 독일 뮌헨 올림픽에서 이스라엘 선수들을 학살한 사건이 가장 상징적인 사건으로 역사에 기록되게 된다.[222]

1973년 Yom Kippur 전쟁과 Camp David Accords

　제3차 중동 전쟁인 1967년 '6일 전쟁'의 여파로 이스라엘에서는 정치적 분열이 발생하여 정착촌 문제와 서안 지구(West Bank)의 미래에 관해 이념적 논쟁으로 발전한다. 이스라엘의 최종 국경선이 어디가 되어야 하는지에 대한 국내적 컨센서스가 없는 가운데, 1973년 4차 전쟁 발발 이전 당시 이스라엘 국방 장관 모셰 다얀(Moshe Dayan)은 *"Better Sharm El Sheikh without peace than peace without Sharm El Sheikh,"* 라는 입장을 고수하면서 이스라엘 우파의 과도하게 확대된 "대이스라엘(Greater Israel)" 계획의 대변인이 된다. 즉 샴 엘 셰이크(Sharm El Sheikh)는 이집트 시나이 반도 남부와 홍해 입구에 위치한 유명한 휴양 도시로 이스라엘 국방장관의 기존 노선은 1973년 10월 전쟁에서 이스라엘이 사실상 군사적 패배를 경험하면서 도전받게 된다.

　제3차 중동 전쟁으로 시나이 반도 전체를 강탈당한 이집트 대통령 사다트는 현재의 지정학 현실을 종식시키고 이스라엘이 시나이 반도에서 완전할 철수로 이어질 수 있는 정치적 프로세스의 바탕을 마련하기 위해 제한 전쟁을 개시하게 된다.

이스라엘은 군사적으로 우위에 있었음에도 불구하고, 정치적인 측면에서 전쟁의 결과는 이집트의 승리로 평가받는다. 10월 전쟁은 아랍-이스라엘 분쟁의 역학에 즉각적인 변화를 초래하지는 못했으나, 이집트와 이스라엘 간의 평화 구축 궤도에는 지대한 영향을 가져온다. 욤 키푸르 전쟁으로 영토적 현상(Status Quo) 유지는 종식되고 정치적 과정이 시작되어 결국 시나이 반도의 이집트 반환이 이루어진다. 1978년 9월 17일 이집트-이스라엘 평화 협정과 유엔 결의안(Resolution) 242에 기초한 이스라엘-팔레스타인 분쟁 해결의 토대를 마련한 '캠프 데이빗 협정(Camp David Accords)'이 체결된다. 이듬해인 1979년 3월 워싱턴에서 이집트-이스라엘 평화 협정 조인식이 거행된다. 그러나 동 협정의 골간(Framework)은 팔레스타인 난민 문제와 더 근본적인 이슈인 예루살렘 지위 문제를 애매하게 다루는 등 여러 가지 이유에서 구체화되지 못하고 양국 간 '차가운 평화'만 유지된다. 이집트-이스라엘 평화 조약으로 이스라엘은 엄청난 혜택을 얻게 된다. 이스라엘 vs 아랍 세계의 대결 구도에서 군사 강국인 이집트를 아랍 세계의 품에서 사실상 떼어 내면서 아랍 세계를 분열시킨다. 1981년 10월 6일, 이집트가 10월 전쟁을 기념하는 군사 퍼레이트에서 이슬람 과격주의자에 의해 이집트 대통령 사다트(Sadat)가 암살당하면서 아랍 세계를 배신한 대가를 치르게 된다. 하지만 시리아는 끈질기게 이스라엘의 평화 제의를 거부하며, 1982년 제1차 레바논 전쟁에서 이스라엘과 힘겨루기에 나선다.

한편, 이집트 국내 정치 경제적 요인도 캠프 데이빗 협정 체결에 영향을 미친다. 2022년 2월 24일 발발한 러시아-우크라이나 전쟁으로 인해 이집트 식량 위기가 스핑크스 경제의 존재론적 위기로 변모하고 있다고 중동연구소(Middle East Institute) 연구소 마이클 탄툼(Michael Tantum)은 전망하면서, "자유 장교단 운동(Free Official Movement)의 지지를 업고 1950년대 피라미드 권자로 오른 나세르 정권의 안정의 근저는 기초 식량 가격의 안정을 유지하는 것"[223]이라고 평가한다. 1977년 이집트에서 발생한 '빵 폭동'으로 수십만 명의 이집트인들이 거리로 뛰쳐나와 기초 식량 제품에 대한 국가 보조금 폐지를 요구하는 IMF와 World Bank의 정책에 강력히 반발하고, 이집트 군이 폭력적으로 대응하면서 70명의 사망자와 500명 이상의 부상자가 발생한다. 우크라이나 전쟁이 초래한 공급망 위기와 이집트의 우크라이나 밀에 대한 절대적 의존성으로 인해 아랍의 봄을 초래했던 식량위기의 망령이 이집트를 엄습하고 있듯이 사다트가 이스라엘과 평화 협정에 결국 호응하게 된 배경에는 당시 이집트가 처한 경제적 곤경이 크게 작용한 것으로 평가받고 있다.

미국 중동 정책 변화의 큰 전환점: 사우디-키신저 밀약

제3차 중동 전쟁을 통해 이스라엘은 전 세계 특히, 미국에 깊은 인상을 남기게 된다. 미국은 '6일 전쟁'의 승리를 쟁취한 이스라엘에 대규모로 사실상 흔들림 없는 정치, 경제 및 군사적 지원을 제공하기 시작한다. 이스라엘의 잔인한 군사 점령 지속, 1967년부터 점령 지역에 팔레스타인들로부터 토지와 여타 자원 압류, 동 지역에 대규모의 유대인 정착촌 건설, 팔레스타인과 레바논에 대한 계속된 군사적 공격, 이-팔 분쟁 해결에 대한 보편적인 합의에 대한 이스라엘의 거부를 가능하게 하고 있는 것도 미국의 이러한 흔들림 없는 지원이라고 뉴욕 대학 근동 연구소 자샤리 로크만(Zachary Lockman)은 분석한다.[224] 하지만, 유대 세계에서는 욤 키푸르 전쟁(Yom Kippur War), 아랍 세계에는 '10월 전쟁'으로 알려져 있는 4차 중동 전쟁으로 걸프 석유의 위력을 실감한 미국은 지금까지 이스라엘에 크게 경도되어 있던 대중동 정책에 큰 변화를 가져오게 된다.

1969년 7월 25일 미 행정부는 "내란이나 침략에 대해 각국은 자주적으로 대처해야 한다."는 닉스 독트린을 발표하면서 베트남 전쟁의 수렁에서 빠져나온다. 1971년 8월 15일 달러의 금태환(교환) 정지를 알리는 '닉슨 쇼크(Nixon Shock)'를 발표하면서 닉슨은 재선에 성공하지만 1973년 '워터게이트 사건'이 터지면서 정치적 위기가 발생하는데 이러한 분위기 속에서 1973년 제4차 중동 전쟁이 발발한다. 자유 진영과 미국이 연합하여 공산진영인 아랍 연합, 소련, 동독 및 북한에 대항해 이스라엘을 지원하면서 대리전 양상을 띠게 된다.

아랍 연합군은 선제공격 이틀 만에 이스라엘군 17개 여단을 전멸시키며 승기를 잡는다. 이에 이스라엘 여성 총리 골다 메이어는 미국을 방문하여 닉슨 대통령과 비밀 회동을 통해 지원을 요청하게 되며, 미국은 1973년 10월 9일 마침내 이스라엘에 대한 대규모 군사 지원을 결정한다. 미국 제37대 대통령 닉슨은 "실어 나를 수 있는 것은 모두 동원해 지원하라."라는 33일간의 무제한 공수 작전인 '니켈 그라스 작전(Operation Nickel Grass)'을 명한다. 수많은 전략 수송기들이 쉴 새 없이 탱크와 무기, 탄약을 이스라엘로 공수하여 지원해 준 덕분에 이스라엘은 1973년 10월 35일 마침내 전쟁을 승리로 거머쥔다. 전쟁에서 패배한 아랍권은 세계 석유 시장의 독점적 지위를 활용하여, 1974년 1월 1일 석유수출국기구(OPEC)를 통해 석유가격을 배럴당 11.65달러로 인상하는 조치를 단행한다. 전쟁 발발 이전 배럴당 2.6달러 수준에 불과한 석유가격이 하루아침에 약 4배가 인상되어 당시 전체 에너지 소비의 47% 가량을 석유에 의존하고 있던 전 세계는 제1차 오일 쇼크의 심연에 빠져든다.

1974년 닉슨 행정부 미 국무장관 헨리 키신저(Henry Kissinger) 장관은 사우디 Faisal 국왕과 사우디 안보 보장의 조건으로 석유 거래는 달러로 결제하며, 걸프 국가들은 이러한 외화를 통해 미국 채권 매입과 미국산 무기를 구매한다는 사우디-키신저 밀약을 체결한다. 1975년 석유수출국기구 OPEC은 미국 달러로만 석유 결제를 할 것을 합의하면서 '페트로-달러(Petro-dollar)'시대가 시작된다. 미국이 석유 수입을 위해 지출한 달러가 자국으로 다시 환원되면서 미국의 패권을 공고히 하는 팩스-아메리카(Pax-America) 시대의 토대가 견고하게 구축된다.

1979년 이란 혁명과 1980년 이란-이라크 전쟁

아랍 걸프 왕정을 위협하는 전복적인 이란 혁명의 열기로 인해 걸프 아랍 국가들과 이라크의 단기적인 이해 관계는 수렴하게 된다. 아랍 세계의 지지를 등에 업고 사담 후세인은 이란에 대한 전쟁을 개시하는 반면, 시리아는 이슬람 혁명 정부와 손을 잡고 다마스쿠스의 지정학적 이해 관계 증진을 도모한다. 이스라엘은 아랍 세계와의 전통적 대결 구도 속에서 더 큰 전략적 목적인 아랍 세계의 분열을 위해 이라크의 적인 이란을 군사적으로 지원하며, 당시 가장 직접적인 위협인 이라크 약화를 먼저 도모한다.

국가 전복의 전염성(Subversive Contagion)

전쟁 이전 이라크와 이란은 1975년 3월 양국 샤트 알-아랍(Chatt al-Arab) 영토 분쟁과 이란의 이라크 북부 쿠르드 민족에 대한 지원을 종결시킨 '알제리 협정' 체결로 무난한 관계를 유지하지만 냉전 구도에서 양국은 서로 정반대의 입장을 취하였기 때문에 매우 복잡한 관계가 지속해 왔다. 사회주의 색채의 바트(Baath) 이라크는 소비에트 연방과 손을 잡은 반면 팔레비 이란은 미국의 우방으로 남았다. 1964년 호메이니가 샤 정권에 의해 쫓겨난 이후 이라크 시아파 성지 나자프(Najaf) 지역에서 14년간 망명 생활을 이어 간다. 1978년 혁명의 열기가 고조되기 시작하자, 사담 후세인과 바트(Baath) 당의 이라크는 이란 혁명 정권의 국가 전복의 전염성이 바그다드로 전이될 것을 두려워하게 된다. 이란 샤 왕조의 압박으로 바그다드는 호메네이(Khomeyni)를 외부 세계와 단절하기 위한 제한 조치를 강화해 나가며, 호메네이는 결국 나자프(Najaf)를 떠나 프랑스로 향한다. 1979년 1월 이란 샤 왕조가 이란을 완전히 떠나자 사담 후세인은 이란 샤 정권 붕괴가 가져올 여파에 촉각을 곤두세우며 최악을 준비한다. 바그다드는 신중하면서도 실용적인 태도를 보이며 다마스쿠스와 리야드에 다가서기 시작한다. 반면, 이란 혁명 발발 초기부터 사실상 침묵을 유지해 온 다마스쿠스는 호메네이가 이란에 복귀하자 이란 혁명의 지지를 표명하며, 이슬람 혁명 정권을 공식적으로 승인하는 최초의 아랍 국가가 된다. 아사드는 소련 연방의 동맹국이자, 워싱턴과는 돈독한 관계를 유지하고 있으며, 보수반동적인 아랍 왕정에 저항한 진보적인 아랍 정치를 주창하면서도, 걸프 국가들과는 협상을 진행할 수 있는 시리아의 위상을 활용하여 역내 중재국으로서의 입지 구축을 모색한다.

범-아랍주의 vs 범-이슬람주의 충돌

1979년 4월 1일 이슬람 공화국 선포로 중동 지정학이 재편되게 되며, 그 여파는 현재까지도 역내 정치 질서에 영향을 미치고 있다. 이슬람 혁명 정권의 등장은 또한 바트(Baath) 정치 이념으로 뭉쳤지만 서로 경쟁하던 중동의 두 국가 이라크와 시리아를 영원히 갈라놓게 된다. 이들 두 국가는 새로운 정치적 및 지정학적 정책을 통해 완전히 서로 다른 길을 걷게 된다. "이란 혁명 이후 이라크와 시리아가 채택한 새로운 정치적 및 지정학적 정책은 바트 정치 이념 담론보다 훨씬 중요한 것"[225]이라고 CNRS 연구원이자 이라크 전문가 호샴 다우드(Hosham Dawod)는 평가한다. 본질적인 측면에서 이란 혁명 정권은 아랍 세계의 사실상의 적이 된다. 서로 다른 아랍 국가들 사이에서 이슬람 혁명 이념을 견제하기 위한 일종의 암묵적인 연합이 형성되게 된다. 이라크가 전복적인(Subversive) 이란에 대한 방어막으로서 부상하게 되며, 특히 걸프 국가들은 물질적이고 정신적인 지원을 아낌없이 바그다드에 지원하게 된다. 범-아랍주의 나세리즘(Nasserism)을 주창한 이집트의 뒤를 이어 범-아랍주의의 또 다른 형태인 바트주의(Baathism)을 주창한 이라크와 보수적인 걸프 왕정들은 이란 혁명 이념 범-이슬람주의(Pan-Islamism)의 위협에 직면하게 된다. 시아파가 다수를 형성하고 있는 이라크 사담 후세인과 걸프 국가들은 이란 혁명 정권 약화라는 이해 관계를 공유하게 된 것이다.

이란 이슬람 혁명은 이스라엘에 대한 저항과 약자 옹호 두 가지 이념적 축을 통해 구축된다. 아랍 세계와의 대결 구도에서 1980년 발생한 이란-이라크 전쟁의 가장 큰 아이러니는 이란 혁명 정권의 대적인 이스라엘이 테헤란-바그다드 전쟁에서 이란에 비밀리에 무기를 제공했다는 점이다. 이스라엘은 이슬람 혁명 정권 독트린이 이스라엘 파괴를 천명하고 있음에도 불구하고 지정학적 이유에서 1981년 사담 후세인과 전쟁을 벌이고 있는 호메네이를 지원하다. 1979년 권력을 잡은 독재자 사담 후세인은 이스라엘과의 투쟁을 민족주의적이고 범아랍주의 색채로 무장한 자신의 정책과 연설의 골자로 규정한다. 사담의 지지자들은 1991년 걸프 전쟁이 발발했을 때 중동 지역 왕정 국가들이 워싱턴의 앞잡이에 불과하다는 평가가 지배적인 분위기 속에서도 사담 후세인이 감히 텔아비브에 스커드(Scud) 미사일을 발사할 수 있는 영웅으로 기억하고 있다. 이란 혁명으로 레이건 행정부 때부터 테헤란의 불구대천의 원수가 되어 버린 미국도 이스라엘이 이란에 지원하는 무기에 대해 자금 지원을 비밀리에 진행한다. 이스라엘은 아랍 세계와의 대결 구도에서 '나의 적의 적은 친구'라는 논리에 따라 자신들의 적인 걸프 아랍 세계가 이라크를 지원 하자 이란을 지원하면서 이라크 사담 후세인의 위협을 먼저 제거할 필요성 느끼게 된 것이다. 1960-70년대 이스라엘의 생존을 위협한 범-아랍주의의 위험성이 1979 년 이제 막 탄생한 테헤란의 범-이슬람주의가 제기하는 위협보다 더욱 직접적이고 실질적으로 다가오게 된 것이다.

1982년 제1차 레바논 전쟁[226]

1970년대 중반부터 범-아랍 민족주의는 과거에 비해 상대적으로 시들기 시작한다. 시리아와 이라크 바트(Baath) 정권은 부패한 씨족 중심의 독재 정권으로 퇴화하면서, 빈털터리 이념으로만 남게 된다. 1975년 레바논 내전이 시작되면서 시리아는 범-아랍주의의 대의를 내팽개치고 정권 안정을 위한 지정학적 게임에 돌입한다. 1978년 캠프 데이빗 협정 체결의 여파로 이집트가 이스라엘-아랍 세계의 대결 구도에서 맏형 역할을 포기하자 다마스쿠스가 그 자리를 대신한다. 1979년 이란 이슬람 혁명과 1980년 이란-이라크 전쟁이 발발하자 시리아 하페즈(Hafez)는 테헤란과 결탁하여 역내 시리아의 지정학적 이해 관계 제고를 도모한다. 테헤란은 강력한 시아파 공동체를 자랑하고 있는 레바논에 눈독을 들이기 시작하는 반면에 시리아는 테헤란과의 연합을 기초로 레바논 사태에 개입하여 자국의 국익을 도모하면서 이스라엘과 대립각을 세우기 시작하며, 끝까지 이스라엘의 평화 제의를 거부한다. 이러한 배경에서 1982년 1차 레바논 전쟁이 발발하게 된다. 1980년대 초반에 이미 다양한 네트워크를 구축하고 있던 시리아는 1차 레바논 전쟁을 통해 이스라엘 시오니즘 야망의 거대한 장애물로 부상하게 된다.

시리아 통치

소비에트-시리아 동맹이 하페즈 알-아사드(Hafez al-Assad) 정권을 대담하게 할 수 있었겠지만, 1982년 레바논 전쟁의 주도권은 모스크바가 아닌 다마스쿠스가 쥐고 있었다. 시리아는 1차 레바논 전쟁 이후 전통적으로 베이루트 정치에 커다란 영향력을 행사해 온 이웃 나라이다. 1990년 레바논 내전을 종식하고, 순니-시아-기독교 세력 간의 권력 분점 제도(Sectarianism)를 안착시킨 따이프 협정(Taif Agreement) 체결의 배경에도 당시 사우디와 시리아 간의 힘겨루기에서 다마스쿠스의 입김이 크게 작용한다. 1985년 당시 레바논 국회의장 후세인 후세이니(Hussein Husseini)는 이탈리아를 방문, 교황 쟝 폴 2세(Jean-Paul Ⅱ)와의 회담에서 레바논 내전 종식을 위한 지역 및 국제회의 개최를 위한 사전 정지 작업에 착수한다. 이에 시리아 대통령 하페즈(Hafez)는 나비흐 베리[Nabih Berry 아말운동(Amal Movement)] 당수, 왈리드 쥼블라트[Walid Joumblatt 진보사회당(Progressive Socialist Party)] 당수, 엘리 호베이카[Elie Hobeika 레바니즈 폭스(Lebanese Forces)] 당수로 이루어진 3자 협정 체결을 추진한다. 하지만 사우디가 순니파가 배제된 3자 협정을 반대하고, 권력 균형을 강조하면서 난관에 부딪치게 된다. 쥼블라트가 3자 협정에서 발을 빼고, 현재의 레바니즈 폭스(Lebaneses Forces) 지도가 사미르 지지(Samir Geagea)가 엘리 호베이카(Elie Hobeika)에 반기를 들며, 순니파 라픽 하리리(Rafic Hariri)가 가세하면서 하페즈(Hafez)가 모색하던 3자 협정은 결국 붕괴하게 된다. 결국 이란-이라크 전쟁을 무대로 사우디와 시리아의 영향력 아래 순니-시아-기독교 간의 권력 분점 제도를 내용으로 하는 따이프 협정(Taif Agreement)이 체결된다.[227] 레바논 내전에서 주도적 역할을 한 현 레바논 대통령 아운(Aoun)은 따이프 협정의 최대 피해자가 된다. 1990년 10월 시리아 군대가 레바논 대통령 궁을 접수하게 되며, 아운은 프랑스 망명을 강요받게 되며, 시리아의 레바논 지배가 본격화된다.

2006년 7월 제2차 레바논 전쟁

부시의 2003년 이라크 전쟁, 2004년 레바논 안보리 결의안 1559 채택과 그 여파로 발생한 2005년 라픽 하리리 레바논 총리 암살과 2005년 시리아의 레바논 철군까지 다마스쿠스는 레바논 국내 정치와 중동 역학 구도에 큰 영향력을 행사한다. 2003년 부시(Bush)는 모험적이고 어리석은 이라크 전쟁을 개시하면서 중동 질서 재편을 시도한다. 동 전쟁의 여파로 이란의 세력이 확대되자 미국은 2006와 2007년에 걸쳐 이스라엘 및 걸프 페트로 왕정과 연합을 통해 이란의 세력 팽창에 대응하려고 시도하며 그 과정에서 2006년 7월 12일 이스라엘 헤즈볼라 간의 제2차 레바논 전쟁이 발발하게 된다.[228]

전환점

이스라엘이 2000년 5월 레바논 남부 및 2005년 가자 지구로부터 이스라엘군을 철군하는 전략적 결정도 헤즈볼라에 잘못된 신호를 보내게 된다는 측면에서 2006

년 이스라엘과 레바논 전쟁 발발에 영향을 미치게 된다. 2000년 5월 토마스 프리드만(Thomas L. Friedman)은 뉴욕 타임즈 기고를 통해 에후드 바라크 전 이스라엘 총리가 2000년 5월 24일 레바논 남부로부터 이스라엘군을 철군한 결정에 대해 이스라엘 안보 정책의 커다란 전환점을 이루는 중대한 사건이라고 규정하면서 이러한 전략적 결정이 가져올 향후 여파에 대해 우려를 표명한다.[229] 일방적인 철군에 대한 이스라엘군의 한결같은 반대에도 불구하고 에후드 바락(Ehud Barak) 총리는 결국 철군을 단행한다. 이스라엘 군사 지도자들과 전략 분석가들은 일방적 철군으로 이스라엘 북부 지역 안보는 위험에 처하게 될 것이며, 더 나아가 이스라엘의 억지 태세도 저해시킬 것이라고 우려한다. 또한 일각에서는 같은 해 가을 발생한 이스라엘에 대항한 팔레스타인의 저항 운동인 알악사 봉기(Al-Aksa intifada)를 초래하게 되는 배경이 되었다고 주장한다.[230] 한편, 2005년 당시 아리엘 샤론(Ariel Sharon) 이스라엘 총리는 이-팔 평화 구축 일환으로 미국의 요청과 국내의 첨예한 여론 분열에도 불구하고 가자 지구 이스라엘 정착촌의 강제 퇴거 및 이스라엘 군 병력 철수를 결정한다. 그러나 하마스와의 세 차례 전쟁(2004, 2008, 2014)을 통해 이스라엘은 가자 지구 철군이 전략적으로 큰 실수였으며, 이로 인해 이스라엘은 남쪽 하마스 및 북쪽 헤즈볼라와의 양면 전쟁의 위험성에 직면해 있음을 깨닫게 된다.

이란의 후견(Guardianship)

레바논에서 모든 외국군의 철군과 외세의 개입이 없는 자유로운 대통령 선거를 요구하고 유엔결의안 1559 위협에 직면해 시리아는 친-시리아 성향의 레바논 대통령 에밀 라후드(Emile Lahoud) 임기 연장을 통해 유엔결의안 1559를 무력화하면서 동 결의안의 실행은 실패하게 된다. 많은 분석가들은 라픽 하리리(Rafic Hariri) 전 레바논 총리가 동 결의안 채택 움직임을 주도했기 때문에 그의 암살의 배후에는 바로 이러한 결의안 1559 채택과 관련된 시리아의 힘겨루기가 작용한 것으로 해석하고 있다.[231] 2005년 라픽 하리리(Rafic Hariri) 암살의 여파로 시리아가 베이루트에서 철군하면서 레바논은 독립을 달성하는 듯 했으나, 2006년 제2차 레바논 전쟁에서 승리를 기반으로 헤즈볼라가 국내 정치적으로 부상하고 연이어 2011년 아랍의 봄과 시리아 내전 발발로 대외적으로도 신의 당의 역내 영향력이 증대되면서 레바논에 대한 시리아 지배 시대는 완전히 종식되고 그 자리를 이란 신정 정권이 대체하게 된다.

2021년 5월 제4차 가자 전쟁

2021년 5월 발생한 이스라엘-팔레스타인 전쟁인 가자 전쟁은 이-팔 분쟁과 관련하여 전통적으로 커다란 영향력은 행사해 온 걸프 국가들의 무관심과는 정반대로 시아파 맹주 이란의 역내 영향력이 점점 커져 가고 있는 지정학적 현실에서 발생하였다는 측면에서 큰 의미를 가지고 있다.

사활적 이해 관계 충돌과 대리전

예루살렘 성지를 둘러싼 문제는 종교 및 정치적으로 이스라엘과 팔레스타인 양측에 모두 사활적인 이해 관계를 내포하고 있다. 하마스는 이스라엘에 대한 로켓 공격을 통해 "예루살렘이 레드라인"이라는 메시지를 텔아비브에 전달하고자 하였다고 라말라 팔레스타인 정책 연구 센터(Palestinian Center for Policy and Survey Research in Ramallah) 하마다 자베르(Hamada Jaber)는 평가한다.[232] 아랍 연맹 사무총장 마흐케드 아블 게이트(Ahmed Aboul Gheit)는 이스라엘-하마스 충돌에 대해 우려를 표명하면서 셰이크 자라흐(Cheikh Jarrah) 지역 문제와 관련하여 이스라엘이 전 세계를 대상으로 마치 사람들이 기억력이 없는 것처럼 셰이크 자라흐 지역에서 일어난 일들을 단순한 토지 분쟁에 불과한 것으로 인식하도록 호도해 왔다고 하면서 네탄야후 정부가 이스라엘 식민지 정착촌 세력과 이스라엘 극우 정당에 크게 의존하고 있다고 비난한다. [233] 미국 외교관계위원회(Council on Foreign Relations) 스티븐 쿡(Steven A cook)은 이스라엘의 동예루살렘 셰이크 자라흐 지역 6개 팔레스타인 가구의 강제 추방 노력에 대해 *"Pro-Israel organizations have sought to change the demographics of East Jerusalem-which is predominantly Arab-for many years, taking their cues from successive Israeli governments"*라고 평가한다. [234] 아랍 연맹(Arab League)은 팔레스타인 측의 요청 및 현 의장국 카타르 주재로 비대면 방식으로 외교장관급 긴급 각료회의를 5월 11일 개최하고 이스라엘의 예루살렘 성지에 대한 공격, 알악사 모스크 사원 침해, 정착촌 확대 등 이스라엘의 범죄행위에 대해 강력히 규탄하는 결의를 채택하면서, 셰이크 자라흐 구역 등을 포함한 예루살렘 내 거주민 모두를 이주(Displace)시키려는 조직적인 정착촌 확대를 위한 이스라엘 정부의 결정 및 조치들을 강력히 규탄한다.

지정학적 측면에서 제4차 하마스-이스라엘 전쟁은 바이든 행정부의 대이란 유화 정책으로 인한 대리전 발발이라는 측면에서도 이해할 수 있다. 이란의 지원을 받고 있는 팔레스타인 이슬람 지하드(Palestinian Islamic Jihad)와 하마스의 공동 작품인 이번 미사일 대량 발사가 보여 주는 중요한 함의는 단시간에 대량의 미사일이 발사되었다는 점과 이스라엘 도시 아슈켈론(Ashkelon) 지역에 집중적으로 공격을 감행했다는 점이다. 실제로 2021년 5월초 이란혁명수비대(IRGC) 사령관 호세인 살라미(Hossein Salami)는 이스라엘이 너무나 작은 나라이기 때문에 대규모 전술적 군사 작전에 매우 취약하다고 경고한 바 있는데, 이번 가자 지구로부터의 미사일 공격이 무관하지는 않은 것으로 전문가들은 보고 있다. 가자 전쟁의 배경은 바이든의 대이란 유화 정책으로 인해 트럼프 행정부 시절 구가했던 미국의 완벽한 엄호를 더 이상 누리지 못하고 있는 이스라엘이 이-팔 문제와 관련하여 국제 사회의 전방위 압력을 받고 있을 뿐만 아니라, 이란 핵 문제와 관련하여 미국과의 갈등 관계를 해결하지 못하고 있는 점을 이란과 그 대리 세력이 이용하려고 한 측면이 있다. 이러한 지정학적 분위기를 감지한 미 공화당 상원의원 마르코 루비오(Marco Rubio) 주도로 43명의 공화 상원의원들은 Biden에 보낸 서한을 통해 이란과의 핵 협상을 즉각 중단하고, 이란-하마스 와의 유착 관계를 의심하면서, 이란에 대한 일체의 제재 완화 조치를 취하지 말 것을 요청하는 등 하마스의 이스라엘 공격을 단독 결정으로 보지 않고 있다. 카네기 재단(Carnegie Endowment) 아론 데이빗 밀러(Aaron David Miller)는 "바이든 행정부가 이-팔 분쟁 개입은 무용한 노력이며, 수지타산에도 맞지 않을 뿐만 아니라 정치적 함정으로 가득한 이슈라는 점을 잘 인식하고 있다."고 평가한다.[235] 미 민주당 진보 진영의 이스라엘과의 거리 두기 압박 요구와 이스라엘의 극단적 폭력주의를 강력히 성토하라는 버니 샌더스(Bernie Sanders)의 압박에도 불구하고, 바이든 행정부는 이미 이란 핵 문제로 인해 이스라엘과의 관계가 크게 손상되었기 때문에 이-팔 문제를 둘러싸고 바이든이 이스라엘의 심기를 건드릴 수 있는 추가 조치는 취하지 못할 것이라고 진보 성향 씽크 탱크 정책연구소(Institute for Policy Studies)의 필리스 벤니스(Phyllis Bennis)는 전망한다.[236]

역사적 전환점

2021년 이스라엘-팔레스타인 무력 충돌은 먼저 요르단의 왕가의 정치적 딜레마 심화로 이어질 수 있다. 이스라엘 하욤(Israel Hayom)은 이스라엘-하마스 4차 전쟁으로 하마스가 팔레스타인 자치 단체(Palestinian Authority: PA)에 대해 우위를 점할 수 있을 뿐만 아니라 요르단-이스라엘 평화 협정을 위협하거나 최악의 경우 평화 협정 붕괴의 가능성도 초래할 수 있다고 경고한다. 하마스가 이번 분쟁을 통해 획득한 정치력으로 PA와 요르단의 주인이 되어 버렸으며, 하마스가 여타 팔레스타인 분파에 미치는 영향력이 점증하고 있기 때문에 향후 하마스가 조장할 수도 있는 폭력 사태 발생 시 서안 지구 PA의 생존을 위협할 수도 있을 뿐만 아니라 그 여파가 요르단까지 영향을 미쳐 요르단 하심 왕정의 안정도 위협할 수 있다고 하욤(Hayom)은 전망하면서, 이번 하마스-이스라엘 정전(Truce)이 부정적 의미의 역사적 전환점이 될 수 있다고 우려한다.[237]

제4차 가자 전쟁은 레바논 사태와 분리해서 생각할 수 없다. 1967년 제3차 중동 전쟁인 '6일 전쟁'이 레바논에 미친 영향은 팔레스타인 문제와 직접적으로 관련되어 있다. 아랍 세계는 이스라엘과의 대결에서 팔레스타인 문제를 중시하여 '1969년 카이로 협정'을 통해 팔레스타인들이 레바논 영토에서 이스라엘을 상대로 무장 투쟁을 할 수 있는 권한을 부여하게 되나 1969년 애매한 협정의 여파는 현재까지도 레바논에 영향을 미치고 있다.[238] 동 협정에 따라 레바논 군은 12개 팔레스타인 난민 캠프 안으로 진입할 수 없으며, 각 캠프 안전 문제는 중무장하고 서로 경쟁을 벌이고 있는 팔레스타인 개별 정파 세력의 영향력 아래 놓이면서 언제든지 레바논 안보를 위협할 수 있는 요인으로 존재하고 있다. 하마스-이스라엘 전쟁을 통해 정치적으로 급부상하고 있는 하마스는 레바논 헤즈볼라와 시스템적으로 융합되어 가고 있다. 이는 결국 이란 혁명수비대(Pasdaran) 주도의 저항의 축 강화를 의미하는 것이기 때문에 현재 전개되고 있는 가자 사태도 레바논에 유해한 영향을 미치고 있으며, 레바논의 정치적 극화는 더욱 악화되고 있어 잠재적 내란 발생 가능성까지 제기되고 있는 것이 2021년 6월 현재 레바논 정세라고 할 수 있다. 헤즈볼라는 이스라엘이 레바논 남부에서 철군한 날(5·25)을 기념하는 TV 연설에서 "예루살렘에 대한 그 어떤 침해도 지역 전쟁으로 이어질 것"이라고 언급하며 저항의 축이 이스라엘과의 대결에서 새로운 힘의 균형을 구축하였다고 언급한다. 다음 날 이스라엘 국방 장관 베니 간츠(Benny Gantz)는 헤즈볼라가 이스라엘을 공격할 경우, *"Lebanon will tremble"*이라고 맞대응한다.

A looming crisis

　토마스 프리드만(Thomas L. Friedman)은 최근 하마스-이스라엘 전쟁은 1973년 제4차 중동 전쟁인 욤 키푸르 전쟁과 마찬가지로 이스라엘에 경종을 울리는 사건이라고 규정하면, 양측의 공식 발표와는 다르게 이번 전쟁에서 진정한 승자는 없으며, 그 어느 때 보다도 무엇인가 진정한 변화의 필요성을 부각시켜 준 사건이라고 평가한다.[239] 1973년 4차 중동 전쟁의 여파를 배경으로 당시 미 국무장관 키신저가 1973년에 착수하고 1979년 캠프 데이빗에서 당시 미 대통령 카터가 완결지은 일종의 새로운 평화의 과정이 착수되어야 하며, 그렇지 않을 경우 중동 사태는 더욱 악화될 수 있다고 프리드만은 경고한다. 민주주의 수호 재단(Foundation for Defense of Democracies) 부소장 조나단 샨저(Jonathan Schanzer)는 바이든과 네탄야후가 최근의 이-팔 위기로 어떤 불편함을 느꼈을지는 모르겠으나, 이란 핵 문제를 둘러싼 더 큰 위기가 붉어지고 있기 때문에, 이스라엘-하마스 충돌은 이란 핵 문제와 비교해 사소한 문제(Small Fries)에 불과할 것이라고 전망한다.[240] 2013년부터 금년 초까지 주미 이스라엘 대사를 지낸 론 더머(Ron Dermer)는 미국의 대이란 정책을 "좋게 보면 이란의 장단에 보조를 맞추어 주는 것에 불과하며, 나쁘게 평가하면 이란 유화 정책(Engaged in an accommodation of Iran at best, and appeasement of Iran at worst)"이라고 평가한 사실은 미국의 대이란 정책에 대한 이스라엘의 인식을 단적으로 보여 주고 있다. UAE 일간지 더 내셔널(The National)은 서구가 핵 협상 성공을 위해 테헤란의 탄도 미사일 프로그램을 핵 협상 논의에서 배제해 버렸다고 평가하고[241] 있으며, 2021년 6월 이스라엘 네탄야후 총리는 "워싱턴과의 마찰이라는 대가"에도 불구하고 이란의 핵 개발 저지를 위해 모든 방안을 동원할 것이라고 공언한다. 2006년 헤즈볼라-이스라엘 전쟁의 여파로 헤즈볼라가 2008년 '도하 협정(Doha Agreement)'을 통해 레바논 정치 무대에 본격적으로 등장하게 되었듯이, 이번 이-팔 위기로 인해 하마스의 정치적 부상이 더욱 공고화되어 오히려 이스라엘을 둘러싼 하마스, 헤즈볼라 저항의 축이 더욱 강화될 수 있는 가능성이 있다는데 이스라엘의 고민이 있다. 역설적이게도 지정학적 측면에서 2009년 이스라엘의 네탄야후 재집권(96~99년 1차 집권)의 토대와 계기를 마련해 준 것도 2006년과 2008년의 연이은 이스라엘과 팔레스타인 간의 전쟁이었다. 현재 바이든 행정부의 대이란 유화 정책이 지속되고, 저항의 축의 강화되며, 이스라엘의 취약한 연립 정부가 안보 문제에서 제 역할을 하지 못할 경우 2000년대 후반의 상황이 재현될 수 있는 가능성도 배제할 수 없다. 가자 전쟁보다 더 큰 위기인 이란 핵 문제가 여전히 중동 평화에 커다란 먹구름을 드리우고 있는바, 이번 가자 전쟁은 더 큰 규모의 중동 전쟁의 전초전(Skirmish)에 불과할 수도 있다. 이번 전쟁의 더 중요한 의미는 아랍 세계와 이스라엘의 대결 및 이-팔 분쟁의 전통적인 구도 속에서 걸프 왕정들이 주도권을 상실해 가고 있으며, 이란이 팔레스타인 대의의 최종 수호자라는 미명하에 중동 정치를 주도하려고 시도하고 있다.

제8장

MENA 정치
경제 구조의 민낯

유럽 열강들에 의해 오토만 제국을 자의적으로 분할할 국경선의 여파로 역사의 시련을 겪어 온 아랍의 많은 국가들은 현재 상당한 인구학적, 경제적 및 정치적 압박에 처해 있다. 중동 전문가들은 이들 아랍 국가 중 일부는 궁극적으로 붕괴의 위험에 봉착할 것이라고 예언한다.[242] 2011년 아랍의 봄을 통해 리비아, 시리아 국가 체재가 붕괴되었으며, 2019년 이후 저유가와 팬데믹으로 알제리 및 수단의 독재 정권의 몰락이 이를 증명해 주고 있다. 걸프 왕정의 안정을 위협하는 요인은 미국의 중동 관여 축소, 이란 혁명 수출이 제기하는 존재론적 위협일 수도 있으며, 무슬림 형제단 발흥 혹은 튀르키예 신오토만 제국의 팽창 정책에 기인할 수도 있다. 하지만, 걸프 왕정을 포함한 MENA 각국을 위협하는 가장 근본적인 요인은 전통적인 사회 계약(Social Contract)의 붕괴가 심화되고 있다는 내부적인 정치 경제 체제 위기 심화에서 찾을 수 있다.

2020년 저유가와 팬데믹의
중동 정치 경제적 파급 효과

2018년 5월 트럼프는 JCPOA 탈퇴와 동시에 이란에 대한 일련의 제재 부과를 시작으로 시아파 약화를 목표로 한 최대 압박 전략을 지속적으로 추진한다. 설상가상으로 MENA 지역은 2020년 저유가와 팬데믹이라는 전대미문의 이중고에 직면하면서 국내 정치 경제 및 중동지정학에도 대변혁의 위험성에 노출되게 된다. 트럼프-네탄야후 공동 작품인 세기의 거래의 성공을 담보할 '최대 압박 전략'의 추진력은 페트로 달러에 의존하는 MENA 지역의 정치 경제적 취약성을 바탕으로 하고 있다.

석유 지대(Oil Rent)의 중독성

코로나 팬데믹이 지금까지 상당히 과대평가되어 왔던 서구 문화의 우월성이 적나라하게 민낯을 드러내는 계기가 되었듯이, 중동 각국이 안고 있는 정치 경제적 모순과 취약성도 저유가 및 코로나 팬데믹이라는 전대미문의 글로벌 이중고로 인해 더욱 표면화될 것으로 예상되며, 석유 지대라는 불로소득에 의존하고 있는 페트로 왕정의 정치 경제적 모순이 가속화 될 것으로 전망된다. 먼저, 저유가 및 코로나 장기화는 중동 각국에 심각한 국가 재정 악화를 초래할 것이며, 비산유국들은 물론이거니와 심지어 부유한 걸프 산유국들의 외환 보유액도 급속히 고갈시킬 것으로 전망되며, 비대한 공공 부문의 존재와 보잘 것 없는 민간 부문의 경제 내 역할을 고려할 때 재정 악화는 피할 수 없을 것으로 전망된다. 당장 걸프 산유국들이 추진 중인 탈석유 경제 다변화 전략에 큰 차질이 발생할 것으로 예상된다. OPEC 내 제2의 산유국인 이라크의 경우 석유에서 나오는 수입이 차지하는 비중을 보면 국가 재정 수입의 93%, 수출액의 99%를 점하고 있을 정도로 이라크 경제에서 석유가 차지하는 비중이 절대적인 경제 구조의 취약성을 보이고 있기 때문에 저유가 및 재정 악화의 직격탄을 피할 수 없을 것으로 전망된다. 더구나 이라크 GDP의 45%를 점하고 있는 공공 부문 인력에 대한 급여 지급이 국가 재정 지출의 57%를 차지하고 있으며, 더욱 심각한 문제는 고질적인 부패 문제로 금년에만 500,000명의 신규 노동력이 공공 부문으로 유입되어 국가 재정 부담을 가중시키고 있어 이라크 정부는 당장 2020년 5월 전체 공무원의 절반에 해당하는 급여를 지급하지 못하는 상황에 봉착할 수 있을 것으로 전문가들은 전망하고 있다. 현재의 저유가 수준이 지속될 경우 사우디 경제는 향후 5~6개월 이내에 대규모 재정 적자를 기록할 것이며 이는 결국 MBS 주도의 Vision 2030 추진이 상당 기간 유보를 의미하는 것으로 전문가들은 분석한다. 비산유국들의 재정 상황은 심각한 부패, 재정 누수 및 비대한 공공 부문으로 인해 이미 악순환에 허덕이고 있듯이 산유국들의 자금 지원 및 산유국들과 불가분의 지대 경제 관계로 연결되어 산유국에 정치 경제적으로 크게 의존하고 있는 비산유국들에게 저유가와 코로나 팬데믹은 결정타로 작용할 것으로 전망된다.[243][244]

사회 계약의 붕괴 가속화

　절대 권력에 대한 반대급부로 국민들에게 보장된 안락한 복지 체제에 기초해 걸프 산유국들의 정치적 안정을 지탱해 온 정치 경제 구조가 이제 더 이상 지속 불가능한 구조로 전환되고 있으며 중동 산유국들이 사막에 건설한 신기루는 머지않은 미래에 사라져 버릴 수도 있다. 2011년 아랍의 봄 이후 최근 몇 년간 지속된 저유가로 이러한 중동 정치 경제 구조의 구조적 모순과 취약성이 이번 저유가 및 코로나 사태로 인해 통제 불능 상태에 빠져들 수 있으며 종국에는 국민들에게 제공해 왔던 다양한 복지 혜택을 폐기할 수밖에 없을 것이며 이는 결국 사회 계약의 붕괴로 이어질 것이다. 2020년 초반 IMF 보고서 『The Future of Oil and Fiscal Sustainability in the GCC Region』에서도 언급되었듯이 현재의 재정 추세가 지속될 경우 Gulf 산유국들의 국고는 2034년에 완전히 고갈될 것으로 전망하고 있다. 정치 경제적 위기가 초래할 심각한 사회 불안정은 무슬림 형제단 정치 이슬람주의의 부상의 토양을 제공해 줄 것이기 때문에 이러한 존재론적 위협에 직면한 석유 왕정은 보수 반동 억압 정책을 강화할 것이다. 이러한 반혁명 물결은 정치적 반발을 불러와 경제 위기 심화와 함께 국내 정치 안정을 위협할 최대 요인으로 작용할 것으로 전망된다. 최근 사우디 MBS를 필두로 걸프 왕정 국가들이 보여 준 일련의 정치적 행보는 이러한 흐름을 방증해 주고 있으며, 카쇼끄지 암살 사건으로 MBS는 외교적 고립에 내몰리고 있는 실정이다. 2011년 아랍의 봄에 이어 2019~20년이 제2의 아랍의 봄이라면 머지않은 미래에 제3의 아랍의 봄이 MENA 지역에 도래할 것으로 전망된다.

2020년 중동 정세 퍼펙트 스톰(Perfect Storm)

1967년 제3차 중동 전쟁의 여파로 범-아랍주의의 붕괴가 시작되었음에도 불구하고 1974년 시작된 석유 파동에 힘입어 중동 걸프 산유국들은 아랍 세계 정치 주역으로 우뚝 등장한 이래 막강한 영향력을 행사하며 황금기를 구가할 수 있었으나 국제 정치 경제적 환경 변화로 이들 중동 산유국 및 비산유국들은 아랍의 봄 이후 전혀 새로운 지정학적 미지의 세계로 접어들고 있다. 주 시리아 및 주 이스라엘 미국 대사를 역임하였으며, 2019년 당시 제임스 베이커 공공 정책 연구소(James A. Baker III Institute for Public Policy) 소장 에드워드 드제레지안(Edward P. Djerejian)은 "중동 국가들이 직면한 진정한 위기는 국내 정치 경제적 도전과 극단주의(Extremism) 발흥이라는 내부로부터 기인한다."고 진단한다.[245] 미국과 이스라엘의 최대 압박 전략에 이은 저유가 지속의 현실화 및 코로나 팬데믹으로 인해 지정학 재편 흐름이 더욱 공고화하게 된다. 2020년 MENA 지역 각국이 직면해 있는 이러한 정치 경제적 딜레마가 제공해 주는 중동 정치 경제적 지형 변화를 정확히 파악하고 주도하고 최대한 활용하고 있는 것이 바로 미국과 이스라엘이다. 2020년 4월 22일 미 국무장관 폼페오는 이스라엘의 요르단 계곡 병합의 최종 결정권은 텔아비브에 있다고 언급한다.

저유가 및 코로나 팬데믹의 장기화로 인해 초래될 중동지정학 질서 재편 움직임의 공고화는 미국과 이스라엘의 최대 압박 전략 및 중동평화안의 본격적인 추진 움직임과 결부되어 중동 정세에 폭발적인 요인으로 작용할 것이기 때문에 2020년 4월 현재 MENA 지역은 시한폭탄과 다름없는 상황이다. 한 중동 전문가는 코로나 봉쇄가 해제되는 즉시 중동 지역은 전대미문의 대변혁을 경험하게 될 것이며, 새로운 가치가 등장하여 기존의 위험한 경제 군사적인 질서를 뒤흔들어 버릴 것이라고 경고하며, 다만 이러한 대변화의 폭력성은 중동 각국이 처한 개별 상황에 따라 매우 다르게 전개될 것이라고 전망한다. 이스라엘 국가 안보 연구소(Institute for National Security Studies) 소장은 이란 핵 문제 및 헤즈볼라가 제기하는 초정밀 유도 미사일 구축 문제를 거론하며, 2020년은 폭발적인 한 해로 기록될 가능성이 매우 큰 것으로 예상한다. 미국은 이미 2020년 1월 3일 까심 솔레이마니(Qassim Suleimani) 폭살을 통해 세기의 거래 성공을 위한 확고한 의지를 드러내었다. 트럼프 대통령 재선 시도, 이스라엘의 요르단 계곡 병합 움직임, 그리고 MENA 각국이 처한 국내 정치 경제적 혼란이라는 요인들이 복합적으로 작용하여 중동 정세는 폭발 직전에 있다는 일각의 분석이 존재한다. 2020년 8월 4일 베이루트 항구에서 원인 미상의 대폭발이 발생하게 된다.

지대 경제(Rentier Economy) 한계점

오토만 제국(Ottoman Empire) 몰락 이후 중동 지역에서 다양한 국가가 탄생하게 된다. 중동 지역의 정치 경제 현상을 잘 들여다보면 놀라울 정도의 유사성을 찾을 수 있다. 아딜 말리크(ADEEL MALIK)와 바쎔 아와달라흐(BASSEM AWADALLAH) 두 학자는 한 논문에서[246] 국가 체재(군주제 혹은 공화정), 노동력과 자원 부존 여부에 관계없이 MENA 지역 국가들이 공통적으로 보이는 5가지의 공통 분모를 잘 제시하고 있다. 먼저, 정치 경제 권력이 소수에게 집중되어 있다. 둘째, 경찰 국가(Security State)로서 광범위하고 잔인한 보안 조직(Security Apparatus)을 자랑하고 있다. 셋째, 대규모 인구 변화를 겪고 있으며 젊은층이 인구학에서 압도적 비중을 차지하고 있다. 넷째, 아랍 국가들 경제에서 공공 부문의 비중이 매우 큰 반면, 민간 부문의 경제에서의 역할이 매우 빈약하다는 특징을 보인다. 마지막으로, 대외 수입 즉, 석유, 국제 원조 혹은 해외 송금액(Remittances)에서 나오는 지대 수입이 중동 지역 정치 경제 구조를 형성하고 지배해 왔다는 점이다.

경제적 지대와 정치적 지대

서구의 발전된 국가와 우리나라는 민주주의라는 '건강한' 사회 계약에 기반해 정치 경제 질서가 구축되어 발전되어 왔다. 하지만 중동의 많은 나라들은 완전한 국가 체재의 형성에 실패해 왔다고 할 수 있다. 이러한 정치 경제 사회 구조의 왜곡은 석유의 발견과 이로 인해 파생되는 여러 문제로 인해 더욱 심화되어 왔다고 할 수 있다. 20세기 후반에 창설된 이들 중동국가들은 대부분 경제적 지대에 의존한 정치 질서에 의존해 왔다. 하지만 이러한 정치 경제 구조는 태생적인 한계를 내포하고 있다. 그 첫 번째 징조가 바로 2011년 발생한 아랍의 봄이며 이러한 중동 정치 경제의 구조적 모순이 심화 및 악화되고 있는 점을 보여 주는 것이 2019년 중동 각 지역에서 발생한 대규모 반정부 시위라고 할 수 있다.

중동 지역의 대표적인 지대 소득인 석유를 예로 들어 보자. 중동의 많은 나라들이 이러한 지대 수입에 압도적으로 의존하는 지대 경제의 특성을 보인다. 지대 경제(국가)는 정기적으로 상당한 금액의 외부 렌트(External Rent)를 받는 국가로 정의되는데, 이는 외국의 개인, 기업 혹은 정부가 일정 국가의 개인, 기업 혹은 정부에게 지급하는 렌트로 정의된다.[247] 그런데, 지대 경제가 의존하고 있는 이러한 지대 수입은 매우 중요한 세 가지 커다란 특징을 내포하고 있다. 먼저, 이러한 지대 수입이 일국의 주요 외환 수입원이라는 점이다. 두 번째 특징은 이러한 지대 수입이 국가의 추가적인 소득이자 저축을 형성할 수 있다는 점이며, 마지막으로 매우 중요한 특성으로는 이러한 지대 수입을 대부분의 경우 정부가 배타적으로 소유하고 있다는 점이다. 이러한 세 가지 지대 수입이 가지는 특성으로 인해 중동이 가지고 있는 현재의 정치 경제 구조가 잘 설명될 수 있다. 불로소득을 가져다주는 지대 경제(Rentier Economy)의 특징 자체가 중동 각국의 정치 경제적 모순을 초래한 것을 아니다. 오히려 그러한 불로소득을 통해 어떠한 국가 시스템을 구축할 것인가 하는 철학의 부재가 지금 중동의 각국이 겪고 있는 모순과 부조리의 근본 원인이라고 할 수 있다. 북유럽 산유국 노르웨이는 국가 기관을 통해 석유가 가져다주는 부(Wealth)를 정치적 통제 아래 두는 데 성공하면서 '자원의 저주(Resource Curse)'를 회피할 수 있었던 반면, 걸프 왕정을 포함하여 대부분의 산유국들은 일종의 불로 소득이라고 할 수 있는 석유의 저주를 따돌리는데 실패해 왔다고 평가할 수 있다. 레바논, 시리아와 같이 자원 빈국의 경우 정파주의에 기초한 억압 정치에 의존해 온 것과는 대조적으로, UAE가 같은 석유 부국들은 석유 지대 재분배를 통해 추출되는 정치적 정당성을 바탕으로 정권의 기반을 다져 왔으나 이제 이러한 토대에 금이 가기 시작한다.

카팔라 시스템(Kafala System)

UAE 경제의 외국인 의존성은 절대적이라고 할 수 있다. 약 1천 만 인구의 90%는 에미레이트가 아닌 외국 국적자로 이루어져 있다. 왕실에 대해 정치 및 경제적 조언을 제공하는 영국 등 서방 출신들의 극소수의 전문 인사들이 존재하지만 이들 대부분은 아프리카, 아시아 및 여타 중동 지역 출신으로 대부분 저임금의 반-숙련(Semi-skilled) 노동력이다. MENA 지역에 광범위하게 일반화되어 있는 이주 노동자 관리 제도인 카팔라는 이민 노동자(Expats)를 모집하고 통제하는 일련의 규정, 규율 및 관행의 묶음으로 정의할 수 있다. 이들 노동 이민(Labor Migration)의 중동 경제 유입은 카팔라로 알려진 각국마다 다양한 민간 스폰서 시스템에 의해 규제되고 있다. 정부가 아닌 대부분 민간에 의해 규율되고 운영된다는 사실을 통해 MENA 지역 카팔라 시스템의 정치 경제적 함의를 찾을 수 있다. 국제인권단체들은 중동 지역 카팔라 시스템을 악용하여 월드컵 경기장이 건설되고 있는 2022년 카타르 월드컵을 보이콧해야 한다고 주장해 왔으며, 인권을 빌미로 한 서구의 아랍 국가들에 대한 정치적 압박의 이면에도 카팔라 시스템의 어두운 측면이 자리하고 있다.

고유가에 기반한 석유 경제 구조와 마찬가지로 카팔라 시스템은 중동 정치 경제 시스템의 안정성 혹은 궁극적인 붕괴 과정의 메커니즘을 이해할 수 있는 단서를 제공해 줄 수 있다. UAE의 카팔라 시스템을 연구한 무스타파 까드리(Mustafa Qadri)는 MENA 지역의 지대(Rent)에 기반한 정치 경제 질서를 아래와 같이 매우 정확하고 간결하게 묘사하고 있다. 정확한 이해를 위해 원문을 그대로 인용한다.

> *"The Kafala system remains a critical ingredient in the state's capacity to ensure political control in a situation where only a minority of the population has citizenship rights and where legal and social power rests with a small group of royal families. What is less well understood is the system's role in creating a social contract between the state and the citizen, which effectively promises the latter a ready source of revenue and significant control over migrant labor in return for reduced social and political freedom."* [248]

요컨대 국가 안정의 핵심 요소는 카팔라 시스템과 국가와 시민의 관계를 규율하는 더 넓은 의미의 사회 계약(Social Contract) 사이의 연결 고리인 것이다. 석유 지대에 기반한 경제 구조에서 시민들은 자신들의 정치에 관한 권리와 인권 측면에서 다양한 제약에 직면하지만, 국가는 이들에게 다양한 사회적 혜택을 부여해 준다. 풍부한 주택 지원금, 무상 교육 및 의료 서비스에 대한 접근, 노동 시장에서의 특혜, 팽배해 있는 고임금 등 정치적 침묵에 대한 대가로 물질적 풍요를 약속해 주는 정치 구조로서 카팔라 시스템도 이러한 사회 계약의 일부분으로 기능하고 있다. UAE의 모든 외국인 노동자들은 거의 예외 없이 고용 스폰서(Employer Sponsor)가 있어야 하며, 이들 고용 스폰서는 UAE 시민 혹은 거주민이다. 또한 대부분의 경우 이들 스폰서는 기업의 대주주이다. 이러한 구조로 인해 법적으로 외국인 노동자를 고용하는 스폰서와 이민 노동자(Expats) 간에는 엄청난 권력 불균형이 초래되며, 바로 이 지점에서 카팔라 시스템의 정치 경제적 측면의 본질을 읽을 수 있다.

실질적으로, 스폰서를 위해 기업을 관리 운영하는 것도 이민 노동자들이다. 스폰서는 기업이 창출한 이익의 대부분을 가져가며, 그 어떤 분쟁 해결에도 개입할 수 있으며, 새로운 계약을 체결할 수 있다. 이러한 구조에서 스폰서는 피고용인에 통제권을 획득하게 되며, 국가와 시민 사이에서 만들어지는 권력 관계와 유사한 힘의 불균형이 초래된다. 여권 압수, 장시간 노동, 형편없는 노동 및 생활 환경, 임금 체불이 만연하는 노동 시장 여건으로 인해 밀매 이주 노동자(Trafficked Migrants)에 대한 수요가 폭증하고, 외국인 노동자 모집책, 착취자 및 브로커들에게 수지맞는 사업 기회가 창출되고 있다. 즉, 국가는 시민들에게 이민 노동자에 대한 권력과 권한뿐만 아니라 이들 노동자들에 의해 운영되는 기업에서 창출된 부를 제공해 주는 것이며, 국가는 그 반대급부로 시민 및 정치적 자유에 대한 상당한 제약을 시민들에게 강요하는 구조인 것이다. 이러한 정치적 제약에도 불구하고 시민들은 석유 경제가 제공해 주는 엄청난 부를 향유하며, 외국인 노동-이들이 매우 숙련되었으며, UAE 국가 시스템과 경제가 제대로 기능하는데 결정적 기능을 하는지 여부와 상관없이-에 대한 자신들의 사회적 지위의 우위권을 유지하는 것이다. 이러한 노동 시스템을 통해 UAE 시민들이 향유하는 이러한 혜택을 감안하면, 시민들은 국제 기준과 노동 규약에 부합하는 노동 시스템 개혁을 위한 아부다비 정부의 모든 시도를 자신들의 특권에 대한 중대한 위협으로 받아들일 것으로 예상할 수 있다. 걸프 국가들은 자국 경제의 과도한 외국인 의존성에 벗어나기 위해 자국민들의 경제 참여를 독려하는 분위기로 가고 있다. 이는 카팔라 시스템의 지배적 역할에 대한 중대한 도전 요인으로 작용할 가능성이 제기된다. 그럼에도 불구하고 노동 시장에서의 노조 참여, 폭넓은 시민권 및 정치적 자유가 부재하는 한, 시민들이 향유하는 특혜 그리고 이들이 외국인 이민 노동자들에게 행사하는 통제권은 UAE 사회 계약의 핵심적인 요인으로 계속 존재하게 될 것이라고 무스타파 까드리(Mustafa Qadri)는 전망한다.[249] 엘리자베스 프란츠(Elizabeth Frantz)는 자신의 논문에서 이러한 스폰서 제도가 요르단에 어떻게 작동하고 있는지를 연구하면서 '비-자유 노동력(Unfree Workforce)'으로 규정한다. 그는 수천만 명의 외국인 노동자들이 요르단, 레바논 및 아라비안 걸프 국가들에 고용되어 있는 스폰서 시스템의 주요한 특징 중의 하나는 이러한 시스템을 촉진하고 집행하는 데 있는 정부가 주도적인 역할을 하고 있다고 진단하고 있는 점도 동일 맥락에서 이해할 수 있다.[250]

허물어져 가는 사회 계약

이스라엘과 아랍 세계의 전통적인 대결 구도 과정에서 아랍 세계의 결속력은 지속적으로 약화되어 왔으며 지난 2011년 발생한 아랍의 봄은 아랍세계 붕괴의 촉매제 역할을 하게 되며, 2020년 발생한 저유가와 팬데믹으로 아랍 세계의 정치 경제적 취약성은 더욱 백일하에 드러나게 된다. 셰일 가스 혁명으로 중동 석유에 대한 의존성 감소에 힘입어 미국의 중동 지역 관여 축소 심화, 중국과 러시아의 중동 문제 개입 강화, 비-아랍 국가인 이스라엘, 이란 및 튀르키예의 지역 맹주로서의 역할이 강화되고 있는 반면 Gulf 왕정의 자금력을 바탕으로 한 전통적인 페트로 왕정의 중동 정치에서의 비중과 영향력은 점진적 쇠퇴를 겪으면서 MENA 정치가 그 어느때보다도 다극화되고 있는 형국으로 이러한 변화의 근본적인 배경에는 걸프 왕정국가들이 직면한 정치 경제적 변화라는 도전이 자리 잡고 있다.

MENA 지역 전반의 정치 경제적 구조는 경제적 지대라는 기본 토대 위에 구축된 정치적 지대라는 두 가지 지대를 기본으로 구축되어 있다. 아랍의 봄은 이러한 중동 지역의 정치 경제 질서가 처음으로 붕괴의 조짐을 보이기 시작했다는 것을 보여 주었다는데 큰 의미가 있다. 2020년 저유가와 팬데믹 발생이라는 이중고가 중동 지역을 휘몰아치면서 이러한 MENA 지역의 기본적인 지대 경제 구조의 모순이 심화되고 있다. 실제로 2019년 알제리 및 수단의 독재 정권을 붕괴에 직면하게 되는데, 특히 알제리 독재 정권의 붕괴는 정치 경제 및 사회적 변화에 직면해 있는 아랍 각국이 지난 반세기 이상 유지해 온 정치 경제 질서가 어떻게 붕괴될 수 있는지를 여실히 보여 주고 있다.

이중 지대 모델

알제리 대규모 시위를 촉발한 결정적인 요인이 압델아지즈 부테플리카(Abdelaziz Bouteflika) 알제리 대통령의 5선 연임 시도라면, 왜 과거 2014년 4선 시도 혹은 2019년 3선 시도 당시에는 발생하지 않았는지에 대해 자문해 볼 필요가 있다. 이러한 질문에 답하기 위해서는 시스템을 구성하는 두 개의 지대-정치 및 경제적 지대-가 완벽히 제 기능을 하면서 긍정적인 효과를 불러오기 위해서는 특별한 조건이 항구적으로 필요하기 때문이다. 이미 몇 년 전부터 정치적 지대가 사회를 향해 보내는 메시지는 변화해 버린 국가 정체성에 부응하지 못하고 있다. 알제리 혁명의 정당성에서 나오는 정치적 지대는 자신들만의 삶을 살고, 전혀 다른 고민거리를 안고 살아가며, 알제리 전인구의 70%를 차지하는 40세 미만의 알제리 젊은 세대에게는 더 이상 정치적 호소력을 가질 수 없는 것이다. 이러한 인구학적 변화는 경제적 지대의 측면에도 동일하게 부담을 안겨 주고 있다. 이들 젊은 알제리 세대들이 구가하는 경제적 지대의 혜택 수준은 지속적으로 하향 곡선을 그리고 있으며, 인구의 폭발적인 증가로 인해 경제적 욕구는 더욱 지속적으로 증대될 것으로 전망되기 때문에 경제적 지대의 하향화는 더욱 심화될 것이다.[251]

지대 고갈

국가의 입장에서 가장 중요한 일은 이러한 두 가지 지대가 제 기능을 할 수 있도록 최대한의 통제력을 확보하는 것이다. 이를 통해 국가는 자신들에게 유리한 고지에서 사회와의 관계를 설정할 수 있다. 소위 '지대 사회 계약(Rentier Social Pact/Contract)'을 통해 사회적 및 정치적 평화를 달성할 수 있는 것이다. 바로 이러한 맥락에서 국가는 에너지 지대가 창출하는 재원을 활용하여 경제적 지대 재분배를 위한 상당한 공공 정책을 시행하는 것이다. 이러한 공공 정책의 대표격은 보조금과 사회 이전으로 암묵적이며 명시적으로 다양한 형태의 기능을 위한 제도적 메커니즘을 구축해 온 것이다. 이러한 국가가 보장하는 경제적 물질적 혜택 제공에 대한 반대급부로 개인은 정부를 비난할 수 있는 표현의 자유를 암묵적으로 포기해야 하는 구조인 것이다. MENA 지역 수많은 국가들이 채택하고 있는 이러한 정치 경제적 구조는 소위 "빵 민주주의[Democracy of Bread(Dimouqratiyat Al-Khoubz)]"로 잘 알려져 있다. 석유 지대에 중독되어 비-석유 부문에 대한 경제적 투자가 제때 이루어지지 못한 정책 실기는 양질의 고용 창출 실패로 이어져왔다. 이는 결국 국가가 사회가 필요로 하는 물질적 흐름을 더 이상 제공해 주지 못하는 바로 그 순간부터 경제적 지대와 그것에 의존한 국가의 정치적 정당성은 휘청거리며 약화되기 시작하는 것이다.

UAE 지배 계급의 균열[252]

외국 기업들이 UAE에서 자신들의 상품을 팔기 위해서는 반드시 현지 파트너(Local Partners)를 지명해야 한다. UAE 정부는 2021년 12월 말 UAE의 막강한 상인 가문 기업들이 누려 온 시장에서의 독점적인 지위를 종식시키고 UAE 시장을 더욱 자율화하여 더 많은 외국 자본을 끌어들이기 위한 조치의 일환으로 수십 년간 유지되어 온 이러한 의무적인 현지 파트너 지명에 근거한 상 관행에 종지부를 찍기 위한 법안을 마련 중이라고 언론은 보도한다. 한 UAE 관리는 몇몇 소수 가문이 손쉬운 돈벌이를 위한 특혜와 권력을 보유하는 것은 더 이상 납득할 수 없다면서 UAE 정부의 경제 정책 변화를 시사하고 있다. 이번 개혁안으로 정부와 막강한 상인 가문-알-풋타임(Al Futtaim), 알-로스타마니(Al Rostamani) 및 쥬마 알 마지드(Juma Al Majid)- 간의 오랜 사회 계약은 파기되어 수십 년간 현지인들의 뿌리 깊은 경제적 이해 관계를 보호해 주었던 제도가 외국 기업에 유리한 구조로 전환될 것으로 예상된다고 언론은 분석하고 있다. 하빕 알 물라[Habib Al Mulla: 법률회사 베이커 맥켄지 중동지점(Baker Mckenzie's Middle Eastern branch) 집행이사]는 "소수의 강력한 현지 상인 가문에 큰 영향을 주는 조치이기 때문에 지금까지 손댈 수 없는 가장 민감한 금기 사항의 하나"였다고 기존 제도를 평가한다. 소규모에서 대규모 재벌에 이르기까지 주요 상인 가문이 지난 수십 년간 구축해 온 가족 소유의 기업은 UAE 경제 내 고용의 4분의 3을 담당하고 있는 민간 부문의 90%의 비중을 점유하고 있을 정도로 UAE 경제에서 차지하는 비중이 크다.

이스트 뱅커(East Banker) vs 웨스트 뱅커(West Banker)

2021년 4월 4일 요르단 군사 법정은 요르단 국왕의 이복동생인 함자(Hamzah) 왕자가 쿠데타 기도에 연루되었다는 혐의로 그를 가택 연금에 처하게 한다. 요르단 압달라 국왕의 정치적 취약성을 드러내 주는 이번 쿠데타 사건은 크게 두 가지 측면에서 이해되고 있다. 먼저, 중동지정학 측면에서 트럼프 행정부 중동 평화안 추진의 여진으로 발생하고 있다는 점이다. 이러한 역내 역학 변화보다도 더 근본적인 배경은 요르단 정치 경제 구조의 근본적인 취약성이 2011년 아랍의 봄, 2020년 저유가와 팬데믹으로 더욱 가속화되고 있음을 방증하고 있는 것이다. [253] 영국 파이낸셜 타임즈는 2021년 7월 기사를 통해 "요르단 궁정 음모(Palace Intrigue)가 요르단 사회 계약의 취약성을 드러내고 있다."고 평가한다. [254] 요르단 하심 왕가의 전통적 지지기반은 요르단 강을 기준으로 동부 지역 부족민(The East Bank tribes)으로 이루어져 있다. 이들은 군과 보안 기구의 핵심 요직을 차지하고 있으며, 이들 이스트 뱅커(East Banker)들의 주요 고용 원천은 공공 부문이라고 할 수 있다. 반면, 제3차 중동 전쟁인 1967년 6일 전쟁 이후 요르단 강 서안 지구(West Bank)에 쫓겨나 요르단 인구의 절대 다수를 구성하고 있는 팔레스타인들은 대부분의 민간 부문을 통제하고 있으며, 재정부 장관 혹은 중앙은행과 같은 핵심 기술 관료(Technocrat) 역할을 하기도 한다. 요르단 왕가는 이러한 사회 계약을 통해 팔레스타인의 대탈출과 이로 인한 인구 변화의 위협에 대응하기 위한 방안을 모색한 것이다. 실제 제3차 중동 전쟁의 여파로 요르단은 1970년대 국가 부문의 요르단화가 진행되면서 "민간 부문은 웨스트 뱅커(West Banker)에게 공공 부문은 이스트 뱅커(East Banker)에게"라는 암묵적인 합의가 형성된다.

이번 궁정 쿠데타는 요르단을 지탱해 온 이러한 사회 계약이 더 이상 지속 불가능해지고 있음을 보여 주고 있다. 1970~71년 팔레스타인 해방 기구와 내전을 이미 경험한 이후 요르단의 정기적인 시위와 봉기를 주도한 것은 팔레스타인들이 아닌 이스트 뱅커들이 주도하고 있다는데 문제의 본질이 있다. 쿠데타의 가담자 중의 하나인 바쎔 아와달라흐(BASSEM AWADALLAH)는 재경부 장관과 요르단 국왕의 핵심 보좌관 역할을 하면서 요르단의 광산, 통신 및 에너지 기업 민영화와 같은 개혁을 주도한 인물이다. 요르단 경제 개혁 과정에서 매각된 국영 자산은 전통적으로 이스트 뱅커들의 부족 유산이자 지배 영역이었기 때문에 팔레스타인 출신인 아와달라흐(Awadallah)는 이스트 뱅커 공격의 손쉬운 표적이 된 것이다. 요컨대 요르단 궁정 쿠데타는 서안 지구 출신 팔레스타인을 의미하는 웨스트 뱅커와 요르단 토착 부족민 세력인 이스트 뱅커 간의 경제 파이를 둘러싼 정치적 투쟁 과정에서 발생한 측면이 있는 것이다. 물론 요르단 관리들은 트럼프 행정부가 세기의 거래 추진의 일환으로 사우디 왕가가 예루살렘 성지 관할권을 요르단 하심 왕가로부터 빼앗아 오는데 대한 반대급부로 리야드가 이스라엘과 외교 관계를 수립할 수 있도록 사우디 MBS를 부추겨 왔다고 믿고 있다. 또한 트럼프가 이스라엘의 서안 지구 병합 계획을 승인할 경우 서안 지구의 수많은 팔레스타인들의 암만으로의 대탈출(Exodus)이 초래되어, 요르단 궁왕을 더 깊은 정치적 위험으로 밀어 넣을 것이라고 두려워해 왔으나, 미국 바이든 행정부 출범으로 요르단 하심 왕가가 구사일생할 수 있게 된다.

걸프 왕정 경제 다변화 불가피성

미국 셰일 가스 혁명이 초래한 유가 하락으로 중동의 전략적 중요성이 감소하고 있으며, 걸프 왕정은 오랫동안 한직(Sinecures)과 보조금으로 자국 국민들을 매수해 오면서도 경화되어 불가피한 변화의 필요성을 애써 외면해 왔다. 아랍의 봄, 저유가 및 팬데믹이 극명하게 보여 주었듯이, 중동 국가들의 궁극적인 국가 붕괴의 과정은 현재에도 진행 중임을 우리는 목도하고 있다. 문제의 본질은 중동 각국의 정치적 안정이 위험에 처해 국가가 붕괴되는 사태가 글로벌 경제가 중동 석유에 의존하는 않는 시점 이전에 발생할지 혹은 이후에 발생하는지가 여부에 있다고 할 수 있다.

이러한 정치 경제 환경 변화에 직면해 걸프 산유국들은 석유 이후의 시대를 준비하기 위한 다양한 정책 대안을 내놓고 있다. 사우디아라비아는 2014년 국제 유가 급락 이후 왕세자 MBS 주도로 리야드 경제의 과도한 석유 의존성으로 인한 위험성을 줄이기 위한 목적에서 경제 다변화 전략인 'Vision 2030' 전략에 착수한다. 사우디 경제의 생산성 증대, 외국인 자본 및 투자 유치, 관광, 기술 및 산업 부문 발전을 목표로 한 다양한 개혁 정책을 채택한다. 리야드는 2021년 초반 외국 기업들이 2023년까지 사우디에 본부를 두지 않고 영업 활동을 할 경우 사우디 정부 주도의 계약을 따낼 수 없을 것이라고 발표하면서 PepsiCo, Unilever, Siemens, Novartis와 같은 다국적 기업이 사우디에서의 사업을 위한 허가권을 신청하고 있는 상황이다. 이러한 개혁 정책과 병행해, 걸프 군주들은 공공 지출 감소와 재정 수입원 다양화를 위한 일련의 긴축 조치도 채택하게 된다. 2018년 물품과 서비스에 대한 부가가치세가 사우디에서 처음으로 채택되었으며, 2020년 부가가치세율이 3배가 인상되어 15%에 이르게 된다. 2018년에 또한 사우디는 2018년 재정 지출 축소의 일환으로 모든 공무원들에 부여되던 일종의 월차 수당을 폐지하는 조치를 단행한다.

초정통파 와하비즘(Ultra-orthodox Wahhabism)

사우디 경제 사회 개혁 이외에 MBS Vision 2030의 또 다른 목표는 사우디 종교 세력의 영향력을 제한하는 것이다. MBS는 2017년 10월 영국 가디언 인터뷰에서 지난 30년간 역사는 진정한 사우디의 모습이 아니라고 하면서 사우디가 초보수주의로 흐르게 된 일차적인 요인은 1979년 이란 혁명에 있다고 비난한다. 그의 이러한 발언은 사우디 종교 시스템이 사회 경제적 발전을 저해하고 있으며, 보수적 종교 세력인 젊은 세대의 요구에 부합하지 못하고 있다는 인식을 반영하는 것이다. 18세기 사우디 왕가와 무함마드 이븐 알-와합(Muhammad ibn al-Wahhab) 사이에 체결된 '와합-사우드 협약(The Wahhab-Saud Pact)' 체결 이후 사우디 종교 세력인 셰이크(Sheikh) 패밀리는 국가 구조에서 특별한 지위를 누려 왔으며, 사우디 교육부 장관, 이슬람 문제 장관(Ministry of Islamic Affairs), 선행 장려 악행 방지 위원회(Committee for the Promotion of Virtue and the Prevention of Vice)와 같은 요직에서 핵심적인 역할을 해 왔다.[255] MBS가 실질적인 지배자로 부상하면서 종교 세력을 견제하기 위한 일련의 급진 조치들이 이어져 왔다. 2016년 4월 종교 경찰의 체포 권한 박탈로 경찰 기능이 대폭 축소된다. 2016년 12월 사우디 최고의 종교 기관 수석 학자 협의회(Council of Senior Scholars) 자리에 온건한 종교 인사를 임명하였으며, 2017년에는 뮤직 콘서트가 허용되고, 남녀가 함께 참여할 수 있는 공공 행사가 개최되고, 35년 만에 영화 상영이 재개된다. "사우디에서 가장 보수적이고 종교적인 계층에서 일부 반대의 목소리가 들리지만, 이러한 내부적인 알력이 무엇이든지 간에 Vision 2030이라는 개혁의 탄환 열차를 정지시키기에는 역부족일 것"이라고 워싱턴 아랍 걸프 국가 연구소(Arab Gulf States Institute) 로버트 모지엘니키(Robert Mogielnicki)는 전망한다.

사우디 성직자 세력은 MBS가 2016년부터 착수한 사회 개혁 조치들이 18세기 중반 사우디 왕가와 와하비즘 종교 세력 간에 체결된 '네지드 협약(Nejd Pact)'에 따른 권력 분할과 사우디 왕가의 원칙과 기저를 흔들게 될 것이라고 우려한다. 동 협약에 따라 왕가는 정치적 권한을 와하비즘(Wahhabism) 성직자들은 종교와 사회 문제를 관할해 왔다. "사우디의 새로운 독트린 'Vision 2030'이 공식화되면서 낡아 빠진 초정통파 와하비즘 교리를 대체하게 되었다."고 프랑스 정치 대학(Sciences Po Lille) 교수이자, 군사 사관학교 전략 연구센터(Irsem) 아라비아 반도 전문가 파티하 다지-헤니(Fatiha Dazi-Heni)는 평가한다. "사우디 공식 및 비공식 지도자들은 공히 현재 진행 중인 정치 사회 경제적 대전환을 종교적으로 정당화하라는 조직적인 사회적 압력에 처해 있으며, 이러한 사회적 분위기는 사우디 지도자에 대한 절대적 복종의 필요성을 강조하고 있다."고 카네기 센터(Centre Carnegie) 야스민 파룩(Yasmine Farouk)과 나담 브라운(Nathan J. Brown)은 분석한다.[256]

파티하 다지-헤니(Fatiha Dazi-Heni)는 보고서 『사우디(Arabie Saoudite): MBS 젊은층 도

박 걸기(la Pari sur la jeunesse de Mohammed Bin Salman)』에서 MBS가 사우디와 자신의 집권 정당성의 초석으로 사우디 젊은이들과의 소통 전략을 채택했다고 분석한다.[257] 외국인 노동자를 제외한 순수 사우디 인구 2천 1백만 명의 60%가 30세 이하로 구성되어 있기 때문에 이들의 존재는 MBS의 사우디 사회 경제 개혁인 Vision 2030의 중심을 차지하고 있다. 사우디의 새로운 젊은 지도자는 강력한 내핍 기간에 직면해 더욱 수직적이고 권위적인 정부를 통해 사우디 경제와 사회를 근본적으로 개혁하겠다는 목표를 수립했다. Vision 2030 착수 첫 해에 채택한 급진적인 개혁 방식은 좌초하게 되는데, 주된 요인은 지대 국가의 주요 고객(Client)인 공공 부문을 표적으로 했기 때문이다. MBS가 소통 노력을 통해 사우디 젊은 세대에 초점을 둔 선택은 정치적으로 잘 계산된 것이라고 평가된다.

사우디는 2021년 12월 7일 서부 항구 도시 젯다(Djeddah)에서 지난 30년간 영화를 금지해 온 금기를 깨고 사상 최초로 홍해 영화제(Red Sea Film Festival)을 개최하게 된다. 영화제에는 까뜨린느 드뇌브(Catherine Deneuve), 나오미 캠벨(Naomi Campbell), 힐러지 스웽크(Hilary Swank) 및 빈센트 카셀(Vincent Cassel)과 같은 기라성 같은 영화인들이 참석한다. 워싱턴 아랍걸프국가연구소(Arab Gulf States Institute) 에만 알-후세인(Eman Alhussein)은 "홍해 영화제는 사우디가 자신의 비전을 실행하고 국가를 개방하겠다는 사우디의 약속을 보여 주고 있다는 측면에서 매우 중요한 행사"[258]라고 평가한다. 사우디는 Vision 2030의 문화적 측면의 일환으로 향후 10년간 영화 산업에 640억 달러에 상당한 재원 투자를 예정하고 있으며, 2030년 영화 및 관련 산업에서 약 15억 달러 상당의 소득 창출을 목표로 하고 있다. 30년 이상 금지되어 왔던 영화 관람도 2018년 다시 재개된다. 문화 영역에서 사우디는 2020년 이후 파리-다카르(Paris-Dakar)를 개최하고 있으며, 젯다(Djeddah)에서 2021년 12월 처음으로 그랑프리포뮬러 1(Grand Prix de Formule 1) 자동차 경주 대회가 개최된다. 오스틴 비버(Justin

Bieber) 혹은 핏불(Pitbull)이 참가하는 콘서트가 2021년 12월 개최되어 사우디 젊은이들의 문화적 욕구를 충족시켜 주고 있다.

억압 정책(Repressive Apparatus)

사우디의 실질적 주인 MBS는 집요한 억압 정책을 시행해 왔다. 2021년 3월 사우디 공기업 싸캅 사우디 홀딩(Sakab Saudi Holding) 사는 MBS 집권 하에서 내무부 장관을 역임하고 현재 캐나다 토론토에서 망명 생활을 하고 있는 싸이드 알자브리(Saad Aljabri)에 대해 장관 재임 시절 34억 7억 달러 상당의 공적 자금을 유용하였다는 혐의로 고소한다.[259] 싸이드 알자브리는 전 사우디의 왕세자이자 MBS의 사촌 형인 무함마드 빈 나예프(Muhammad bin Nayef: MBN)의 최측근으로 알려져 있다. MBN은 MBS가 부패 혐의로 체포된 사우디 왕자들과 전 현직 장관들을 리야드 5성급 호텔 리츠칼튼 호텔에 구금한 사건의 과정에서 사우디 왕세자 자리를 MBS에 빼앗기게 되며, 이를 통해 MBS는 절대 권력을 강화해 왔다.

Gulf 왕정 국가들의 절대 권력을 위한 무자비한 억압 정책은 리야드만이 독점하지는 않는다. 영국에서 망명 생활을 하고 있던 33세의 UAE 인권 운동가 알라 알-싸디끄(Alaa al-Siddiq)는 2021년 6월 19일 영국 옥스퍼드셔(Oxfordshire) 지역에서 의문의 교통사고로 사망한다. 그녀는 자신의 부친 무함마드 압델 라자끄 알-싸디끄(Mohammad Abdel Razzaq al-Siddiq)가 자의적인 감금(Arbitrary Incarceration)에 노출되면서 걸프 지역의 인권 투사의 대표 인물이 된다. 아랍의 봄 여파 속에서 정치적 억압이 강화되는 분위기 속에서 그녀의 부친은 UAE 7개 토후국 중의 하나인 샤자(Sharjah) 왕실의 발언을 비난하였다는 이유로 2013년 10년 형을 선고받고 다른 93명의 양심수와 함께 투옥된다. 알라 알-싸디끄는 2012년 카타르로 정치적 망명길에 오르게 되며, 그녀의 3명의 형제자매는 2016년 UAE 국적이 박탈된다. 샤자(Sharjah) 대학에서 2010년 이슬람 학사를 취득한 그녀는 2016년 카타르 도하 하마드 벤 칼리파(Hamad ben Khalifa) 대학에서 공공정치학 석사를 취득한 이후 2018년 런던으로 망명하게 된다. 2017년 도하 봉쇄 이전인 2015년 아부다비가 도하에 그녀의 인도(Extradition)를 요청하였으나 카타르는 범죄인 인도 요청을 거부하였다고 카타르 외교장관은 밝혔다.[260]

GCC 경제 다변화 전략의 한계점

　석유 이후의 시대를 대비한 경제 다변화 전략은 GCC 각국의 피할 수 없는 절대 명제(Imperative)로 자리 잡고 있다. 아랍의 봄, 2014년 저유가, 2020년 봄 저유가 및 Covid-19이라는 글로벌 보건 위기를 거치면서 이러한 경제 다변화 전략 성공의 필요성은 더욱 절실해지고 있으며 국가의 생존과도 직결된 사활적인 국가 안보 문제로 부각되고 있다. 2021년 중반 GCC 각국은 현재의 저유가 및 코로나로 인해 초래된 경제적 위기를 극복하고, 경제 다변화 전략 성공을 위해 저마다 무한 경쟁의 경제 전쟁을 펼치고 있다. GCC가 철강 세이프가드 조치에 대해 내부적으로 합의점을 찾지 못한 점, OPEC 감산 조치와 관련 UAE와 사우디의 마찰, 사우디가 GCC 공동 관세의 틀을 깨고 GCC 여타 국가들로부터 수입되는 제품에 대한 규제 강화를 발표한 점, GCC 각국이 자신들의 경제 다변화 전략을 위해 내놓은 경제 전략이 서로 양립 불가능한 측면을 보이는 등 세계 경제 위기로 인해 축소되어 가는 경제적 파이를 선점하기 위한 치열한 경제 전쟁을 전개하고 있다.

출혈 경쟁(Race to the Bottom)

2021년 12월 30일 사우디 서부 도시 젯다(Jeddah) 지역에서 개최된 제44회 2022년 다카르(Dakar) 랠리에서 자동차가 폭발하는 사건이 발생해 프랑스 참가자 한 명이 중상을 입게 되면서 사우디가 곤혹스러운 입장에 처하게 된다. 테러 사건으로 의심되는 폭발 사건은 사우디 정부에 큰 타격으로 리야드가 카타르 및 UAE와 전개하고 있는 스포츠 각축전에서 세계적 명성의 스포츠 행사 유치를 위해 무제한 자금을 투자하고 있는 분위기 속에서 발생한 것이다. 사우디에 위해를 가하려고 하는 세력이 국제적 명성의 스포츠 행사를 교란하는데 이해 관계를 가지고 있을 것이며, 사우디의 최근 변화에 반대하는 근본주의 운동 혹은 해외 세력에 의해 자행되었을 가능성도 배제할 수 없다고 미 국방부 산하 근남동안보연구소(Near East South Asia Center for Security Studies) 데이빗 데스 로세(David Des Roches)는 평가하면서 "리야드는 카타르 및 UAE와의 스포츠 각축전에서 세계적 명성의 스포츠 행사를 유치하기 위해 과도한 비용을 지불해 왔으며, 이번 2022 다카르(Dakar) 폭발 사고로 인해 주요 행사 유치를 위해서 더 큰 비용을 지불해야 할 것"이라고 전망했다.[261]

2022년 겨울 개최 예정인 카타르 월드컵은 사우디, UAE 및 카타르의 스포츠 외교 각축에서 도하가 먼저 1승을 차지한 것을 의미한다. 아라비아 반도 정치 경제적 격돌을 반영해 주는 유럽의 대형 축구 구단들이 걸프 지역 막강한 정치 지도자들에 의해 매수되어 왔다. 카타르는 파리생제르망(Paris Saint-Germain), UAE는 맨체스터 시티(Manchester City), 사우디아라비아는 뉴캐슬(Newcastle)의 강력한 후원자가 되었다. "카타르 및 아부다비의 입장에서 축구는 자국의 명성 고양, 자신들의 가시성(Visibility) 증대, 정치적 정당성 구축 및 국제 사회에서 자국의 입지 구축에 기여"하는 것으로 판단하고 있다고 유라시아스포츠센터(Centre for Eurasian Sport) 소장 시몬 샤드윅(Simon Chadwick)은 평가한다. "예멘 전쟁과 인권 상황과 같은 논쟁적인 주제에서 관심을 돌릴 수 있게 해 주는 스포츠 우민화 정책(Sportwashing)은 걸프 왕정의 권력 강화의 중요한 일부분"이 되었다고 응용연구센터[Center for Applied Research in Partnership with the Orient(CARPO)] 세바스탄 손스(Sebastian Sons)은 평가한다. 2010년까지만 해도 많은 사람들은 아부다비와 도하에 대해 잘 알지 못했다. 그러나 2022년 국제적으로 많은 사람들은 축구를 통해 걸프 양국을 이해하고 해석하고 있다.

2008년 아부다비는 맨체스터 시티를 매수한 이후 동 구단은 영국 프리미어 리그에서 4번의 타이틀을 거머쥐었다. 5년 후 아부다비는 영국 축구 구단을 자신들이 수립한 '시 축구 그룹(The City Football Group)'에 통합하였으며, 동 기구를 통해 3개 대륙의 축구 구단과 풋볼 학교 및 싸커 전문 마케팅 회사를 운영하고 있다. AC 밀란(AC Milan), 아스널(Arsenal) 및 레알 마드리드(Real Madrid) 3개의 축구 구단 유니폼에 이름을 올리고 있는 두바이 항공사 Emirates Airline은 2015년 이후 자회사 명의의 영국 축구 시합 '에미레트 FA 컵(The Emirates FA Cup)'을 후원해 오고 있다. 맨체스터 시티 전용 구장은 2011년 아부다비 항공사 이름을 딴 에티하드 스테디움(Etihad Stadium)으로 명명되었다. 아부다비의 존재감 제고를 위한 재정적 후원 노력에도 불구하고, 카타르와의 경쟁은 나날이 더욱 치열해지고 있다고 시장은 평가한다. 도하는 2011년 파리셍제르망(PSG) 구단을 매수한 이후 UAE를 따라잡기 위해 2017년부터 더욱 공격적인 정책을 추진했다. 카타르 봉쇄가 시작된 지 몇 개월만에 유명 축구 선수 네이마르(Neymar) 및 킬리안 음바페(Kylian Mbappe)를 이적시키기 위해 기록적인 이적료를 지불했다. 구단 매수 이후, 가스 왕국 카타르는 3명의 정상급 축구 선수 확보를 위해 10억 달러 이상을 투자했으며, 2021년 여름 리오넬 메시(Lionel Messi)와 이적 계약을 체결한다. 카타르 영향력 하의 PSG는 프랑스 League 1에서 7번의 타이틀을 거머쥐게 되며, 2020년 챔피언의 리그 최종 결승전에까지 오르게 되는데, 도하의 구단 매수 이후 처음으로 달성한 성적이다. 파리생제르망 회장 나세르 알-켈라이피(Nasser al-Khelaifi)는 카타르 타밈(Tamim) 국왕의 측근으로, UEFA(the Union of European Football Associations)의 집행 위원이며, 2021년 4월에는 유럽클럽협회(European Club Association) 회장의 자리에 올랐다.

그의 이러한 요직 독점욕은 여기에 그치지 않는다. 나세르(Nasser)는 스포츠팬들에게 필수 불가결한 '벨N 미디어(beIN Media)'그룹의 회장으로, 이 스포츠 채널은 전 세계 5천 5백만 명의 가입자를 자랑하고 있으며, 60개 스포츠 전문 유료 채널을 운영하고 있다. 유럽 축구계의 거물인 도하는 2021년 10월 사우디아라비아가 뉴캐슬(Newcastle)을 인수하려는 시도를 좌절시키려고 시도한다. 리야드는 가장 늦게 이러한 스포츠 외교에 뛰어들어 2034년 아시안 게임을 유치했으나, 도하를 따라 잡기에는 역부족이었다. 걸프 국가들과 유럽 명문 구단의 전략적 스포츠 파트너쉽 구축은 관련 축구 구단뿐만 아니라 이들 명문 구단이 소재하고 있는 지역과 국가에도 커다란 소득의 원천이다. 아부다비는 맨체스터(Manchester)시와 공동 계획의 일환으로 시 중심부에 주거용 부동산 건설 사업에 투자하고 있다. 사우디 국부 펀드 '공공 투자 기금(Public Investment Fund)'은 2021년 10월 뉴캐슬(Newcastle)을 인수하면서 동 구단의 고향에 대한 사우디의 부동산 투자의 문이 조만간 열릴 수 있다고 시장은 기대하고 있다. 걸프 국가들이 스포츠 외교를 통한 자극의 국가 이미지 개선 노력에도 불구하고 국제 인권 단체들은 이민 노동자, 여성 및 성소수자(LGBTQ)의 인권이 여전히 존중받지 못하고 있다고 비난한다. 카타르 항공사로부터 매년 2천만 유로의 유니폼 로그 수입을 얻고 있는 바이에른 뮌헨(Bayern Munich) 축구 팬들은 2021년 11월 구단과 인권을 위반하고 있는 카타르와의 스폰서 계약을 종료할 것으로 요청했으나 소용이 없었다. 이러한 문제점에도 불구하고 많은 사람들이 과거보다 더 우호적으로 도하를 바라보고 있다. 데이빗 베컴(David Beckham)은 2022년 카타르 월드컵 기간 LGBTQ 공동체의 상징인 무지개 깃발이 대회 도중 휘날릴 수 있다는 도하 정부의 약속하에 카타르 문화 대사의 역할을 하기로 수용하였으며 그 대가로 2년간 2억 달러의 보수를 제공받게 된다고 언론은 보도한다. [262]

달러의 횡포(The Tyranny of Dollar)

2022년 2월 24일 러시아가 우크라이나를 침공하자 미국은 처음부터 군사 행동을 배제한 채 러시아에 대한 강력한 제재를 통해 모스크바의 무력 침공에 대응했다. 인도의 전 중앙은행 총재는 러시아의 우크라이나 침공에 대한 미국의 대러시아 경제 제재를 '경제적 대량 살상 무기'[263]라고 평가하듯이 미국은 과도한 군사적 팽창의 피로감으로 인해 최첨단 무기 대신 달러를 통한 경제적 대량 살상 무기를 살포하면서 국제 위기에 대처하고 있다. 이렇듯 미국과 이스라엘의 최대 압박 전략의 주요한 수단은 21세기에도 여전히 국제 금융 시스템에서 중심을 자치하고 있는 달러의 횡포이다. 중동 각국의 정치 경제적인 구조적 취약성은 이러한 달러의 횡포가 가져오는 영향력을 더욱 강력하게 만들고 있는 국제 정치 및 경제 질서의 일면이라고 할 수 있다. 트럼프 행정부 아래 달러의 횡포는 워싱턴 동맹국인 유럽의 일부 국가에도 영향을 미쳤다. 미국의 동맹국들은 레바논 헤즈볼라를 다루는 문제에 있어서 신의 당이 정치적 측면과 군사적 측면의 양면으로 구성되어 있기 때문에 레바논 및 역내에서 상당한 외교적 여지를 확보하고 있다는 판단 아래 레바논 의회에 의석을 확보하고 있는 베이루트의 막강한 정치 세력인 '정치적 헤즈볼라'에 대해 실용주의적인 태도를 견지해 왔다. 하지만 트럼프는 2019년 9월 UN 총회 연설을 통해 한층 더 가혹해지는 일련의 제재를 통해 이란을 약화시킬 것이며, 이러한 가혹한 제재의 대상에는 헤즈볼라도 포함된다고 연설에서 천명했다. 구대륙의 서방 국가들이 헤즈볼라에 대해 정치과 군사를 분리하는 실용주의 정책은 '세컨대리 제재(Secondary Sanctions)'로 대변되는 달러의 횡포로 인해 더 이상 지속되지 못하고, 레바논과 헤즈볼라를 동일시하는 미국의 정책 기조에 보조를 맞출 수밖에 없게 되었다. [264]

검은 돈과 신흥 조세 회피처(New Fiscal Paradises)

지난 수십 년 워싱턴의 전략 동맹인 이스라엘과 아부다비는 블라드미르 푸틴 (Vladimir Poutine)의 주위를 맴돌고 있는 강력한 올리가크(Oligarchy: 소수 지배)의 자본을 열렬히 환영해 왔다. 러시아 엘리트와 중동 금융 센터 간의 유착 관계로 인해 우크라이나 위기 속에서 모스크바를 압박하기 위해 도입된 제재 시스템이 흔들릴 위험성이 있다고 언론은 분석했었다. 크렘린과 친분이 깊은 기업인 올레그 데리파스카(Oleg Deripaska) 소유의 런던 주택이 시위자들에 의해 포위되는 서방과는 대조적으로 아부다비와 텔아비브는 모스크바와의 관계 유지를 위해 모호한 태도를 견지하고 있다. 2022년 2월 24일 우크라이나 전쟁 발발 이후 모스크바에서 이스라엘과 UAE로의 달러 유입이 관측됐다. 새로운 기업 창립, 부동산 및 초호화 요트 구입, 텔아비브와 두바이 항구 정착 등 다양한 방법을 통해 국제 금융 제한을 우회하고, 러시아 루블화 약세에 대처하고, 동결 위험성을 회피하면서 올리가크(Oligarchy)는 자신들의 자산을 보호하기 위한 방안을 모색한 것이다. 이로 인해 2022년 상반기 두바이 주택 수요가 폭발하고 있다. 한 러시아 가족이 두바이에서 거주하기 위해 매달 15,000 USD 상당의 보증금을 담보로 정착을 시작했다고 뉴욕 타임즈는 보도했다. 이러한 금융 거래의 정확한 규모는 알 수 없지만, 매우 은밀하게 진행되고 있으며, "러시아에서 두바이로의 수월한 자금 흐름을 가능하게 하는 요소는 무엇보다도 두바이 금융 시스템의 투명성 결여에 있다."[265]고 카네기평화재단(Carnegie Endowment For International Peace) 불법 금융 전문가 죠디 빅토리(Jodi Vittori)는 분석한다.

한편, 서방의 제재 시스템에 동참하기를 망설이고 있는 이스라엘은 양 분쟁 당사국의 중재 외교에 착수한다.

이러한 자금 흐름은 급조된 것도 아니며, 우연의 결과물도 아니다. 수십 년 전부터 시작된 전략의 결과물이다. "불법 자금의 UAE 유입은 불법도 아니며, 금융 시스템의 결점 또한 아니다. 이러한 검은 자본 유입은 UAE 시스템의 불가결한 일부분의 하나."[266]라고 죠디 빅토리(Jodi Vittori)는 규정한다. UAE 연합은 전 세계에서 몰려드는 출처 불명의 의심스러운 자금의 피난처를 제공해 주고 있다. 이러한 움직임은 전통적인 조세 회피처(Fiscal Paradise)들이 국제 사회가 구축하기 시작한 새로운 단두대에 직면하게 되면서 더욱 심화되어 왔다. 과거 UAE는 이란, 북한, 시리아 심지어 베네수엘라가 미국 주도의 국제 제재망을 회피할 수 있는 공간을 마련해 주었다. 1990년대부터 관광과 러시아인들의 UAE 정착(2022년 현재 4만~6만으로 추정)은 행정적 용이성으로 인해 더욱 촉진된다. 관광 비자 발급 혹은 투자에 대한 반대급부로 영주권을 얻을 수 있는 것이다. 워싱턴 고등국방연구센터(Center for Advanced Defense Studies)에 의하면 두바이에 최소 76개 이상의 부동산이 푸틴의 측근이 소유하고 있다. 아랍에미리트 두바이 세계 최대의 인공 섬 '팜 쥬메이라(Palm Jumeirah)'에 위치한 5성급 호텔 일부는 사실상 '미니 러시아(Mini-Russia)'로 알려져 있을 정도로 러시아인들이 장악하고 있다.

한편, 이스라엘의 경우 러시아 수십억 달러 부자들이 이중 국적을 보유하면서 이스라엘 금융 체재에 동화되어 있으며, 이스라엘은 이들을 통해 크렘린과의 접촉선을 유지하고 있는 것으로 알려져 있다. 이들 중 일부는 지난 20년 간 이스라엘 국적을 보유하면서, 만약의 사태를 대비해 텔아비브를 최종적인 피난처로 의지한다. 최근에 유입되는 러시아 부호들은 10년 유예 기간 동안 자산을 신고하지 않아도

되는 이스라엘 국내법을 최대한 활용하고 있다. 워싱턴은 지금까지 이러한 관행을 눈감아 왔다. 2022년 3월 이스라엘 방송사 Channel 12와 인터뷰에서 미 국무부 정치 문제 부차관보 빅토리아 누란드(Victoria Nuland)는 이스라엘이 서방의 러시아 제재 노력을 지지해 줄 것을 요청했다. "미국은 이스라엘이 푸틴의 전비를 지탱해 주는 더러운 자금의 최종 피난처가 되는 것을 바라지 않는다."고 언급했다. 한 외교관은 "워싱턴이 텔아비브에 대해 더욱 분명하게 압력을 행사하면, 이스라엘은 러시아 자산을 압류하고 동결할 수밖에 없을 것"이라고 전망하고 있다.

반면, 워싱턴은 아부다비에 대한 경고의 신호로 UAE를 국제 돈세탁과의 전쟁을 위해 G7이 만든 정부 간 기구 '돈세탁금융활동태스크포스(The Financial Action Task Force (on Money Laundering): FATF)'의 '회색 리스트'에 2022년 3월 등재하는 조치를 취했다. 죠디 빅토리(Jodi Vittori)는 미국이 더 나아가 UAE의 국제 금융 시스템 접근을 제한하거나, 일부 기업 혹은 금융 기관에 대해 추가적인 패널티를 가할 수도 있다고 전망한다. "아부다비가 불법 자금 유입을 유지하는 정책을 정지하도록 하는 가장 유효한 수단은 기관들로 하여금 UAE로 유입되는 모든 자금에 대한 회계상 설명을 요구하는 것"이라고 제안했다. 그럼에도 불구하고 미국이 이러한 조치들을 실행할 수 있는 능력은 무한한 것은 아니다. 왜냐하면 국제 유가 급등 리스크, 워싱턴과 아부다비 간의 통상 관계, 몇몇 러시아 인사들의 이스라엘에서의 영향력으로 인해 제약을 받고 있기 때문이다. 주 이스라엘 전 미국 대사 톰 니데스(Tom Nides)는 영국 프리미어 리그 첼시(Chelsea) 소유주 로만 아브라모비치(Roman Abramovitch) 같은 러시아 인사는 유대 민족에게 큰 기여를 한 것으로 평가받는다고 설명했다.

무한 경제 전쟁

2021년 7월 유가 변동성(Volatility)은 사우디와 OPEC 기타 회원국의 뜻에 반해 아부다비가 자국의 석유 증산을 고집하였기 때문이라는 것이 중론이었다. 지역 및 국제 언론의 커다란 조명을 받은 리야드와 아부다비의 힘겨루기는 이미 오래 전부터 시작된 사우디-UAE 경쟁 관계의 빙산의 일각에 불과하며, 양측의 대결이 경제 영역으로까지 번지면서 부각된 것이 OPEC의 증산을 둘러싼 결투로 이어진 것이다. 석유 증산을 둘러싼 양국의 이해 충돌은 리야드와 아부다비가 석유 이후의 시대를 준비하고, 민족주의적 색채가 뚜렷한 정책을 늘려가고 있는 시점에서 서로 간에 새로운 타협점을 모색해야 할 필요성이 점증하고 있음을 보여 주는 일련의 사태의 하나에 불과하다. 지난 몇 년간 아라비아 반도의 가장 중요한 동맹을 약화시켜 온 저변의 취약성이 누적되어 가고 있다. 아라비아 반도 형제 국가들의 대결이 이제 막 시작되었다고 전문가들은 전망한다.

밀월 종식

걸프 지역의 두 젊은 지도자는 2015년 MBS가 사우디 국방 장관에 지명되고, 2018년 왕세자로 지명되면서 듀오처럼 협력해 왔다. 양국의 사실상 지배자인 두 왕세자는 아랍의 봄이 남긴 상처, 개인적인 야심, 테헤란과 프록치 세력의 팽창주의 저지, 정치적 야당 세력의 부상 저지, 정치 이슬람주의에 대한 혐오, 앙카라의 지역적 야심을 견제하기 위한 무슬림 순니 세계의 지도자로서의 입지 구축이라는 공동의 요소를 공유해 왔다. 2015년 5월 예멘 내전 개입에 보조를 맞추며, 2017년 6월에는 Qatar 봉쇄에도 의견 일치를 이뤘다. 그러나 미국 바이든 행정부 출범으로 각 동맹국들은 자신들의 역내 입지를 재고하지 않을 수 없게 된다. 대표적인 사례로 바이든이 이란과 핵 합의 복원에 총력을 기울이는 가운데, 양국은 이란에 대한 태도를 누그러뜨리고 이란 혁명 정권과 가까워지기 위해 경쟁적으로 일방적인 행동을 취하게 되었다. 베이커 연구소(Baker Institute) 연구원 크리스티안 울릭슨(Kristian Ulrichsen)과 짐 크레인(Jim Crane)은 "걸프 양국의 이러한 독자적인 제스처는 양국 관계의 새로운 장(Chapter)을 알리는 신호이자, 2015년 이전 사우디-UAE 관계를 특징지어 온 현상으로 복귀"[267]라고 분석한다. 적어도 외형상 역내 모든 문제에서 단합된 이미지를 보여 온 MBS와 MBZ의 밀월 관계는 가장 대표적으로 예멘 사태를 둘러싸고 균열의 조짐을 크게 부각된다. 아부다비는 2019년 예멘 내전 연합군에서 일방적인 철군을 발표했다. "아부다비와 리야드가 이해 관계를 공유하고 있지만, 양국은 각자 다른 어젠다를 가지고 있다. 사우디 주도 연합국의 균열이 발생한 가장 근본적인 원인도 무슬림 형제단을 바라보는 아부다비와 리야드의 시각 차이에 기인하며, 이로 인해 후티 반군에 유리하게 작용하였다."[268]고 카네기중동센터(Carnegie Middle East Center) 아흐메드 나지(Ahmed Nagi)는 분석한다. 카타르 봉쇄 해제도 아부다비의 망설임에도 불구하고 리야드의 주도로 해제되어 버린다. 2018년 아부다비가 시리아에 대사관을 재개하기로 한 결정 그리고 2020년 이스라엘-UAE 관계 정상화 발표 등 양국의 이해 관계 분화의 리스트는 계속 늘어 가고 있다. 리야드가 2021년 중반 튀르키예와 관계 개선 움직임을 보이고 있는데 대해서 아부다비는 매우 불편해하고 있다.

OPEC 붕괴 가능성

영국 킹스칼리지 런던(King's College of London) 안드레아스 크리에그(Andreas Krieg)는 2021년 7월 석유 증산을 둘러싼 아부다비와 리야드의 마찰과 관련하여 "OPEC이 과거에도 긴장을 경험했지만, 이번처럼 아부다비와 리야드의 충돌이 공개적으로 드러난 것은 유례가 없으며, 아부다비가 리야드의 그림자에서 벗어나고자 하는 의지를 보여 주는 것"이라고 분석한다. 아부다비의 입장에서 OPEC 혹은 OPEC+는 사우디 주도의 구상으로 인식되어 왔다. 리야드가 걸프협력위원회(GCC)를 주름잡는 시대는 이제 지났으며, 에미라티(Emirati) 사람들은 자신감을 가지게 되었으며, 자신들을 사우디와 대등한 존재로 인식하기 시작했다고 안드레아스 크리에그는 평가한다. OPEC+ 증산 합의를 둘러싼 충돌과 같이 서로 다른 외교 정책 접근법을 보이고 있는 아부다비-리야드 대결의 근원적인 배경에는 경제적 이해 관계에 대한 알력이 자리 잡고 있다. 이에 워싱턴 걸프아랍국가연구소(Arab Gulf States Institute) 에만 알-후세인(Eman Alhussein)은 "경제가 마찰의 주요한 원인인데, 양국이 사실상 똑같은 경제 다변화 전략을 추구하고 있으며, 그 결과 경제 이슈를 둘러싼 지역 경쟁이 격화되고 있다."[269]고 분석한다. 일각에서는 걸프 지역 2대 강국의 석유 마찰로 아부다비가 2018년 카타르와 마찬가지로 OPEC+에서 발을 빼는 상황으로 이어질 수도 있다는 반응을 보였다. "만약 아부다비가 OPEC에서 탈퇴할 경우 석유 카르텔에 미칠 충격파는 카타르보다 훨씬 더 심각할 것이며, 리야드에 커다란 타격이 될 것"이라고 안드레아스 크리에그는 전망한다.

영국 파이낸셜 타임즈는 걸프 두 왕세자 간의 경쟁 의식으로 걸프협력위원회(GCC)의 미래가 위협받고 있으며, 중동 전역에 큰 여파를 초래하고 있다고 분석한다.[270] GCC는 40년 전인 1981년 이란 혁명 성공 이후 시아 이슬람 혁명 이념을 수출하려는 이슬람 공화국의 위협에 대해 걸프 지역 공동 전선의 일환으로 구축된다. 2011년 아랍의 봄 혼란 속에서 GCC는 시아 다수파와 아랍의 봄 혼돈 속에서 바레인을 구원하기 위해 사우디 주도의 연합군을 파견하여 반정부 시위를 억눌렀다. 2017년에는 도하가 범-이슬람(Pan-Islamic) 무슬림 형제단을 지원하고, 이란과 유착하고 있다는 이유로 카타르 봉쇄 조치를 단행했다. 경제적으로 GCC는 지난 20년 간 6개국 공동 시장을 형성하여, 걸프 회원국 간 교역 증진을 위해 공동 대외 관세를 부과해 왔다. 하지만, 유럽 연합 스타일의 공동 시장이 성공하기 위해서는 각국의 경제가 보완적인 성격을 가져야 함에도 불구하고 중동 경제는 이러한 보완 경제가 아니라는 맹점을 지니고 있다. 즉 경제 구조의 유사성으로 인해 탈-석유 경제 다변화 노력을 할수록, GCC 국가 간 경쟁은 구조적 한계점으로 그만큼 더 치열해질 수밖에 없다. 수많은 서구의 마케팅 회사의 대들보(Mainstays) 역할을 하는 걸프 국가들은 다양한 수지맞는 스포츠 행사에서부터 오랫동안 지체된 사회 자유화에 이르기까지 거의 모든 분야에서 경쟁 구도를 형성하고 있다.

2021년 2월 사우디는 Vision 2030으로 명명된 사회 개혁 및 경제 다변화 전략의 기치 아래 최대한 많은 외국인 투자자를 유치하기 위한 조치로 2024년부터 외국 다국적 기업이 자신들의 지역 본부를 사우디로 이전하지 않는 사업 계약을 더 이상 체결하지 않겠다고 발표했다. 리야드는 같은 해 7월 GCC 공동 대외 관세 제도를 표적으로, 국산품 사용 요건(Local Content Requirements), 노동 및 부가가치세 규정

강화 지침을 발표하였는데, 그 궁극적인 타겟은 걸프 지역 주요 통상 및 비즈니스 허브로서의 역할을 하는 UAE에 타격을 가하기 위한 것이라고 분석된다. 제발 알리 자유 무역 지대(Jebel Ali Free Zone)는 제조업 및 재수출을 위한 대형 허브로서 두바이 경제의 4분의 1의 비율을 점하고 있다. 블룸버그 통신은 "리야드는 25% 이하의 현지 노동력을 고용하고 기업이 생산한 제품과 40% 이하의 부가 가치를 창출한 산업 품목을 GCC 관세 협정에서 제외할 것"이라는 방침을 지침에 규정하였으며, 이로 인해 UAE가 GCC 여타 회원국을 희생양으로 더 이상 경제적 혜택을 누리지 못할 것이라고 전망하고 있다.[271]

제9장

다시 찾아오는
아랍의 겨울

2021년 현재 중동의 거의 모든 국가들이 정치 및 경제라는 이중 위기를 겪으면서 보수반동적인 정책을 강화해 나가고 있다. 저유가와 팬데믹 지속, "이슬람주의자들의 실지 회복 시도, 극단주의자들의 전체주의 계획, 제국들의 지정학적 경쟁 및 서구의 냉소주의"[272]라는 복합적인 요인들이 작용하여 MENA 정치 경제 위기를 더욱 가중시키고 있다. 전통적인 아랍 지역 강국인 시리아와 이집트의 역내 영향력은 아랍의 봄의 여파로 주변화 되면서 역학 구도의 다극화를 초래하여 MENA 지역을 진정한 화약고로 변모시키고 있다. 21세기 초입 대내외적으로 MENA 각국이 직면한 정치 경제적 위기가 초래하는 존재론적 위기감에 대한 대응책으로 독재 안정론에 기초한 군사 초승달 구축이 시도되면서 아랍의 봄이 불러온 미약한 희망의 빛은 사라지고 아랍의 겨울이 도래하면서 중동 정치 경제 질서의 불안정성이 더욱 심화되고 있다. 아랍 봉기로 야기된 실패 국가의 리스트가 늘어나면서, 이슬람 극단주의와 열강들의 지정학적 각축을 격화시키고 간신히 권위주의 체제를 유지하고 있는 걸프 산유국들의 전제 정치 흐름을 강화시키고 있다.

GCC와 이스라엘 유대 관계 심화의 숨겨진 이면

미국의 중동 관여 축소, 시아파 이란의 위협 및 무슬림 형제단의 급진 이슬람주의의 위험성에 직면해 GCC 각국의 국내 정치 경제 사회적 위기가 저유가와 팬데믹으로 더욱 가속화되고 있는 배경 속에서 이스라엘과 아랍 세계의 관계 정상화의 물꼬가 트이기 시작한다. 아브라함 협정 체결의 또 다른 측면은 이스라엘 군산복합체의 야심과 아라비아 반도 석유 군주들의 첨단 기술에 대한 갈증의 결합체로, 그 이면에는 존재론적 위기감에 직면한 걸프 왕정들의 대내외적 정권 안보에 대한 강박 관념(Security Obsession)이 숨어 있다. 아랍 각국 지도자들에게 이스라엘과의 관계 정상화는 어쩌면 생존의 문제와 직결되어 있는 것이다.

국가 안보에 대한 위기감

정권 및 국가 안보에 대한 강박 관념으로 인해 걸프 군주들은 무기, 국방 및 기술을 자신들의 국정 운영의 최우선 과제로 규정한다. 전 세계 4번째 크기의 국방비를 지출하고 있는 사우디의 경우 자신들의 무기고 개발을 "Vision 2030"의 핵심 과제 중의 하나로 선정하고 있으며, MENA 지역 군사 강국으로 부상하고 있는 UAE도 2019년 국방비 지출을 41% 증가시켰다. 전체로 볼 때 Gulf 지역은 매년 평균 한화 155조 상당의 국가 재정을 무기 수입 등 군사 지출에 배정하고 있는 것으로 조사된다. 걸프 군주들은 단거리, 중거리 및 장거리 방어용 미사일 및 anti-drone 시스템에 대한 절대적 필요성을 느끼고 있으며 특히 이스라엘이 많은 시간과 자원을 투입한 사이버 방위(Cyber-Defense)에 대한 갈증도 증가하고 있다고 카네기중동센터(Carnegie center for the Middle East) 군사 및 걸프 전문가 아람 네르기지안(Aram Nerguizian)은 분석한다.[273] 이스라엘 방위 산업 전문화와 성장으로 텔아비브는 세계 8대 무기 수출국으로 등극하여, 2015~2019년 방위 산업 매출액이 77% 급증세를 기록했다. 아시아 태평양, 유럽 및 북미에 한정되었던 시장이 Gulf 지역의 잠재력에 따라 이스라엘 정부의 적극적인 지원이 있었다고 네르기지안(Nerguizian)은 부언한다.

정권 안보에 대한 공포심

기술 발전과 아랍의 봄은 정치 환경에 근본적인 변화를 초래하여 GCC 권위주의 체제에 위협적인 요소로 등장하게 된다. 사우디 UAE 정권의 사이버감시(Cyber-Surveillance)의 필요성이 점증하고 있다. 막대한 예산을 반체제 인사 색출과 감시에 투입하고 있으며, 2020년 창업 기업 생태계에 관한 세계보고서에서 6번째 순위를 차지한 이스라엘이 이상적인 파트너로 부상했다. 2019년 이스라엘은 사이버 안보 관련 기술과 제품 수출액이 65억 달러를 기록한다. 아부다비에 설치된 'Falcon Eye'는 2007년 이후 UAE와 이스라엘 회사인 '4D Security Solutions' 간의 협력의 구체적 산물이다. 사우디는 2012년 석유 회사 아람코에 대한 이란의 샤문(Shamoon) 바이러스를 통한 사이버 공격에 직면해 이스라엘의 사이버 전문기업의 협력을 요청하였으며 바레인은 'Verint Systems'을 구축하여 감시센터를 중심으로 소셜 네트워크 내의 정보 수집을 담당하고 있다. 두바이에 설치된 Oyoon(eyes) 프로그램은 인공 지능 기술에 기반하고 있으며 두바이 경찰이 주로 활용하는 시스템으로 알려져 있다. 걸프 국가들은 현재 자국민 감시를 위한 새로운 디지털 감시 물결에 올라탔으며 이스라엘이 감시 기술의 주요 수출국 중의 하나라는 점을 감안하면 이스라엘과 걸프 국가의 이 분야의 협력은 더욱 증대될 것이다.

걸프 왕정 국가들도 스파이 소프트웨어(Logiciels Espions) 필요성을 절감하고 있다. 첩보 기술 측면에서 이스라엘 회사인 NSO Group이 개발한 최첨단의 스파이 소프트웨어 프로그램인 'Pegasus'는 광범위한 첩보 수집 능력을 자랑하고 있기 때문에 자금력이 풍부한 걸프 군주들이 특별한 관심을 보이고 있다. 언론은 이스라엘 정부가 NSO 기업과 걸프 국가 정보당국과의 거래의 윤활유 역할을 해 왔으며 NSO 내 걸프 지역을 전담하는 부서까지 존재하며 주요 고객은 사우디, 오만, 바레인, 아부다비 및 UAE 7개 에미리트 중의 하나인 라스알카이마라고 전하고 있다. 뉴욕 타임즈는 아부다비가 NSO 첩보 수집 시스템을 국내용 목적뿐만 아니라 카타르 왕실의 첩보 수집을 위해서도 활용하였으며, 이외에도 걸프 군주들이 Pegasus 시스템을 활용한 대표적인 케이스로 아흐마드 만수르(Ahmad Mansour) 및 자말 카쇼끄지(Jamal Khashoggi) 사건이 있다고 보도했다.

독재 안정 리스크[274)]

아랍의 봄이 초래한 혼란과 파괴를 간접적으로 경험한 걸프 왕정, 이미 독재 정권을 수립한 국가들, 마지막으로 이러한 체제 유지에 사활적 이해관계를 유지하고 있는 미국을 위시한 서방의 이해 관계가 수렴하여 중동 지역에 소위 "독재 안정" 전략이 복귀하고 있다. 다시 말해 역내 및 글로벌 강국들은 아랍의 봄이 초래한 혼란을 정리하고 질서를 회복할 역내 군사 독재의 복귀를 후원하면서, 수단, 이집트, 리비아 및 알제리를 아우르는 북아프리카 지역에 "독재 초승달" 구축을 모색하는 것이다. 미국 포린 어페어스(Foreign Affairs)는 미국의 점진적인 중동 지역 관여 축소로 인해 권위주의 흐름이 강화되어 가고 있으며, 이러한 우려스러운 흐름은 향후 중동 지역에 찾아올 불안정의 전조일 수 있다고 우려한다.[275)] 중동 지역 수많은 독재 정권을 휩쓸어 간 아랍의 봄이 발생한 지 10년 이상이 지난 2022년 현재 중동 지역에 새로운 권위주의 질서가 자리 잡아가고 있다. 독재자를 몰아낸 이집트와 튀니지는 쿠데타로 인해 권위주의로 복귀했으며, 수단의 민주적 이행의 희망도 군사 쿠데타로 인해 궤도를 이탈해 버렸고 요르단, 모로코에서는 억압 정책이 강화되고 있다. 이란은 이라크, 레바논, 예멘에서 세를 확대하고 있으며, 중국, 러시아, 튀르키예 및 걸프 국가들은 MENA 지역 최대 약체 국가들에 대한 자신들의 영향력을 증대해 왔다. 잔인한 시리아 아사드 정권이 조용하게 아랍의 품으로 복귀하고 있는 배경에도 이러한 새로운 흐름이 자리 잡고 있다.

과거의 독재 질서의 부분적인 부활을 의미하는 이러한 흐름은 정치적 자유에 대한 대가로 경제적 번영을 약속해 줄 수 없다는 측면에서 과거와는 근본적으로 다르다고 할 수 있다. 독재자들은 인권을 유린하고 민주주의를 후퇴시키면서도 고용과 경제적 기회 측면에서 아무것도 제공해 줄 수 없는 것이 새롭게 형성되고 있는 독재 정권 질서의 현실이다. 우크라이나 사태로 인한 국제 유가 급등으로 독재 정권의 단기적인 경제 전망은 개선될 수 있을지언정, 여전히 많은 권위주의 정권이 코로나 팬데믹과 중장기적으로 매우 어려운 대내외적 경제 여건에 직면할 가능성이 커져 가고 있다. 이미 우크라이나 전쟁과 기후 변화의 여파로 세계 곡물 생산이 감소하고 있는 현상은 이러한 우려가 단순한 기우에 불과하지 않음을 증명해 주고 있다. 밀 부족으로 직격타를 맞고 있는 이집트는 이미 1977년 1월 '빵 봉기(Bread Riots)'를 경험한 바 있다. 수십만 명의 이집트인들이 기초 식량에 대한 국가 보조금 폐지를 요구하는 IMF와 World Bank의 요구에 저항에 거리로 몰려나왔었다. "기초 식량 가격 안정 유지는 당시 이집트 대통령 나세르(Nasser) 정권의 가장 중요한 초석을 형성하고 있었으며, 러시아-우크라이나 전쟁으로 초래된 식량 위기는 이집트 경제에 존재론적 위협을 제기하고 있다."[276]고 중동연구소(Middle East Institute) 마이클 탄툼(Michael Tantum)은 평가했다. 요컨대 과거의 독재 정권과는 다르게 현재의 중동 지역 독재 정권은 새롭고 안정적인 독재 질서의 얼굴이 아니며, 가까운 미래에 심각한 균열을 드러낼 취약한 연합에 불과하다고 포린 어페어스는 중동의 미래를 어둡게 전망한다.

아랍의 겨울(Arab Winter)

2011년 아랍 봉기 이후 민주화 과정의 결과는 매우 실망적이다. 리비아, 시리아 및 예멘이 내란으로 갈기갈기 찢어져 버렸으며, 그나마 안정을 유지하는 국가들은 개혁보다 억압과 감시를 선택했다. 알제리, 바레인, 이집트, 요르단, 모로코, 오만, 사우디, 수단, 튀니지 등 거의 모든 정부가 인권 운동가들을 투옥하고 시민 사회를 억압했다. 코로나 팬데믹을 빌미로 통행 금지 조치 부과 및 이동의 자유를 제한했으며, UAE는 메시지 앱 ToTok를 악용하여 수백만 명의 사람들의 대화를 염탐해 왔다. 2021년 6월 아랍의 봄 우등생 튀니지에서는 까이스 싸이드(Kais Saied) 튀니지 대통령이 의회를 해산하고, 총리를 해고하는 등 법치주의를 완전히 무시하는 조치를 취하면서 민주화가 역행하고 있다. 같은 해 10월 수단 군 지도자 압둘 파타흐 알-부르한(Abdel Fattah al-Burhan)은 군사 쿠데타를 감행하여 군사 지배를 시작하면서 수단 민주화 싹을 미연에 잘라 버린다. 이러한 흐름은 미국의 중동 지역 관여 축소로 더욱 강화되어 왔다. 지난 10년간 워싱턴은 중동 민주화와 지정학 재편이라는 대담한 정책을 좀 더 온건하고 현실적인 정책으로 대체해 왔다. 지역 안정 추구, 이란 핵 개발 억지, 미국 본토를 위협하는 테러와의 전쟁이 그것이다. 미국의 이러한 자발적인 역할 축소로 인해 역내 열강들은 자신들의 독재적 이해 관계를 추구할 수 있는 더 많은 여지를 가지게 되었으며, 자국민들의 복지보다는 자신들의 정권 생존을 최우선 국정 과제로 규정했다. 워싱턴이 발을 빼면서 러시아와 중국이 그 공백을 메우고 있으며, 지역 열강들도 이러한 흐름을 놓치지 않고 있다. 한때 비교적 소국에 불과했던 UAE는 현재 이집트, 리비아, 수단, 튀니지, 예멘 및 북아프리카 지정학 경쟁의 주요한 행위자로 부상했다. 지역 독재 정권과 무장 프록시 세력에 자금 및 정치적 지원을 아끼지 않고 있다. 과거 유럽과의 긴밀한 관계를 중시해 왔던 튀르키예도 북아프리카와 레반트 지역의 핵심 이해 국가로 목소리를 키우고 있으며, 이란은 수많은 아랍 국가들의 분열상을 활용하여 자국의 영향력 확대를 지속하고 있다. 문제는 이들 국가들이 민주주의와 인권을 희생으로 이러한 지정학적 경쟁을 벌이고 있다는 점이다. "안정(Stabilization)"이라는 미명하에, 이들 열강들은 일부 국가들의 파편화에 일조해 왔으며, 쿠데타 지도자들이 걸프 국가들의 지원을 받고 있는 수단과 튀니지의 민주적 이행 과정을 저해한다. 이집트, 요르단 및 UAE는 시리아 아사드 정권이 전쟁 범죄로 비난받고 있음에도 불구하고 레반트 지역 이란 영향력 견제라는 논리를 바탕으로 다마스쿠스와 관계 정상화에 착수한다.

지속 불가능한 권위주의(Unsustainable Authoritarianism)

정치적 복종의 반대급부로 경제 사회적 혜택을 제공했던 지난 세대의 아랍 독재 정권과는 다르게 새로운 권위주의 독재 정권은 번영도, 안정도 제공할 수 없을지도 모른다. 레바논과 이라크는 극심한 경제적 곤경에 처해 있으며, 리비아, 시리아 및 예멘은 내전과 심각한 인도적 위기 상황에 직면해 있다. 심지어 부유한 걸프 산유국조차 불거져 오는 석유 시대의 종말과 고군분투해야만 한다. 러시아의 우크라이나 침공으로 단기적인 여유를 찾았지만, 궁극적으로 걸프 산유국들의 지대 시스템은 지속 불가능하다는 것이 드러나게 될 것이다. 중동 지역 전역에 GDP 대비 공공 부채의 비율을 급증하고 있으며, 공공 서비스에 대한 재정 지출을 급감하고 있어 제2의 아랍 민중 봉기는 시간의 문제로 귀결될 수 있다.

중동 지역에 자리를 잡고 있는 새로운 독재 질서는 결국 불안정성으로 특징 지어질 것이다. 2011년 민중 봉기 이전의 시대를 풍미했던 "지속 가능한 권위주의(Durable Authoritarianism)"와 극히 대조적으로, 새로운 권위주의 질서는 국내 억압, 사회경제적 여건 악화, 역내 및 글로벌 열강들의 개입으로 인해 더 큰 불안정성, 폭력 및 극단주의의 발흥을 초래하게 될 것이다. 부패와 실정으로 곪아 가고, 불리한 경제적 여건으로 위협받고 있는 중동 지역 권위주의 정권은 국민들의 분노를 잠재울 사회경제적 요구 사항을 충족시키기 위해 힘겨운 싸움을 전개하고 있다. 정권 안보 기구이든지 혹은 민간 무장 단체인지 여부를 불문하고 중동 지역 무장 세력들은 점점 더 큰 정치 경제적 역할을 모색하고 있다. 이러한 정치적 화약고에 열강의 각축이 폭발력을 배가시킨다. 러시아와 중국은 강대국 경쟁으로 초래된 긴장을 고조시키고 있으며, 이란과 걸프 왕정들은 분쟁을 부추기고 더 넓은 지역에 대한 영향력 추구를 위해 정파주의 정체성을 무기화하고 있다. MENA 전역의 순니 세력들은 이란과 러시아가 지원하는 시리아 정부군과 미국 주도의 대테러 연합군이 레반트 지역 4개의 주요 순니파 도시 모술(Mosul), 라까(Raqqa), 홈스(Homs) 및 알레포(Aleppo) 지역을 파괴하고, 이란이 팽창 정책을 지속하고 있는 현실에 분개하고 있다. 중동 지역의 권위주의 질서로의 복귀는 안정을 담보하기보다는 앞으로 찾아올 더 큰 불안정을 알리는 전조로 인식할 필요가 있다고 포린 어페어스(Foreign Affairs)는 지적한다.

진정한 화약고

2020년 저유가와 코로나 팬데믹이 무슬림 세계에 미친 충격파는 2011년 아랍의 봄이 이들 지역에 미친 파괴력의 연장선상에서 이해할 필요가 있다. 지정학적 측면에서 2003년 이라크 전쟁의 혼란스러운 여파, 2011년 아랍의 봄 실패, 2019년 이후 저유가의 지속과 팬데믹으로 아랍 세계는 MENA 지정경학 경쟁의 중심 무대를 비-아랍 국가인 이스라엘-이란-튀르키예에 빼앗기고 있다. 2021년 MENA 지역은 중동지정학 변화를 주도해 온 아랍 세계의 비중이 크게 감소하고 비-아랍 국가인 이스라엘-이란-튀르키예의 경쟁을 중심으로 재편되고 있다.

새로운 3각 경쟁 축

20세기 후반기 아랍 세계는 오일 머니의 위력과 아랍 민족주의를 무기로 중동지정학 변천을 주도했다. 1956년 수에즈 위기부터 1979년 이란 혁명 발발까지 이란, 이스라엘, 튀르키예는 미국의 후원하에 이러한 아랍 세계의 급부상을 견제해 왔다. 아랍 세계의 영향력은 1979년 이란 혁명, 이란-이라크 전쟁, 2003년 이라크 전쟁의 여파로 더 깊은 마비와 혼란으로 빠져들기 시작한다. 실패한 아랍의 봄과 저유가 및 팬데믹으로 중동지정학 주역의 자리를 비-아랍 맹주국인 이스라엘-이란-튀르키예에 양보하고 있다. 이스라엘 중동 역사학자 이타마르 라비노비치[Itamar Rabinovich: 『시리아 진혼곡(Syrian Requiem)』 저자]는 리비아 및 시리아 일부로 이어지는 튀르키예-카타르 동맹과 그 프록시 세력인 하마스, 이란-시리아 동맹과 레바논, 이라크, 예멘으로 이어져 있는 대리 세력, 이스라엘-UAE-바레인 축에 이어 암묵적으로 연결되는 오만과 사우디로 구성된 3개의 축을 중심으로 형성된 지정학 구도가 2021년 중동 정세를 추동하고 있다고 분석한다.[277]

이란-튀르키예의 이라크 북부 지역 이권 경쟁

이라크 북부 신자르(Sinjar) 지역은 이란이 2017년 이라크 친이란계 민병대 세력인 PMF와 협력하여 쿠르드 지방 정부로부터 신자르 지역을 수복(Retake)한 이후 전통적으로 친이란계 민병대 주도의 이란의 영향권으로 인식되어 왔다. 그러나 튀르키예가 신자르 지역을 거점으로 앙카라에 저항하고 있는 쿠르드노동자당(PKK)를 소탕한다는 명목으로 이란의 세력권에 침투하면서 신자르 지역 세력 각축이 격화되고 있다. 신자르 지역은 PKK의 입장에서 시리아 내 자신의 연합 세력인 시리아민주군(Syrian Democratic Forces)에 대한 물자 지원을 위한 핵심적인 병참 기지인 반면, 친이란계 무장 세력에게는 시아파 벨트의 중요한 길목으로 기능하는 전략적 요충지로 양측 이해 충돌의 상징적 지역이다. 이란은 튀르키예의 이라크 영향력 확대를 자신들의 세력권에 대한 침해로 여기고 있으며, 이라크 북부 지역 튀르키예의 군사 주둔에 대해 이란은 매우 불쾌해하고 있다고 본 대학(Bonn University) 지역 전문가 자우르 가시모브(Zaur Gasimov)는 분석한다.[278] 채텀 하우스(Chatham House) 갈립 달레이(Galip Dalay)는 튀르키예가 테러 단체로 지정한 쿠르드노동자당(PKK) 세력이 이란 시아파 무장 단체인 PMF와 연계해서 이라크 및 시리아에서 활동 중으로 이란과 PKK 사이에 암묵적인 양해(Tacit Understanding)가 이루어져 있다고 분석한다.[279)

경제적으로 튀르키예에 크게 의존하고 있고, 쿠르드민주당(KDP)이 주도하고 있는 이라크 아르빌(Erbil) 쿠르드 자치 정부는 쿠르드노동당(PKK)과 각축전을 전개하고 있다. 술라마이예흐(Sulamaniyeh: 이라크 북부-이란 국경 인근) 지역에서는 튀르키예 영향권의 쿠르드민주당(KDP)와 이란 후원의 쿠르드애국연합당(PUK)이 서로 경쟁하고 있는 등 이란과 튀르키예의 각축전이 이라크 북부 지역을 중심으로 대리전의 양상으로 전개된다. 이란은 이라크 북부 지역 쿠르드 자치권을 약화시키려고 시도하고 있는 반면, 튀르키예는 아르빌에 대한 자신의 영향력과 역할을 활용하여 쿠르드 자치권을 공유하려고 하고 있다. 이러한 목적을 위해 이란은 친이란계 시아파 민병대(PMF)를 활용하고 있으며, 튀르키예는 아르빌에 대한 경제적 영향력과 이라크 모술 지역에 대한 튀르키예의 역사적 권원을 주창하며 테헤란에 대립각을 세우고 있다.

시온주의 팽창

이스라엘은 2019년 트럼프의 절대적 지지를 통해 시리아와 국경을 마주하고 있는 골란 고원(Golan Heights)에 대한 주권을 인정받았으며, 2020년부터 자국 영토 확장의 일환으로 서안 지구(West Bank) 일부를 공식적으로 병합하기 위한 움직임을 노골화하고 있다. 2021년 3월 네탄야후 총리의 UAE 방문 전격 취소의 이면에는 템플 마운트(Temple Mount)를 둘러싼 사우디와 요르단의 긴장과 이스라엘의 역할을 잘 보여 주는 것이라고 이스라엘 언론이 분석한다. 향후 이-팔 분쟁 개선은 이스라엘-

사우디 관계 개선과 관련된 예루살렘 성지 관할권 문제, 팔레스타인 대안 국가화 등 어떤 형태로든 요르단을 희생양으로 전개될 가능성이 매우 크다. 이스라엘의 팽창 과정에서 이스라엘-아랍 세계 전통적인 대결 구도와 2국가 해법의 사망선고서 수령을 거부하고 있는 요르단의 안정을 위협할 요인은 계속 증대할 것으로 전망된다. 튀르키예는 이스라엘의 서안 지구 병합 시도에 대해 이스라엘을 독일 나치(Nazi)에 비유하거나, 예루살렘 성지를 이스라엘로부터 해방시킬 무슬림의 맹주로서의 역할을 자처하며 사우디와도 대립각을 세우고 있다.

무슬림 형제단(Muslim Brotherhood) 이념 각축

아랍 스프링의 혼란을 틈타 강력한 정치 세력의 지위를 노린 무슬림 형제단에 맞서, 사우디와 UAE가 현재까지 반민주화 및 반혁명 흐름 아랍의 겨울(Arab Winter)을 주도하고 있다. 사우디 주도의 순니 축은 정치 이슬람주의(Political Islamism)를 존재론적 위협으로 인식하여, 아랍의 봄 이후 전개된 중동 사태에 적극 개입하면서 이집트 알시시 쿠데타를 자금 지원하고, 워싱턴을 상대로 중동 지역 민주화를 억제하기 위한 강력한 로비전을 전개해 왔다.

바이든 행정부 출범으로 무슬림 형제단은 재기의 기회를 노리고 있다. 이스라엘 보수 언론은 또한 네탄야후 정부가 인권 문제와 관련해 지역 동맹국인 사우디, 이집트 및 UAE에 대해 미국 정부가 압박을 행사하지 못하도록 바이든 행정부를 상대로 로비를 전개할 계획을 가지고 있다고 보도한다.[280] 미국의 이러한 인권 외교는 자칫 아브라함 협정의 추동력을 약화시킬 뿐만 아니라, 이란을 대담하게 하고, MENA 지역 무슬림 형제단 세력에 잘못된 신호를 줄 수 있다는 우려가 있다. 예루살렘 포스트는[281] 바이든 행정부가 중동 지역에서 인권 십자군(crusade) 운동을 전개할 가능성에 직면해 걸프 왕가들이 우려스러운 눈으로 바라보고 있다고 평가한다. 카터 전 미 대통령은 1979년 이란 호메네이 혁명 발생이 이란 샤 왕조가 이슬람 혁명을 진압하기 위한 무력 사용을 요청했음에도 불구하고 당시 미 행정부가 거부함으로써 이란의 혁명 정권이 들어서 현재까지 중동 지역을 불안정하게 하고 있다.

존재감 약화

미국의 중동 지역 문제 후퇴와 핵 협상 재개 위험성에 직면해 중동 각국의 안보 독자성 추구 경향도 증대하고 있다. 민주주의 수호 재단(Foundation of Defence of Democracy) 토니 바드란(Tony Badran)은 2021년 3월 알-아라비아(Al-Arabiya) 방송과의 인터뷰에서 이란의 위협에 대응하고 튀르키예의 야심에 대응하기 위한 중동판 NATO 창설 방안에 대해 "MENA 지역 새로운 군사 동맹의 존재는 이란뿐만 아니라, 이란에 대해 유화 정책을 취하고 있는 바이든 미 행정부에 대응하기 위한 것"이라고 평가한다. 뉴욕 타임즈는 3·23 이스라엘 총선에서 미국 대통령의 존재감이 사라져 버렸으며 이는 결국 좋은 신호는 아니라고 진단하며, 총리가 누가 되든 중요한 문제는 *"Which leader can better manage without America?"*의 문제로 귀결된다고 전망한다. [282]

중동 지정경학 각축의 새로운 3각 축인 이스라엘, 이란, 튀르키예는 팽창에 여념이 없으며, 이들 각축을 완화해야 할 중재자(Referee) 미국은 핵 협상이라는 대의를 위해 이란을 억제하기보다는 오히려 유화(Appease)하며 스스로 존재감을 축소하고 있어 2021년 3월 현재 중동지역은 벼랑 끝에 위치에 있다고 분석된다. 워싱턴 포스트는 지난 2020년 1월 '아랍의 봄' 10주년을 기념하는 특별 기사에서 아랍의 봄이 성공하지 못한 이유는 당시 고유가에 힘입어 걸프 산유국들이 페트로 달러를 통해 자국 국민들뿐만 아니라 중동의 비산유국들도 지원할 여지가 있었기 때문이지만, 2021년의 현실은 크게 달라졌다고 진단하면서 MENA 지역이 세계의 진정한 화약고(Tinderbox)가 되었다고 우려한다.[283]

2022년 2월 24일 러시아의 우크라이나 침공은 2011년 아랍의 봄이 초래한 지정학적 현실의 연속선상에서 바라볼 필요가 있다. 2008년 미국 발 세계 금융 위기의 직접적인 여파로 발생한 아랍의 봄은 미국 헤게모니 약화의 본격적인 시작을 알리는 신호탄이기도 하다. 미국의 세력 약화가 남긴 공백에 러시아, 터기, 이란, 이스라엘 외세의 개입이 본격화하기 시작한다. 2022년 푸틴의 우크라이나 침공 결정의 원죄(Original Sin)는 Obama 행정부가 그 씨앗을 잉태하였다고 할 수 있다. 2013년 8월 미국은 시리아 Assad 정권의 자국민에 대한 생화학 무기 사용은 레드 라인으로 경고하였음에도 불구하고 생화학 공격이 현실화되자 아무런 군사적 대응을 하지 않은 전략적 실수를 저지르게 된다. 미국의 소심함을 간파한 푸틴은 이듬해인 2014년 크림반도를 전격적으로 병합하게 된다. 서방의 대응은 이빨 빠진 경제 제재에 그치고 만다. 미국의 세력 약화는 NATO의 응집력에도 영향을 미친다. 프랑스 대통령 마크롱(Macron)은 튀르키예가 일방적이며 공격적인 외교 정책을 추구하고 있는데 대해 2019년 후반 NATO가 '뇌사 상태'에 처해 있다고 우려한다.

서방의 파편화는 2021년 9월 15일 오쿠스(AUKUS) 동맹 결성을 둘러싼 미국과 프랑스의 충돌까지도 이어지게 되는 것이다. 미국 주도의 세계 질서가 약화되는 반면, 중국과 러시아의 부상도 푸틴의 우크라이나 침공 결정에 큰 영향을 미치게 된다. "러시아는 서방의 더 강력한 경제 제재에 대한 만반의 준비를 해 왔으며, 우크라이나 침공이 초래할 서방의 러시아에 대한 국제적 고립에도 아랑곳하지 않고 있다."[284]고 이탈리아국제정치연구소(Italian Institute for International Political Studies: ISPI) 엘레오노라 타프로 암브로세티(Eleonora Tafuro Ambrosetti)는 평가한다. 레바논 AUB 대학교 분쟁 해결 및 비교 정치학 교수 오한테스 객지안(Ohannes Geukjian)은 푸틴은 2022년 우크라이나 침공을 통해 "구소련 연방에 속해 있던 러시아 인근 국가에 대해 모스크바의 안보와 국가 이익을 절대 무시하지 말라는 경고를 보내고 있다."고 평가한다.

실패 국가의 방정식

2011년 민주화를 요구한 중동 지역의 정치 격변 '아랍의 봄'은 새로운 변화를 갈
망하는 희망적인 메시지에도 불구하고 아랍 지역의 민주화 운동을 가로막고 있는
도전 요인들이 산재해 있음을 다시 증명해 주고 있다. 2011년 아랍의 봄이 실패한
가장 큰 요인은 집권 레짐의 강한 복원력(Resilience), 외세의 개입에 의한 대리전의
지속, MENA 지역 각국의 국내적인 태생적인 한계점으로 인해 아랍 각국의 내생적
발전 가능성이 박탈되어 버렸으며, 이러한 요인들이 복합적인 요인으로 작용하여
궁극적으로 아랍 각국이 글로벌 자본주의 생산 체제 편입에 실패하였기 때문이다.

외세의 개입

레바논 정치적 야합은 결국 공공 부채, 인플레이션, 후견인주의(Clientelism), 부패
로 이어지게 되었으며, 2022년 현재 레바논이 겪고 있는 전대미문의 경제 위기를
초래하게 된다. '결탁(야합) 국가(Collusive State)' 레바논의 정치 지도자들은 외세 개입

의 중개인의 역할을 하면서, 자신들의 지지 세력의 요구에 직면해 외부의 지원을 모색하고 있기 때문에 다양한 지역 및 글로벌 강국들이 베이루트 내정에 간섭할 수 있는 기회를 제공해 주고 있다. 2011년 아랍의 봄도 "외세의 개입이라는 지원에 힘입은 아랍 독재 정권의 복원력과 MENA 지역 이권을 둘러싸고 강대국들이 대리전을 활용하여 개입하고 있기 때문에 아랍의 봄이 실패로 귀결된 가장 중요한 요인"이라고 역사학자이자 튀니지 출신 프랑스인 소피 베시스(Sophie Bessis)는 진단하고 있다.[285] 역설적이게도 유일하게 튀니지에서 아랍의 봄이 상대적 성공을 거둘 수 있었던 것도 튀니지가 상대적으로 에너지 및 광물 자원이 거의 없을 뿐만 아니라 MENA 지역 지정학적 경쟁에서 전략적 지역에서 벗어나 있었기 때문이라고 부언하고 있다. 아랍의 봄으로 촉발된 권력 공백은 파괴적인 외세의 개입을 끌어들이게 된다.[286] 결국 변화를 갈망하는 혁명 세력조차도 아랍 지역의 부유하고, 본질적으로 혁명적 변화를 거부하는 지역 강대국의 재정 지원과 정치 개입으로부터 독립을 확보하지 못했기 때문에 아랍의 봄은 실패할 수밖에 없었던 것이다.

태생적 한계

중동 민주화 물결 아랍의 봄이 실패한 이유는 아랍 국가들의 태생적 약점(Congenital Weakness)과도 긴밀히 관련되어 있다. 극단적인 국가 실패의 단적인 예로는 리비아 까다피 독재 정권의 유산인 리비아이며 실패 국가의 전형적인 증상을 통해 확인할 수 있다. 리비아 국민들의 '큰 형'인 까다피는 국가 수반이라는 공식적인 타이틀을 거부하면서도, 자신의 절대 권력 추구를 가로막는 모든 장애물을 제거하면서 절대 체제 구축을 위해 모든 부문의 통제력을 강화시켜 나가게 된다. 자신의 정권 유지를 담보하기 위해 별도의 막강한 군사 안보 조직을 만들게 되면서 국가 안보를 보장할 상비군은 온당한 급여를 받지 못하게 되어 동기가 상실되면서 궁극적으로 무력화된다. 절대 권력의 집중화가 극단화되어 전통적인 권력 구조는 완전히 형해화 된다. 행정적 경계선은 뒤죽박죽 상황에 처하게 되고, 지방의 정치 세력들의 대변인은 제거되고, 부족 지도자들은 약화되게 된다. 리비아 전문가이자, 『Exit the Colonel』 저자 에단 코린(Ethan Chorin)[287]은 자신의 저서 『The Hidden History of the Libyan Revolution(Public Affairs, 2012)』에서 "리비아 전체가 까다피에 의존하고 있었으며, 그 당시 정부 조직이 제대로 작동하지 못한 측면은 아주 작은 결정을 포함하여 리비아의 모든 의사 결정이 까다피 직접적 승인하에 이루어졌기 때문"이라고 분석하고 있다. 이러한 통치 방식은 혁명 이후 대안 정치가 생성될 수 있는 환경에 파괴적인 결과를 가져오게 된다. 까다피의 이러한 집권 방식은 심지어 5년 혹은 10년마다 행정 조직을 의도적으로 변화시켰으며, 그 주요한 목적 중의 하나는 향후 자신의 집권에 반대할 수 있는 견제 세력의 원천이 될 수 있는 모든 형태의 조직의 부상을 막기 위해서라고 정치 분석가이자, 2007~2012년 주 리비아 오스트리아 국방무관 울프강 푸츠타이(Wolfgang Pusztai)는 설명하고 있다. 그 결과 노조, 정당, 시민 사회 조직은 사라져 버리게 되었으며, 까다피 통치의 기본 원칙은 '혼란 정치'에 불과하였다고 울프강은 부언한다. 독재자 벤 알리(Ben Ali) 몰락 이후 나름대로 기능하는 시민 사회가 존재하고 있던 인근 국가인 튀니지와는 다르게, 리비아 야당 세력은 분절되고, 망명 혹은 수감 상태이거나 심지어 유럽의 수도까지 쫓아가서 야당 인사를 추적할 정도로 무력한 상황에 처하게 된다. 까다피는 지역 지도자를 약화시키고, 정파 의식을 조장하기 위해 의도적으로 인구학적 균형을 파괴시키고, 파벌 간의 마찰을 의도적으로 조장하기도 한다. 더 나아가 국가 행정 측면의 의도적인 혼란을 초래하여 공공 서비스, 군대의 약화를 초래하였을 뿐만 아니라, 새로운 국가 구조의 생성을 가로막게 한 것이다.

리비아의 정부 약화 혹은 사실상 정부 부재가 초래하는 비극은 불법 이민(Illegal

Immigration) 문제를 통해 리비아와 유럽 연합 국가들을 괴롭히고 있다. 리비아는 2011년 까다피(Gaddafi) 축출 이후 내전과 혼란을 피해 지중해를 건너 유럽으로 가려는 아프리카 불법 이민들이 가장 선호하는 출발지이자 유럽 연합의 입장에서 가장 골치 아픈 존재이기도 하다. 27개국 유럽 연합의 외곽 국경의 안전을 담당하고 있는 유럽국경해안경비청(The European Border and Coast Guard Agency: Frontex)은 유럽 연합의 모든 기관에서 가장 많은 예산을-2021~2027년 기간 56억 유로- 배정받고 있는 기구로서, 불법 이민 봉쇄라는 이슈와 관련해서 드물게 유럽 연합의 컨센서스를 달성하고 있다. 유럽 연합은 2019년 유럽 의회 선거 이후에는 프론텍스(Frontex)를 더욱 강화하는 조치를 발표한다. 2027년까지 1만 명으로 구성된 항구적인 국경 감시단을 교육하여 창설하고, 프론텍스의 권한을 강화하며, 불법 이민을 예방하기 위해 3세계 국가 국경 감시 기구와의 협력을 강화하는 것을 목표로 하고 있다. 그러나 실제 현실은 지중해에서 불법 이민 선박을 차단(Interception)하는 업무는 프론텍스의 하청 업체가 담당하고 있으며, 이를 통해 프론텍스는 강제 송환 금지 위반이라는 비난을 회피하고 있다. 더 심각한 문제는 동-서로 양분되어 있는 리비아 중앙 정치 권력 부재로 인해 불법 이민 예방 업무가 치외법권적(Extraterritoriality) 분위기 속에서 진행되고 있으며, 인권 규정에 부합하게 이루어지지 못하고 있다. 프론텍스 하청은 실제로 6~12명으로 구성된 민병대에게 급여, 교육, 장비 및 감시 선박을 제공하고 있다. 이 과정에서 민병대, 무장 단체 및 리비아 군부는 아무런 처벌을 받지 않고 조직적으로 인권 위반을 자행하고 있다고 비정부 기구는 고발한다. 리비아의 입장에서 불법 이민과 관련하여 협력을 유인하는 가장 중요한 요인은 불법 이민 문제가 많은 이권이 걸린 수지맞는 거대한 산업을 형성하고 있기 때문이다. 불법 이민 수용 캠프에 구치된 사람들이 고문 혹은 강간당하는 장면이 촬영된 후 소셜 미디어를 통해 피해자와 가까운 사람에게 송출되며, 피해자 석방을 위해 1만 달러를 지불하는 착취 경제 모델이 형성되어 있으며, 유럽 연합은 이러한 불법 수

용 캠프의 존재 자체를 현실적으로 인정하고 있다고 인권운동가들은 고발한다.[288]

국내적 요인

국내적 요인(Interior Factors)도 아랍의 봄 실패의 원인이라고 지적되고 있다. 아랍 국가의 사회는 심각하게 분열되어 있다. 계급 투쟁, 인종, 부족 및 정파적 이익에 기초한 지역 분절로 인해 아랍 집권 세력에 저항할 수 있는 야당 세력이 끊임없이 약화되어 왔다. 특별히 시리아의 상황을 한 번 보자. 2011년 아랍의 봄 촉발 이후 시리아 반정부 시위는 41년간의 아사드 씨족 집권과 50년간의 바트(Baath) 당 집권 이후 거리로 몰려들었다. 하지만 반정부 세력은 조직력과 정치력 측면에서 완전한 공백 속에서 혁명의 시기에 진입했다. 혁명의 정신과 에너지가 구체적이고 지속가능한 결과물을 창출하기 위해서는 조직적이고 정치적인 구조의 존재가 필수적이다. 독재 정권하 억압적인 정치 상황으로 인해 이러한 민주화 발전을 위한 구조 형성의 저변은 완전히 소실되어 왔다. 이들 국가들의 사회 분열도 이러한 구조 형성을 저해해 왔다. 계급 투쟁과 민족, 부족 및 종파적 기준에 따른 지역 파편화로 인해 독재 권력에 저항할 수 있는 보잘 것 없는 야당 세력조차 끊임없이 약화되어 왔다. 이와 함께 수십 년의 억압 정치로 약화되고, 명확한 이념과 정치 프로그램을 제시할 수 없었던 아랍 세계의 좌파 진영의 몰락도 이러한 구조 형성 실패에 일조해 왔다고 할 수 있다. 즉 이들 진보 세력은 거대한 파도처럼 밀려들어 오는 보수 세력과 이슬람 세력의 파고에 맞서 사회적 정치적 측면에서의 대항 이념 제시에 실패해 온 것이다.

글로벌 자본주의 생산 체제 편입 실패

이러한 내적 및 외적인 요인에 기인한 아랍 각국의 국가 실패는 궁극적으로 중동 지역 각국들의 글로벌 자본주의 생산 체재 편입의 실패로 귀결되고 있다. 아랍 지역 독재 정권의 실패 원인에 대한 논쟁에서 내부적 요인과 외부적 요인이 서로 충돌해 왔다. 식민지 제국주의가 중동 지역 실패 국가의 근본 요인이라는 주장이 있는가 하면, 아랍 국가들의 내부적 요인이 더 큰 요인이라는 상반된 주장이 공존하고 있다. 아랍 지역 독립 이후 지난 반세기 이상 동안 아랍의 젊은이들은 세계에서 가장 높은 실업률로 고통받고 있으며, 자신들의 목숨을 걸고 지중해를 걸쳐 대규모 난민의 대열에 언제든 합류할 태세를 보이고 있는 것이 21세기 중동 지역의 현실이다. 아랍 지역의 이러한 정치 경제적 현실은 아랍 세계 산업화의 완전한 부재와 더불어 지대, 낭비 및 발뺌 경제(Economies de Rente, de Gaspillage et de Prevarication)의 특징지어지는 아랍 지역 실패 국가의 가장 큰 요인으로, 이러한 아랍 지역의 정치 경제 구조 형성에는 아랍 지도자들의 게으름과 부패가 크게 일조하였을 뿐만 아니라, 선진 산업국들의 저유가에 대한 폭발적인 수요로 인해 이들 국가들도 이러한 석유라는 지대(Oil Rent) 약탈에 적극적으로 가담하였기 때문이다. 따라서 아랍 국가들이 현대 글로벌 생산 구조에 완전히 통합되지 않는 이상, 아랍 국가들은 자립을 달성하지 못할 것이라고 전 재무장관 및 레바논 경제학자 조르주 콤(Georges Corm)은 진단한다.[289]

국가 이성 vs 정권 이성(la Raison des Regimes)

전 레바논 문화교육부 장관이며, 전 유엔 이라크 및 리비아 협상가 가싼 살라마(Ghassan Salame)는 아랍 세계가 직면한 가장 커다란 문제로 '정권 이성(la Raison des Regimes)'의 문제를 지적한다. 아랍 각 정권의 궁극적인 목적은 생존으로, 이는 국가 이익 즉, 국가 이성보다 우선시된다. 레반트 지역의 미약하고 실패해 가는 국가들을 둘러싸고 있는 강력한 국가들의 존재는 이러한 아랍 국가들의 취약성을 더욱 악화시키는 요인으로 작용한다. 튀르키예와 이란은 정권 이성과 국가 이성간의 적절한 타협점을 찾았다는 점에서 레반트 여타 아랍 국가들과 차이를 보인다.

정치적 안정이 위협받을 때, 정권의 생존만을 생각하지만, 정권이 어느 정도 안정성을 구가하거나 혹은 잘 구축되어 있으면 이러한 정권은 국가 이성의 각도에서 생각하기 시작하는 것이다. 앙카라가 최첨단 드론을 개발하고 있는 반면, 카이로와 리야드는 그렇지 못하다는 것을 통해 이를 확인할 수 있다. 또한 테헤란이 역내 매우 팽창적인 정책을 추구하고 있는 반면, 여타 아랍 국가들은 수세적이고 방어적인 자세만 취하는 주된 이유이기도 하다. 이러한 요인으로 인해 글로벌 정치 시스템의 하부 시스템으로 존재하는 중동 지역에서 아랍 세계의 입지가 약화되어 온 것이며, 정치 이슬람주의를 둘러싼 이념 대립과 이스라엘과의 관계 정상화 이슈로 아랍 세계의 파편화는 더욱 가속화되고 있는 것이다. 그 결과 열강들은 아랍 세계의 입장을 전혀 고려하지 않으면서 세력 각축을 전개하고 있기 때문에 아랍 세계는 자신들의 이웃 국가들의 개입을 위한 무대의 위치로 전락하게 될 것이다.[290]

아랍 지역 민중 봉기는 역내 정치 시스템에 대한 가장 심각한 위협으로 간주된다. 특히 걸프 산유국 정권의 붕괴 혹은 수정은 글로벌 경제 엘리트들에게 있어 악몽 중의 악몽으로 여겨진다. 바로 이러한 연유에서 MENA 지역이 전 세계에서 가장 국제화된 시스템 지역이 된 것이다.[291] 아랍의 봄 이후 중동 지역 정권 이성과 글로벌 자본주의 시스템 엘리트들의 이해 관계가 수렴하여 슬프게도 우리는 '군사 독재 vs 이슬람 근본주의'의 이분법의 시대로 회귀하였다. 아랍의 봄은 수십 년의 억압과 부패로 초래되었음에도 불구하고 중동 지도자들은 외부적인 요인과 외세에 의해 위협받아 왔음을 주장해 왔다고 뉴스라인전략정책연구소(Newslines Institute for Strategy and Policy) 엘리자베스 트수르코프(Elizabeth Tsurkov)는 평가한다. 심지어 정권 이성을 우선시하는 세력은 민주화 시위대들이 외세의 앞잡이 역할을 하는 용병에 불과하다는 음모론을 더욱 부추겨 왔다. 중동 군사 독재자들은 '세속화'의 구원자임을 자처하며, 이러한 이분법에 의존해 번영을 구가하고 있으며, 시리아 아사드와 이집트 알시시가 바로 대표적인 케이스라고 할 수 있다. 시리아 집권 엘리트와 전쟁 경제 모리배(Profiteers of War Economy)들이 가용한 모든 부를 독점하여, 기존 부르쥬아에게 큰 타격을 가해 왔다. "시리아 국가 예산은 아사드 정권이 교묘한 수단으로 착복해 버리는 국제 인도적 지원금, 전쟁 경제 및 러시아와 이란과의 사업에서 나오는 로열티에 의존하고 있으며, 가용 천연자원의 경우 대부분 시리아 북동 지역 쿠르드 세력의 손아귀에 놓여 있다."[292]고 시리아 주재 전 프랑스 대사 미셸 뒤클로스(Michel Duclos)는 분석한다. 세속적인 이념을 주창하는 이들 군사 독재자들은 아랍의 무고한 시민들이 '정치 이슬람(Political Islam)'과 손을 잡게 만드는 소외와 굴욕을 진지하게 고려하면서 사회 정의의 해방 프로그램을 분명히 제시해야 하지만 이러한 전망을 낙관할 수 없는 것이 중동 지역 국가들의 현실이라고 할 수 있다.

군사 초승달

아랍의 봄이 중동 지역에 미친 영향 중의 하나는 자신들의 대외적인 문제보다는 국내적 측면에 더욱 집착하면서, 아랍 정치 격변의 대응책으로 강력한 권위주의 체제 유지에 골몰하기 시작했다는 점이다. 아랍의 봄으로 위협감을 느끼게 된 사우디와 UAE는 역내 군사 지배 체제 구축을 위해 반혁명 세력을 주도해 온다. 2013년 이집트 군사 체제 수립에 결정적인 역할을 한 리야드와 아부다비는 군부 독재가 알제리, 수단 및 리비아까지 확산되기를 바라고 있다. 미국과 서방의 이해 관계, 왕정 국가인 사우디와 UAE가 직면한 안보 위협이 복합적으로 작용하여 역내 군부 지배의 초승달 지역을 구축하려는 공동의 노력이 진행 중이며, 이들 통해 미국을 위시한 서방은 중동 지역에서의 전통적인 자신들의 기득권을 유지하고, 걸프 왕정 국가들은 민중 봉기를 회피하면서 "이슬람주의" 세력을 계속 억제할 수 있을 것으로 계산하고 있다.

서방 국가들은 오랜 동안 아랍 지역 군사 독재의 주창자를 자청해 온다. 1940년대 후반 미 정계 현대화 이론은 중동의 보수 집권 엘리트들을 아랍 지역 국가와 사회의 현대화에 가장 큰 장애물로 인식했다. 이와 동시에 워싱턴은 점진적으로 글로벌 강국으로 부상하면서, 중동 지역에서 전통적 지배 국가이자 동맹인 영국과 이해 관계를 두고 충돌하기 시작한다. 미국은 아랍 보수 체제를 영국 식민주의의 연장으로 인식하고 이를 해체하려고 시도하면서, 아랍 세계에서 좀 더 현대적인 경향을 보이는 아랍 군부에 의한 권력 쟁취를 실현 가능한 방안으로 고려하게 된다. 1908년 오토만 제국 젊은 투르크(Young Turk) 혁명과 그 뒤를 이어 1923년 튀르키예의 대통령에 오른 무스타파 케말 아타투르크(Mustafa Kemal Ataturk)는 막 탄생한 튀르키예 공화국을 빠르게 현대화에 성공하면서 여타 아랍 국가들의 롤모델로 부상했다. 미국은 아타투르크(Ataturk) 군사 지배 체재를 통해 중동 국가들의 보수 문화에 변화를 불러올 수 있으며, 역내에서 전통적인 유럽 열강들을 몰아낼 수 있을 것이라고 계산한다. 미국 CIA는 1949년 민주 정부 슈크리 알-꾸와틀리(Shukri Al-Quwatli)를 붕괴시킨 시리아 군사 쿠데타를 지원하고, 1954년에는 영국이 후원하는 이집트 왕정을 몰아낸 나세르(Nasser) 주도의 권력 찬탈을 환영하였다. 2차 중동 전쟁인 1956년 수에즈 전쟁에 소비에트 연방이 개입하여 냉전 구도를 형성하게 되면서 미국의 중동 지역 군사화 노력은 잠시 후퇴하게 되지만, 워싱턴은 지난 수십 년간 역내 군사적 지배 문화를 선호해 왔다.

알자지라(ALJAZEERA) 신문은 2019년 4월 중동 반혁명 세력이 아랍 스프링이 해체한 군사 독재 모델의 부활을 모색하고 있다고 분석한다.[293] 아랍의 봄은 민주주의 개념이 중동 문화에서는 이질적인 개념이라고 주장한 미 학자 사무엘 헌팅턴(Samuel Huntington) 같은 학자들을 비난해 온 사람들의 주장이 옳았음을 증명해 주는 듯하다. 아랍의 봄의 행복감은 단명에 그친다. 시리아, 리비아, 예멘은 내전이 발생한다. 바레인에 시아파 시위가 발생하자 이란의 개입을 우려한 사우디 주도의 군대가 개입하여 시위를 억압한다. 모로코 국왕의 정치적 술책과 안보 기구의 탄압으로 2월 시위 운동의 목소리는 사라져 버렸다. 이집트 군부는 반혁명 운동을 주도했고, 민주적으로 선출된 무슬림 형제단 출신 대통령 모르시(Morsi)를 축출하며 새로운 군사 독재자 알시시(Al-Sisi)가 권자에 자리에 오른다. 많은 사람들은 이러한 사태 발전을 아랍 세계가 본질적으로 비민주적이라는 사실을 증명해 주는 것으로 해석한다. ISIS와 같은 극단주의 조직의 부상은 소위 독재 지배의 필요성을 증명해 주게 되며, 아랍 국가들의 정치적 선택은 "SISI(이집트 군사 독재자 알 시시 대통령) 혹은 ISIS(이슬람 극단주의)" 간의 선택으로 압축되게 된다. 역내 및 글로벌 강국들은 아랍의 봄이 초래한 혼란을 청소하고 질서를 회복할 역내 군사 독재의 복귀를 후원하면서, 수단, 이집트, 리비아 및 알제리를 아우르는 북아프리카 지역에 '군사 초승달(Military Crescent)' 구축을 모색하고 있다.

제10장

무슬림 형제단
(Muslim Brotherhood)

21세기 현재 MENA 지역은 3가지 비전의 이슬람주의가 이념적 대결을 펼치고 있으며, 이들 간의 충돌은 그 어느 때보다도 격렬하게 진행되고 있다. 급진 이슬람주의(Radical Islamism)는 두 가지 형태로 1979년 이란 혁명이 표방하고 있는 급진 시아 이슬람주의에 대항해 리야드가 주도하고, 역내 현상 유지를 목표로 하는 급진 순니 이슬람주의(Radical Islamism)가 이념 대결을 전개하고 있다. 이러한 양자 대결 구도에 제3의 이념이라고 할 수 있는 정치 이슬람주의(Political Islamism)가 무슬림 형제단과 카타르의 지원 속에 새로운 정치 이념으로 힘을 얻어 가고 있다. 현재 사우디는 나머지 두 개 축의 공격을 받고 있으며 카쇼끄지(Khashoggi) 사건은 이들 간의 이념 각축의 배경에서 발생하였다고 이스라엘 언론이 분석한다.[294] 이스라엘 보수 언론은 무슬림 형제단이 사우디 왕세자 MBS의 이념에 강력히 저항하고 있으며, 특히 사우디-이스라엘 관계 정상화에 반대하고 있기 때문에 바이든 행정부가 MBS를 경시하는 정책을 고수하다가 자칫 42년 전 지미 카터(Jimmy Carter)의 전철을 밟을 수 있음을 경고한다. Biden 정책은 이란 샤 왕조(Shah)를 붕괴시키고 신정 정권(The

Ayatollahs) 탄생을 불러온 카터 정책과 별반 다르지 않다는 평가가 존재한다. 인권과 민주주의 증진을 통해 중동문제를 해결할 수 있다는 환상은 이미 10년 전에 처절하게 실패했으며, 미국이 큰 기대를 걸었던 아랍 스프링도 재난적인 결과만을 초래해 왔다.[295]

이슬람 극단주의(Islamic Extremism)

영국 옥스퍼드 사전은 이슬람주의자(Islamist)를 *"an advocate or supporter of Islamic militancy or fundamentalism"*로 정의하고 있다. 9·11 테러를 주도한 오사마 빈 라덴과 그 추종자들, 칼리파 왕국 IS(Islamist State)을 건설한 다이쉬(Daech) 모두 소위 "급진 이슬람주의자(Radical Islamists)"로 규정할 수 있다. 이슬람주의(Islamism)는 이슬람 공동체의 순수성을 유지하기 위한 종교적 원리주의 이자 정치 이념이다. 1928년 이집트에서 하산 알-반나(Hassan al-Banna)가 창설하고, 20세기 가장 영향력 있는 이슬람 사상가인 싸이드 쿠틉(Sayyid Qutb) 저술을 통해 사상적 기초가 제공된 "무슬림 형제단 [Muslim Brotherhood, 아랍어로 알-이크완 알-무슬리문(Al-Ikhwan al-Muslimun)이며 흔히 이크완으로 통용되고 있음.]"이 최고의 영향력과 최대의 규모를 자랑하고 있다. 이슬람 근본주의는 MENA 각국의 국내 정치 공학뿐만 아니라 지역 및 글로벌 정치 역학에도 지대한 영향을 미치고 있음을 우리는 1979년 이란 이슬람 혁명을 통해 먼저 확인할 수 있다.

임기응변의 적[296]

사우디와 UAE는 과거 오랫동안 순니 영향력하의 무슬림 형제단(이크완)을 아랍 세계 종교적 설파와 포교를 위한 주요한 수단으로서의 잠재력을 인식해 왔다. 이에 따라 이집트 나세르 집권 시기에 리야드와 아부다비는 이크완에 상당한 자금과 정치적 지원을 제공한다. 민족주의, 사회주의 및 세속주의를 표방한 이집트 나세르 대통령은 무슬림 형제단의 종교적이며 엄격한 정치 모델인 '현대 이집트(Modern Egypt)' 이념에 도전할 수 있다고 판단하여 이크완 박멸을 결정한다. 나세르는 1954년 이슬람 단체를 불법화하며 폭력적인 억압이 이어지게 된다. 당시 중동 지역을 휩쓴 아랍 민족주의의 양대 산맥 '시리아-이집트 축(Syria-Egypt Axis)'에 의해 압도되는 것을 우려하여, 사우디를 필두로 하는 걸프 왕정들은 수많은 이크완 인사들에게 정치적 망명을 허용하고, 이슬람 이념 전파를 위한 재정 지원을 아끼지 않는다. 나세르 정권하 무슬림 형제단의 강제 이민으로 이크완은 팔레스타인, 사우디 및 여타 중동 국가들에서 자리를 틀게 된다. 그럼에도 불구하고 정치적 대의 제도를 인정하지 않은 절대 왕정 모델과 와하비즘의 사우디는 선거에 의한 권력 획득을 약속하는 이크완 모델에 대해 여전히 의혹과 불신의 시각으로 바라본다. 1990년 쿠웨이트 전쟁이 발발하자, 무슬림 형제단은 미국과 사우디에 대립각을 세운 사담 후세인의 편에 서면서 경쟁 상대가 된다. 1991년 사우디 최초의 야당 세력 알-사흐와(Al-Sahwa: 부흥)가 창설되었을 때, 이크완은 사우디 정부에 의해 개혁 성향의 정치 운동 부상의 배후 세력으로 지목받게 된다. 무슬림 형제단이 제기하는 소위 외부의 위협에서부터 쿠웨이트 해방까지 무슬림 형제단은 사우디 내부의 적이 된다.

동일 맥락에서 이크완 일부를 수용해 온 UAE는 2000년대부터 무슬림 형제단에 대한 인식에 변화를 가져온다. 이크완이 일부 공공 기관의 내부에서 영향력을 얻어 가기 시작하자, 아부다비는 일체의 정치 이슬람주의를 허용하는 것이 불가능하게 된다. 2011년 아랍의 봄 이후 아부다비는 모든 혁명의 물결을 회피하기 위해 무관용 원칙 전략을 채택하게 되며, 아부다비의 외교 정책과 국내 정책은 사실상 일치하게 된다. 2013년 이집트에서 알시시 군사 쿠데타가 발생하자 리야드와 보조를 맞추어 모르시와 무슬림 형제단을 권자의 자리에서 끌어내리는데 결정적인 역할을 하게 된다. 아랍 세계 최대의 순니 인구를 자랑하는 이집트가 이크완이 지배하는 상황을 리야드와 사우디는 상상할 수 없는 것이다. 아부다비는 무슬림 형제단과 조금이라도 관련이 있는 단체에 대한 일체의 지원이 이루어지지 않도록 하며, 종종 사우디와의 전략과 충돌하는 전략도 마다하지 않을 정도로 이크완에 대해 무관용 원칙을 고수하고 있다.

급진 이슬람(Radical Islam) vs 정치 이슬람(Political Islam)

2017년 6월 사우디와 동맹국들은 도하와 외교 관계 단절을 발표하면서 카타르에 대한 봉쇄 조치를 단행한다. 봉쇄 발표 몇 시간 후, 카타르 국왕은 무슬림 형제단의 영적 지도자 유세프 알 카라다위(Youssef Al-Qaradaoui)를 영접하면서 사우디를 완전히 조롱한다. 사우디는 카타르가 이슬람 운동 단체를 통해 테러 자금 지원을 하고 있다고 비난해 왔다. 도하가 무슬림 형제단(Ikhwan: 이크완)을 활용하여 역내 자신들의 영향력 확대를 선택할지 아니면 순니 세계의 품에서 상대적인 안정을 취할지 여부에 대해 중동 전문가 카림 에밀 비카르(Karim Emile Bitar)는 "도하가 무슬림 형제단과 단절할 것으로 요구하는 사우디의 주장은 카타르의 입장에서 절대 수용할 수 없는 사항"이라고 분석한다. 도하는 무슬림 형제단을 자신들의 영향력 확대의 수단으로 여기고, 수많은 이크완 회원들이 카타르에 주재할 수 있도록 허용해 왔으며, 국경 이외의 지역으로 팽창(Implantation) 하는데 필요한 재정 수단을 원조해 왔다. 이를 통해 카타르가 원하는 '투자 수익'은 일부 국가에서 이슬람주의자들이 권력을 쟁취하도록 하여 궁극적으로 카타르가 사우디 와하비즘의 영향력에서 해방되어 아랍 세계에서 자신의 정당성을 수립하는 것이라고 비타르(Bitar)는 부언한다. 2017년 6월 카타르의 외교 정책 수정이 없는 한 도하와 이크완의 결별은 상상하기 어렵다고 할 수 있다. 이러한 이혼으로 가장 큰 타격을 입는 것은 MS로 도하는 재정적으로나 알자지라 TV 방송이라는 언론을 통해 이크완을 지원해 왔다. 카타르가 알-자지라 방송을 통해 이크완 이념의 국제적 가시성(Visibility)을 확장할 수 있는 무대를 제공해 주고 있기 때문에 도하가 리야드의 요구에 굴복할 경우 이크완은 상당한 정치적 매력을 상실할 것이라고 분석된다. 실제로 2014년 이크완은 값비싼 비용을 이미 치른 경험이 있다. 리야드는 아부다비 및 바레인과 함께 도하 주재 자국 대사를 소환하면서 카타르에 첫 번째 경고 신호를 보낸다. 무슬림 형제단 7명의 고위급 인사가 카타르에서 축출되게 되며, 여타 다른 이크완 인사의 카타르 방송국 출연이 금지되었다. 이는 2011년 아랍 민중 봉기에 그 기원을 찾을 수 있는 걸프만의 첫 번째 위기로서 아랍 민주화 열기 속에서 이크완은 진정한 정치 세력으로 발돋움할 수 있는 기회를 포착하게 된다. 하지만, 몇몇 국가들이 이크완을 테러 조직 명단에 등재하면서 MS는 암흑의 시기에 접어들게 된다.

아랍 혁명 이후 양측의 결투는 더욱 과격해진다. 무슬림 형제단 정치 모델이 아랍 첫 번째 민중 봉기를 활용하여 튀니지, 이집트 및 리비아에서 권력 쟁취를 시도하고 있을 때, 카타르는 이크완 세력이 이들 국가들의 권력의 정상부에 도달할 수 있도록 하기 위해 노력을 배가한다. 2012년 6월 이집트에서 도하의 꿈이 실제로 실현된다. 리야드와 아부다비에 엄청난 충격으로, 사우디는 와하비즘을 위협하는 직접적인 경쟁 상대가 권력을 잡는 것을 절대 용인할 수 없는 것이기 때문이다. 카림 비타르(Karim Bitar)는 "두 가지 형태의 이슬람주의가 충돌하고 있다."고 규정한다. 리야드가 표방하고, 현상 유지를 목표로 하는 급진 이슬람주의(Radical Islamism)에 대항해 무슬림 형제단과 카타르가 주창하고, 선거를 허용하는 정치 이슬람주의(Political Islamism)의 대결인 것이다. 아랍의 봄이 만들어 내고, 카타르가 원했던 새로운 지정학적 구도의 이점은 형태를 갖추어 가기 시작한다. 그러나 이집트 모르시(Morsi) 대통령이 시시(Sisi) 군사 쿠데타에 의해 권자에서 축출되면서 카타르는 사우디 왕정과의 대결에서 열세에 몰리게 된다. 2014년 리야드는 처음으로 도하에 대해 GCC 규율을 따를 것을 환기시킨다. 몇 달 후 리야드는 무슬림 형제단을 테러 단체로 지정하면서 도하에 분명한 메시지를 전달한다. 도하가 사우디 궤도에 다시 복귀하기를 원한다면, 테러 단체에 대한 지원을 중단하라는 것이다.[297] 2021년 바이든 행정부 출범과 거의 동시에 카타르에 대한 봉쇄 조치는 해제되었다. 카타르는 국가 주권과 독립 측면에서 큰 비용 지불 없이 봉쇄 해제에 합의를 하게 된다. 사우디가 카타르에 요구한 봉쇄 해제의 13개 전제 조건(알자지라 방송국 및 카타르 튀르키예 군사기지 폐쇄 등) 어느 하나도 충족되지 않았으며 카타르와 근본적인 이념 대결을 벌이고 있는 UAE의 커다란 실망에도 불구하고 사우디는 기대치를 크게 낮추고 관계 복원에 합의하게 된다. 카타르는 2021년 10월 2일 카타르 최초로 의회 선거를 실시하면서 여타 걸프 왕정 국가들에 조용한 공포심을 유발하게 되었다.

미국 행정부와 무슬림 형제단[298]

2021년 2월 미국 바이든 행정부 출범 초기, 무슬림 형제단 및 정치 이슬람주의 영국 전문가 존 젠킨스(John Jenkins)는 서구는 자신들의 문화적 및 인식론적(Epistemological) 틀에서 무슬림 형제단을 이해하려는 유혹에 빠져서는 안 된다는 충고를 하면서, 바이든 행정부의 대무슬림 형제단 정책이 과거 미 행정부의 정책적 실수를 되풀이할 위험성이 있다고 우려를 표명한다. 무슬림 형제단의 핵심 이념은 부패하지 않은 보편적인 이슬람 사회 수립을 목표로, 정치와 폭력 및 순교(Martyrdom)를 통해 무슬림 및 비-무슬림 국가 체제를 거부 혹은 전복하고, 서구 중심의 세계 지배 구조를 대체하여, 알라(Allah) 와 코란(Quran)의 제단 앞에 바치는 것을 추구하고 있다. 무슬림 형제단의 이념은 단순한 이상을 넘어, 이집트, 사우디,

UAE, 바레인, 오만, 모로코, 요르단, 파키스탄, 방글라데시, 인도 등의 국가에서 이들이 자행한 정치 및 테러 노력을 통해 구체화되고 있다. 1928년 이집트에서 무슬림 형제단을 창설한 하산 알-반나(Hassan Al-Banna)의 가장 중요한 다재다능한 이념가, 20세기 가장 영향력 있는 이슬람 사상가인 싸이드 쿠틉(Sayyid Qutb) 저술은 현재까지도 무슬림 형제단의 사상적 기초를 제공하고 있으며, 다양한 형태의 이슬람 폭력을 정당화하기 위해 그의 저술 활동이 인용되고 있다.

젠킨스(Jenkins)는 "무슬림 형제단의 핵심 이념인 이슬람주의(Islamism)는 여타 전체주의적이고, 비이성적이며, 권위주의적인 이념과 마찬가지로 서구의 이성 국가와 그 기본 원칙이라는 현대 서구의 개념에 근본적인 이념적 도전을 제기하고 있음에도 불구하고 바이든 행정부 정책 입안자들이 이슬람 테러는 단순히 절망에 기인할 뿐이며, 무슬림 형제단과 다수의 이슬람 조직들이 표방하는 이념은 비폭력적이고, 본질적으로 정치적이며, 정의와 인권 및 자유를 표방한다고 믿고 있는 잘못된 인식의 틀에 사로잡혀 있다."고 분석한다. 이런 인식은 바이든 행정부 초대 CIA 국장인 윌리엄 번스(William Burns)가 소장으로 있었으며, 미 국무부의 세계관을 대변하는 카네기국제평화재단(Carnegie Endowment for International Peace)이 발표한 보고서를 통해서도 확인되고 있다.

2021년 바이든 행정부의 무슬림 형제단 포용(Embracement) 정책은 1978~79년 미 대통령 지미 카터(Jimmy Carter) 행정부가 망명 상태에 있던 아야톨라 호메네이(Ayatollah Khomeini)에 보인 정책과 동일 선상에 있는 것이다. 당시 카터 행정부는 혁명 지도자 호메네이를 이란 팔레비 왕조의 억압을 받고 있는, 평화주의의 반정부 인사로 인식하는 실수를 범했다. 이러한 인식 오류와 잘못된 정책으로 호메네이는 권력을 찬탈할 수 있었고 중동 최대의 친미 정권 이란 팔레비 왕조는 미국을 배신하게 된다. 그 결과 이란은 서구와 순니 세력에 대한 테러의 글로벌 중심지로 부상하게 될 뿐만 아니라, 비-재래식 군사 기술의 확산 국가로 자리매김하면서 2022년 현재까지도 중동 정치에 영향을 미치고 있는 것이다. 2021년 바이든 행정부는 이란 하메네이 정권을 믿을 만한 협상 대상국으로 여기고 있을 뿐만 아니라 이란과의 건설적인 핵 협상의 전제 조건으로 미국의 신뢰성 있는 군사적 행동 방안도 포기하려고 함으로써 이란과 그 프록시 세력들을 대담하게 만들었다고 젠킨스(Jenkins)는 분석한다.

2021년 현재 바이든 행정부 외교 정책 입안자들은 2009년에도 이집트 무슬림 형제단을 포용하는 정책을 취하면서도, 인권과 민주주의 영역에서의 전력이 나쁘다는 이유로 친미 정권인 무바락(Mubarak) 정권이 붕괴하는 것을 그대로 받아들이는 정책 실수를 하게 된다. 이러한 미국의 태도로 인해 중동 지역에서 무슬림 형제단의 전복 활동은 순풍을 만나게 되었으며, 튀르키예 에르도간(Erdogan) 대통령과 카타르의 지원을 힘에 업고 맹위를 떨쳤다. 이로 인해 친미 성향의 아랍 국가들의 미국 지도부와 미국이 제공하는 억지 태세의 신뢰성은 심각한 타격을 입었다. 이러한 과거 전력에도 불구하고 2021년 바이든 행정부는 이집트 군사 정권 알시시 대통령에게 인권 위반에 대해 강력한 경고의 신호를 보내면서도, 무슬림 형제단에는 구애를 펼치고 있다. 2011년 미국이 주도가 되어 리비아 까다피(Gaddafi) 정권에 대규모 군사적 공습을 결정한 이념적 배경에도 인권 중심의 미국의 대무슬림 형제단에 대한 정책 인식이 자리 잡고 있다. 이러한 대리비아 정책은 역설적이게도 리비아의 완전한 해제로 이어졌으며, 인권 상황은 더욱 극단적으로 악화되고, 트리폴리는 하루아침에 내전과 글로벌 이슬람 테러의 무대로 급변하게 되었다.

와하비즘(The Wahhabis) vs 사우디 왕가(The House of Saud)

서구 사람들의 심금을 울리는 사우디 자유주의자들에 맞서 사우디 왕가에 반대하는 이슬람주의자들이 보이지 않은 대립각을 세우고 있다. 이슬람 세력의 발흥을 허용하는 것은 단순히 록 콘서트(Rock Concerts)를 보지 못하거나, 남녀가 같이 하는 멋진 저녁 식사(Coed Dining)를 더 이상 하지 못하는 문제에 국한되는 것이 아니다. 이슬람 혁명 세력은 사우디 왕가 전복, 2,680억 배럴의 사우디 매장 석유 장악, 메카 및 메디나 접수 등 테러 국가를 수립할 때까지 행진을 계속할 것이다.

지난 50년간 압둘아지즈(Abdulaziz) 후계자들은 사우디 종교 세력(와합: Wahhabis)에 대해 온건 노선을 유지해 왔으며, 종교적 보수주의자들과 대결 노선을 취하는 것을 매우 위험한 것으로 인식해 왔다. 미국 국가안전보장위원회 위원을 역임한 피터 데룩스(Peter Theroux)는 9 · 11 테러 직후 사우디 정부의 급여를 받는 성직자들의 사악한 설교에 충격을 받았다고 고백한다. 당시 사우디 정부 관리는 사우디 지배자들은 보수 성직자들의 언행에 그 어떤 제한도 부과할 수 없으며, 그 대가로 이들 성직자들은 지배자에 대한 일체의 비난을 자제하고 있다고 실토한다. 데룩스(Theroux)는 "이러한 양자 관계는 사우디가 지난 수십 년간 의존해 온 일종의 마약 거래(Drug Deal)"[299]로 MBS가 사실상 집권을 시작하면서 이러한 구도에 변화가 초래되기 시작한다.

워싱턴 정계 가장 끈질긴 MBS 저격수인 미국 코네티컷 주 민주당 상원 의원 크리스 머피(Chris Murphy)는 리야드의 음악 콘서트와 영화 관람에도 불구하고 사우디 와하비(Wahhabi)의 대외적 불관용을 자금 지원하는 정책은 지속되고 있다고 날을 세운다. 상원 의원은 "세계를 여행할 때마다 걸프 자금에 대한 이야기와 사우디 석유 자금이 보수적이고 비관용의 와하비 모스크(Mosques)를 부추기고 있다는 소식을 여전히 듣게 된다."고 꼬집는다. "사우디로부터 보수적 이슬람으로 흘러 들어가는 자금은 10년 전과 똑같이 투명성이 결여되어 있으며, 대부분 잠행적으로 이루어져 왔으며, 현재에도 여전히 자금 지원이 이루어지고 있다."[300]고 지적한다. 1990년대와 2000년대 리야드는 지하드 이념의 순수출국으로 사우디 정부가 보수 이슬람 이념에 유혹되었으며, 종국에는 사우디 정부가 해외에 파병한 오사마 빈 라덴을 포함한 지하디스트(Jihadist)들이 자신들의 성전의 표적을 사우디 왕가와 그 동맹국들로 방향 전환을 하면서 9·11 테러가 발생하게 된다.

UAE와 Turkiye의 이념 각축[301]

앙카라와 아부다비 간의 이념적인 지정학적 경쟁을 촉발한 요인은 2011년에 발생한 아랍의 봄이다. 양국의 마찰과 알력 관계의 배후에는 무슬림 형제단이 주창하는 정치 이슬람주의(Political Islam)를 바라보는 정반대의 정치적 이념 충돌이 자리 잡고 있었다. 중동 지역을 휩쓸고 있는 민중 봉기라는 정치적 불안정의 시기에 튀르키예는 무슬림 형제단의 이념을 신봉하는 이슬람 혁명 세력을 지원하면서 MENA 지역 패권 경쟁에 뛰어들게 된다. 이에 UAE는 혁명 세력이 기존 정치 질서를 뒤엎으려는 시도를 자신의 정치적 정당성에 대한 존재론적 위협으로 인식하면서 튀르키예의 지정학적 행보에 반격을 가했다. 에르도간은 이집트 알시시 쿠데타 성공의 배경에는 UAE가 배후에 있다고 비난하고 있을 뿐만 아니라, 2016년 7월 발생한 튀르키예의 쿠데타 시도의 배후에도 아부다비가 개입되어 있다고 주장했다. 이듬해인 2017년 튀르키예는 사우디, UAE, 이집트 및 바레인이 카타르에 대해 봉쇄 조치를 가하자 도하의 편에 서면서 천연가스 왕국과 유대 관계를 강화하였다. UAE가 2020년 이스라엘과 외교 관계를 수립하자 튀르키예는 아부다비에 외교 관계 단절을 위협하며 아부다비-튀르키예 관계를 더욱 악순환의 고리로 내몰게 된다. 이와 병행해 양국은 튀니지, 리비아 및 시리아에서도 지정학적 경쟁을 전개하고 있는 것은 이미 잘 알려진 사실이다.

정치 이슬람주의(Political Islam)

정치 이슬람주의는 20세기 시작된 이슬람 부흥(Islamic Revival) 흐름의 한 측면으로 이슬람(Islam)을 정치적 정체성과 활동의 원천으로 받아들이고 있는 운동이라고 할 수 있다. 무슬림 형제단이 표방하는 정치 이념은 중동 각국에 서로 다른 이해 관계를 내포한다. UAE와 튀르키예는 완전히 정반대의 지정학 계획을 추구하고 있다. "아부다비가 세속적이며 강력하고 권위주의적이나 정치 시스템에서 무슬림 형제단의 정치 이념을 완전히 배제한 중동 정치 비전을 제시하고 있는 반면 튀르키예는 정치 이슬람주의를 신봉하는 정당과 단체들과의 관계 개선을 바탕으로 일련의 통상 협정, 재건 계획 및 군사 협력을 통해 중동 지역에서 앙카라의 국익 추구를 모색하고 있다."고 채텀 하우스(Chatham House) 네일 쿠일리엄(Neil Quilliam)은 분석한다.

2020년 7월 튀르키예와 UAE 관계는 리비아 사태와 관련하여 튀르키예가 지원하는 서부 세력 파에즈 알사라지(Fayez el-Sarraj)가 리비아 동부로의 진격을 지속할 경우 UAE의 동맹국인 이집트가 리비아 사태에 군사적인 개입을 할 것이라고 위협하면서 더욱 악화일로를 걷게 되었다. 리비아 사태에 대한 이집트의 군사적 개입 시나리오는 리비아 동부 전략적 지역인 시르트(Syrte)에 대한 지정학적 야심을 품고 있는 튀르키예의 지정학적 이해 관계와 정면으로 충돌하는 것이다. 리비아 동부 군벌 칼리파 하프타르(Khalifa Haftar)의 리비아 서부 트리폴리 지역으로 진격은 튀르키예 지원의 용병 세력에 의해 여러 번 좌절된 바 있다. "튀르키예의 리비아 문제에 대한 개입은 최근 몇 달간 강화되어 왔다. 이러한 튀르키예의 개입 증대로 인해 UAE의 리비아 사태 개입 비용이 증대하였을 뿐만 아니라 아부다비 후원을 입고 있는 하프타르 주도의 리비아국민군이 실현한 리비아 사태의 진전 상황이 역전되는 결과를 초래하게 되었다."고 네일 쿠일리엄(Neil Quilliam)은 분석한다. 2020년 7월 31일 카타르 방송사 알자지라(Al-Jazeera)와 인터뷰에서 튀르키예 국방 장관 훌루시 아카르(Hulusi Akar)는 아부다비의 리비아와 시리아 사태 개입을 비난하면서, 적절한 시점과 장소에서 아부다비의 행동에 대해 대가를 치르게 할 것이라고 공언했다. 튀르키예 국방 장관은 또한 UAE가 튀르키예에 적대적이며 앙카라를 저해할 수 있는 테러 조직을 지원하고 있다고 언급한다. 튀르키예 국방 장관의 이러한 발언은 대리 분쟁을 통해 중동 지역에서 자신의 영향력을 확대하려는 아부다비와 앙카라의 점증하는 긴장 관계의 한 단면을 보여 주고 있는 것이다.

시리아 사태에서 아부다비는 2018년 시리아에 대사관을 가장 발빠르게 재개설한 이후 다마스쿠스와의 관계 개선에 외교력을 집중한다. 이러한 아부다비의 움직임에 대해 견제의 눈초리를 보내고 있는 튀르키예는 시리아 북부 지역에 튀르키예군을 주둔하고 있을 뿐만 아니라 시리아 사태 해결을 위한 협상과 중동 지정학 판세 변화의 무시할 수 없는 중재자로서의 입지 구축을 시도하고 있다. 안와르 가르가쉬(Anwar Gargash) UAE 외교특임장관은 튀르키예 국방 장관의 발언을 맹비난하고, 아랍 문제에 개입하지 말 것을 앙카라에 촉구하면서, "오토만 제국(The Sublime Porte)과 식민주의의 환상은 역사 기록 보관소에만 존재할 뿐이며, 국가 관계는 협박으로 이루어지는 것이 아니다."고 꼬집는다. "양국 발언은 튀르키예와 UAE의 격돌이 공공연하게 진행 중이며, 외교적 협상을 통한 해결이 불가능함을 서로가 인정하는 것"이라고 유럽외교관계위원회(European Council on Foreign Relations: ECFR) 신지아 비안코(Cinzia Bianco)는 평가한다.

앙카라와 아부다비의 영향력 경쟁은 또한 '아프리카의 뿔(horn of Africa)' 지역에까지도 수출된다. 소말리아, 소말릴란드, 에리트레아, 에티오피아, 지부티가 속해 있으며, 홍해를 사이에 두고 아라비아 반도와 마주하고 있어 전략적 지역으로 여겨지는 아프리카의 뿔을 둘러싸고 양국은 영향력 확대 경쟁을 벌이고 있다. 튀르키예는 역사적 경제적으로 긴밀한 관계를 유지하고 있는 소말리아에 국외 최대 군사 기지를 보유하고 있다. 반면, 아부다비는 2015년 이후부터 에리트레아 아쌉(Assab) 지역에 공군 기지를 보유하고 있는데, 이를 기반으로 아부다비는 후티 반군과 대립각을 세우고 있는 예멘 만수르 하디(Mansour Hadi)정부 지원을 위해 리야드가 주도한 연합 세력에 가담하여 예멘 사태에 개입한 것이다. 2017년 아부다비는 소말리란드 베르베라(Berbera) 지역에 군 기지 건설을 대대적으로 추진했으나 실행되지는 못했다. 아프리카의 뿔(Horn of Africa)은 아부다비와 앙카라 모두에게 전략적 지역으로 아덴(Aden)만과 홍해에 대한 접근권을 보장해 줄 뿐만 아니라 국제 해상 교역과 석유 수출의 핵심적인 해상로인 밥 알만데브(Bab al-Mandeb) 지역이 위치해 있다. 2020년 5월 튀르키예 외교장관 하미 아크소이(Hami Aksoy)는 리비아와 아프리카 뿔 지역에 대한 UAE의 개입을 언급하면서, 아부다비가 예멘 남부이행위원회와 같은 분리주의 세력과 알-셔밥(Al-Chebab)과 같은 테러 단체에 대한 지원을 하고 있다고 맹비난한다. 그럼에도 불구하고 네일 쿠일리엄(Neil Quilliam)는 "아부다비와 앙카라의 직접적인 충돌 가능성은 낮으며, 양국은 북아프리카, 아프리카 뿔 및 중동 지역에서 서로 대결하고 있는 군사 및 정치 단체에 대한 지원 강화를 지속할 것"이라고 전망하고 있다. 따라서 양국의 경쟁은 "각국의 국가 역량을 넘어서는 단계까지 혹은 다른 외세의 개입이 있을 정도로 격화될 것이며, 중동 지역에서 튀르키예와 UAE 대립 관계에 큰 비중을 두지 않았던 많은 이들에게 양국의 경쟁 관계가 MENA 지역에서 이란과 사우디의 각축만큼이나 치열하다는 것을 인식시켜 주고 있다."고 평가하고 있다.

관계 봉합[302]

    튀르키예의 국제적 고립과 이스탄불 경제 위기 심화를 배경으로 2021년 11월 24일 UAE 왕세자 MBZ는 앙카라를 방문하여 튀르키예 대통령 에르도간과 회담을 가졌다. 양국 정상의 만남은 거의 10년만의 일로 아부다비와 튀르키예 양국 관계 해빙 가속화를 의미하는 것이라고 언론은 평가하고 있다. MBZ와 에르도간(Erdogan) 양자 회담 이후 아부다비가 튀르키예의 보건 및 에너지 분야에 대한 전략적 투자를 위한 100억 달러 상당의 기금을 창설할 것이라고 발표한데 대해, 알자지라(Aljazeera)는 로이터(Reuters) 보도를 인용하면서 양국의 협정은 10년 전 아랍의 봄 이후 양국이 지역 영향력 경쟁을 펼치기 시작한 이후 처음으로 경제적 파트너십으로의 방향 전환을 부각시켜주는 것"이라고 평가한다.[303]

    이번 만남은 지역 분쟁에서 대리 세력을 통해 충돌하고 있으며 서로 다른 지정학적 이해 관계를 가지고 있는 양국 긴장을 저하시키기 위한 관계 개선의 일환이라는 배경 속에서 이루어지고 있다. "튀르키예는 현재 지중해와 중동 지역에서의 외교 정책을 재조정하는 과정에 있으며, 이러한 대외 정책 조정을 통해 튀르키예의 고립을 극복하고, 교역을 확대하기를 바라고 있다. 앙카라와 아부다비의 관계 개선 움직임도 튀르키예의 큰 그림의 일환이다."라고 중동연구소(Middle East Institute) 마이클 탄툼(Michael Tantum)은 평가하고 있다.[304] 아부다비와 앙카라의 최근 접촉 강화의 배경에는 또한 UAE가 시리아를 아랍 세계에 복귀시키고, 중동 지역 여타 국가와 이스라엘과의 관계 정상화를 더욱 촉진하기 위해 아부다비의 지역 무대에서의 외교 활동을 강화한다는 측면에서도 바라볼 수 있다. 바이든 행정부는 미국의 외교 정책의 축을 아시아로 더욱 집중시키고, 미국의 탈-중동 정책에 더욱 박차를 가하면서, 중동 지역 군주들은 세계 경찰 미국의 부재 속에서 자신들의 관계를 재설정할 수밖에 없게 된다. "미국이 UAE의 안보와 중동 지역 모험주의를 지원할 의지가 약화되면서, 아부다비는 통상 관계 복원에 기반하여 중동 지역에서의 평화를 구축하려고 시도하고 있으며, 지역 경쟁국인 튀르키예 및 이란과의 대결로 인해 초래되는 정치, 경제 및 글로벌 위상 측면에서 발생하는 비용으로 인해 마이너스 요인이 더 크다는 것을 아부다비가 인식하게 되었다."고 킹스칼리지런던 안드레아스 크리에그(Andreas Krieg)는 분석한다.

수단의 두 가지 권위주의(Authoritarianism) 충돌

아랍의 봄이 초래한 혼란과 파괴를 간접적으로 경험한 걸프 왕정, 이미 독재 정권을 수립한 국가들, 마지막으로 이러한 체제 유지에 사활적 이해 관계를 유지하고 있는 미국을 위시한 서방의 이해 관계가 수렴하여 소위 "독재 안정(Autocratic Stability)"이라는 지역 전략 추진을 통해 이슬람 극단주의 세력의 의혹을 받고 있는 무슬림 형제단의 이념적 공세에 대응하고 있다. 다시 말해 역내 및 글로벌 강국들은 아랍의 봄이 초래한 혼란을 정리하고 질서를 회복할 역내 군사 독재의 복귀를 후원하면서, 수단, 이집트, 리비아 및 알제리를 아우르는 북아프리카 지역에 "독재 초승달(Military Crescent)" 구축을 모색하고 있는 것으로 수단 사태도 이러한 두 가지 권위주의 체제-군사 독재 vs 이슬람 독재- 간의 대결로 압축할 수 있다.

이슬람 독재(Islamist Authoritarianism)

1983년 사실상 시작된 수단 2차 내전은 1978년부터 1982년까지 수단 남부 지역과 남북 간의 경계에서 대규모 유전이 차례로 발견되면서 막대한 경제적 이익을 갖기 위한 북부와 남부의 대결이 가장 결정적인 배경이라고 할 수 있다. 그러나 그 이면에는 당시 무슬림 형제단으로 인해 수단 정부 내에서의 이슬람 근본주의 세력 강화가 있다. 1983년 니메이리 정권은 이슬람화의 일환으로 수단을 이슬람 아랍 국가로 할 의향을 나타내며 계엄령을 선언했고 이슬람법 샤리아의 적용을 확대하면서 분쟁이 격화됐다. 일련의 내전 이후 마침내 1989년에 바시르(Bashir) 군사 독재 정권이 들어섰지만 2019년 트럼프 최대 압박 전략의 여파로 2019년 4월 11일 또 다른 군부 쿠데타에 의해 축출된다.

2020년 10월 이스라엘과 강요된 외교 관계 수립을 압박하며, 트럼프 행정부는 카르툼을 테러 지정국에서 해제하면서 결국 수단이 이스라엘과 손잡게 한다. 트럼프 최대 압박 전략 주요 대상국의 하나인 수단의 중요성은 이스라엘에 입장에서 안보적이며 지리 전략적인 성격을 띠고 있다. 아프리카 뿔과 홍해를 아우르는 전략적 위치를 가진 수단은 아랍 세계의 대결과 그로 인한 고립 탈피의 측면에서 이스라엘에게 매우 중요한 국가이다. 1985년 이전까지 이스라엘은 카르툼과 비밀스러운 관계를 유지해 온다. 범-아랍주의로 무장한 이집트 나세르 정권 전복 시도, 이란 호메네이 정권 전복을 위한 민병대 훈련, 수단 난민 캠프에 좌초된 에티오피안 유대인(Ethiopian Jews) 구출 작전 등 양국 간 분위기를 우호적 관계로 유지했다. 하지만 1985년 카르툼이 호메네이 이란 정권과 손을 잡으면서 분위기가 급변하여 이스라엘 적대 정책이 시작되었고 2016년 수단이 이란과 외교 관계를 단절할 때까지 지속됐다. 테헤란과 연합한 수단은 이란 무기가 팔레스타인 하마스가 지배하는 가자 지구로 밀수되도록 하는 주요한 통로로 기능하게 된다. 이에 이스라엘은 수단의 수많은 무기 수송선 및 무기 공장으로 의심받는 공장 등에 대한 공습으로 대응한다. 이란의 위협이 초래한 역내 역학 변화와 트럼프 행정부가 제공해 주는 세기의 기회를 맞아 이스라엘은 수단을 이슬람주의 이란의 영향력에서 완전히 떼어 내려고 시도했다.

세속적 독재(Secular Authoritarianism/Dictatorship)

2019년 5월 수단의 독재자가 물러나자, 수단이 역내 새로운 각축의 장이 될 위험성이 제기된다. 시리아 내전이 외부 세력의 개입에 큰 영향을 받았듯이 수단 사태에도 외세가 깊이 개입하고 있다. 현대 중동 지정학 구도를 형성하고 있는 공통 분모가 수단에서도 작용하고 있으며, 그중에서도 걸프 동맹국과 함께 사우디가 카타르와 튀르키예에 대항한 역내 영향력 경쟁을 위한 다중 전선을 형성한다. 사우디 캠프가 수단의 군부를 지원하고 있다면, 튀르키예와 카타르는 수단의 이슬람 세력과 긴밀한 연합을 형성하면서 두 가지 권위주의가 수단을 미래를 두고 각축을 전개하고 있다.[305] 오바마 행정부 관리이자 수단 전문가 자크 베르틴(Zach Vertin)은 2019년 4월 뉴욕 타임즈 기고문 『*Sudan cannot become yet another battlefield in a larger proxy war between Middle Eastern rivals*』에서 "수단 국민들의 자생적인 혁명이 외부 어젠다(External Agendas)에 의해 납치되어 있어 수단과 역내에 불안정을 초래하고 있다."고 평가한다.

아랍의 봄 이전 수단은 미국에 의해 테러리즘 국가로 지정되었으며, 다르프르(Darfur) 분쟁으로 인해 미국의 경제 제재에 직면하고, 미국의 크루즈 미사일의 표적이었다. 수단은 이슬람주의자와 이란의 우방국이였으며 2016년 사우디가 결국 수단을 설득하여 확대된 순니 연합으로 들어오게 한다. 이러한 사우디 연합의 공세에 저항해 카타르, 튀르키예는 2018년 3월 수단과 홍해 지역 수아킨(Suakin) 항구 개발과 튀르키예의 소형 해군 군사 기지 건설을 위한 협정을 체결했다. 사실상 2019

년 1월 수단에서 반정부 시위가 격화되자 바시르(Bashir) 대통령이 가장 먼저 지원 요청을 한 국가는 카타르였다. 하지만 2019년 트럼프 최대 압박 전략과 결탁한 하위 시스템인 사우디 주도 순니 축(Axis)이 힘을 얻게 되면서 수단을 이란의 영향권에서 떼어 내어 반-이란 캠프로 끌어들이기 위한 노력이 본격화된다. 이러한 지정학적 노력은 워싱턴의 긴밀한 동맹국인 사우디의 이해관계와 역행할 가능성이 거의 없다는 확신을 넘어, "정작 중요한 것은 수단 군부는 미국이 후원하고, 이스라엘, 이집트 및 걸프 국가들이 참여하고 있는 중동 지역 안보 동맹 체제의 일부분"이라고 수단 정치 분석가 마그디 알-지줄리(Magdi el-Gizouli)가 평가한다.[306] "미 국무부가 수단의 문민 정부로 이행 노력에 대한 공식적인 지지를 표명하고 있으나, 리비아 상황을 유추해 보는 것은 수단 사태와 관련하여 매우 시의적절하다."고 한 국제위기그룹(International Crisis Group) 회장 로버트 말리(Robert Malley)의 말에서 미묘한 뉘앙스 차이를 느낄 수 있다.[307] 다시 말해 리비아 까다피 독재 정권 붕괴 이후 혼란을 지속하고 있는 리비아 사태로 인해 서방과 걸프 순니 연합은 혼란으로 점철될 민주화된 문민 정부보다는 안정적인 군사 독재를 선호하고 있다는 것이다.

용병 서비스(Mercenary Services)

수단 혁명이 문민 정부로 이어질 경우 군부는 자신들의 경제적 지분이 상실될 것을 가장 우려한다. 군부는 수단 경제의 많은 부문에서 영향력을 행사하고 있으며, 특히 수단의 금 채굴 산업과 금의 두바이로의 수출에 사활적인 이해 관계를 가지고 있는 것으로 알려져 있다. 수단 군부 기업들은 사우디와 아부다비의 파트너들로 구성되어 있으며, 이들이 투자와 자금 확보를 주도하면서 수단 군사 정권을 지원하고 있다. 이러한 경제적 이해 관계보다도 더욱 중요한 측면은 수단이 리야드와 사우디에 제공해 주는 용병 서비스라고 할 수 있다. 리야드 MBS와 아부다비

MBZ는 군부가 제공해 주는 용병 서비스를 지속적이며 안정적으로 확보하기 위해 수단의 민주화 이행 과정이 군부가 절대적 우위를 갖는 구도에서 형성되기를 바라고 있다. 예멘과 리비아 내전에서 두 걸프 부국들은 카르툼이 제공해 온 용병 서비스에 크게 의존해 왔다. 2021년 10월 25일 발생한 수단 군부 쿠데타도 사우디-에미라티-이집트 삼자 축의 지원하에 이루어진 것으로, 월스트리트저널은 수단 군부 실세 부르한(Burhane)이 이집트의 지원에 대한 확답을 얻기 위해 쿠데타 전날 이집트 대통령 알시시와 회동하였을 것으로 보도하였다. 요컨대 수단 군부는 리야드와 아부다비를 위해 헤메티(Hemetti) 장군의 수단 신속 대응군의 예멘 파병을 도모하고 협조하는 데 이해를 공유하고 있다. 2022년 2월 11일 UN이 발표한 수단 다르푸르(Darfour) 지역에 대한 무기 금수 조치의 이행 여부에 관한 보고서에서 "리비아 수단 용병들의 활동은 수단 서부 지역 다르푸르 지역 대부분의 무장 단체들의 주요한 자금 공급처로 기능하고 있다."고 지적하면서, 아부다비의 지역 정책을 간접적으로 비난한다. 보고서는 리비아 군벌 하프타르가 주도하는 자칭 리비아국민군을 위해 리비아에서 활동 중인 수천 명의 수단 용병에 관한 상세하게 언급하면서, UAE가 자금 지원을 하고 있으며, 리비아국민군이 수단 용병에게 돈을 지급하고 있다고 설명하고 있다. 수단과 UAE의 긴밀한 관계는 금융 부문을 통해서도 확인할 수 있다. UAE의 화려한 국가 이미지의 뒷면에는 전세계 검은돈이 모여든다는 어두운 측면도 존재한다. 2021년 UAE의 은행이 미국이 수단에 부과한 금융 제재 위반 혐의로 벌금을 선고받는 사건이 발생한다. [308] 아랍에미레트의 주요 은행 중의 하나인 마쉬릭뱅크(Mashreqbank)는 2021년 11월 초 워싱턴이 수단에 대해 취한 제재에도 불구하고 2005년에서 2009년 사이에 수단으로부터 4조 원 이상의 자금을 이전하였다는 혐의로 미국에 의해 약 1천 억 상당의 벌금 부과 명령을 받았다.

트럼프 강압 정책의 반발

이스라엘 진보 매체 하레츠(HAARETZ)는 트럼프가 강압적으로 수단이 이스라엘을 수용할 것으로 강요한 최대 압박 전략이 자칫 재난적인 결과를 초래할 수도 있음을 경고한다. 수단 정치 분열의 뒷면에는 군부와 힘겨루기를 하고 있는 이슬람주의 세력이 여전히 포진해 있음을 지적하면서, 워싱턴이 카르툼의 팔을 비트는 강압적인 방식은 수단의 민주적 지배로의 이행을 저해하고, 문민에 대한 군부의 입지와 이슬람주의(Islamist Appeal)에 대한 매력을 강화시켜 궁극적으로 이스라엘-수단 관계가 요절할 운명에 처할 수 있다고 우려한다.[309] 1990년대 바시르(Bashir) 정권의 핵심 인물인 하산 압둘 알아할(Hassan 'Abd Allahal)의 카리스마 넘치는 지도력하에서 이슬람주의는 강력한 정치 세력이었다. 전 수단 외무장관 알-투라비(Al-Turabi)는 알아할(Allahal)이 바시르를 권자에 올려놓은 1989년 쿠데타의 진정한 설계자,[310] 현대 수단 정치 역사의 가장 영향력 인물이자 이념적으로 강성 지도자로서 수단 북부 지역에 이슬람 법(Sharia)을 제도화한 핵심 인물로 평가한다. 지난 20년간 수단 이슬람 정치 세력은 꾸준히 쇠퇴해 왔음에도 불구하고 이슬람주의자들은 수단의 이스라엘과의 성급한 외교 관계 수립을 배경으로 제기를 노리고 있으며, 이슬람 율법에 따라 이스라엘과 관계 정상화를 금지하는 명령(Fatwa)을 선포하기도 한다. 2016년 3월 투라비(Turabi)가 사망하고, 2019년 바시르(Bachir) 이슬람 독재 정권이 붕괴되었음에도 불구하고 수단은 이슬람 이념이 거세된 또 다른 세속적 독재의 시대를 받아들일 것인지 아니면 아랍의 봄이 초래한 비슷한 혼란과 고통을 계속 겪을지에 대한 중대한 선택의 기로에 서 있다.

수단의 민주화와 수단-이스라엘 관계 정상화 움직임과 관련된 워싱턴과 텔아비브의 마찰은 중동 문제와 관련한 미국과 이스라엘의 견해 충돌의 또 다른 측면의 하나라는 점도 놓쳐서는 안 된다. 미국의 유보적인 태도로 인해 군부와 이스라엘 지도자 간의 열의가 식어 버릴 위험성도 존재한다. 워싱턴 아프리카 특사 제프리 펠트만(Jeffrey Feltman)은 쿠데타 직후 미국의 수단에 대한 지원 감축을 발표했으며, 미 국무부는 수단-이스라엘 관계 정상화 노력에 대해 "재평가"가 필요하다고 발표한다. 설상가상으로 워싱턴은 아브라함 협정 심화를 미국의 중동 정책의 최우선 순위로 채택하는 것을 거부할 수도 있다고 일각에서 우려한다. 미국 행정부의 표면적인 이러한 발표에도 불구하고 미국은 중국의 위협과 여타 지역 문제에 골머리를 앓고 있기 때문에 수단 사태에 깊숙이 개입하기를 꺼려하고 있다고 전문가들은 분석한다. 리프트 밸리 연구소(Rift Valley Institute) 마그디 알 지줄리(Magdi Al-Gizouli)는 "미국의 수단에 대한 입장은 강력하고 신뢰할 만한 군 지휘부와의 협상을 선호하는 이스라엘의 태도와 근본적인 측면에서 다르지 않으며, 다만 워싱턴은 본질적인 측면에서 군사 독재 정권일지라도 외형상 문민의 가면으로 치장할 수 있기를 바라고 있다."고 분석한다.[311]

군부 vs 이슬람주의자

2021년 9월에 발생한 수단의 군사 쿠데타 시도가 오마르 알-바드히르(Omar Al-Badhir) 구 독재 정권의 지지자들에 의해 자행되었던 반면, 10월 25일 발생한 쿠데타는 수단군 총사령관인 부르한(Burhane)과 수단의 민병대 세력인 신속대응군(Rapid Response Forces)을 이끌고 있는 함단(Hamdan)의 공동 작품이 분명하다고 수단 정치 분석가 지하드 마샤문(Jihad Mashamoun)는 분석한다.[312] 그럼에도 불구하고 수단 문민 세력을 대표하는 '변화와 개혁 세력(Forces for Freedom and Change, FFC)' 주도로 반개혁 세력인 수단 군부에 반대하는 대규모 시위가 수단 전역에서 발생할 수 있다고 지하드 마샤문은 전망한다. 수단군과 민간 세력 간의 알력도 수단의 구 독재자 바시르(Bashir) 정권 붕괴 이후에도 여전히 지속되고 있다. 2021년 10월 25일 수단 군사 쿠데타 발생 이전 몇 주간 수단군과 민간 세력 간의 충돌은 가속화되어 왔다. 특히, 독재 정권 붕괴 이후 공동 정부하에서 구성된 특별위원회인 '해체 위원회(Dismantling Committee)'를 둘러싼 민군의 갈등이 대표적으로, 이 조직은 부패와의 전쟁, 구 독재 체제하의 자산을 회수하는 업무를 담당하고 있었으나, 25일 쿠데타 발생 직후 한 성명에서 부르한(Burhane)은 해체위원회를 해산한다고 발표한다. 또한, 수단군은 시간이 지날수록 공동 정부의 파트너인 문민 세력이 자신들의 금융 자산에 대한 통제권에 눈독을 들이고 있을 뿐만 아니라, 바시르 독재하에서 혹은 그 이후에 자행된 군의 만행에 대해 철퇴를 가하려는 민간 세력의 의도가 더욱 커져 가고 있는 위협적인 상황에서 쿠데타를 자행한 것이다. 수단 민군 간의 갈등은 외교 정책 및 안보 문제에 있어서도 큰 견해 차이를 보이고 있다는 대목에도 주목할 필요가 있다고 국제위기그룹(International Crisis Group) 수단 전문가 조냐스 호르너(Jonas Horner)는 분석한다.

군부 알력: Burhane vs Hamdan

수단군 내부의 문제도 수단 정세를 불안정하게 하고 있다. 조냐스 호르너(Jonas Horner)는 "수단군이 분절화되어 수단 정세가 더욱 심각한 일련의 사태로 이어질 수 있는 가능성을 배제할 수 없다."고 분석한다. 수단 군 총사령관 부르한(Burhane)과 함단(Hamdan)이 이끌고 있는 준군사 민병대 세력인 신속 대응군이 대립각을 세우고 있다. 수단의 혁명의 파고에 저항하고 민간 부문에 자신들의 세력을 침투시키려는 공동의 노력에도 불구하고, 수단의 양대 무력 세력은 국가 무장 세력 통합이라는 이슈를 둘러싸고 의견 일치를 보이지 못하고 있다. 수단 군부가 서방의 지원을 절대적으로 필요로 하고 있지만, 부르한은 정권의 제2인자 함단의 도전에 직면해 있다. 수도 카르툼에서 우위를 점하고 있으며, 수단 신속 지원군(Rapid Support Forces) 최고위 장성이자, 수단의 유명한 민병대 잔자위드(Janjawid) 출신인 무함마드 함단 다갈로[Mohammad Hamdan Dagalo: 일명 헤메티(Hemetti)]는 수단 반혁명 세력의 강력하고 중추적인 역할을 담당하고 있다. "헤메티(Hemetti)는 수단 정세를 단 번에 역전시킬 수 있는 인물로, 부르한 제거를 위한 자신의 시간을 기다리고 있다."고 막 라베르그네(Marc Lavergne)는 분석한다. 헤메티(Hemetti)는 수단 금 생산, 아부다비 및 리야드와의 관계에서 자금력을 보유하고 있으며, UAE와 사우디는 예멘 및 리비아 전쟁 수행을 위해 헤메티 민병대에 의존하고 있다. 수단 정세의 또 다른 핵심적인 요소인 헤메티는 러시아의 지원도 받고 있다. 크렘린의 입장에서 카르툼은 아프리카 정복이라는 러시아 세계 정책 축의 일부를 구성하고 있다. 특히 리비아와 중앙아프리카 공화국들을 연결하는 통로 역할을 하고 있으며, 러시아 바그너(Wagner) 용병대 단체가 프랑스군을 물리친 다르푸르(Darfour) 지역을 통제하고 있는 헤메티는 모스크바의 입장에서 필수불가결한 인물로 여겨지고 있다. "함단(Hamdan) 세력들은 유럽으로 이어지는 아프리카 불법 이민자들의 회랑, 금 밀수망, 리비아와 수단의 마약 거래를 위한 회랑 등 모든 주요 회랑(Corridors)을 통제하고 있으며, 헤메티 세력은 수단 군부보다 훨씬 강력한 위치에 있다."고 막 라베르그네(Marc Lavergne)는 분석한다.[313]

튀니지 정치 위기와 이크완(Ikhwan)

2021년 7월 25일 까이스 싸이드(Kais Saied) 튀니지 대통령은 총리 해임, 이슬람주의 세력 안나흐다(Ennahda)가 주도하는 의회 기능 정지, 야간 통행 금지 등 일련의 반민주적이며, 반-혁명 조치를 발표한다. 2021년 7월 전개된 튀니지 민주주의 격변이 국내적 불만의 표출로 보일 수도 있겠지만, 튀니지 정치 위기에 대한 외부의 반응은 역내의 주요한 흐름을 조명해 주고 있으며, 역내 동맹 변화, 역학 구도 및 각국 정부의 정책 우선순위(Priorities)를 이해하는 데 큰 도움을 주고 있다고 평가받고 있다.[314] 먼저, 이번 사태는 역내 개입 문제에 있어서 바이든 행정부의 불안감을 부각시켜 주고 있다. 실제 미 행정부는 튀니지 사태의 주위에서만 맴돌고 있을 뿐이다. 튀니지 대통령의 이번 조치를 쿠데타로 규정하지 않는 미국의 제한적인 대응에 대해 미국 진보 세력은 2013년 이집트에서 알시시(Al-Sisi) 군부 쿠데타가 발생했을 때와 똑같은 실수를 반복하고 있다고 비난했다. 이번 사태는 또한 카타르-튀르키예 vs UAE-사우디 양대 진영 간의 이념 경쟁의 틀에서도 발생하고 있다. 아랍의 봄 촉발 이후 중동 정치에서 전개되고 있는 한 가지 흥미로운 사실은 무슬림 형제단이 UAE, 이집트 및 사우디에 일종의 부기맨(Bogeyman: 형체가 없는 공포)의 존재로서의 역할을 하고 있으며, 군사 독재와 왕정 유지를 위한 권위주의적이며 위헌적인 조치를 정당화하기 위해 너무나도 자주 들먹여지고 있다는 점이다. 아랍의 한 언론 매체는 튀니지 대통령의 이번 결정을 사실상 "무슬림 형제단에 저항한 튀니지의 반란"으로 규정했다.

Qatar-Turkiye vs UAE-KSA

2021년 7월 튀니지 정치 위기는 미국의 역내 개입 축소 흐름 속에서 역내 맹주들의 패권 경쟁이 가열되고 있는 배경 속에서 발생하고 있다. 튀니지 대통령이 취한 결정의 지정학적 의미는 북아프리카(Maghreb) 지역 자신들의 영향력 확대를 위해 튀니지에 구축해 놓은 튀르키예-카타르 축이 위협받고 있음을 보여 주고 있다. 2011년 아랍의 봄 우등생 "튀니지와 GCC와의 관계는 영향력과 힘이라는 지역 열강들의 각축의 프리즘을 통해 바라볼 수 있으며, 튀니지는 지중해에서 GCC국가들의 지정학적 연합을 위한 전략적 전장"[315]이라고 워싱턴 걸프국제포럼(Gulf International Forum) 연구소 소장 다니아 다퍼(Dania Thafer)는 분석한다. 도하와 앙카라의 불편한 심기를 보여 주는 지표로, 양국 매체는 이번 결정을 튀니지 대통령이 서방에 매수되어 있으며, 사우디-UAE 블록의 지배하에 있다고 비난받는 까이스 싸이드(Kais Saied) 튀니지 대통령이 주도한 쿠데타로 규정했다. 이번 쿠데타로 튀니지 지도부가 아부다비의 영향권으로 귀속될 경우 도하는 정치 경제적으로 큰 비용을 치르게 될 것이다. 튀니지를 끌어들이기 위해 경제 통상 외교에 의존해 온 도하는 튀니지 최대의 투자국이며 그 뒤를 이어 아부다비가 두 번째 투자국의 위치를 점하고 있다.

한편, 앙카라와 튀니지와의 관계는 튀니지 이슬람 정당인 안나흐다(Ennahda)와 관련되어 있다. 튀니지 최대 정치 세력인 안나흐다(Ennahda)의 당수는 튀니지 의회 현 국회의장인 간누쉬(Ghannouchi)가 주도하고 있다. 무슬림 형제단을 지원하는 튀르키예는 아랍의 봄 우등생인 튀니지를 이슬람과 민주주의 통합에 성공한 모범적인 정치 모델로 인식하고 있는 것이다. 튀니지와 튀르키예의 관계는 또한 경제적인 측면도 존재한다. 양국 자유무역협정은 2013년도에 발효되었으며, 2011~2018년 튀니지의 튀르키예 수입 규모는 2배 이상 증가하였다고 튀니지 수스(Sousse) 정치과학 및 법학부 조교수 마리암 벤 쌀렘(Maryam Ben Salem)은 설명한다. 튀니지 대통령의 정치적 일격으로 튀르키예는 자신의 외교 정책의 주요한 동맹을 상실할 수 있고, 양국 경제 협력 관계도 위험에 처해질 수 있다고 전망한다.

정치적 힘겨루기

2021년 7월 25일 튀니지 대통령 까이스 싸이드 사실상 쿠데타 조치 이후 리야드와 아부다비의 튀니지에 대한 영향력 확대가 본격화된다. 튀니지 신임 총리 나즐라 부덴(Najla Bouden)은 사우디 정부 주도의 지역 환경 회의 참석을 위해 10월 사우디를 방문했다. 튀니지 총리는 외교 장관과 함께 리야드와 아부다비의 튀니지에 대한 자금 지원 방안에 대해 중점적으로 논의한 것으로 알려져 있다. 왜냐하면 튀니지는 현재 심각한 정치 경제 위기로 인해 국고가 텅텅 비어 가고 있기 때문이다. 튀니지 중앙은행 고위 책임자 압델카림 라수드(Abdelkarim Lassoued)는 이러한 논의가 상당히 진척된 상황이라고 전한다. 걸프 부유국의 튀니지에 대한 자금 지원은 국제신용평가사 무디스가 10월 중순 튀니지 경제 상황을 Caa1으로 강등하면서 더욱 절실해졌다. 무디스가 튀니지 경제의 중기 전망을 부정적으로 평가한 것은 튀니지 정부 약화와 까이스 싸이드(Kais Saied) 대통령의 쿠데타 이후 불확실성 증대를 반영하는 것이라고 시장은 분석한다.

튀니지 대통령이 발표한 조치는 명백히 튀니지 최대의 정치 세력인 안나흐다(Ennahda)를 표적으로 한 것이다. 온건 정치 이슬람주의를 표방하는 안나흐다(Ennahda)는 도하가 지원하는 무슬림 형제단과 긴밀한 관계를 유지하고 있기 때문에 리야드와 아부다비는 테러 조직으로 지정하고 있다. 안와르 가르가쉬(Anwar Gargash) UAE 대통령 외교 보좌관은 "UAE는 이러한 긍정적 흐름의 틀에서 튀니지 국가와 대통령을 지지한다."고 발표한다. 사우디 언론사 오카스(Okaz)가 "튀니지가 무슬림 형제단에 항거했다."고 보도하자 이집트 언론은 이러한 보도를 그대로 인용 보도하면서 이념 전쟁에 동조했다. 반면, 걸프 부유국 카타르 알자지라(Al-Jazeera) 방송은 이번 쿠데타를 "혁명과 헌법에 대한 쿠데타"로 규정한 튀니지 국회의장의 비난 발언을 그대로 인용 보도했다. 싸이드 대통령 조치 발표 직후 튀니지 지부 알자지라 방송국은 폐쇄 조치되었다. 알자지라 방송국은 리야드 및 아부다비 주도로 카타르에 대해 부과해 온 봉쇄 조치의 주요한 표적 중의 하나로, 봉쇄 해제를 위해서 동 방송국 폐쇄를 카타르에 요구해 왔으나 도하는 끈질기게 거부해 왔다.

이러한 튀니지 정치 상황 전개는 역내 걸프 지역 간의 전개되고 있는 힘겨루기의 일환에서 발생하고 있는 것이다. 무슬리 형제단 정치 이슬람 이념을 지원하는 튀르키예-카타르 축에 대항해 사우디-리야드 축이 아랍 혁명의 전염 효과 차단하고 자국 국민들 사이에 정치 이슬람 혁명 이념 전파를 봉쇄하고 있는 형국이다. 사우디는 2011년 아랍의 봄 당시 고인이 된 전 튀니지 대통령 벤 알리(Ben Ali)에게 튀니지 혁명의 폭풍을 피해갈 수 있도록 리야드에서 은신처를 제공하기도 했다. 아부다비는 2011년 10월 아랍 혁명 이후 최초의 선거에서 선두에 나온 안나흐다(Ennahda) 세력을 견제하기 위해 2012년 베지 카이드 이셉시(Beji Caid Essebsi)가 창설한 정당인 니다 투네스(Nidaa Tounes)에 대한 자금 지원을 했다. 2014년 니다 투네스(Nidaa Tounes)는 안나흐다(Ennahda)를 제치고 튀니지 제일의 정당으로 부상하며, 이셉시(Essebsi)

는 민주적으로 선출된 최초의 튀니지 대통령이 되었다. 그러나 의회 절대 다수 획득에 실패한 니다 투네스는 연립 정부에 안나흐다 세력을 포함시킬 수밖에 없었으며, 이로 인해 아부다비는 크게 실망하게 된다. 현 튀니지 대통령 싸이드가 안나흐다 정치 세력에 대해 품고 있는 개인적인 혐오감과 더불어 대통령이 이번 쿠데타를 통해 안나흐다 정치 세력을 튀니지 정치 무대에서 완전히 배제하는 조치를 취하면서 튀니지와 리야드 및 아부다비와의 관계가 다시 강화되기 시작한 것이다.

그럼에도 불구하고, 카타르 도하는 지난 몇 년간 튀니지의 주요 경제 통상 파트너로서의 입지를 잘 다져 왔다. 2011년 이후 아부다비는 튀니지에서 정치적 후퇴를 경험하게 되는데, 당시 아부다비는 리비아에 이어 두 번째로 큰 튀니지의 통상 파트너의 위치를 점하고 있었다. 튀니지 혁명 이후 안나흐다가 정권을 잡은 이후 2017년까지 카타르가 안나흐다에 지원한 자금은 15억 달러로 추산되고 있다. 도하와 투니스(Tunis)의 특별한 관계를 반영하여, 2021년 튀니지 수도에서 열린 첫 번째 아랍의 봄 기념식에 카타르 왕족 칼리파 알-싸니(Khalifa Al-Thani)가 참석했다. 반면, 리야드와 아부다비는 벤 알리(Ben Ali) 정권 붕괴 이후 이셉시(Essebsi) 튀니지 대통령하인 2015년이 되어서야 튀니지를 방문할 수 있게 된다. 2019년 10월 대통령 선거에서 까이스 싸이드(Kaïs Saïed)가 승리하면서 현 카타르 국왕 타밈 알-싸니(Tamim al-Thani)가 튀니지를 방문하고, 까이스 싸이드(Kaïs Saïed)도 도하를 방문하게 되었다.

국제적 여파

아랍의 봄 우등생으로 호평을 받아 온 튀니지의 민주화 후퇴로 물주(Bankroller)인 미국과 유럽 연합은 우려하고 있다. 튀니지가 IMF에 요청한 40억 달러 자금 요청은 정치적 교착과 경제 구조 조정 개혁의 부재로 정체 상태에 빠져 있다. "튀니지는 현재 IMF, World Bank 및 G7 국가들과 튀니지 부채 및 경제 개혁 문제와 관련하여 힘겨루기를 지속하고 있기 때문에, 리야드와 아부다비의 경제 지원을 획득하는 것이 매우 시급한 문제"라고 콜롬비아글로벌튀니지센터(Columbia Global Center de Tunis) 소장 유세프 세리프(Youssef Cherif)는 강조한다. "만약 까이스 싸이드 튀니지 대통령이 서방의 지원금을 UAE 및 사우디가 제공해 주는 자금으로 대체한다면, 이는 튀니지 민주주의 미래와 튀니지가 맺고 있는 서방과의 관계에 장기적인 여파를 몰고 올 것"이라고 카네기중동센터(Carnegie Center for the Middle East) 사라흐 예르케스(Sarah Yerkes)는 전망하면서 "리야드와 아부다비는 자신들의 튀니지에 대한 자금 지원의 조건으로 예멘, 리비아 사태 등 중동 문제에서 튀니지가 자신들의 캠프에 동참하는 지정학적 연합(Alignement)을 요구하고 있다."고 분석한다.[316] 일례로 리비아 사태에서 도하는 유엔이 승인한 파예즈 알-사라지(Fayez Al-Sarraj) 주도의 리비아 서부 지역 세력을 지원하고 있는 반면 리야드와 아부다비는 리비아 동부 세력을 주도하는 군벌 지도자 하프타르에 대해 재정 및 병참 지원을 통해 이슬람 세력을 견제하고 있다. 비-개입 외교정책 노선을 취하고 있는 튀니지는 리야드와 아부다비 주도의 대카타르 봉쇄 조치뿐만 아니라 인근국 리비아 사태에 있어서도 중립적인 입장을 고수해 왔다. 2020년 까이스 싸이드는 프랑스 마크롱 대통령에게 "튀니지는 우리의 주권뿐만 아니라 리비아의 주권을 존중하기 때문에 그 어떤 캠프의 후방 기지 역할을 하지 않을 것"이라며 중립주의를 다시 한 번 더 천명했다. 2022년 6월 21일 까이스 싸이드(Kais Saied)는 자신이 7월 25일 국민 투표에 부칠 새로운 헌법에 "이슬람(Islam)이 국교(State Religion)로 규정되지 않을 것"이라고 확언했다. 벤 알리(Ben Ali) 독재 정권 붕괴 이후 2014년 채택된 현행 헌법은 1959년 헌법과 마찬가지로 제1조에 "튀니지는 자유롭고, 독립적인 주권 국가이다. 국교는 이슬람, 공식어는 아랍어, 정치 제제는 공화정"이라고 규정되었다. 튀니지 세속주의와 이슬람주의의 대결이 격화되고 있다. 2022년 7월 25일 실시된 헌법 개정 국민투표에서 참여자의 94.6%가 개헌에 찬성표를 던졌다.

그러나 안나흐다(Ennahda)를 주축으로 하는 야당 연합 세력(Front de Salut national: FSN)은 저조한 국민투표 참여율을 지적하며 75%의 튀니지 사람들이 까이스 싸이드가 1년 전에 착수한 쿠데타(Putsch) 계획에 분명한 반대 의사를 표명하였다고 꼬집었다.

군부 역할의 중요성

앞서 역내 및 글로벌 강국들은 아랍의 봄이 초래한 혼란을 청소하고 질서를 회복할 역내 군사 독재의 복귀를 후원하면서, 수단, 이집트, 리비아 및 알제리를 아우르는 북아프리카 지역에 "군사 초승달(Military Crescent)" 구축을 모색하고 있다고 언급하였다. 튀니지도 동일 맥락에서 이해할 수 있으나, 튀니지는 군부가 압도적인 영향력을 행사하고 있는 이집트 및 알제리와는 성격상 차이를 보이고 있다. 알제리에서는 군부가 민중 봉기로 휘청거리고 시민들의 신뢰를 상실한 정권을 막후에서 조정하였다는 의혹을 받고 있다. 이집트에서 군부를 이끌었던 알시시 대통령은 모르시 이슬람주의 대통령을 몰아내고 권자에 올랐다. 이집트 군부가 쿠데타 성공에 결정적 역할을 한 것과는 대조적으로 튀니지 군부는 벤 알리(Ben Ali) 정권에 반대한 시위가 발생하였을 때 개입하기를 거부한다. 튀니지 대통령의 이번 조치에 대해 이집트는 즉각적인 지원을 제공했다. 왜냐하면 양국은 정치 이슬람(Political Islam)에 대한 적대감을 공유하고 있기 때문이다. "튀니지와 카이로는 역내 관심사를 공유하고 있으며, 알시시는 튀니지 까이스 싸이드 대통령의 모습에서 건설적인 파트너의 면모를 찾아낸 것이 분명하다."[317]고 워싱턴 전략국제연구센터(Center for Strategic and International Studies) 윌 토드맨(Will Todman)은 평가한다. 그러나 2013년 이집트 쿠데타에서 군부가 결정적인 역할을 한 것과는 대조적으로 "튀니지 군부는 이집트 군부와 동일한 역할을 하지는 않을 것"이라고 프랑스 지중해 근동 연구소[Institute de Recherche Mediterranee Proche-Orient(iReMMO)] 연구원 아그네스 레발루와(Agnes Levallois)는 전망한다.[318]

리비아 분열과 이념 경쟁

2011년 아랍의 봄 여파로 리비아 까다피 독재 정권이 붕괴된 이후 리비아의 사실상 내전이 끝날 기미를 보이지 않고 있다. 아랍 민주화의 흐름인 민중 봉기(Popular Uprisings)에 대한 논의는 사실상 사라져 버렸으며, 외세의 개입에 의한 무력 충돌만이 만연되어 있는 것이 아랍의 봄 이후 10년 이 지난 2022년 중동 정치 현실이다. 2011년 아랍의 봄이 초래한 중동 각국과 MENA 지역 전체의 혼란을 단적으로 잘 보여 주고 있는 나라 중의 하나는 리비아다. 외세의 개입이라는 지원에 힘입은 아랍 독재 정권의 복원력(Regime Resilience)과 MENA 지역 이권을 둘러싸고 강대국들이 대리전을 활용하여 개입하고 있기 때문에 아랍의 봄이 약속한 민주화는 성공할 수 없으며, 부시(Bush)가 주장한 국가 건설(Nation Building)도 빛을 보지 못하고 있다. 리비아의 혼란은 미국의 글로벌 헤게모니 종식과 이로 인해 초래된 권력 공백을 지역 및 국제적 행위자들이 경쟁적으로 메우려고 시도하면서 대리전의 양상으로 지속되고 있기 때문이다. 헤게모니 국가의 부재로 현재의 국제 시스템은 집단 행동(Collective Problem)의 문제를 해결하지 못하고 있으며, 지역 및 국제적 행위자들은 공동선을 위해 타협하기 보다는 무질서를 조장하고 있기 때문에 리비아의 미래 전망은 밝지 않은 것으로 전망된다. 미국 포린 폴리시(Foreign Policy)[319]는 2021년 10월말 카다피 독재 정권 붕괴 이후 처음으로 치러지게 될 2021년 12월 24일 선거를 기다리고 있는 리비아 사태를 평가하면서 "지난 10년간의 리비아 국내 및 국제적 상황 전개 양상은 무질서와 민족 주의적 경쟁을 조장하는 세력이 질서와 국제 협조를 주창하는 진영을 압도할 가능 성이 크다."며 리비아 사태를 매우 암울하게 전망한다. 실제로 리비아 선거는 예정 대로 치러지지 못하게 되면서 동서 양측의 반목의 골은 오히려 깊어지고 있다.

시르트(Syrte) 지역 탈환을 위한 리비아 동부-서부 세력 충돌

시르트(Syrte) 지역은 아프리카 대륙의 가장 큰 유전 지대 중의 하나이자 리비아 석 유 및 가스 부존량의 60%를 점하고 있기 때문에 동 지역을 탈환하기 위한 외부 및 현 지 세력들의 치열한 각축의 장이 되고 있다. "리비아 사태의 경제적 배경은 리비아 국토 면적이 이집트의 두 배에 이르는 반면 인구는 레바논 수준에 불과하며 풍부한 석유와 가스 자원으로 1인당 실질소득 측면에서는 아부다비 및 카타르 수준에 근접 하는 것으로 알려져 있다. 무엇보다도, 전후 재건 사업에 국제 사회의 지원에 의존해 야 하는 시리아와는 달리 리비아는 국고에 1천 7백 억 달러 상당의 재정 능력을 보유 하고 있어 외부의 지원 없이 즉각적 재건 사업을 진행할 수 있기 때문에 각국 정부와 기업들이 눈독을 들이고 있다고 레바논 아랍어 신문 안나하르(Annahar)는 보도했다. 리비아 서부 군벌 세력 리비아통합정부군의 입장에서 시르트(Syrte) 지역 정복은 반대 진영인 하프타르 및 러시아 바그너(Wagner) 용병의 완전한 축출을 의미하는 것이라 고 유럽외교관계위원회 리비아 전문 연구원인 타릭 메제리시스(Tarek Megerisis)는 분 석한다. UAE, 이집트, 러시아로 이루어진 친-하프타르 진영 입장에서 리비아 시르트 (Syrte) 상실은 튀르키예와의 대결에서 협상력 약화 및 동부 연합 세력의 약화를 초래하는 중대한 사안으로 여겨지고 있다고 타릭 메제리시스(Tarek Megerisis)는 부언한다.

이슬람주의자(Islamist) vs 군부(Military)

2022년 6월 현재 중앙 정치 권력의 부재로 리비아의 정치적 극화는 여전히 진행 중이다. 2021년 3월 15일 동서 양쪽 정부를 대신할 통합 임시정부가 출범했음에도 불구하고 리비아는 현재 두 명의 총리가 존재하면서 내부적 알력을 영구화하고 있다. 리비아 서부 트리폴리를 통치하는 리비아통합 정부(GNA)를 대변하는 기존의 총리 압델하미드 드베이베흐(Abdelhamid Dbeibeh)는 자신에게 위임된 권한이 2021년 12월 종료되었음에도 불구하고 리비아에서 새로운 선거가 개최되기 전까지는 총리직을 내려놓지 않겠다고 버티고 있다. 이에 리비아 의회는 2022년 3월 파티 바샤가(Fathi Bashaga)를 새로운 총리로 임명하고, 동부를 장악한 군벌 리비아국민군(LNA)을 대표하는 칼리파 하프타르(Khalifa Haftar)의 지지를 받게 되면서 리비아 정치 극화가 지속되고 있다. 리비아를 둘러싼 국제전의 양상은 정치 체제를 둘러싼 이념 대결의 양상으로도 전개되고 있는데 이슬람주의자들과 군장성 하프타르를 주축으로 하는 반-이슬람주의 진영 간의 대결로 압축할 수 있다. 카타르가 자금을 지원을 하고 튀르키예가 행동 대장의 역할을 하는 무슬림 형제단 계열의 리비아 통합 정부의 이슬람주의자들에 맞서 UAE와 이집트가 지원하는 하프타르 세력이 중심이 된 반-이슬람주의 성향으로 무장한 군장성 간의 정치 이슬람주의를 둘러싼 갈등이 표면화되고 있는 것도 리비아 사태의 또 다른 중요한 측면이라고 할 수 있다. UAE의 입장에서 리비아 사태의 경제적 및 지정학적 고려는 매우 중요한 측면임에도 불구하고 아부다비의 최우선 관심사는 이념적인 측면이 강하다. 아부다비의 리비아 정책이 절대주의에 기반하고 있는 반면에 모스크바와 앙카라의 리비아 정책은 다소 실용적인 측면이 더욱 강하다고 할 수 있다.

튀르키예-무슬림 형제단 정치 연합

튀르키예의 MENA 팽창 정책은 아랍의 봄 혼란 속에서 본격화하기 시작한다. 아랍 민중 봉기가 발생하자 튀르키예는 당시 중동 지역 전역에 맹위를 떨치던 무슬림 형제단 정치 세력과 연합을 형성했다. 당시 무슬림 형제단은 튀니지와 이집트에서 정권을 획득할 정도로 세력을 확대하게 된다. 이집트에서 무슬림 형제단의 단단한 지지를 업은 모르시(Morsi)가 이집트 대통령이 되자, 튀르키예와 카타르는 무슬림 형제단 및 그 방계 조직(Offshoots)과 정치적 연합을 구성한다. 2013년 현 이집트 대통령 알시시 대통령이 군사 쿠데타를 통해 무슬림 형제단 세력을 축출하고 정권을 찬탈하였을 때, 튀르키예 앙카라는 수천 명의 망명 무슬림 형제단 회원의 피난처 역할을 할 정도로 무슬림 형제단을 이념적 및 지정학적으로 지원하게 된다. 아랍의 봄 이후 무슬림 형제단 이념으로 무장한 세력인 튀르키예와 카타르의 이념 팽창에 대응해, 이집트와 사우디, UAE 및 바레인 주도의 걸프 국가들은 아랍의 겨울(Arab Winter)로 알려진 반-혁명 운동을 주도하게 된다.

무슬림 형제단 중립화[320]

UAE-튀르키예 정상회담에 대해 "중동 지역이 새로운 시기에 접어들었다. 역내 각국이 대결보다는 외교와 통상을 강조하며, 자국 통상 이익을 도모하면서 영향력을 투사하고 있다."고 아랍걸프국가연구소(Arab Gulf States Institute) 후세인 이비쉬(Hussein Ibish)는 평가한다.[321] 2021년 중반 튀르키예가 전개하고 있는 대이집트 및 대걸프 국가에 대한 애정 공세는 전술적 측면의 변화에 불과하며, 튀르키예의 근본적인 정책 변화를 보여 주는 주요 지표는 이크완 세력에 대한 튀르키예의 지원 및 리비아와 시리아 내 튀르키예의 군사적 주둔에 대한 실질적인 변화가 있을 때에만이 튀르키예와 카타르를 한 축으로 하고 이집트, 사우디, UAE, 바레인을 다른 축으로 하는 무슬림 형제단을 둘러싼 이념 전쟁이 완화될 것이라고 이스라엘 언론은 분석한다.[322]

튀르키예의 아랍 국가와의 관계 개선 움직임은 정치 이슬람(Political Islamism)의 후퇴와 앙카라가 최근 역내에서 직면한 자신들의 한계점을 인정하는 것이다. 에르도간(Erdogan)의 행보는 본질적으로 경제적 관심이 주요 동기로 작용하고 있는 반면에 아부다비의 대응은 대부분 정치적 필요성에 의해 만들어지고 있다. 워싱턴 민주주의 수호 재단(Foundation for Defense of Democracies) 튀르키예 프로그램 소장이자 튀르키예 국회의원을 역임한 아이칸 에르데미르(Aykan Erdemir)는 "역내 점증하는 이란의 헤게모니의 위협을 받고 있는 아부다비는 튀르키예와의 데탕트를 테헤란을 견제할 수 있는 비용 효과적인 수단으로 여기고 있다."고 평가한다. 하지만, 튀르키예와 UAE의 이러한 경제 유대 관계는 그 어떤 역내 분쟁의 해결로 이어지지는 않을 것이며, 다만 더 많은 자제력을 불러일으켜, 충돌을 회피하도록 해 줄 것이다. 리스크 정보 회사 라네(Rane) 중동 아프리카 분석가 리안 보흘(Ryan Bohl)은 "튀르키예-아부다비 전술적 관계 개선으로 시리아, 이집트 및 리비아에서 전개되는 양국의 다양한 각축전을 종료시키지는 못할 것이며, 터기는 다만 좀 더 실용주의적 태도를 보이고 있을 뿐"이라고 평가한다.[323]

관계 개선은 정치 이슬람주의자와 왕정 국가들의 오랜 갈등을 종식시키는 것도 아니며, 에르도간이 자신의 이념을 포기한 것을 의미하는 것도 아니다. 앙카라는 튀르키예 종교 문제 부서 및 관련 산하 기관[Turkish Directorate of Religious Affairs and the Turkiye Diyanet Vakfi(TDV)]을 통해 정치 이슬람 확산에 대한 자금 지원을 지속할 것이다. TDV는 튀르키예 10억 리라의 연 예산을 통해, 해외 모스크 및 학교 설립 지원을 통해 이슬람 이념 증진을 주된 업무로 하고 있다. 150여 개국에서 활동 중이며, 튀르키예 내 약 1천 개의 지부가 있는 것으로 알려져 있으며, 2020년 에만 8천 명의 외국인 학생과 다양한 조직에 자금 지원을 해 왔다. 한편으론 에르도간은 지역 경쟁국들과 평화를 위해 협력하면서도 다른 한편 정치 이슬람주의 확산과 차세대 정치 이슬람주의 육성을 통해 지역 왕정 국가들에게 도전장을 내밀고 있다. 에르도간은 종교문제국(Directorate of Religious Affairs), 튀르키예의 다양한 정부 기관 및 준정부 원조 단체를 동원하여 이슬람 이념 확산 노력을 지속할 것이며, 2023년 선거에서 승리할 경우 에르도간은 정치 이슬람주의가 표방하는 정책들을 재추진할 것이라고 전망된다. 중동 지역에서 정치 이슬람주의의 핵심적인 성공 요소들은 여전히 존재하고 있다. 튀니지 민주주의 해체로 중동 지역은 권위주의 지도자 시대로 회귀하였으며, 이들은 부패와 지대에 의존한 집권 방식에 의존하고 있다. 이러한 상황은 국민들의 환멸을 초래하여 결국 이러한 독재 정권의 대안을 요구할 것이라고 보홀(Bohl)은 전망한다. 사우디와 UAE에서 추진 중에 있는 일련의 사회 개혁 조치들은 이러한 중동 지역 국민들의 환멸을 조금이라고 완화하기 위한 조치이다. 동일 맥락에서 리야드와 아부다비의 대튀르키예 투자도 경제적 상호 의존성을 만들어 내기 위한 수단으로 작용하고 있다. 아부다비와 리야드는 강력한 상호 의존에 대한 이해 관계를 공유하고 있는 튀르키예 유권자 형성을 통해 미래에 에르도간이 노골적으로 적대적인 정책을 추진하지 못하도록 하는 견제 세력의 역할을 기대하고 있다. 그럼에도 불구하고 리야드와 아부다비의 이러한 정책이 장기적으로 효과를 발휘할지 여부는 완전히 별개의 문제라고 할 수 있다. 2022년 1월 아부다비는 MBZ-에르도간 정상회담에서 100억 달러 튀르키예 직접 투자의 선물 보따리를 안겨 줬다. 이에 대해 후세인 이비쉬(Hussein Ibish)는 "튀르키예가 아랍 세계에서 공격적이고 헤게모니를 추구하는 정책을 추진하도록 유인하는 요인을 억제하기 위한 금융, 제도 및 인프라 측면에서의 제약을 만들어 내기 위한 하나의 방편"이라고 평가한다.

제11장

9 · 11테러 및 2003년 이라크 전쟁의 여진

이란 혁명 성공 이후 사우디는 이란이 헤게모니를 추구하는 지역 야심에 대한 우려를 떨쳐 버리지 못한다. 리야드는 이란의 위협을 억제하기 위한 다양한 정책 수단을 동원해 본다. 사우디는 현대 국가 테러리즘의 창시자라고 할 수 있는 테헤란의 테러 지원 정책 모방을 통해 1980년대와 90년대 알-카에다에 자금 지원을 하고, 아프가니스탄 탈레반 정권을 승인하며, 사우디 와하비즘(Wahhabism) 극단주의 수출을 지원하게 되는데, 이러한 과정에서 발생한 9·11 테러로 인해 리야드의 이러한 정책은 종지부를 찍게 된다.[324] 1990년대와 2000년대 리야드는 지하드 이념의 순수출국이 되며 사우디 정부는 보수 이슬람 이념에 유혹되게 된다. 종국에는 사우디 정부가 해외에 파병한 오사마 빈 라덴을 포함한 지하디스트들이 자신들의 성전의 표적을 사우디 왕가와 그 동맹국들로 방향 전환을 하면서 9·11 테러가 발생한 것으로, 19명의 항공기 납치범 중에서 15명이 사우디 국적임이 밝혀졌다. 이로 인해 리야드는 시아 이슬람 공화국에 대항한 순니 이슬람 공화국 창설 시도를 포기하게 된다. 9·11 테러의 충격파는 2003년 이라크 전쟁으로 이어지게 되며 그 여파는 현재의 중동 지정학 구도를 형성하는 데 지대한 영향을 미치게 되었다.

악의 축(Axis of Evil): 이란, 이라크

2001년 미국에서 부시 행정부가, 이스라엘에서는 샤론(Sharon) 내각이 돛을 올리면서 중동 정치는 또다시 대격변의 시기로 진입하게 된다. 부시는 9·11테러 발생 5개월 지난 2002년 1월 29일 연두 교서에서 이란, 바트주의(Baathist) 이라크 및 북한을 악의 축으로 규정하고 테러 지원과 대량 살상 무기 확산을 주도하는 국가에 대한 테러와의 전쟁을 선포했다. 민주주의, 교육 및 경제적 기회 확대를 통해 테러리즘의 근원을 제거하겠다던 부시 대통령의 전략은 역효과를 가져왔다. 오히려 ISIS 같은 급진 테러 단체가 번창할 수 있는 공간을 마련해 주는 결과를 만들었다. 2003년 이라크 전쟁의 여파로 이란의 세력이 확대되자 미국은 2006년 이스라엘 및 걸프 페트로왕정과 연합을 결성하여 이란의 세력에 대응하고자 했는데, 이러한 배경에서 2006년 7월 13일 이스라엘과 레바논 헤즈볼라 간의 전쟁이 발발한다. [325]

반미주의와 지하디즘(Jihadism)

부시가 의도한 이슬람 극단주의 박멸과 중동 지역 국가들의 점진적인 민주화를 통한 역내 국가 재건 프로그램은 MENA 지역 실패 국가의 악순환에 기름을 붓는 정반대의 결과를 초래했으며, 오히려 이슬람 극단주의 흐름을 더욱 강화하는 역효과를 가져왔다. 2001년 9·11 테러의 배경에는 당시 전 세계적 반미주의의 확산과 극단적인 이슬람주의의 발흥이 자리 잡고 있다.

세계적 반미 감정

1998년 8월 케냐 및 탄자니아 미 대사관에서 테러 공격이 발생했다. 두 대의 폭탄 트럭이 케냐 나이로비와 탄자니아 다르 에스 살람(Dar es Salaam)에서 동시다발적으로 미 대사관 인근에서 폭발하여 각각 213명, 11명의 사망자가 발생하였다. 빌 클린턴은 아프가니스탄과 수단에 대한 즉각적인 크루즈 미사일 보복을 감행하지만, 알-카에다는 오히려 더욱 강화된 모습을 보인다. 2000년 10월 알-카에다는 미

전함 USS Cole를 폭발물로 가득찬 고속정으로 테러 공격을 자행하여 17명의 미 해군이 사망한다. 그 이후 1년도 채 지나지 않은 2001년 9월 11일 미국 세계무역센터 쌍둥이 빌딩에 대한 테러가 발생하여, 전 세계에 테러와의 전쟁이 시작됨을 알리는 신호탄이 되었다. 미국은 알카에다(Al-Qaida) 박멸, 탈리반(Taliban) 정권 붕괴 및 아프가니스탄 민주 정체 이식이라는 미명하에 먼저 아프가니스탄 전쟁에 돌입하고, 그 이후 2003년 무모한 이라크 전쟁을 개시했다. 극단주의 세력은 저항을 계속하며, 2004년 Madrid 열차 폭탄 테러로 193명의 사망자 발생하는 참극이 지속됐다. 테러와의 전쟁은 2011년 5월 2일 파키스탄에서 빈 라덴(Bin Laden)이 미 해병대 특수 부대 네이비 실(Navy Seals)의 군사 작전으로 사망하게 되면서 역사의 한 페이지를 넘기게 된다. 이슬람 극단주의 발흥 속에서 한국도 예외가 될 수 없었다. 2004년 6월 한국판 9·11 테러라고 할 수 있는 고(故) 김선일 피살 사건이 발생하여 많은 국민들이 충격과 공포의 도가니에 빠졌다.

  세계적 반미 감정의 원인에 대해 다양한 해석이 존재하며, 미국의 정책 실패도 열거된다. 1953년 미국과 영국은 민주적으로 선출된 이란 총리 모사데그(Mossadegh)를 쿠데타를 통해 축출하면서 반미 감정의 씨앗을 뿌렸다. 1980년 이란-이라크 전쟁 발발에서 사담 후세인이 가장 큰 원인을 제공했음에도 불구하고 미국을 위시한 서방은 사담 후세인을 일방적으로 지원했었다. 아랍 세계는 걸프 왕정과 카이로의 연합 구축에 대해서도 곱지 않은 시선을 유지해 왔다. 그럼에도 불구하고 1967년 3차 중동 전쟁 이후 워싱턴의 이스라엘에 대한 무조건적인 지지라는 상징적인 동기를 고려하지 않으면 전면적인 글로벌 반미 감정의 특징을 제대로 설명할 수 없게 된다. 아랍 왕정들이 의식이 국외 문제에서 국내 문제로 더욱 집중하게 하는데 일조한 아랍의 봄 발생 이전 10년 기간 동안 팔레스타인 대의는 중동 지정학의 가장 중요한 이슈였다는 점도 도외시해서는 안 된다. 가장 중요하게는 알카에다 지하드 저항 단체의 이념과 지정학적 목적에 대한 이해가 선행될 때 9·11 테러의 원인에 대한 본질적인 이해가 가능할 것이다.[326]

두 가지 이슬람 극단주의

2021년 미국의 아프가니스탄 철군은 모든 종류의 대외 개입주의의 종지부를 찍는 사건으로 2001년 9·11 테러의 여파로 당시 미 대통령 부시의 본격적인 중동 개입을 시작한 지 불과 20년 만에 이루어진 중요한 지정학적 변화이다. 미국의 대외 정책은 이제 더 이상 미군이 수렁에 빠져들 정도로 전 세계 다른 지역에 대한 개입을 촉구할 위험성이 없어졌으며, 이러한 과도한 개입이라는 역사의 페이지는 넘겨졌다는 것을 의미하는 것이다. 미국의 급격한 중동 정책 변화를 초래한 9·11 테러의 배경에는 두 가지 이슬람 극단주의 발흥이 자리하고 있다.

중동 역사에서 1979년은 무슬림 근본주의(Muslim Fundamentalism)의 원년이라고 할 수 있다. 이란에서 신정 정치(Theocracy)를 수립한 테헤란 이슬람 혁명에 고무된 사우디아라비아 순니 급진주의자들은 이슬람 성지인 메카의 대 모스크(Grand Mosque)를 점령하고 종교적 독실함 부족을 이유로 사우디 왕가(The House of Saud)의 전복을 주창한다. 사우디 종교 과격주의(Religious Zealotry) 발흥의 원인이 무엇이었든지 간에 그 결과는 재난으로 귀결됐다. 근본주의자들이 사우디 왕가가 불경하다는 비난에 겁을 먹은 사우디 왕가는 자신들의 도덕적 권위를 위해 종교적 보수주의자들에게 이미 크게 의존하고 있었음에도 불구하고 이들 종교적 근본주의자들에게 완전한 자유 재량권을 부여하면서 사우디에서도 무슬림 근본주의가 깊이 자리 잡게 되었다. 1990년대와 2000년대 리야드는 지하드 이념의 순수출국이었고 같은 해인 1979년 12월 아프가니스탄의 친소 정권을 지원하기 위해서 브레즈네프 서기장은 아프가니스탄 침공을 결정했다. 소련 공산주의 세력의 위협에 대응하기 위해 미국은 결국 근시안적인(Myopic) 정책으로 판명되는 조치를 취하게 되는데, 무슬림을 부추겨 이교도(The Infidels)에 저항한 전쟁을 벌이도록 하면서 소련의 세력 확대를 저지하려고 하였다. 이 과정에서 결국 알-카에다라는 종교적 극단주의(Religious Extremism) 세력이 부상하게 되며, 이들이 자신들의 주체할 수 없는 힘을 사우디와 그 동맹국들로 전환하면서 2001년 9·11 테러가 발생하게 된 것이다.

9·11 테러에서부터 미국과 리야드 동맹 관계 균열은 본격화된다. 2001년 9·11 테러 공격으로 워싱턴-리야드 관계는 날카로워지기 시작하였고, 2003년 미국이 이라크에 대한 재난적인 침공을 단행하면서 양국 관계는 더욱 경색되게 된다. 이러한 큰 흐름은 오바마 행정부의 'Pivot to Asia' 정책으로 더욱 가속화했다. 왜냐하면 중동 지역 미국의 동맹국들은 오바마의 아시아 중시 정책이 중동 지역을 포기하는 것으로 해석했기 때문이다. 2015년 체결된 이란과의 핵 합의 움직임에 대해 리야드는 미국이 리야드와 오랜 전략 동맹 관계를 배신하려고 하고 있다고 판단했다.[327] 2001년 9·11 테러가 전통적인 워싱턴-리야드 동맹 관계에 균열을 드러내기 시작했다면, 2015년 비엔나 핵 합의는 양국 관계 악화가 정점에 이른 것이라고 할 수 있다. 최대 압박 전략의 성공을 위해 리야드를 끌어들인 트럼프조차 사우디 왕가가 군사적으로 자신들을 방어할 수 없다고 평가하는가 하면, 사우디를 미국의 군산복합체를 위한 자금줄(Cash Cow)로만 다루면서 사우디 왕가를 모욕하는 것을 멈추지 않고 있다.

21세기 진주만(Pearl Harbor)[328)

2022년 2월 24일 러시아의 우크라이나 침공은 미국과 서방의 외교 정책의 대전환의 촉매제가 될 수 있다는 전망이 제기되고 있다. 약 20년 전 발생한 2001년 9월 11일 미국 본토에서 자행된 충격적인 테러가 몰고 온 여파는 2022년 현재까지도 중동과 글로벌 정치를 뒤흔들고 있다. 20세기 최대의 테러 공격이 일으킨 충격파는 너무도 커 동 사건은 진주만(Pearl Harbor)과 비교되면서 글로벌 정치 경제 질서를 뒤흔들었다.

부시 행정부 출범 8개월 만에서 발생한 테러 사건으로 미국 외교 정책은 새로운 장을 열게 된다. 부시 행정부의 사태 진단의 결과는 명백해진다. 보복은 말할 것도 없거니와 9·11 테러는 급진 이슬람주의가 서방에 가하는 위협이 얼마나 광범위하게 확산되어 있으며, 구체적 형태를 가늠할 수 없는 지하드 세력이 중동 지역에 얼마나 넓게 포진되어 있는지를 분명하게 부각시켜 주는 사건이라는 결론을 내린다. 미국은 특히 역내 워싱턴의 전통적인 동맹국인 사우디와 이집트가 급진 이슬람주의와 지하디즘(Jihadism)을 통제할 능력도 의지도 없다는 사실을 9·11 테러를 통해 확인하게 되었다고 판단한다. 19명의 테러 분자 중 15명이 사우디, 1명이 이집트 국적이다. 알-카에다 1인자 오사마 빈 라덴은 사우디 출신이며, 그 2인자 아이만 알-자와히리(Ayman al-Zawahiri)는 이집트 출신이다.

9·11 테러 사건은 1991년 걸프 전쟁을 통해 주로 형성된 미국의 신보수주의자들의 정책 이념에 강력한 대외 군사적 개입의 정당성을 부여하게 된다. 테러 공격 불과 1개월 만에 미국은 '테러와의 전쟁' 명분으로 2001년 10월 7일부터 아프가니스탄 탈레반 레짐에 대한 공습을 시작하며 파죽지세로 나아가 불과 3개월 만인 12월, 유엔의 중재 아래 '본 협정(Bonn Agreement)'이 체결되어 아프간 새로운 헌법 채택을 위한 잠정 정부가 구성되는 성과를 올렸다. 아프간 작전 성공은 공화당 신보수주의자들의 더 담대한 계획의 첫발에 불과하며, 테러를 지원국으로 의심받는 '악의 축(Axis of Evil)'과의 전쟁이라는 명분 속에 중동 지역 재편에 착수하게 된다. 2002년 1월 부시가 연두교서(State of the Union)에서 처음 언급한, 이라크, 이란 및 시리아는 종파적 고려에 기초해 중동 지역을 극화하기 위한 마중물의 역할을 하게 된다. 2003년 미 행정부 고위 당국자는 뉴욕 타임즈에 "9·11 테러가 없었더라면, 우리는 결코 이라크를 '악의 축' 명단에 등재하기 못했을 것"이라고 실토했다.

유럽 연합의 점진적인 친-이스라엘 정책 기저 형성

레바논 전 장관이자 외교관 타릭 미트리(Tarek Mitri)는 "워싱턴의 이스라엘에 대한 무조건적인 지원으로 인해 중동 지역에서 미국을 바라보는 시선은 곱지 않았으며, 이러한 감정은 9·11 이후에도 변화하지 않았다."고 평가한다. 2000년대 초반을 장식한 팔레스타인 2차 봉기 기간, 유럽 연합은 Bush 대통령의 이스라엘의 대팔레스타인 정책 포용이 초래할 부정적 여파를 상쇄하기 위해 갖은 노력을 경주한다. 유럽의 여론은 이스라엘에 적대적으로 변화한다. 많은 논란을 불러일으킨 2003년 여론 조사 결과 응답자의 59%가 이스라엘이 세계 평화의 가장 큰 위협으로 인식한다. 시위와 이스라엘을 보이콧 하자는 목소리는 일상적이었으나 이러한 분위기가 급변하기 시작한다. 9·11 테러, 193명의 사망자를 낸 끔찍한 2004년 Madrid 열차 폭탄 테러 등 9·11 테러는 이슬람 극단주의의 실질적 위협을 여실히 보여 준다. 2010년에서 2020년은 테러 건수 측면에서 가장 참혹한 기간으로 45개국에서 3,000건의 테러가 발생하여 31,000명이 사망하고 57,000명이 부상을 당하였으며, ISIS가 활개를 친 2014~2016년 사이에는 연평균 500건의 테러가 발생했다.[329] 유럽연합의 정치인들은 9·11 테러 이후 일상화된 테러 위협과 더불어 그 여파로 초래된 유럽의 정체성과 이민 문제에 직면해, 비효율적인 국경선의 무력감을 한탄하면서 힘의 언어를 말할 수 있는 지정학적 유럽 연합(Geo-political EU)을 요구하기 시작하면서, 유럽 연합의 역사 의식이 예루살렘으로 기울기 시작했다. 친-팔레스타인 성향을 보이는 중도 좌파 성향의 정당인 프랑스의 사회당(Socialist Party), 독일의 사회민주당(Social Democratic Party)는 점진적인 정치적 쇠락의 길로 접어들게 된다.

완전한 실패

2009년 버락 오바마 행정부 출범은 테러와의 전쟁 시작 이후 혼란스러운 중동에 대해 미국의 새로운 외교 정책 재조정이 있을 것이라는 희망을 불러일으킨다. 부시 행정부하 워싱턴과 중동의 관계는 순탄하지 못하였다. 중동의 많은 사람들은 미국이 겉보기와는 다르게 허약한 국가라는 인식이 자리 잡게 된다. 미국은 제국의 과잉 팽창이라는 자만에 이끌려, 아프가니스탄, 이라크, 예멘 및 소말리아에서 동시에 여러 전선을 유지할 수 있을 것이라고 오판한 것이다. 2009년 6월 4일 오바마는 카이로 대학 연설에서 아랍-무슬림 세계와의 화해를 위한 손길을 내밀고 전임자와의 단절을 통해 새로운 시대를 예고했다. 그러나 오바마가 약속한 새로운 출발은 2011년 아랍의 봄이 촉발되고 시리아 아사드가 자국민에 대해 화학 무기를 사용한데 대해 오바마가 개입을 거부하면서 공허한 약속이었음이 드러난다. 다시 말해 근본적인 측면에서 이스라엘 보호를 최우선으로 하고 인권에 대한 관심에도 불구하고 전통적 동맹 유지라는 미국의 대중동 정책은 그대로 유지됐다. 그러면서도 오바마 행정부는 중동 지역에서 미국의 탈-관여(Disengagement) 정책에 착수하게 된다. 중동 지역 전임 행정부의 실수를 거울 삼아, 민주당은 아시아 중시 정책을 위해 중동의 끝없는 전쟁에서 발을 빼기를 바라고 있다. 카이로 연설 4개월 이전, 미국은 이미 2010년 8월 이라크 주둔 미군의 철수를 단행할 것이라고 발표한다. 2011년 5월 알카에다 지도자 오사마 빈 라덴의 사망은 10년의 오랜 추적의 종식을 가져왔지만, 알카에다가 남긴 유산은 지울 수는 없게 되었다. 2011년 중동 지역을 휩쓴 아랍 민중 봉기의 여파는 시리아 전쟁, 2014년 시리아 및 이라크 이슬람 국가의 부상뿐만 아니라 2014년 크림 반도에서 푸틴의 군사적 모험주의도 불러일으키며, 2022년 2월 우크라이나 전쟁으로까지 이어지고 있다.

2003년 이라크 전쟁의 판도라 상자

　부시 행정부 신보수주의자들이 주장한 사담 후세인의 대량 살상 무기는 결국 발견되지 않았으며, 사담 후세인과 알-카에다의 연관성도 증명되지 못한다. 오히려 바트당이 건설한 이라크 바트주의(Baathist) 국가 이라크 붕괴의 잔해 속에 또 다른 파괴의 세력 IS가 처음으로 얼굴을 드러내게 되었고 시리아 내전의 혼란에 힘입어 급속히 발흥하게 된다. 2003년 이라크 전쟁은 전략적 재난으로 평가받고 있으며, 사담 후세인 이후의 이라크는 완전히 파편화된다. 이러한 지정학적 질서 변화는 테헤란의 팽창 정책에 날개를 달아 주는 결과를 초래하였으며, 현재 이란 주도의 시아파 민병대들이 이라크의 국가 재건과 역내 안정의 최대 장애물로 여전히 존재하고 있다.

사담 후세인: 현상(Status Quo) 파괴자

　1979년 이란 혁명 이전 중동 최대의 친미 국가이자 군사 강국이었던 이란이 하루아침에 반-미 및 반-이스라엘 이념으로 무장한 이슬람 극단주의 세력의 대부로 돌변하자, 이러한 이란의 군사력과 영향력을 역내 또 다른 군사 강국인 이라크를 통해 약화시키고 견제하기 위한 것이 이란-이라크 전쟁의 중요한 배경 중의 하나라고 할 수 있다. 사담 후세인은 미국을 위시한 서방이 설정한 경계선을 자주 넘어버리는 실수를 하게 되며, 1990년 쿠웨이트 침공이라는 무리수를 뒀다. 특히 1991년 걸프 전쟁 와중에 요르단과 팔레스타인들은 자신들의 군대가 Scud 미사일을 이스라엘을 향해 발사한 광경을 잘 기억하고 있다. 이스라엘의 입장에서 사담 후세인의 반-이스라엘(Anti-Israel) 행보는 2001년 2월에도 부각된다. 사담 후세인은 '예루살렘 군대(Al-Qods army)'로 명명된 새로운 준군사 부대(Paramilitary Force) 창설을 발표했다. 예루살렘 군대는 강제 징집된 시아 및 쿠르드 이라크 인으로 구성되었으며, 동 조직이 공언한 목표는 성지 예루살렘을 이스라엘의 점령 상태에서 해방시키는 것을 목적으로 한다. 좌파 반-제국주의 성향의 아랍인들에게 사담 후세인은 아랍 민족주의자로서 미국 정책에 노골적으로 반대하고, 아랍 세계와 이스라엘과의 대결에서 투사로서 자신의 목소리를 당당히 주창한 영웅으로 기억되고 있지만, 서구의 입장에서는 중동의 현상 유지를 파괴할 수 있는 위험한 인물인 것이다.

이란의 팽창 본격화

2003년 이후 이라크는 부패한 정파 정치로 인해 두 번에 걸친 종파주의(Confessional) 내전의 폐해를 겪었다. 첫 번째 내전은 IS(Islamic State)의 음산하고 끔찍한 지배를 받아야 했으며, 이와 동시에 두 번째 내전은 이라크가 이란의 영향권하서 들어가면서 종파적 정파적 파편화가 더욱 심화되게 된다. 이라크 침공의 여파로 중동지역 판도라의 박스가 열리는 재난적인 결과가 초래되었으며, 2003년 이라크 침공 설계자들이 약속했던 것과는 정반대의 결과가 양산되었다고 레바논 세인트 죠셉 대학교 정치과학연구소 소장 카림 에밀 비타르(Karim Emile Bitar)는 평가한다.[330] 미국의 이라크 침공이라는 재난적인 결정의 여파와 그에 따른 미국의 과잉 반응의 결과물로는 이란의 급부상, 이라크 내 기독교와 같은 종교적 소수파의 전멸, 중동 지역 권위주의 정권의 국가 안보적 측면의 편집증적인 경향의 강화라는 파급 효과를 초래하였으며, 이러한 여파는 2021년 아프가니스탄에서 미군 철군이라는 결과로까지 이어지고 있다고 평가하고 있는 전문가들도 있다. 2001년 아프가니스탄, 2003년 이라크 연이은 군사 행동은 간접적으로 이란 이슬람 공화국에 지정학적 혜택을 가져다주게 된다. 이란 동쪽 탈레반의 몰락과 서쪽 사담 후세인 순니 레짐의 전복으로 이란은 테헤란에서부터 레바논 베이루트에 이르는 자신들의 팽창 정책을 가속화할 수 있는 행동의 자유를 부여받게 된 것이다. 이러한 테헤란의 무제한 팽창 정책은 아프가니스탄에서 테헤란과 우호 관계를 구축하게 될 하미드 카르자이(Hamid Karzai) 정권이, 이라크에서는 시아파 주도의 혼란스러운 정권이 들어서고 미군이 이라크 전쟁에서 답보 상태에 들어가면서 더욱 가속화되었다. 테헤란은 정치, 종파, 경제적 및 에너지 차원의 목적 달성을 위해 이란의 뒷마당으로 여기는 이라크에서 테헤란의 영향력을 확대할 수 있는 황금 같은 기회를 제공해 주게 되었다. 2005년 이란 대통령 선거에 초보수주의 강경론자 마흐무드 아마디네자드(Mahmoud Ahmadinejad)가 당선되고, 이란의 대리 세력들이 중동 전역에 진지를 구축하고, 이란이 핵 개발 의지가 드러나기 시작하면서 중동 지역은 한층 더 분열한다. 무슬림 세계 지도력을 둘러싼 순니 및 시아 블록의 대결은 더욱 첨예화 된다. 이러한 양대 블록 대결의 상징인 이라크는 2006년 2월 순니 세력의 소행으로 의심받는 사마라(Samarra) 시아 사당에 폭발 사건이 발생하는 것을 기점으로 소위 '모스크 전쟁(Mosque War)'이라는 내란으로 빠져들게 되었다.

이라크 파편화의 폐해

2001년 9·11 테러의 여파로 초래된 2003년 미국의 이라크 사담 후세인 축출과 뒤 이은 2011년 미국의 이라크 철군은 중동지정학에 매우 중요한 영향을 가져오게 된다. 미국이 2011년 이라크에서 철군하면서 안보, 경제, 정치 및 군사적 권력 공백이 초래한다. 두 개의 지역 행위자들이 이러한 공백을 메우게 되는데, "이라크 시아파 공간에서는 이란의 이슬람 혁명 정부가, 그리고 이라크 순니파 지역에서는 IS(Islamic State)가 둥지를 틀게 되는 것이며, 쿠르드계 이라크 전투원으로 더 잘 알려진 페슈메르가(Peshmerga)가 또 하나의 축을 형성하며 이라크 파편화를 영속화하고 있다."고 프랑스 이라크 연구 센터장 아델 바카완(Adel Bakawan)은 평가한다.[331] 이라크 시아파 공간에서는 사담 후세인 몰락과 미국이 종파주의 정치 체제 수립한 이후 오직 두 번의 예외를 제외하고 이라크 내각의 거의 모든 보건부 장관이 성직자에 의해 선택되는 이라크 종파주의의 폐해가 초래된다. 2021년 10월 10일 이라크 총선에서 친이란계 시아파 세력이 2018년 당시 획득한 의석의 3분의 2 상당의 지분을 상실한 이후 이라크 친이란계 시아파(PMF)의 대응이 군사화될 가능성이 있다는 분석이 제기됐다. 일부 중동 전문가들은 "UAE가 이라크 영토로부터 군사적 공격의 목표물이 될 수 있다."[332]고 경고한다. 불과 4개월 뒤인 2022년 2월 중동 안정의 오아시스 아부다비가 처음으로 이란 지원의 시아파 민병대 후티 반군의 드론과 탄도 미사일 공격을 받게 된다.

2015년 이란 핵 합의와 백지 수표[333)334]

2003년 이라크 전쟁이 테헤란의 이라크 침투와 지배권 강화의 발판을 마련해 주었다면, 2011년 아랍의 봄과 시리아 내전 발발은 레바논 헤즈볼라 영향력과 지배력 확대의 토대를 제공해 주었으며, 2015년 이란 핵 합의로 이러한 지정학적 세력 팽창이 가속화하게 된다. 베이루트 정치 무대에서 'Deep State(민주주의 제도권 밖의 막강한 숨은 권력)'로 기능하고 있는 헤즈볼라의 급속한 지정학적 영향력 확대에는 2015년 오바마 행정부의 대이란 유화 정책의 결과물인 이란과의 핵 합의인 JCPOA(Joint Comprehensive Plan Of Action)가 자리 잡고 있다. 오바마 행정부의 대이란 유화 정책의 결과로 소위 부수적 피해를 가장 크게 입는 국가 중의 하나는 레바논이며, 트럼프와 네탄야후 듀오는 오바마 행정부의 중동 정책이 초래한 파괴적인 역내 지정학적 질서의 현상 변경을 시도한 것이다.

2015년 오바마 행정부가 무슨 일이 있더라도 이란과의 핵 합의를 달성하겠다는 욕망에 눈이 멀어, 중동 지역의 여타 분쟁을 애써 외면하면서 이란의 탄도 미사일과 공격적인 역내 팽창 정책 이슈는 뒷전으로 밀려나게 된 것이다. 중동 문제에서 가장 중요한 역할을 수행해 온 글로벌 및 지역 강대국들의 레바논에 대한 방기(Abandon)와 후퇴(Retreat)를 초래하게 된 오바마 대이란 유화 정책은 결국 중동 지역미국의 개입 축소로 이어진다. 이란 혁명수비대는 이러한 미국의 중동 지역 탈관여 정책을 이란이 레바논을 포함한 중동 지역의 여러 국가에서 펼치고 있는 자신들의 팽창 정책에 대해 백지 수표를 부여한 것으로 해석하면서 팽창 정책의 속도를 배가시켰다. 오바마의 방기 정책은 레바논의 헤즈볼라와 이란 혁명수비대에 레바논이 이란의 영향권에 남게 될 것이라는 메시지를 간접적으로 보내는 결과를 가져왔다. 이들 시아파 세력은 레바논에서 완전한 행동의 자유를 확보하고 전방위적으로 중동 지역에서 이란의 팽창 정책을 지원하기 위해 자신들의 일방적인 결정(Diktat)을 강요하면서 세력을 확대해 왔다. 레바논에서 이란의 시아파 세력의 확대에 직면해 사우디를 시작으로 걸프 지역 일부 국가들도 레바논에서 정치적 후퇴에착수하면서 다각적으로 베이루트를 제재하기 시작한다. 걸프 국가들의 이러한 비합리적 정책으로 인해 헤즈볼라는 레바논 국내 정치에서 더욱 우위에 서게 되며,친이란계 정치 세력의 지배력을 강화시켜 베이루트의 정치적 불균형 상황을 더욱악화하게 만들었다. 헤즈볼라는 레바논의 지정학적 각축에서 끝없이 더 많은 행동의 자유를 요구하고 있으며, 걸프 국가에 대한 적대 정책을 유지하면서 이들 국가들이 레바논에서 완전히 철수하기를 기도하고 있는 것이다. 2021년 후반에 초래된레바논과 걸프 왕정 간의 외교적 위기를 초래한 근본적인 원인도 오바마 행정부의대이란 유화 정책이 초래한 지정학적 불균형이 자리 잡고 있다. 이러한 불균형의세력 관계는 레바논 국내 정치를 왜곡하고 있으며, 레반트 지역을 언제든 폭발할수 있는 화약고로 만들고 있다. 2021년 출범한 바이든 행정부의 이란 핵 문제 해결을 위한 외교 노선도 2015년 오바마 행정부의 대이란 유화 정책을 답습할 움직임을 보이고 있으며, 트럼프와 네탄야후 최대 압박 전략이 달성한 시아파 벨트의 상당한 약화를 원상 회복시킬 위험성을 내포하고 있다. JCPOA와 같은 과거의 실수를 반복할 경우 중동 지역의 안정성과 아브라함 협정(The Abraham Accords)의 여세는 이란혁명수비대가 지원하는 민병대의 위협에 더욱 노출될 수 있는 것이다.

제12장

1979 이란 혁명의 충격파

아랍 국가들이 이란의 혁명 분위기를 심각하게 받아들이기 시작한 1978년 12월 이전까지만 해도 이들의 관심은 이란이 아닌 역내 서쪽 지역에 쏠려 있었으며, 이스라엘-팔레스타인 분쟁의 지정학적 전개 양상을 면밀히 분석한다. 1978년 8월 이집트 사다트(Sadate) 대통령은 이스라엘 베긴(Begin) 총리와 미국에서 캠프 데이빗(Camp David) 협정을 체결하여 이스라엘-이집트 평화 협정 체결의 전주곡을 울렸다. 같은 해 냉전이 아프가니스탄으로 수출되어 레닌-마르크스 '사우르 혁명(Revolution de Saur)' 세력이 집권하면서 소련의 인근 국가에 대한 공산주의 팽창 정책의 위협이 떠돌기 시작한다. 이러한 배경에서 1975년 시작된 레바논 전쟁은 중동 문제의 복잡성을 더욱 공고히하면서, 역내 종교 및 정치 세력들의 세력 각축을 더욱 부각시켜 주게 된다.

마호메트(Mahomet)의 후계자를 의미하는 이맘(Imam)을 자처한 혁명의 지도자 호메네이는 시아파 성직자들이 광범위한 권력을 가지고, 이슬람 혁명 모델을 이란 국경선 밖으로 수출하는 '이슬람 공화국' 수립을 원했기 때문에 순니 왕정 국가들은 자국민들이 거리로 쇄도하게 되는 사태 발생 가능성을 우려한다. "이란 혁명은 테헤란 인근 국가들에게 충격 그 자체였다."고 우드로윌슨국제연구센터(Woodrow Wilson International Center for Scholars) 중동 프로그램 전 소장 할레흐 에스판디아리(Haleh Esfandiari)는 평가한다. 이란 팔레비 왕조는 강력한 군대와 효율적인 안보 능력을 가진 국가이자, 역내 정세를 안정화시키는 국가로 인식되었다. 이란 혁명 위협이 현실화되자 아랍 지도자들은 팔레비 왕조의 붕괴로 역내 역학 구도가 위험에 처할 것이라고 인식하게 된다. 이란 팔레비 왕조는 소련의 위협에 대한 주요한 성벽의 하나로 인식되어 왔기 때문에 샤 왕조의 붕괴는 소련의 영향력을 확대할 수 있는 길을 터 주게 되는 것이다. 걸프 페트로 왕정의 입장에서 이란 왕정에 가해지는 혁명의 중대한 위협은 일종의 경고로 받아들여졌다. 왜냐하면, 걸프 아랍 국가들은 1970년대 국제 유가의 폭등이 가져다준 석유 노다지를 통해 자본주의 세계 체제에 갑작스럽게 편입되게 되었으나, 이러한 시스템에 대한 준비는 거의 되어 있지 않았기 때문에 이란 혁명의 위험성을 누구보다도 더 뼈저리게 인식하게 된다. 이란 혁명이 가져올 중대한 결과의 첫 번째 조준 대상은 이스라엘로 판명될 분위기였다. 1979년 2월 이스라엘 전문가는 AFP와의 인터뷰에서 "아야톨라 호메네이가 이슬람 공화국 선포에 성공할 경우, 이란은 팽창주의 국가가 될 것이다."라고 전망한다. 이러한 예측은 지난 40년간 현실화되었다. 2022년 현재 이스라엘과 걸프 왕정들은 모든 수단을 동원하여 역내 이란의 영향력 저지를 시도하고 있는 것이다.

이란 혁명의 성공으로 중동 역학 구도는 근본적으로 재편되게 되며, 이슬람 공화국 수립 선포로 중동 지역의 분열 양상을 한 단계 더 진행시킨다. 하페즈(Hafez) 시리아 대통령은 팔레스타인해방기구와 함께 중동 국가 중에서 유일하게 이란 혁명 정부 지지를 선포한 반면에 이집트 사다트(Sadat) 대통령은 "호메네이 정권이 이미 초미니 스커트에 푹 빠져 있는 이란 여성들에게 텐트(챠도르)와 비슷한 것을 뒤집어 씌우려 하고 있다."고 비아냥거리다가 3년 후 무슬림 근본주의자에 의해 암살당하여 이란 이슬람 공화국이 오히려 공고화하게 된다. 이라크 사담 후세인은 1980년 물라(Mollah) 레짐 전복을 위해 이란을 상대로 8년 전쟁에 돌입하게 된다. 이란-이라크 전쟁은 유일하게 시리아를 제외한 아랍 세계 전체와 이란 간의 길고 긴 힘겨루기의 시작을 알리는 신호탄이 된다. 40년이 지난 2019년 현재 이란은 역내 맹주국의 위치로 부상했으며, 이러한 새로운 역학 구도는 전통적인 이스라엘-팔레스타인 분쟁이 아닌 리야드와 테헤란의 경쟁으로 압축할 수 있는 시아와 순니의 대결 구도를 중심으로 전개되고 있다.[335]

중동 최대 친미 국가

    영국 런던 중심부에 위치한 리젠트 공원(Regent's Park) 인근에 위치한 수많은 고급 주택들의 소유주가 중동의 지도자들과 부호들이라는 것은 공공연한 비밀이다. 일례로 수년간 유럽에서 팔레스타인으로 유입된 엄청난 양의 해외 원조액들은 궁극적으로 유럽의 고급 빌라의 형태로 유럽으로 다시 회귀하는 상황이 전개되고 있다. 중동 지역 지도자들의 부패 문제는 비단 팔레스타인에만 한정된 문제가 아니다. 중동 정치와 경제를 이해하는 데 있어 지도자들의 부패 문제로 대변되는 '실패국가'가 중동 문제의 가장 근본적인 원인 중의 하나라고 할 수 있다. 이란 혁명의 배경에도 이란 지도자들의 부패 문제는 큰 비중을 차지하였으며, 역설적이게도 이란 혁명은 당시 이란의 경제가 가장 호황기에 발생하였다는 역사의 아이러니를 보여 주고 있다. 이란 이슬람 혁명 슬로건 반-제국주의, 반-식민주의, 반-미주의 및 반-이스라엘이라는 선동적인 정치 구호는 이란 혁명 성공의 매력적인 구심점의 역할이 된다.

1953년: 대전환의 결정적인 한 해

　25년의 목가적인 분위기였던 이란-미국 관계는 이란 혁명으로 인해 폭력적인 이혼으로 귀결되었고 미국은 이란의 거대한 사탄(Great Satan)이 된다. 이란 팔레비 왕조는 군사 및 에너지 부문에서 역내 자신들의 정책 강화를 위해 서방과의 관계를 활용한다. 혁명 이전 이란과 서방과의 긴밀한 관계는 다양한 측면에도 드러난다. 이란은 국내 군산복합시설에서 자체적으로 무기를 생산할 수 있는 권리를 서방으로부터 획득하며, 워싱턴은 심지어 최초로 이란에 연구용 원자로를 제공한다. 미국의 이러한 대이란 정책 행보는 본질적으로 지전략적(Geostrategic) 계산에서 출발한다. 이란은 소련 연방과 국경을 마주하고 있기 때문에 워싱턴은 테헤란과 군사동맹을 구축했다. 더구나 이란은 20세기 초반 석유가 발견되면서 역내 일급 국가의 위치로 부상하게 된 경제적 측면도 양국의 긴밀함을 지탱해 주는 요인이었다. 사실상 그 이전에 이란의 전략적 가치는 역내 진정한 맹주보다는 지정학적 이해관계의 일부분에 불과하였다고 국제전략연구소(International Institute for Strategic Studies) 이란 전문가 클레망 세르메(Clement Therme)은 평가한다. 1950년대 초반까지 이란의 후원국은 영국이었다. 영국은 소련과 함께 이란의 일부 지역을 점령하고, 석유 컨소시엄 영국-이란 석유 회사(Anglo-Iranian Oil Company: AIOC)를 통해 이란 석유 이권에 대한 통제력을 유지한다. 그러나 1951년과 1953년 연이어 발생한 거대한 정치 경제적 대-격변으로 인해 이란에서 영국의 지배력은 사라지게 되고, 서방의 지도자는 자리를 교체하게 되었다.

　1951년 이란 민족주의자이자 민족 전선(National Front) 지도자 모함마드 모사데그(Mohammad Mossadegh)가 이란 총리 자리에 오르고 가장 먼저 AIOC 국유화에 성공하면서 팔레비 왕조와 대립각을 세운다. 모사데그(Mossadegh) 주도의 민중 압박에 이란 샤는 이탈리아 로마로 피신하는 상황이 발생하자, 미국은 1953년 8월 영국 정보 당국 MI6의 협조 아래 '아작스(Ajax)' 작전을 통해 쿠데타에 성공하여 샤 왕조를 복원한다. 미국은 이란 쿠데타 성공을 통해 이란에 대한 영국의 후견인 지위도 대체하게 되었다. "오랫동안 이란인들이 비방해 온 서방의 대표 자격은 영국이었으나, 1953년 쿠데타 이후 이란은 적국을 변경하게 된다."고 역사학자 겸 정치 분석가 조나단 피론(Jonathan Piron)은 평가한다.

쿠데타 악몽을 겪고 복귀한 팔레비는 계몽 정치에 착수한다. CIA와 이스라엘 모사드의 지원을 받는 자체 비밀 경찰 싸박(Savak)에 의존하는 경찰 폭정 체제를 구축한다. 또한 팔레비의 모친 레자 칸(Reza Khan)이 튀르키예 케말 아타투르크(Kemal Ataturk)와 마찬가지로 강압적인 이란 현대화를 추진한다. 특히 팔레비는 당시 미국 대통령 케네디(Kennedy) 조언에 따라 대규모 농지 개혁인 백색 혁명에 착수한다. 대외적인 측면에서 이란은 1955년 워싱턴과 우호 조약을 체결하고, 역내 친서방 군사 동맹 체제인 '바그다드 협약(Baghdad pact)'에도 가입하면서 역내 소비에트 영향력 팽창 저지 노력에 동참한다. 테헤란은 심지어 1964년 국제적으로 외교관에게만 인정되는 외교 면제권을 이란 영토에 주재하는 모든 미국인에 대해 부여하는 등 워싱턴과 테헤란은 사실상 밀월 기간을 보내고 있었다.[336]

Great Satan

미국이 지원하는 이란 샤 왕조의 독재 정권은 그러나 반-제국주의, 반-서방주의 슬로건을 전파하는 데 주저하지 않는 수많은 지식인들의 비난을 초래하게 된다. 시아 회교 석학을 의미하는 물라(Mollah) 또한 반정부 시위를 주도하는 지식인들의 진영에 동참하게 된다. 회교 시아파 성직자들은 당초 샤 독재 정권을 지지했으나,

1963년 토지 개혁인 '백색 혁명'이 시행되자 팔레비 왕조에 등을 돌렸다. 왜냐하면 동 토지 개혁은 당시 이란의 최대 토지 보유 세력인 시아파 성직자들의 토지 재분배를 예정하고 있기 때문이다. 혁명 지도자 호메네이가 당시 이라크 망명 상태에 처하게 된 배경에도 토지 개혁에 대한 성직자들의 시위가 있다.

　1979년 1월 16일 팔레비는 1953년과 마찬가지로 이집트에 잠시 체류 후 미국으로 망명길에 올랐다. 2주 후인 2월 1일 혁명 지도자 호메네이는 이란 국제공항에 도착하여 팔레비 왕조의 몰락이 공식화된다. 하지만, 미국이 신병 치료를 위해 팔레비 국왕의 입국을 승인하게 되면서, 이란의 혁명과 반-미 감정은 최고조에 이르게 되며 테헤란의 길거리는 폭력이 쇄도했다. 혁명 지도자는 이러한 혼란을 활용하여 자신의 혁명 이념을 강화하면서 자유주의자, 지식인 및 마르크스를 신봉하는 사람들을 패배시켰다. 이러한 폭력의 확산은 1979년 11월 4일 이란 혁명지지 세력이 주 이란 미국 대사관을 점령하면서 정점에 이르게 된다. 52명의 미국 외교관이 444일간 억류된 미 대사관 인질 사건으로 미국은 1980년 4월 7일 이란과 공식적으로 외교 관계를 단절한다. 카터 대통령은 1980년 4월 24일과 25일 양일간 인질 구출을 위해 "독수리 발톱 작전(Operation Eagle claw)"로 명명된 군사 작전을 지시하지만, 동 작전은 완전히 실패했다. 결국 미국은 1981년 1월 20일 알제리 정부의 중재하에 양국 협정을 통해 미 대사관 인질은 풀려나게 되었다. 미국은 반대 급부로 이란의 내정에 더 이상 간섭하지 않을 것을 약속하고, 이란 자산 동결 중지를 약속하면서 약 25년 간의 미국-이란 밀월 관계는 폭력적으로 종결되었다. 이란은 워싱턴과의 관계에서 미국에 'Great Satan'이라는 꼬리표를 항상 붙이며 현재까지 적대적인 관계를 유지하고 있다.

불안정의 일반화

2020년 9월 체결된 아브라함 협정(Abraham Accords)이 아랍 세계와 이스라엘의 전통적인 대결 구도와 이-팔 분쟁의 전통적인 해결책인 2국가 해법(Two-State Solution)의 공식적인 사망 선고를 의미한다면, 1979년 발생한 이란 혁명은 기존의 중동 정치의 기본 틀을 형성해 온 아랍-이스라엘 대결 구도를 근본적으로 변화시키고, 중동 지역에 새로운 대결 구도를 형성하면서 중동지정학 질서 재편을 불러왔다. 특히 이란은 호메네이 혁명을 배경으로 중동 지역에 자신의 헤게모니 구축을 위해 꾸준하게 대리 세력을 전진 배치시키게 된다. 혁명 이후의 이란은 오합지졸의 아랍 정권과 아랍 민족주의의 쇠퇴라는 중동 정치 지형 변화의 틈새를 파고들면서 이 지역에서 영향력을 조금씩 확대하기 시작했는데, 이란의 이러한 역내 팽창 정책은 국제 유가의 폭등, 2003년 미국의 이라크 침공 및 2015년 이란 핵 협정 JCPOA 체결이라는 유리한 상황 전개에 힘입어 더욱 가속화한다. 특히, 이란은 대다수 순니파로 구성된 아랍 세계에 자신의 존재감을 각인시키기 위해 종교적 경쟁을 잘 활용했다. 먼저 이스라엘의 팽창에 직면해 팔레스타인의 대의를 수호하는 강력한 경쟁자로서의 이란의 입지를 확고히 하면서 동시에 테헤란은 반식민지 및 반제국주의 투쟁을 리모델링화하고, 현대 국가 테러리즘의 창시자로서 자리매김하며, 정치 이슬람주의(Political Islam)의 급진화를 초래했다. 순니파 절대 다수를 형성하고 있는 아랍 세계와의 대결에서 호메네이 혁명 이념 수출의 야심과 종파 대결로 이슬람 양대 종교 세력 간의 긴장은 더욱 악화되어 왔으며, 중동 지역 국가들의 불안정성이 일반화되는 결과가 초래했다. 그 여파는 2022년 중동 정치 및 글로벌 정치에 영향을 미치면서 일상화된 테러를 매개체로 개인들의 평범한 삶의 영역에까지 침투하고 있다.[337]

정치 이슬람주의 급진화

　1차 세계대전의 여파로 탄생한 레반트(Levant) 국가들-시리아, 요르단, 팔레스타인, 이라크-은 독립에도 불구하고 각국의 민족적 애착심은 여러 가지 대내외적 요인으로 인해 미약한 수준을 보였다. 해방 후 제국주의 속박에서 벗어난 지식인들을 중심으로 아랍 민족주의 열기가 비등하게 된다. 1948년 이스라엘 국가 창설로 인한 아랍의 좌절감, 1956년 수에즈 운하 국유화 성공, 이집트 나세리즘의 부상으로 범-아랍주의의 열기는 고조된다. 바트 당(Baath party), 아랍민족주의운동과 같은 범-아랍 정당이 도시 지식인 계층 및 젊은 군 장교들을 중심으로 형성되기 시작했다. 그러나 1970년대 중반부터 범-아랍 민족주의는 시들기 시작한다. 시리아와 이라크 바트(Baath) 정권은 부패한 씨족 중심의 독재 정권으로 퇴화하면서, 빈털터리 이념으로만 남았다. 결국 이들 정권은 1973년 10월 전쟁, 1975년 레바논 내전, 1978년 Camp David 협정 체결, 1979년 이란 이슬람 혁명 발발이라는 지정학적 변화의 물결에 휩쓸려 버렸다.

이슬람 근본주의(Islamic Fundamentalism)

중동 역사에서 1979년은 무슬림 근본주의의 원년이라고 할 수 있다. 이란에서 신정정치를 수립한 테헤란 이슬람 혁명에 고무된 사우디아라비아 순니 급진주의자들은 이슬람 성지인 메카를 점령하고 종교적 독실함 부족을 이유로 사우디 왕가의 전복을 주창한다. 사우디 과격주의자들의 발흥의 원인이 무엇이었든지 간에 그 결과는 재난으로 귀결된다. 근본주의자들이 사우디 왕가가 불경하다는 비난에 겁을 먹은 사우디 왕가는 자신들의 도덕적 권위를 위해 종교적 보수주의자들에게 이미 크게 의존하고 있었음에도 불구하고 이들 종교적 근본주의자들에게 완전한 자유 재량권을 부여하면서 사우디에서도 무슬림 근본주의가 깊이 자리 잡게 된다. 1982년 제1차 레바논 전쟁 발발 직후 워싱턴에서 미국 대통령 레이건은 베긴(Begin) 이스라엘 총리와의 면담에서 *"Your actions in Lebanon have seriously undermined our relationship with those Arab governments whose cooperation is essential to protect the Middle East from external threats and to contain forces of Soviet-sponsored radicalism and Islamic fundamentalism now growing in the region."*[338] 라고 언급하면서 역내에서 불기 시작한 이슬람 근본주의의 위협을 분명하게 인식하기 시작한다.

이슬람 극단주의(Islamist Extremism)

욤키푸르 전쟁에 대한 아랍 세계의 대응으로 국제 유가를 단숨에 4배 이상 폭등시킨 제1차 석유 파동을 배경으로 사우디아라비아는 와하비즘(Wahhabism)이라는 종교적 이념을 무기로 중동 지역을 이슬람화하기 시작한다. 이러한 와중에 발생한 이란 혁명 성공으로 인한 이슬람 공화국의 출현은 당시 순니파 사우디아라비아 주도로 진행 중이었던 중동 지역의 이슬람화(Islamization) 과정에 등장한 강력한 시아파 경쟁 세력의 부상을 알리는 신호탄으로 해석된다. 1979년 이란 혁명으로 시아파 고위 성직자(Ayatollahs)가 권력을 잡게 되면서, 이란 및 중동 전역에 이슬람 급진주의가 발흥하게 된다. 1981년 10월 발생한 이집트 사다트(Sadat) 대통령의 암살도 바로 2년 전 테헤란에서 발생한 이란 혁명의 연장선상에서 바라볼 필요가 있다. 또한 같은 해인 1979년 이슬람 순니 급진주의자들이 사우디 메카를 점거하는 사건이 발생하여 수백 명의 사상자가 발생하게 된다. 요컨대, "이란 혁명의 여파는 이란을 넘어 중동 전역에 이슬람 급진주의의 발흥을 불러왔으며, 폭력적인 이슬람주의자들을 더욱 대담하게 하는 사건[339]"으로 기록된다.

양대 종교 세력의 적대감은 지난 40년 이상 동안 중동 지역의 위기와 전쟁의 주요한 원인으로 작용하게 되며, 이슬람 테러리즘의 지속적인 수출을 통해 유럽까지 악영향을 미치게 된다. 이러한 이슬람 양대 세력의 대결에 대해 질레스 케펠(Gilles Kepel)은 자신의 저서 『Sortir du chaos(Gallimard, 2018)』에서 "1980년대는 역내 정치 질서의 이슬람화와 시아파와 순니파 양대 세력이 MENA 지역 헤게모니 쟁탈을 위한 적대감 심화가 꾸준히 진행된 시기"라고 진단했다. 이란의 혁명 및 호메네이 이념 수출을 견제하기 위해 사우디아라비아는 살라피스트(Salafist) 종교 단체에 대한 재정 지원을 확대하여, 와하비즘 전파를 위해 아랍 지역뿐만 아니라 동양 및 유럽 지역에 모스크 건설과 코란 학교 건설을 지원하게 된다. 이슬람 양대 세력의 종교적 극단주의 경쟁의 비근한 예로는 이란 최고지도자 호메네이가 1989년 2월 14일 인도 소설가 살만 루쉬디(Salman Rushdie)의 논쟁적인 소설인 『악마의 시(The Satanic Verses)』가 불경스럽다고 규정하면서, 그를 암살할 것을 명령(Fatwa)한 사건이다. 이 사건으로 이슬람 율법인 샤리아가 무슬림인들뿐만 아니라 전 세계 모든 지역에 적용되기 시작한다는 의미에서 종교적 극단주의 이념의 매우 위험한 선례가 만들어진 것으로 유명한 사건이다. 예언자 무함마드와 이슬람의 진정한 옹호자임을 자처하는 시아파 이란의 종교적 극단주의는 그 이후 순니파 극단주의 형성에 지대한 영향을 미치게 된다. 네덜란드 영화 감독 테오 반 고흐(Theo Van Ghogh)가 만든 영화 〈복종(Soumission)〉으로 인해 그가 암살당하게 되었고 이에 덴마크 일간지가 예언자 무함마드를 조롱하는 내용의 글을 게재하여 이슬람 세계의 격분을 초래했다. 프랑스 비평지 샤를리 헤브도(Charlie Hebdo)에 대한 이슬람 세계의 공격도 모두 이러한 이슬람 양대 세력의 종교 충돌에서 초래된 간접적 피해(Collateral Damage)로 이해할 필요가 있다.

정치 우경화(Politically Conservative Swing)

이슬람 극단주의 발흥은 서구의 정치 지형에도 지각 변동을 초래하면서 중동 문제의 가장 본질적인 측면인 이-팔 문제에까지 영향을 미치고 있다. 2011년 아랍의 봄과 시리아 내전이 유럽에 초래한 해악인 테러 공격과 이민 증가, 마지막으로 이란 핵 문제로 인해 유럽 연합의 중동 정책 우선순위가 완전히 변화된 배경이 유럽 연합이 친-이스라엘 성향을 보이는 주요 요인 중의 하나"라고[340] 포린 폴리시(Foreign Policy)는 분석한다. 유럽 연합의 대이스라엘 정책 변화의 근저에는 또한 유럽 사회의 자체 변화라는 더 깊은 요인이 자리하고 있으며, 이러한 변화를 초래한 가장 직접적인 요인은 이슬람 극단주의 세력에 의한 잔인한 테러 공격이 자리 잡고 있다. 프랑스 한 국회의원은 "프랑스는 이슬람 극단주의와의 투쟁이라는 측면에서 이스라엘과 공동 전선을 형성하고 있다. 그 어느 때보다도 급진주의 위협이 이스라엘과 프랑스를 더욱 가까운 이웃으로 만들고 있으며, 이러한 테러 위협이 유럽의 외교 정책 변화를 잘 설명해 주고 있다."[341]고 분석한다. 이슬람 극단주의 세력의 위협에 대한 서구 정치 우경화는 리비아 사태를 통해서도 영향을 준다. 리비아 벵가지(Benghazi) 미국 대사 크리스토퍼 스테븐스(J. Christopher Stevens) 사망에 대한 미 정계의 당파적인 분노와 리비아 사태로 인한 대규모 이민들이 지중해를 가로질러 유입될 수 있다는 두려움은 2016년 미국 선거와 영국의 브렉시트(Brexit) 국민 투표(Referendum)에서 새로운 인기 영합주의 결과를 초래한 핵심 요인으로 분석되고 있다.[342][343] 마크롱 대통령이 재선에 성공한 2022년 4월 프랑스 선거 결과는 큰 안도감을 안겨 주기는 하였지만, 빠르게 진행 중인 프랑스 정치 우경화를 경계해야 하는 큰 과제를 안겨 주고 있다. 세계 경제를 위협하는 통상 전쟁, 외국인을 혐오하고 포퓰리즘적이며, 초국수주의 흐름과 정당의 부상으로 난민과 이민자들이 정치의 손쉬운 희생양이 되어 버렸다. 이러한 우경화 흐름은 IS와 알카에다와 같은 종교적 극단주의자들이 조장하는 무관용과 맹목적인 폭력으로 인해 더욱 강화되고 있는 것이다.

시아파 초승달(Shiite Crescent)

2001년 9·11 테러와 그 여파로 초래된 미국의 아프가니스탄 및 이라크 침공이라는 미국의 대응은 분열되고 약체화된 아랍 무슬림 세계를 배경으로 중동 지역에서 헤게모니 팽창이라는 이란의 야심에 날개를 달아 주는 결과를 초래했다. 설상가상으로 오바마의 중동 지역 탈-관여 정책 추진과 2015년 이란 핵 합의로 테헤란은 역내 팽창을 위한 더 많은 수단을 확보하게 되는 반면에 아랍 국가들은 미국의 일관성이 결여된 혼란스러운 중동 정책으로 더욱 어려운 위치에 처하게 된다.

테헤란은 민병대를 주로 하는 초국경적 네트워크 구축을 통해 아랍 세계에 침투하면서 MENA 지역 지정학 경쟁 무대에 다시 복귀한다. 이러한 세력 침투 전략의 근저에는 아랍 지역 각 국가 내 소수파를 형성하고 있는 시아파 세력의 해방을 지원하여 천년에 걸친 종파 전쟁을 부각시키는 것이다. 2004년 요르단 압둘라 국왕은 워싱턴 포스트와의 인터뷰에서 이란-이라크-시리아-레바논 "시아파 초승달(Shiite Crescent)"의 부상을 경고한 바 있으나, 당시 이러한 우려는 초현실주의에 불과한 것으로 치부되어 버린다. 이라크에서는 2003년 이라크 전쟁 이후 정파주의 정치 시스템의 도입으로 사담 후세인 바트(Baath) 독재 체제 아래에서 오랜 기간 억압받아 왔으나 다수를 점하고 있던 시아파 세력에 다양하고 엄청난 정치적 특혜를 누릴 수 있는 기회를 제공받게 된다. 하지만, 이라크에서 이란 시아파 초승달 세력이 순니파 세력을 대상으로 한 차별적 정책은 정파 전쟁(Confessional War) 촉발의 근본적인 원인이 된다. 전쟁의 여파로 순니 급진 이슬람 IS가 탄생하여 중동과 전세계를 극단적인 테러와 폭력의 공포로 몰아넣은 것이다. 이와 병행하여 2011년 시리아 민중 봉기도 아사드가 주도하는 시아파의 한 분파이자 시리아 전체 인구의 15%에 불과한 알라위트(Alawites) 세력을 한 축으로 하고, 내란 발발 이후 일부가 극단주의 세력으로 전환되어 IS에 가담한, 시리아 대부분을 구성하고 있는 순니 세력을 다른 축으로 하는 종파 분쟁으로 전환되었다. 이란은 이란을 위시한 이라크, 아프가니스탄 및 레바논 출신의 수만 명의 민병대를 동원하여 시리아 알라위트(Alawites) 정권 수호를 위해 시리아 내전에 개입하면서 시리아 국민들의 억압적인 독재 정권에 대한 민중 봉기를 새로운 종교 분쟁으로 전환시켰다. 2015년 9월 테헤란 국회의원 알리 레자 자카니(Ali Reza Zakani)는 이란이 지원하는 예멘 후티 반군의 예멘 수도 Sanaa 접수로 테헤란은 이제 예멘을 포함하여 바그다드, 다마스쿠스 및 베이루트 등 아랍 4개 국가의 수도를 자신의 통제권하에 두는데 성공하게 되었다고 언급했다.

IS(Islamic State)[344][345]

    이란 팽창주의 정책의 성공은 알카에다 지하디스트가 서구에 저항해 벌이고 있던 종교 전쟁이 궤도를 이탈하게 하는 결과를 초래하며 지하드 성단에 커다란 파열음을 만들어 냈다. 순니 세력은 이란 시아파 세력을 '가까운 적(Close Enemy)'으로 규정하고 시아파에 대한 전쟁에 돌입한다. 순니파의 서방에 대한 성전은 이라크에서 처음으로 항로를 변경하게 된다. 이라크 주재 알카에다 세력의 지도자 자르카위(Zarkaoui)는 서방 비-무슬림인들에 대한 성전과 마찬가지로 새로운 이단자인 시아파에 저항한 성전을 선포하게 된다. 오사마 빈 라덴이 선포한 '먼 적(Faraway Enemies)'을 상대로 한 성전은 지하디스트들의 계획에 서방만큼이나 위험한 존재로 인식되는 시아파에 저항한 투쟁으로 변화하였다. 자르카위의 이러한 인식은 오사마 빈 라덴의 후계자인 자와히리(Zawahiri)와 나눈 서신 내용에서도 확인할 수 있다. 자와히리는 "이단자(서방 비무슬림)는 한 방의 총알을 변절(배교)자인 시아파에게는 9개의 총알을 준비해야 한다."고 하면서 자신의 신념을 내비쳤다. 이라크에서 시아파 정권 및 시리아 알라위트(Alawites)의 만행으로 인한 순니파의 좌절과 고통은 이라크와 시리아에서 폭력의 공포로 악명을 떨친 '이슬람 국가(Islamic State: IS)' 발흥을 초래하는 주요한 요인이 된다.

IS 이념적 기원

IS 이념은 초기 이슬람 시대의 환상에 기초해 있으며, 이슬람의 전통적인 역사와는 단절성을 보이고 있다. 그럼에도 불구하고 IS의 본질은 지하디스트들이 끊임없이 자신들의 세속적인 행위를 영적 지시를 통해 정당화하고 있다고 있다는 측면에서 기본적으로 종교적이라고 할 수 있다. 하지만, IS는 무슬림 세계에서 대부분 이슬람과는 전혀 관계가 없는 완전한 일탈(Aberration)로 여겨지고 있다. IS 지하디스트는 자신들이 이슬람의 진정한 옹호자라고 생각하고 있으며, 알-카에다 지하디스트를 포함하여 다른 모든 무슬림인을 이단자로 여기고 있다. IS가 진정한 무슬림과 나머지 이단자를 구분 짓는 이러한 완전한 대립 구도는 정치 이슬람(Political Islam) 내의 다양한 흐름에서 자양분을 의존하고 있는 IS의 이념 구축에서 근본적인 요소를 구성하고 있다.

시리아 출신 IS 전문가 하산 하산(Hassan Hassan: 2015년 뉴욕 타임즈 베스트 셀러 『ISIS: Inside the Army of Terror with Michael Weiss』의 한국어판 『알라의 사생아 IS』 저자)은 자신의 저서 『The Sectarianism of the Islamic State: Ideological Roots and Political Context』에서 "IS는 순니 이슬람 운동인 살라피즘(Salafism)과 여타 정치적 흐름의 혼합물의 결과"라고 평가한다. IS는 이슬람교의 타락과 형식주의를 비판하며 순수 이슬람화를 주창하는 와하비즘의 측면에서 살라피즘에 기초해서 쿠란을 문자 그대로 해석하는 태도를 보이고 있으며, 따라서 수많은 금지 항목을 통해 규제되는 사회 비전을 제시하고 있다. "와하비즘이 IS 이념 구성에 끼친 가장 중요한 측면은 'fidelity to Islam and rejection of non-Islamic roads' 개념이라고 할 수 있으며, 이러한 개념에 기초해 이슬람과 비-이슬람, 다시 말해 적을 규정한다."고 하산(Hassan)은 부언한다. 그러나 IS가 추종하는 지하디즘은 와하비즘의 쌍둥이 형제가 아니며, 접근 방식에 있어서 더 종파적이며 더 혁명적이며, 그 목적에 있어서 더 정치적이며 더 전체주의적인 성격을 가지면서 이슬람 초기 시대의 순수함으로 회귀를 추구하고 있다. 이러한 논리에서 알제리 작가 카멜 다우드(Kamel Daoud)는 여러 차례 사우디아라비아는 "성공한 다이쉬(Daech)가 아니다."라고 지적한다. 사우디는 종교인과 Saud 왕가 간의 정치적 연합에 의존하고 있는 국가로서, 국제 시스템에 통합되어 있으며, 비-무슬림 국가와 관계를 유지하고 있기 때문에 IS의 시각에서 종교에 반하는 것으로, 사우디아라비아는 이단(Infidel) 왕국에 불과한 것이다. IS는 또한 무슬림 형제단의 사상에서도 자양분을 얻고 있는데, 그중에서도 이집트 사상가 싸이드 쿠톱(Sayyed Qotob)이 주창하는 가장 극단적인 흐름을 수용하고 있다. 지하드(Jihad)는 쿠톱(Qotob) 사상의 중심을 형성하고 있으며, 당시의 이집트의 이단 무슬림 권력인 나세르(Nasser) 전복을 주창한다. IS에 대한 이러한 다차원적인 이해 시도에도 불구하고 왜 IS가 이념적 측면에서 알-카에다와 단절성을 보이는 지에 대한 해답은 찾을 수 없다. 빈 라덴의 알-카에다와 마찬가지로, 자르카위가 창시하고, 바그다디(Bagdadi)가 주도한 이슬람 극단주의 단체인 IS도 문명의 충돌에 기초한 세계관을 유지하고 있다. 『Comprendre le terrorisme(Fayard, 2017)』의 저자이자, 행동 복원력(Action Resilience) 소장 니콜라스 헤닌(Nicolas Henin)은 "IS는 지하드 살라피스트(Jihadi Salafists) 운동의 완전한 계승자이며, 독창적인 변형"이라고 평가한다. 그럼에도 불구하고 IS는, 알-카에다와는 달리, 이단자로 판명된 근거리 적(Close Enemy)과의 투쟁이 가장 우선적이며 정당화된다. 이러한 측면에서 알-카에다보다 완전히 종파적인 특성을 보이고 있다.

시아가 순니의 최대의 적이라는 결과로 이어지는 이러한 측면은 그러나 IS가 생성되게 된 정치적 맥락에서만 이해할 수 있다. 극단주의 테러 단체인 IS는 이라크와 시리아의 바트(Baathist) 체제가 자행한 만행의 결과물이자, 2003년 이라크 전쟁 및 2011년 시작된 시리아 전쟁의 배경에서 두 국가에서 자행된 순니 종교 세력에 대한 조직적인 배제와 억압에 대한 저항이기도 하다. IS는 적어도 부분적으로 시리아와 이라크의 바트당 정권의 계승자라고 할 수 있다. 이슬람 극단주의자들의 끔찍한 폭력성은 시리아와 이라크에서 맹위를 떨친 바트당 집권 문화의 유산이라고 할 수 있는 경찰국가(Police State), 억압 및 가혹한 고문을 공유하고 있다. 소위 바트당원 사이에서는 이념적으로 많은 것들이 공유되고 전수되었으며, 이러한 바트 문화는 이미 1990년대 말 바트당(Baath party)과 군대 내에서 이슬람주의 급진화가 진행되고 있었다고 이르맘(Iremam) 중동 전문가이자, 『Irak par-dela toutes les guerres: idees recues sur un Etat en transiton(Cavalier Bleu, 2018)』 저자인 마리암 벤라아드(Myriam Benraad)는 평가한다. "2014년 IS의 전격적인 부상은 큰 파문을 불러일으키는 사건 이상으로 화려한 측면이 있는 것이 사실이지만, 이슬람 극단주의의 현실화는 이미 오래 전부터 부화하기 시작한 과정의 결과물"[346]뿐이라고 평가한다.

IS 발흥의 정치적 및 지정학적 배경

페이스북과 유튜브를 활용하는 21세기 코드(Code)로 무장한 전체주의(Totalitarianism)로 규정할 수 있는 IS 칼리파(Califat)의 발흥은 세계화된 현대 사회의 어두운 면과 지난 수십 년간 진행된 정치 이슬람주의의 지속적인 극단화를 얘기해 주고 있다. IS는 또한 폭거 레짐의 포로인 아랍 사회의 건강 상태와 아랍과 나머지 세계와의 관계를 잘 보여 주는 것이다. 칼리파의 부상과 몰락은 전 세계와 관련되지만, 그 역사는 기본적으로 이라크 및 시리아에 한정되어 있다. IS의 부상은 무엇보다도 극단주의를 조장하는 지정학적 혼란을 토양으로 자라나기 시작했으며, 이라크와 시리아의 정치적 요인과 사회적 요인이 복합적으로 작용하여 만들어진 21세기 괴물이라고 할 수 있다.

2014년 6월 29일에 수립되고 2019년 3월 23일 붕괴한 IS의 부상의 지정학적 배경에는 먼저 2003년 이라크 전쟁이 자리 잡고 있다. 사담 몰락과 이라크 국가 체제의 탈-바트화(De-baassification)의 여파로 이라크에 알카에다가 등장하여 진화하면서 이라크 알-카에다 지도자 자르카위 사망 몇 개월만인 2006년 여러 지하드 단체들이 통합되면서 이라크 IS의 창설로 이어지게 된다. 지하드 투쟁의 핵심은 먼 서방 국가뿐만 아니라 이슬람 땅에서도 전개된다. 자르카위 운동은 이라크를 점령한 미국에 대한 공격뿐만 아니라 시아파 무슬림 및 이단자로 여겨지는 사람도 포함하며, 이러한 측면에서 IS는 이념과 전략 측면에서 알-카에다와 구별된다. 2003년 이라크 전쟁 이후 종파 긴장이 고조된 분위기 속에서 말리크 총리 이라크 정부가 의도적이고 조직적인 순니 배제 정책을 채택하자 주변화된 순니 세력은 보복을 다짐하지만, 이라크 정부가 똑같은 순니 세력으로 구성된 대리 세력 '레 사흐와(Les Sahwa)'를 동원하여 초기 순니 극단주의 세력은 억압된다.

하지만 2011년 미국의 이라크 철군과 시리아 내전에 힘입어 이라크 IS세력은 다시 세를 얻게 된다. 시리아의 혼란과 아사드 정권의 순니파로 구성된 시리아 야당 세력에 대한 극단적 억압 정책은 초창기 IS 세력이 시리아에 뿌리를 내릴 수 있는 최적의 환경을 제공하게 되며, IS는 시리아를 통해 이라크 영토 점령을 위한 계획을 실행해 나간다. 이러한 계획은 지하드 성단 내에 파열을 가속화한다. 2013년 4월 9일 바드다디는 자신의 조직인 이라크 IS와 시리아 알-카에다 분파인 '누스라 전선(Le Front al-Nosra)'과 통합을 통해 '이라크-레반트 이슬람 국가(Islamic State in Iraq and Levant: ISIL) 수립을 시도하지만, 알누스라(al-Nosra)가 바그다디(Baghdadi)의 후원을 거부하고, 알-카에다에 충성을 맹세하면서, 양 세력은 2014년 무력 충돌까지 이어지기도 한다. 2014년 시리아와 이라크 정치 상황은 IS 부상을 가속화한다. 양국의 이슬람 순니에 대한 억압 정책 가속화는 순니 세력과 모든 굴욕 받은 사람들의 보복의 주창자임을 자청하는 IS 지하드 계획의 엔진 역할을 하면서 2014년 이라크 제2의 도시인 모술을 점령하고 IS가 세력을 확대하면서 2014년 6월 29일 이슬람 국가(IS) 창설을 선포하게 되었다. 2014년 8월 오바마는 IS에 대한 최초의 공습을 지시하고, 지하드 위협에 대응하기 위한 국제 연합군을 창설하게 되지만 이러한 대응은 너무 늦었으며 약한 것으로 판명되었다.

2019년 사망한 그의 전임자 바그다디 뒤를 이은 IS 수괴 쿠라쉬(Qourachi)가 2022년 2월 3일 자폭 사망하면서 IS의 미래에 대한 전망이 쏟아지고 있다. 이라크 대통령 바흐람 살레흐(Bahram Saleh)는 IS에 대한 성급한 승리를 외쳐서는 안 된다고 경고하면서, IS의 재부상을 부추길 수 있는 근본 원인에 대한 논의를 포함하는 전략을 수립해야 한다고 부언한다. 이 전략은 특히 종교를 포함한 이라크의 모든 공동체를 정치 체제에 포함해야 하며, 경제 개발 및 시리아 분쟁의 정치적 해결에도 각자의 몫을 하도록 허용되어야 한다고 조언한다. 이러한 과업은 영토를 다시 되찾는 일과는 근본적으로 다른 매우 민감한 문제이다. IS를 상대로 한 군사적 승리의 여파로 공동체는 파괴되고, 국민들은 정신적으로 충격을 받고 소외되어 있음에도 불구하고 정치, 경제 및 사회적인 측면에서의 해결책은 제시되지 않고 있다. 무엇보다도 시리아는 평화 프로세스의 가능성과는 매우 거리가 먼 지역 대결의 주요 무대이다. 이라크는 15년의 전쟁으로 깊이 멍든 국가로서, 테헤란의 동맹인 시아파 민병대가 이라크 이해 관계의 많은 부분을 차지하고 있는 현재 진행 중인 지역 대결의 새로운 중심이 될 수 있다는 우려가 여전히 상존해 있다.

2022년 1월 20일 21일 양일 연속 시리아 북동부 지역 감옥소에 대한 공격과 11명의 사망자를 초래한 이라크 동부 군사 기지에 대한 공격으로 IS가 여전히 휴면 상태의 소규모 조직으로서 위험성이 상존하고 있음이 증명된다. IS 전문가 아이멘느 자와드 알 타미미(Aymenn Jawad al-Tamimi)는 "영토적 패배 이후, IS는 이라크와 시리아에서 반란과 봉기의 형태로 계속 존재하고 있다."[347]고 분석한다. 이러한 지하드 단체의 복원력의 이면에는 이라크와 시리아를 관할하고 있는 다양한 관계 당국 간의 협조 부족에서도 기인한다. 이라크 바그다드 중앙 정부와 쿠르드 자치 정부 간의 알력으로 잔존 IS 세력이 바그다드 북쪽 지역과 쿠르드 자치 지역 경계 지역의 시골과 산악 지역에 주로 은닉해서 활동 중이다. "IS는 이라크와 시리아를 손쉽게 드나들 수 있으며, 양 지역에 휴면 상태의 잘 무장되고, 재정 상태가 좋으며, 언제든지 활성화될 수 있는 소규모 조직(Dormant Cells)을 보유하고 있다."고 뉴스라인 전략 정책 연구소(Newlines Institute for Strategy and Policy) 니콜라스 헤라스(Nicholas A. Heras)는 분석한다. 더구나, 2014~2015년 지하디스트 단체의 형성과 부상의 근본적인 원인은 사라지지 않고 있다. IS는 시리아와 이라크 사회를 좀먹고 있는 심각한 정치 경제적 분절과 양국의 집권 세력이 인종적 종교적 분열을 자신들의 이해 관계를 위해 악용하는 토양 아래에서 서식하고 있다. "IS는 반란 활동에 의존하고 있으며, 시골에서 벗어난 지역에서 대부분 비밀스럽게 활동 중이며, 이라크와 시리아의 치안상의 맹점을 악용하고 있다."고 테러 연구소 ACTRI 소장 아르디안 샤즈코브치(Ardian Shajkovci)는 평가한다. 이러한 정치적 공백으로 인해 IS와 그 요원은 새로운 신입생을 모집할 수 있으며, 자유롭게 노동력과 자원이 시리아와 이라크 사이를 손쉽게 오갈 수 있는 것이다. 시리아 북서부 튀르키예 관할 지역은 IS 천국이라는 끔찍한 진실을 지적하며, IS 지도자들이 피난 중인 시리아 민간인들을 방패로 자신들의 신분을 숨겨 왔다고 니콜라스 헤라스(Nicholas Heras)는 평가한다. 시리아 이들립(Idleb) 지역 일부는 공식적으로 튀르키예의 관할하에 있지만, 이 지역의 대부분은 하이아트 타흐리르 알 샴(Hayat Tahrir Al-Cham: HTC) 지하디스트가 지배하고 있으며, 여타 지하드 단체와 마찬가지로 HTC도 아사드 정권에 대항하지만 튀르키예의 지원을 받는 시리아 저항 단체의 하나에 불과하다.

현대 테러리즘의 창시자

이란은 목적 달성을 위해 테러 무기를 사용한 최초 국가 중 하나로서, 미국은 9·11 테러 이전에 이미 이란의 국가 주도 테러리즘의 대가를 치러야만 했다. 1979년 이란 혁명 발발과 거의 동시에 주 이란 미국 대사관이 이란 이슬람 혁명 세력의 인질하에 놓이게 된다. 이 사건은 이란 신정 정권의 미국에 대한 일련의 테러 공격의 시작을 의미한다. 이란인들이 소위 "순교 작전"으로 명명하고 있는 자살 공격 전술은 1980년대 이란-이라크 전쟁을 배경으로 만들어졌다. 이 전술은 그 이후에 순니 지하디스트와 살라피스트 단체들에 의해 레바논, 이스라엘, 중동 전역, 유럽, 미국으로 확산되게 된다. 1983년 10월 레바논에서 241명의 미군이 사망한 베이루트 미 해병대 막사에 대한 폭탄 공격이 발생하면서 헤즈볼라(이란)의 본격적인 중동 정치 무대의 부상을 알리는 신호탄이 되었고 그 이후 미국 대사관 및 여타 목표물에 대한 테러 공격이 자행됐다. 트럭과 폭탄이 설치된 자동차를 사용하는 방법은 글로벌 지하드 테러리스트 기술에 있어 혁신적인 기술로 자리 잡게 된다. 이란의 이스라엘에 대한 공격은 남미로까지 확산된다. 1992년과 1994년 아르헨티나 주재 이스라엘인과 이스라엘 시설에 대한 공격이 발생했다. 당시 이란의 대통령 라프산자니(Rafsandjani)는 아르헨티나 정부에 의해 기소되기도 했다. 그는 약 300건의 테러 공격을 지시한 인물로 알려져 있었다. 미 국무부는 연례 보고서에서 정기적으로 이란을 글로벌 테러 지원국으로 지명하고 있다. 미국의 집권 행정부가 공화 혹은 민주당 여부와 상관없이, 워싱턴의 입장에서 '살라피스트 지하디즘(Salafist Jihadim)'과 '호메이니 지하디즘(Khomeyni Jihadism)'은 현대 테러리즘의 양면에 불과한 것이다.

이스라엘, '대적(Arch-foe)'

　이슬람 혁명 이후 이란의 지역 정책의 또 다른 주요 측면은 이 사건으로 이스라엘-팔레스타인 관계와 이스라엘-아랍 관계가 완전히 대변화를 겪게 된다는 점이다. 이란 샤(Chah) 왕조 시절 이란은 무슬림 국가 중에서 매우 드물게 유대 국가 이스라엘과 긴밀한 관계를 유지하고 있던 국가였다. 이스라엘은 1948년 팔레스타인 지역에 유대 국가 창설 이후 아랍 지역, 마그렙(Maghreb) 및 아랍-페르시아만 지역 국가들로 부터의 만장일치의 적대감을 받아왔다. 이러한 고립을 타파하기 위해서 이스라엘은 이란 샤(Chah) 왕조 및 튀르키예의 케말(Kemal) 정권과 손을 잡게 된다. 이란 혁명은 더구나 이스라엘과 아랍 세계가 여러 차례 충돌이 발생한 1970년대 말에 발생하는데, 이스라엘과 아랍의 군사적 충돌 과정에서 나세르 및 바트주의자(Baathists)와 같은 민족주의 성향의 아랍 정권은 심각한 군사적 타격을 입게 되었다.

　물라(mollah) 정권 탄생의 가장 직접적인 여파 중의 하나는 이스라엘과 이란 밀월 관계의 종식이다. 이스라엘과 이란의 양국 관계가 단절될 뿐만 아니라, 혁명 지도자 호메네이는 이스라엘의 "Small Satan"으로, 미국을 "Great Satan"으로 규정하게 되면서, 이스라엘에 대한 증오와 적대감은 이란의 지역 정책의 주요 축의 하나로 기능하게 된다. 아흐마디네자드(Ahmadinejad) 이란 전 대통령은 여러 차례 "중동 지역의 암적인 존재인 이스라엘을 지도에서 제거해야 한다."고 주장하기도 한다. 아랍 민족주의의 쇠퇴와 Gulf 군주들의 무력감 속에서, 테헤란은 전방위적으로 팔레스타인해방기구(PLO)뿐만 아니라, 더 급진적인 성향의 팔레스타인 무장 단체를 지원하며, 레바논의 헤즈볼라까지 자신들의 영향권에 두게 된다. 혁명 이후 이란을 방문하여 호메네이를 만난 최초의 외국 지도자가 팔레스타인해방기구인 PLO 수반 아라파트였다는 사실은 많은 것을 시사해 주고 있으며, 양국 간의 돈독한 관계는 현재까지도 이어져 오고 있다. 아라파트의 호메네이 면담 당시 미국의 Camp David에서는 이집트와 이스라엘 관리들이 양국 평화 협정 체결을 위한 준비로 여념이 없던 시기였다. 테헤란의 입장에서 "시오니즘에 대한 저항"이라는 슬로건하에서 순니와 시아의 분열된 모습은 보이지 않게 된다. 현재까지 이란은 이스라엘과의 투쟁에서 순니 이슬라믹 지하드(Islamic Jihad) 및 하마스(Hamas)를 지원하고 있다. 테헤란은 이스라엘-팔레스타인 분쟁을 이스라엘-무슬림 구도로 재구성하여 이스라엘이 점령하고 있는 이슬람의 3대 성지인 예루살렘(Al-Quds) 해방을 주창해 왔다. 이슬람 라마단 기간 마지막 금요일을 '세계 알 꾿스의 날(World Day of Al-Quds)'로 지정하여 팔레스타인 대의 문제에서 위선을 보여 온 순니파 아랍 국가들에 대항해 시아파 맹주로서의 입지 강화를 시도해 왔다.

역사의 수레바퀴는 끊임없이 돌고 있다. 역설적이게도 과거 이란과 튀르키예는 중동 지역 우위를 확보하기 위한 범-아랍주의의 전복 활동에 저항한 이스라엘의 숨은 동맹국이었음에도 불구하고, 2022년 현재 MENA 지역 패권 경쟁의 가장 강력한 경쟁자로 우뚝 서 있다. 튀르키예와 이란은 아랍 사회의 재난적인 취약성의 측면에서 MENA 지역에서 강력한 국가로 부상하면서 이스라엘의 북부 국경선으로 점진적이고 위협적으로 다가오고 있다고 이스라엘 언론은 분석한다.[348] 아랍 국가들의 이스라엘에 대한 적대감은 1950년대와 60년대 이집트의 나세르(Nasser)로 대변될 수 있으며, 1979년 이란 혁명을 통해 수립된 이란 이슬람 공화국이 그 뒤를 이어오고 있다. 미 민주당 대통령 케네디(Kennedy) 전략은 대규모 경제적 유인 제공을 통해 이집트 독재자 나세르를 설득하여 그의 반서구 입장을 완화하고, 중동 지역에서의 전복적인 야심을 포기토록 하며, 러시아 백곰의 영향력으로부터 이집트를 떼어 내어 카이로의 민주화와 자유화를 증진시키는 것이었으나, 나세르는 중동 온건 국가(Moderate Regimes)들을 저해하는 정책을 지속하게 된다. 이스라엘 국가 창설 이후부터 텔아비브는 지역 헤게모니를 추구하려는 중동 지도자들에게 눈엣가시 같은 존재였다. 이집트 대통령 나세르(Nasser), 시리아와 이라크 바트(Baath)와 같은 급진주의 세력의 존재가 이스라엘을 위협하였다. 1979년 이후 현재까지 이스라엘을 위협하는 새로운 세력으로는 시아파 이란의 이슬람 이념과 순니파 튀르키예의 이념이 강력한 토대를 형성하고 있으며, 이들 양대 세력이 주창하는 정치 이념인 이슬람 급진주의(Radical Islam)은 이란과 튀르키예의 단순한 제국주의를 포장하기 위한 이념적 언어에 불과하다고 할 수 있다.

범-아랍주의 vs 범-이슬람주의

 이란 이슬람 혁명 정권은 근본적으로 아랍 세계의 사실상의 적이 되었다. 범-아랍주의 나세리즘을 주창한 이집트의 뒤를 이어 범-아랍주의(Pan-arabism)의 또 다른 형태인 바트주의(Baathism)을 주창한 이라크와 시리아는 이란 혁명 이념 범-이슬람주의(Pan-Islamism)의 위협에 직면하게 된다. 그러나 다마스쿠스와 바그다드는 이란 혁명 정권의 위협에 완전히 서로 정반대의 길을 걸으며 완전히 결별을 선언하였다. 범-이슬람주의 부상에 대항해 이라크와 걸프 왕정들은 서로 가까워지게 되며, 범-아랍주의를 주창하는 아랍 국가들 사이에서 이슬람 혁명 이념을 견제하기 위한 일종의 암묵적인 연합이 형성된다. 이라크가 전복적인(Subversive) 이란에 대한 방어막으로서 부상하게 되자 특히 걸프 국가들이 물질과 정신적인 지원을 아낌없이 바그다드에 지원했다. 시아파가 다수를 형성하고 있는 이라크 사담 후세인과 걸프 국가들은 이란 혁명 정권 약화라는 이해 관계를 공유하게 된 것이다. 이러한 측면에서 이란-이라크 전쟁은 범-아랍주의와 범-이슬람주의 대결이 본격화됨을 알리는 신호탄이 되었다.

이라크와 범-아랍주의 주도권을 두고 경합을 전개해 온 시리아는 이란 혁명이 성공하자 이란과 연합하여 여타 아랍 국가들과 거리를 두기 시작한다. 이란-이라크 전쟁은 다마스쿠스에 있어서 이란과 시리아 양자 관계 형성에 매우 중요한 사건이다. 다마스쿠스는 이란에 아낌없는 정치, 군사 및 재정적 지원을 제공하여, 고립에 처한 이란을 돕고, 사담 후세인의 약화를 도모했다. 하페즈(Hafez)는 사담 후세인이 중동 지정학 장기판에서 너무 강자가 되어 있는 현실을 받아들이지 못하는 것이다.

한편, 테헤란은 이라크에서 혁명 야심이 좌절되었음에도 불구하고, 자신들의 혁명 이념 수출의 희망을 포기하지 않는다. 테헤란은 강력한 시아파 공동체를 자랑하고 있는 레바논에 눈독을 들이기 시작하며, 시리아는 테헤란과의 연합을 기초로 레바논 사태에 개입하여 자국의 국익을 도모하면서 이스라엘과 대립각을 세우기 시작한다. 1982년 레바논에서 팔레스타인들이 떠나고, 좌파 세력이 후퇴하면서 시아파 혁명 정당을 창설하려는 이란의 힘을 투사할 수 있는 공간이 생겨났다. 물론 이러한 시아파 혁명 수출은 다마스쿠스를 거치게 되며, 레바논 현지의 국내적 상황과 지정학적 요인이 복합적으로 작용하여 헤즈볼라가 탄생하게 되는 배경이 되는 것이다. 시리아와 이란의 협력은 이때부터 더욱 공고화되기 시작한다. 1980년대 초반에만 해도 테헤란은 다양한 네트워크를 구축하고 있던 시리아에 필적한 힘을 자랑할 수 없었으나, 결국 이란은 시리아와 대등한 세력으로 차츰 성장하게 된다. 약 40년 후 이란-시리아 동맹은 그 어느 때보다 강력한 힘을 발휘하고 있으며, 역내 세력 균형은 근본적으로 변하였다. 범-이슬람주의 대변인 테헤란이 시아파 고속도로를 운영하면서 범-아랍주의의 느슨하고 연약한 순니 연합에 실존적 위협을 가하고 있다. 리야드는 테헤란이 개발하고 있는 탄도미사일 위협뿐만 아니라 회교율법학자(Mollah) 레짐의 대리 세력에 의해 포위되어 있다고 위협감을 느끼고 있다. 2017년 2월 뮌헨안보회의에서 아델 알-쥬베이르(Adel Al-Jubeir) 사우디 외교 장관은 이란의 역내 위협 정책을 강력히 비난하면서, "이란은 테러리즘의 첫 번째 원천"이라고 맹공을 퍼부었다. 사우디 이슬람율법학자(Ulemas)고등위원회의 한 위원은 2018년 초반 "시아파는 우리의 형제들이 아니며, 사탄의 형제들일 뿐이다."고 성토한다. 사우디 MBS는 결국 트럼프 행정부 대 중동 정책인 이란에 대한 '최대 압박 전략'과 보조를 맞추면서 이란의 팽창주의 억제를 도모했다.[349]

제13장

새로운 30년 전쟁
(New Thirty Years War)

1979년 이란 이슬람 혁명 이후 2022년 현재까지 중동 지정학 판도 변화를 주도해 온 가장 중요한 요인은 이스라엘 시오니즘 팽창과 이란 신정 정치의 헤게모니 충돌이라고 할 수 있다. 2020년부터 특히 부각되기 시작한 아브라함 협정과 저항의 축 대결 구도는 앞으로도 더욱 심화될 것으로 전망되며 중동 정세 파악의 핵심적인 요소로 작용할 것이다. 양측 대결의 주요한 전장의 하나인 레바논을 무대로 한 전쟁은 현재에도 진행 중이며, 바그다드와 다마스쿠스와 마찬가지로 테헤란이 베이루트를 자신들의 완전한 보호국으로 만들려는 야심을 포기하지 않는 한, 이란과 이스라엘의 충돌은 불가피할 것이다. 같은 맥락에서 이란이 지원하는 후티 반군에 대한 군사 작전인 *Operation Decisive Storm*이 없었더라면, 예멘 수도 사나(Sanaa)는 이미 벌써 테헤란의 완전한 영향력하에 귀속되었을 것이다.

"The war against Lebanon is ongoing, and will continue to do so as long as Teheran is determined to put Beirut under its full guardianship, as is the

case with Baghdad and Damascus, and as would have been the case

with Sanaa had it not been for Operation Decisive Storm. [350]

새로운 베스트팔렌 시스템(New Westphalian System)

   미국의 후퇴, 이란-이스라엘의 대결, MENA 각국의 고질적인 취약성이 제공해
주는 지정학적 기회를 활용하여 앙카라의 제국주의의 야심도 노골화되고 있다. 제
1차 세계 대전 패배로 전승국의 제물이 된 오토만 제국은 1923년 로잔(Lausanne) 조
약을 통해 중동 지역에 대한 소유권을 공식적으로 포기하게 되었고 이 과정에서 레
바논을 포함하여 아랍 국가들이 만들어지게 된다. 로잔 조약 체결 이후 100년이 지
난 현재, 튀르키예의 시리아 북부 지역 점령, 이란의 이라크 영향력 확대로 인해 오
토만과 페르시아 간의 중동 지역 분할에 관한 다양한 조약에 의해 형성된 역내 영
향권 구도가 재편될 위험에 처해 있다. MENA 지역은 현재 일종의 새로운 30년 전
쟁을 개시한 것으로 비춰진다. 민족적-종파적 요인(Ethno-Confessionnelle)은 서로 경쟁
관계에 있는 두 열강에 의해 과거 유럽의 30년 전쟁에서와 마찬가지로 도구로 전락
했다. 그러나 이러한 요인은 궁극적인 목표는 아니며, 30년 전쟁은 힘의 논리와 지
역 리더십을 둘러싼 투쟁이었다. 유럽의 30년 전쟁에서 합스부르크 왕조에 대항해
프랑스 카톨릭 왕정과 프로테스탄드 세력 사이에 국가 이성에 기초한 연합이 형성
되었다. 이 전쟁은 궁극적으로 종교 전쟁의 특성을 상실하고, 권력 균형을 추구하
는 국가 간의 영토 전쟁으로 변형된다. 1648년 베스트팔렌 조약을 통하여 30년 전
쟁이 종식되었으며, 프랑스가 유럽 대륙의 강국으로 부상한다. 2021년 유례를 찾
아볼 수 없었던 합종연횡이 MENA 지정학 각축전에서 형성되고 있다. 튀르키예
와 이란이 순니와 시아의 이분법과는 독립적으로 쿠르드 민족 독립 시도의 위험성
에 직면해 시리아 지역에서 양측 간의 긴장 완화 지역(Zone of De-escalation) 설정에 합

의했다. 이란의 위협에 대한 대응이라는 공동의 어젠다를 추구하는 리야드와 텔아비브의 비공식적이고 비밀스럽지만 실질적인 관계 밀착도 진행되고 있다. 사우디 MBS는 2017년 11월 24일 뉴욕 타임즈와의 인터뷰에서 이란 최고지도자를 "새로운 히틀러"로 규정하면서 중동 판세를 키우고 있다고 〈동방전략(Orients Strategiques)〉 편집국장 및 프랑스 전략 분석 연구소[Le Institut francais de analyse strategique(IFAS)] 데이빗 리구레트 로즈(David RIGOULET-ROZW)는 분석한다. [351]

팽창 정책의 빌미

2021년 5월 발생한 제4차 하마스-이스라엘 전쟁의 본질은 이란과 이스라엘의 대리전이라고 할 수 있다. 이-팔 충돌의 이면에 숨어 있는 실질적인 이해 관계는 서로 다르며, 또한 중동 지역 맹주국과 긴밀히 연결되어 있기 때문에 오히려 더 큰 충돌로 이어질 가능성이 농후하다. 팔레스타인 과격 세력인 하마스의 정치적 부상은 팔레스타인 대의의 급진화로 이-팔 분쟁의 전통적 패러다임의 변화를 초래할 수 있다. 서안 지구와 가자 지구는 이-팔 분쟁이라는 틀을 넘어, 중동 지정학 측면에서도 이스라엘, 튀르키예, 사우디, 이란의 이해 관계가 교차하는 지점이다. 튀르키예는 이-팔 위기의 와중에 자국 지정학 이해 증진을 위해 이를 최대한 활용하기 시작했다. 튀르키예군은 예루살렘을 중심으로 이-팔 충돌이 표면화되기 시작한 2021년 4월 이라크 북부 지역 쿠르드노동자당(PKK)에 대한 군사 작전을 감행한다. 뉴스라인전략정책연구소(Newlines Institute for Strategy and Policy) 니콜라스 헤라스(Nicholas Heras)는 앙카라가 이라크 쿠르드 지역 일부를 튀르키예의 군사 지역으로 조용하게 병합하고 있으며, 이란은 튀르키예의 이러한 세력 확대를 이라크 침공으로 규정하고 있다고 분석한다. [352] 튀르키예의 쿠르드 민족에 대한 학살 수준에 가까운 이번 튀르키예 군사 활동에 대해 카르포 연구센터(Carpo Research Center) 타메르 바다위(Tamer Badawi)는 이 지역이 국제적 관심을 불러올 만큼의 대규모 전쟁 지역이 아니기 때문에 이라크 북부 쿠르드 지역에 대한 튀르키예의 군사 활동에 대한 국제 언론의 조명이 거의 없다고 지적한다. 튀르키예는 하마스-이스라엘 무력 충돌이 발생하자, 2021년 6월 튀르키예 안탈리아(Antalya)에서 개최 예정인 외교 회의에 이스라엘 에너지 장관을 초대한 것을 취소하는 조치를 취하였으며, 이에 이스라엘은 곧바로 가자 전쟁의 와중에 가자 지구 내 튀르키예 자선 단체인 야르디멜리(Yardimeli) 가자 사무소를 미사일로 정밀 타격해 버렸다고 언론은 보도했다. 내셔널 동 지중해 문제 칼럼니스트(Eastern Mediterranean affairs columnist for The National) 튀르키예 데이빗 레페스카(David Lepeska)는 지금까지 공세적인 팽창 정책을 추진해 온 튀르키예의 중동 정책 변화의 진정성은 리비아에서 튀르키예군의 철군 이행 여부에 초점을 두어야 하지만, 튀르키예의 최근 행보를 감안할 때 그럴 개연성은 매우 낮다고 전망하고 있다.[353]

유대 시온주의 열망

역사의 우연인지 혹은 운명의 장난인지 여부는 알 수 없으나, 2017년 12월 7일 미국 트럼프 대통령은 예루살렘이 이스라엘의 수도임을 인정하는 '예루살렘 선언 (Jerusalem Declaration)'을 발표한다. 100년 전 1917년 11월 2일 대영제국의 외상 아써 벨푸어(Arthur Balfour)는 팔레스타인 지역에 유대 국가 건설을 지원하겠다는 약속을 하는 벨푸어 선언을 발표한다. "1948년 팔레스타인 대재앙(Nakba)의 기원은 19세기 후반 동유럽에서 싹트기 시작한 유대 정치 이념인 시온주의의 등장에 뿌리를 두고 있으며, 팔레스타인들의 재난은 1948년에 시작되지도 끝나지도 않았다."고 반-이스라엘(Anti-Israel) 성향이 강한 카타르 국영 언론 알자지라(AL-JAZEERA)는 평가한다.[354] 유대 시온주의의 이러한 도도한 흐름은 2017년 트럼프의 예루살렘 선언으로 또 다른 커다란 전환점을 이루게 되며, 유대 시온주의 팽창은 심화되고 있다. 유대 시온주의 성공의 가장 중요한 측면 중의 하나인 이스라엘의 민족적 열망에 대한 각 시대 초강대국의 절대적 지원으로 인해 더욱 강화되고 있다. 21세기 초강대국 미국의 대통령 트럼프가 취한 일련의 친-이스라엘 정책들-2017년 예루살렘 선언, 2018년 주 이스라엘 미 대사관 예루살렘 이전, 2019년 골란고원에 대한 이스라엘의 주권을 인정하는 포고문(Proclamation) 서명, 2020년 아브라함 협정 체결-은 이러한 흐름을 잘 보여 주고 있다. 2021년 출범한 바이든 행정부의 이-팔 문제에 대한 사실상 동결 정책도 동일 맥락에서 이해할 필요가 있다. 그러나 유대 시온주의에 대한 초강대국 영국의 아낌없는 지원은 국제 정세를 정확히 읽어 내고 준비하는 유대 민족의 치밀함과 단합을 선행할 수는 없다는 점을 역사가 증명해 주고 있다.

정착 식민주의(Settler Colonialism)

패트릭 울프(Patrick Wolfe)는 2012년 논문(Article)을 통해 1948년 대재난(Nakba) 발생을 가능하게 했던 구조적인 선행 조건들을 연구하고, 1948년 유대인 독립일이 이스라엘의 시온주의 정착 식민주의(Settler Colonialism)의 출발점인 아니라 시온주의자들이 제국주의 세력과 매판 세력의 묵인하에 나크바(Nakba) 이전 반세기 이상 동안 매일 매일 점진적으로 추진되어 왔으며 지금 현재에도 자행 중인 극악무도한 범죄 행위(Ongoing Enormity)의 연속성의 맥락에서 이해할 필요가 있다고 주장했다.[355] 1948년 대재난(Nakba)은 시온주의에 있어서 첫 번째 기회였다는 사실을 기억할 필요가 있으며, 신흥 유대 국가가 파괴적일 정도의 효율성으로 이러한 기회를 포착했다는 것은 시온주의의 준비성(Preparedness)을 방증해 주는 동시에 시온주의자들의 유산이라는 점을 보여 주는 것이라고 패트릭 울프(Patrick Wolfe)는 평가한다. 이스라엘 경제학자 이라 샤르칸스키(Ira Sharkansky)는 나크바(Nakba) 이후 40년 동안 이스라엘 정부 지출(Expenditures)이 국민총생산(GNP)-정부 수입(Revenues)이 아니라 GNP임을 주의!-을 항상 초과해 왔다는 놀라운 사실을 밝혀냈다. 하지만 이스라엘 디아스포라(Diaspora) 자금 지원의 역사적 배경을 인식한다면 이러한 사실은 전혀 놀라운 것이 아닐 것이다. 2012년 2월 이스라엘 당국은 점령지 동 예루살렘 썰완(Silwan) 지역에 거주하는 팔레스타인들을 강제 퇴거(Forceful Eviction)시키는 작업에 착수한다. 이스라엘이 강제 퇴거의 논거로 기원전 3천 년 전 데이빗 킹(King David)이 이곳에 유대인 도시를 건설하였다는 매우 의심스러운 고고학을 제시했다. 그리고 이곳에 기존에 거주하던 팔레스타인 가옥을 대체할 '데이빗 고고학 공원 도시(The City of David Archaeological Park)' 건설 비용은 유명 향수 회사인 에스떼 로데(Estee Lauder) 회장 로날드 로더(Ronald Lauder)가 자금을 지원하고 있다. 2012년 현재 '유대 민족기금(The Jewish National Fund)'의 회장직을 맡고 있는 로날드 로더(Ron Lauder)는 이스라엘이 팔레스타인을 상대로 자행하고 있는 현대판 인종 청소(Ethnic Cleansing)를 후원하고 있는 수많은 금권정치가(Plutocrats) 중의 하나에 불과하다고 패트릭 울프(Patrick Wolfe)는 역설한다. [356)]

진행형 재난(Ongoing Nakba)

2021년 5월에 발생한 동 예루살렘 지역 셰이크 자라흐(Sheik Jarrah) 지역의 폭력 사태의 배경 속에서 2021년 6월 29일 예루살렘 인근 썰완(Silwan) 지역에 거주하는 팔레스타인은 자신들의 삶의 터전을 스스로 허물어야 하는 비극적인 상황에 처했다. 불응 시 이스라엘 당국이 부과할 수 있는 벌금 6천 달러를 피하기 위해서다. 2021년 5월 셰이크 자라흐 지역에 이어 6월 실완 지역 팔레스타인 거주민 강제 추방은 팔레스타인, 더 나아가 아랍 사회의 이스라엘에 대한 내레이션, 이스라엘 국가 창설, 더 크게는 팔레스타인과의 관계, 특히 이스라엘의 점령을 함축적으로 보여 주는 거울이라고 할 수 있다. 셰이크 자라흐, 실완 지역 정착촌 확대는 빙산의 일각에 불과하다. 정착촌 단체는 아타롯(Atarot), 이사위야흐(Isawiyah), 올드 시티(Old City), 자발 마카베르(Jabal Mukkaber), 베이트 사파파(Beit Safafa), 왈라지아(Walaja), 라스 알-아무드(Ras Al-Amud) 지역 등 동예루살렘(East Jerusalem) 지역을 유대화(Judaization) 하기 위한 노력을 가속화하고 있다. 가자 지구 팔레스타인 이슬람주의 운동 하마스(Hamas)는 2022년 3월 '네게브 정상회담'을 "이스라엘이 자행하고 있는 범죄 행위를 합법화하고 유대 민족 국가를 중동 지역 구도에 통합하려는 시도"라고 경고한다.

식민화를 위한 인프라

미국 시카고 일리노이스 대학 인류학 교수이자 연구원 카림 라비(Kareem Rabie)는 『Palestine is Throwing a Party and the Whole World is Invited: Capital and State Building in the West Bank, (Kareem Rabie, Duke University Press, mai 2021)』에서 서안 지구 내에서 "폭력이 지정학적으로 분배되는 현상"이 발생하고 있다고 진단했다.[357] 서안 지구(West Bank) 수도 라말라(Ramallah)와 그 인근 일부 지역의 상대적 안정과는 대조적으로 서안 지구 여타 지역, 가자 지구 및 예루살렘 지역의 폭력 양상은 더욱 증대하고 있으며, 2021년 5월에 발생한 동 예루살렘 셰이크 자라흐(Sheik Jarrah) 지역의 폭력 사태가 대표적이라고 지적하고 있다. 한편, 라말라(Ramallah) 인근 지역의 안정화 전략을 대표적으로 보여 주는 것은 서안지구 수도에서 약 10km 인근에 위치한 라와비(Rawabi: 언덕)라는 대규모 부동산 도시 개발 계획이 대표적이라고 카림 라비(Kareem Rabie)는 평가한다. 2011년도에 시작된 도시 개발 프로그램은 카타르 회사와 팔레스타인계 미국국적의 사업가인 바샤르 알-마스리(Bachar el-Masri)가 투자한 총 14억 달러가 투자될 예정이며, 2025년에서 2028년에 완공되어, 약 8,000가구의 아파트가 건축되어 40,000명의 팔레스타인들에게 안정적인 생활 공간을 공급해 줄 것이라고 언론은 전하고 있다. 이러한 도시 개발 계획에 대해 상반된 평가가 존재하고 있으나, 팔레스타인 서안 지구 내에서 전개되고 있는 사태와 관련하여 여기서 우리가 놓치지 말아야 할 중요한 측면이 있다. 즉, 앞서 언급한 대로 서안 지구 내에서는 폭력의 지정학적 배분이 만들어지고 있을 뿐만 아니라, 서안 지구 일부 지역 내에서 팔레스타인들의 존재를 완전히 지워 버리거나 팔레스타인들을 다른 지역으로 이전시키려는 두 가지 움직임 간의 항구적인 긴장이 존재하고 있다는 점이다. 다시 말해, 서안지구 라말라와 그 인근 일부 지역의 상대적 안정은 셰이그 자라흐 지역에서 전개되고 있는 사태와 밀접히 관련되어 있는 것으로 라말라와 그 인근 지역의 상대적 안정은 서안 지구 나머지 지역, 동 예루살렘 및 가자 지구의 폭력 사태라는 값비싼 대가를 통해서 만들어지고 있는 것이다. 일반적으로 서안 지구 팔레스타인 사업가들이 건축 허가, 원자재 수입, 상하수도 기반 시설 설치, 도로 건설을 위해서는 이스라엘의 협력이 없이는 사실상 불가능하다는 것을 고려하면, 상기 대규모 부동산 개발을 통한 도시 개발 계획은 이-팔 분쟁의 양상과 관련하여 많은 것을 시사해 주고 있는 것이다.

분리(Separation)와 복종(Subjugation)의 제도화

예루살렘 성지를 둘러싼 이스라엘과 팔레스타인의 정체성 대결이 극한으로 치닫고 있던 2022년 5월 15일, 이스라엘 대법원은 예루살렘 서쪽 지역과 동쪽 식민지를 연결하는 케이블카(Cable Car) 건설을 승인하는 결정을 내렸다. 동 케이블카는 예루살렘 성지 내 역사적으로 중요한 지역뿐만 아니라 씰완(Silwan) 지역을 포함한 일부 팔레스타인 주거 지역을 가로질러 지나가는 것으로 알려져 있다. 이번 결정으로 NGO 및 팔레스타인 거주민을 한 축으로 하고, 예루살렘 시청, 예루살렘 유대화를 위한 초국수주의 단체 엘라드(Elad)를 포함한 일부 극우 단체를 다른 축으로 하는 수년간의 법적 공방이 종식되게 되었다. 표면적으로 이번 결정은 도심 교통 체증 완화와 관광객을 위한 대중교통 확대 방안으로 치장되고 있음에도 불구하고, 동 계획에 반대하는 사람들은 이치에 맞지 않은 결정으로 이념적인 목적을 위해 경관을 저해하는 재난적인 결정이라고 맹공을 퍼붓는다.

　이스라엘의 이러한 일방적 결정에 대해 "기정사실화(Fait Accompli) 전략은 현지 실정을 최대한 활용하여 본질적인 측면에서 정치적인 결정을 강압적으로 강요하고, 현지의 반대를 묵살하는 것"이라고 UK 켄트(Kent) 대학교 교수 및 도시 연구 및 정치 지리학 전문가 죠나단 록(Jonathan Rock)은 분석한다.[358] 이번 계획으로 팔레스타인 지역을 거치지 않고 썰완(Silwan) 지역 인근에 위치하고, 극우 단체가 관리하는 고고학 센터 다윗 성(La Cité de David)과 같은 이스라엘 관광지를 곧바로 연결시킬 수 있기 때문에 케이블카가 완료될 경우 점령 예루살렘 지역 내 팔레스타인들의 고립감은 더욱 심화될 것이다. "관광객들은 팔레스타인 지역 상공 우회를 통해, 팔레스타인들의 현실과 부딪히지 않고 이와 동시에 팔레스타인 경제에 한 푼의 관광 지출도 기여하지 않을 수 있다."고 팔레스타인 비정부 기구 풀뿌리 알-꾿스(Grassroots Al-Quds) 소장은 우려하면서, 계획된 케이블카가 완성될 경우 관광 산업에서 나오는 팔레스타인들의 소득이 급감할 것이라고 전망했다. 1967년 전쟁을 통한 동 예루살렘 군사 점령, 1980년 이스라엘 의회 Knesset는 *"Jerusalem, complete and united, is the capital of Israel"* 를 규정하고 있는 기본법(Basic Law) 통과를 통해 동 예루살렘을 병합한 이후, 예루살렘 성지 통제권을 둘러싼 투쟁은 일상의 생활 인프라 시설 건설 영역으로까지 꾸준히 확대되어 왔다. "팔레스타인 영토를 식민화한 이후 이스라엘은 점진적으로 공공 서비스 식민지화도 진행 중"이라고 예루살렘 태생 운동가로, 1998년에 알-꾿스(Al-Quds) 대학교 예루살렘 연구 센터를 설립한 후다 알-이맘(Huda Al-Imam)은 평가한다. 대중교통, 쓰레기 수거, 가로등 불빛, 신호등, 국제 TV 채널 접근권 등 예루살렘 시가 공공 서비스를 불평등하게 관리하면서 지역에 따라 급진적일 정도로 다른 현실이 초래되고 있다. "심지어 교통 적색 신호조차 차별적으로 운영된다. 팔레스타인 거주 지역은 파랑색 신호를 위해 15분을 기다려

야 하는 반면 얼마 떨어지지 않은 이스라엘 거주 지역은 정상적으로 신호등이 작동한다."고 셰이크 자라흐 지역에 거주하는 후다 알-이맘은 분개했다. 설령 서비스가 제공되더라도 동 예루살렘 지역은 훨씬 비싸게 부과된다. 셰이크 자라흐 지역 80m² 아파트 한 달 수도료로 $85달러를 지불해야 하며, 한 달 전기료로 $400달러 이상을 지급했다고 후다(Huda)는 고발한다.

지난 20여 년간 예루살렘 시청은 이스라엘 여타 지역과 마찬가지로 현대적인 철도 및 고속도로망을 통해 예루살렘 내부의 연결성 확대를 위한 노력을 배가해 왔다. 예루살렘 유대화 노력은 새로운 것이 아니며, 현재 추진되는 여러 인프라 계획들은 공간을 통제하기 위한 수단으로 교통 통신망을 활용하고 있다고 죠나단 록(Jonathan Rock)는 분석한다. 서안 지구와 예루살렘 이스라엘 정착촌을 연결하는 버스망, 텔아비브와 아리엘(Ariel)을 연결하는 5번 고속도로와 같이 이스라엘 거대 도시와 이스라엘 정착촌을 연결하는 고속도로 건설을 통해 이스라엘은 팔레스타인 고립 지역을 우회하면서 그린 라인(Green Line) 동쪽 지역에 거주하는 이스라엘 정착민을 감싸 안고 있다. 점령 지역 내 이러한 모든 개발 계획은 오직 이스라엘을 위한 식민지 계획의 일환이다. 2011년 시 당국은 예루살렘 동-서를 연결하는 많은 논쟁을 불러일으킨 트램 사업 '예루살렘 경전철(Jerusalem Light Rail)'에 착수한다. 동 계획은 식민지 정착촌민의 예루살렘 서쪽 지역의 접근성을 보장해 주고 있으며, 전체 예루살렘 시가지망의 통합을 목표로 하고 있다. 버스 노선도 똑같은 논리가 적용되며, 유대인 지역에 서비스를 공급하기 위한 경우에 한해서만 팔레스타인 거주 지역을 통과하고 있으며, 버스 정류장도 배타적으로 정착촌 인근에 위치하고 있다. 이러한 공공 정책은 결과적으로 예루살렘의 유대화를 지원하는 결과를 초래하여 예루살렘 지역 유대 정체성의 강화와 1967년 이후 끊임없이 지속되고 있는 식민지화의 연속성으로 이어져, 2021년 기준 UN의 보고서에 의하면 동 예루살렘 지역에 22만 채 이상의 정착촌이 건설되어 있다. 2022년 5월 현재 후다 알-이맘(Huda Al-Imam)은 최소한 하나 이상의 유대인 정착촌을 포함하지 않는 동예루살렘 지역을 찾아볼 수 없다고 한탄한다. 와디 알-조즈(Wadi al-Joz), 셰이크 자라흐(Cheikh Jarrah), 마카시드(Makassed) 병원 인근, 슈아파트(Shuafat) 난민촌 인근, 제리코(Jericho)로 연결되는 도로 등 거의 전체 도시가 유대인 정착촌으로 가득 메워져 있다고 한탄한다. "이스라엘은 이 모든 것을 의도적으로 하고 있으며, 이러한 정책을 통해 팔레스타인들이 이 지역을 떠날 수밖에 없는 상황으로 내몰고 있다. 그러나 나크바(Nakba: 대재앙)를 통해 배우게 되었듯이 팔레스타인들은 반드시 이곳에 머물러 있어야 된다."고 후다 알-이맘(Huda Al-Imam)은 역설한다.

이슬람 혁명 이념 수출

이슬람 혁명 이념은 이스라엘과의 대결 및 약자 옹호라는 두 가지 중요한 축을 중심으로 형성되어 있다. 일부 관측통들이 이란이 지리적으로 중앙아시아에 가까운 국가라고 평가하지만, 회교 종교 지도자(Mollah) 정권은 지중해로 향하는 시아파 고속도로 건설을 통해 현대 이란 역사에서 유례를 찾아보기 어려운 영향력 팽창을 강화하고 있다. 온건론자로 잘 알려진 하산 로하니(Hassan Rohani)조차 이라크, 시리아, 레바논, 북아프리카 및 페르시안 걸프 만에 이르는 전 지역에서 이란의 존재를 도외시하고 중요한 결정이 취해질 수는 없는 것이 MENA 지역 지정학 현실임을 공공연히 자랑하기까지 한다. 시리아 알레포(Alepo)에서 이란 최고지도자 하메네이 (Khamenei) 최고위 보좌관 벨라야티(Velayati)는 "저항의 선은 테헤란에서 시작, 바그다드, 다마스 및 베이루트를 거쳐 팔레스타인에 이른다."[359]고 확언한다. 2021년 9월 AP 통신과 이스라엘 언론은 트럼프가 2018년 복원한 대이란 재재에 위배되는 레바논 헤즈볼라의 이란 연료 수입을 이스라엘이 사실상 묵인하고 있다고 보도한다. 헤즈볼라 현 사무총장인 하산 나스랄라(Hassah Nasrallah)의 가장 유력한 후계자이자 헤즈볼라 집행위원회 위원장 하샴 사피에딘느(Hachem Saffieddine)는 이러한 상황 전개에 대해 "우리는 중동 지정학 방정식에서 강해질 필요가 있다. 이란산 석유 수입의 문제는 단순한 연료 수입에 국한되는 것이 아닌 바다(Sea)와 대양(Ocean)과 관련된 문제"라고 언급한다.[360] 하샴 사피에딘느의 이러한 발언은 이라크, 시리아 및 레바논을 거쳐 아랍 세계로 향하는 이란이 구축하려고 하는 지정학적 통로를 의미하는 것이다.

시아파 고속도로(Shiite Autoroute)[361]

테헤란에서 이라크, 시리아 및 레바논을 거쳐 지중해를 연결하는 테헤란 축을 구축하는 것은 지난 수년간 이란 지정학 구상의 핵심적인 부분을 형성해 왔다. 수많은 이란 고위 당국자의 발언은 이러한 '시아파 회랑'의 전략적 중요성을 환기시켜 주고 있으며, 테헤란은 전략 회랑 유지에 수십억 달러를 쏟아붓고 있다. 싸이드 하리리(Saad Hariri)의 부친인 고 라픽 하리리(Rafic Hariri) 레바논 총리의 암살의 여파로 레바논에 주둔해 오던 시리아 군이 2005년 4월 26일 철군으로 시리아 레바논 지배가 공식적으로 종식된다. 그러나 곧바로 헤즈볼라가 이란, 이라크 및 시리아로 구성된 거대한 레반트 조직에 레바논을 침몰시켜 버리면서 레바논 독립은 수포로 돌아가 되며 이란의 레바논에 대한 지배가 시작된다. 이란이 아사드 정권을 지원하면서 시리아 내전에 개입한 것도 테헤란의 지중해 접근권 확보를 목적으로 하였으며, 헤즈볼라의 시리아 내전 개입도 동일한 맥락에서 이해할 수 있다. 헤즈볼라는 시리아 내전을 틈타 레바논과 국경을 접하고 있는 시리아 다마스쿠스와 홈스(Homs) 인근 지역에 대한 통제권을 확보한다. 2014년 테헤란과 그 동맹국의 영향력 하에 들어간 홈스에서 이란 시아파 고속도로 구상은 구체화되기 시작한다. 이란은 이곳 주민들의 조직적인 이전 과정을 통해 홈스 지역에 통제권을 강화해 나간다.

홈스 지역 접수는 이란의 지정학 구상 추진에 있어서 중요한 변화로서, 남쪽으로 수도 다마스쿠스, 이라크로 연결되는 동부 지역 바디아(Badia), 서쪽으로 레바논과 연결되며, 시리아 이들립(Idlib)을 거쳐 알레포로 연결되는 전략적 요충지의 역할을 하고 있다. 헤즈볼라가 핵심적인 역할을 하는 육상 루트를 통해 테헤란은 시리아-레바논 국경 지역 핵심 통로를 지배하고 있으며, 이를 통해 헤즈볼라는 전투원, 군사 장비, 물품과 의약품을 이동시키고 있다. 이란과 헤즈볼라가 특별한 전략적 지역으로 인식하고 있는 레바논 북부 베카(Bekka) 및 헤르멜(Hermel) 지역에 대한 헤즈볼라의 영향력 확대로 쥬베이(Jbeil) 주 변방에 위치한 랏사(Lassa)와 아쿠라(Aaqoura) 지역에서 시아파 세력과 레바논 기독교 마론파 간의 갈등이 격화되기도 한다. 헤즈볼라가 제2차 레바논 전쟁 이후 UNIFIL의 역할을 강화한 유엔 결의안 1701에 따라 레바논 남부 지역에 UNIFIL 병력을 파견하는 것을 수용했음에도 불구하고 시리아와 국경을 접하고 있는 레바논 동부 지역에 UNIFIL 병력을 배치하는 것을 결사코 반대하는 데에는 이란이 구축한 저항의 축의 입장에서 사활적인 문제이기 때문이다.

2018년 8월 테헤란과 다마스쿠스 국방장관은 양국 군사 협력을 위한 협약을 체결했다. 이란 국방장관이 시리아 군사 산업 재건을 위한 길이 열렸다고 평가한 이번 협정 체결은 지역 정책 추구 측면에서 테헤란이 자신들의 어젠다(Agenda)를 추구하고자 하는 의지를 분명하게 보여 주는 것으로 특히 이란의 시리아 내 군사적 주둔 야심을 나타내고 있다. 이러한 노골적인 도발은 협정 체결 불과 1주 전 트럼프 행정부 국가안보보좌관 존 볼튼(John Bolton)이 네탄야후 총리와의 면담에서 이란의 시리아 내 군사적 주둔 시나리오에 대해 분명한 반대 입장을 표명한 것을 완전히 비웃는 것으로 해석된다. 이는 또한 주 제네바 미국 대사관에서 볼튼과 러시아 국가안보보좌관 니콜라이 패트로세프(Nikolai Patrushev)의 면담 직후 러시아는 미국과 이스라엘의 바람과 마찬가지로 "이란이 자신의 집으로 돌아가기를 바란다."고 표명한 입장을 정면으로 거부하는 것이다. 이란이 시리아 군사 장비 개발에 대해 지원을 하는 것은 테헤란이 시리아에서 완전히 발을 빼는 것을 원하고 있는 미국, 이스라엘 및 러시아의 요구에 대해 이란이 완전히 조롱을 보내는 것이라고 할 수 있다. 국제위기그룹(International Crisis Group) 이란 전문가 나이산 라파티(Naysan Rafati)는 "다마스쿠스 정권을 구원한 테헤란은 다마스쿠스로부터 전략적이고 금전적인 측면에서 자신들의 몫을 기대하고 있다."고 평가하면서 "테헤란의 시리아와의 동맹은 1979년 이란 혁명 이후 가장 잘 유지되어 온 양자 관계 중의 하나이며, 이러한 양자 관계는 더 큰 틀에서 헤즈볼라와 소위 '저항의 축'을 지원하는 주요한 수단을 형성하고 있다."고 분석한다. [362]

심화되는 군사화[363]

2022년 2월 9일 아랍어 방송 알-하다쓰(Al-HADATH)는 이란이 2013년 북부 카스피언 해(Caspian Sea) 연안과 접해 있는 이란 북부 지역에 '하메네이 해상 기술 아카데미아(Khamenei Academia for Maritime Technology)'를 설립하여 친이란계 시아파 민병대의 훈련소로 활용해 왔다고 주장(claim)했다. 설립 이후 이란혁명수비대 해상 훈련 부대와 소속 민병대들이 동 기관으로 이전하였으며, 외국 용병 훈련 기간은 통상 6개월 이루어져 훈련 종료 후 이들 해외 민병대 용병들은 자국으로 다시 재복귀하는 시스템으로 이루어져 있다고 보도한다. 알-하다쓰(Al-HADATH)는 구체적으로 2020년 6~7월 사이에 약 200명의 예멘 용병으로 구성된 외국 훈련병들이 이란혁명수비대의 훈련을 거쳐 예멘 본국으로 재-송출되었다는 주장이다.

종교와 정치의 혼합물이라는 독특한 정치 체재를 유지하고 있는 이란 혁명 정권의 이슬람 혁명 수출 이념은 DNA에 각인되어 있다고 할 수 있다. 정권 안보에 대한 대내외적으로 점증하는 위협에 직면해 있는 이란 신정 정권은 군사화는 심화되고 있으며, MENA 지역 독재 체제의 복귀와 맞물려 이러한 흐름은 더욱 가속화될 것으로 전망된다. 초강경파 출신 대통령 이브라힘 라이시(Ebrahim Raissi) 정권 출범으로 이란혁명수비대 주도의 군사화는 더욱 심화되고, 솔레이마니 이후(Post-Soleimani) 시대 이란 시아파 벨트 저항의 축을 강화시키고자 하는 이란의 야망은 더욱 고착화될 것으로 보인다. 알리 레자 이슈라기(Ali Reza Eshraghi)와 아미르 호세인 마흐다브(Amir Hossein Mahdavi)는 2020년 8월 포린 어페어스 기고를[364] 통해 "터반(Turban) 대신 군화를 착용한 권력자들이 이란의 정치 권력을 머리에서 발끝까지 송두리째 빼앗아 가고 있다."고 이란의 국내 정치 흐름을 분석한다.

외교 안보 정책 측면에서 이란 대통령의 권한은 매우 제한적이다. 왜냐하면 이란 최고지도자가 최종 결정권(Dernier Mot)을 가지고 있기 때문이다. "이란 외교 안보 정책은 이란 대통령 혹은 이란 외교장관에 의해 규정되는 것이 아니며, 최고지도자인 하메네이와 이란혁명수비대, 국가안보최고위원회와 같은 일련의 기관이 주도하고 있으며, 바로 이러한 연유에서 지금까지 이란 대통령 교체에도 불구하고 이란 혁명 정권의 외교 안보 정책은 그대로 유지되어 온 것"이라고 민주주의 수호 재단(Foundation for the Defense of Democracies) 연구원 베흐남 벤 탈레블루(Behnam Ben Taleblu)는 분석한다. [365] 이란 대통령이 실용주의적인 개혁 성향을 가지고 있든 혹은 초보수 강경파 출신 여부가 관계없이, 이란 대통령은 미리 결정되고, 혁명을 추구하는 외교 정책을 추진할 것"이라고 전망한다. 초강경보수파 이브라함 라이시(Ebrahim Raissi) 대통령 당선자는 이란 정권의 강경파 출신으로 이들의 세계관은 권위주의적이며 매우 강력한 반미주의로 무장하고 있다고 브뤼셀 자유 대학(Bruxelles Free University) 교수 피루제흐 나하반디(Firouzeh Nahavandi)가 평가한다. [366]

테헤란은 자신들의 지역 군사적 관여 정책을 피할 수 없는 지정학적 투자로 판단하고 있다. 2009년 말, 이란군 참모총장 싸이드 하산 피루자바디(Seyed Hassan Firouzabadi)는 "저항 운동에 대한 테헤란의 지원은 이란의 국가 안보 유지를 위한 지출에 불과하며, 이러한 투자는 또한 역내 지정학 카드로서 이란의 영향력 확대에 일조하고 있다."고 평가한다.[367] 2016년 12월 중동 연구 재단 보고서에서 연구원 무함마드 아민(Mohammad Amin)은 이란의 시리아 내전 개입은 매년 테헤란에 240억 달러의 재정 손실을 초래하고 있다고 분석한다. 이 비용에는 매년 최소 10억 달러 상당의 자금을 지원하는 헤즈볼라와 같은 단체에 대한 여타 운영 지원 활동 비용도 포함하는 금액이다. 이란은 또한 아프간 시아파 단체 파테미윤(Fatemiyoun) 여단(Brigade) 및 파키스탄 시아파 단체 제이나비윤(Zeynabiyoun) 여단(Brigade)에도 또한 지원을 하고 있다. 이들 자원병들은 테헤란으로부터 매달 급여뿐만 아니라 이란 시민권 획득이라는 보너스를 기대하며 이란에 충성하고 있다. 2017년 3월에서 2018년 3월 이란 회계 연도 공식 수치에 따르면 전체 예산의 약 23%에 해당하는 215억 달러의 자금이 군사 및 안보 문제에 배정되었음을 보여 주고 있다. 역설적이게도 로하니(Rohani) 이란 대통령 재임 4년 기간 동안 이란의 군사 예산이 이란 신정 정권의 매파의 영향력으로 인해 70% 이상 급증하였으며, 이 금액은 이란혁명수비대(Pasdaran), 이란의 준군사조직이자 자원 민병대 바시지(Basij) 및 더 엄격한 의미에서 이란 정규군에 지원되는 자금을 포함하는 금액이다. 씽크 탱크 RUSI 이란 전문가 카스라 아라비(Kasra Aarabi)는 2020년 10월 기고문에서 "지난 수십 년간 이란 신정체제의 이념 군사 조직인 이슬람혁명수비대(IRGC)가 이란의 '딥 스테이트(Deep State)' 역할을 해 왔으며, 현재에는 이란 대통령 자리까지 노리면서 이란 국가 전체를 인수(Take-over)하기 일보 직전에 있다."고 우려한다.[368]

New Kemal Ataturk 팽창주의[369]

1990년대 말까지 세속적이고 민족국가주의(Ethnic Nationalism) 정책에 따라 중동 지역에서 가장 먼저(이란 팔레비 왕조가 2번째 승인국) 이스라엘 국가 승인(State Recognition)을 단행했던 튀르키예는 우익 성향의 이슬람 정당이자 무슬림 형제단에 뿌리를 두고 있는 정의개발당(Justice and Development/AKP)이 2002년부터 계속 집권하게 되면서 대외 정책이 점차 변모해 가기 시작한다. 특히 유럽 연합 가입의 꿈이 좌절되면서 앙카라의 힘이 중동 지역으로 투사되기 시작한다.[370] 프랑스 극우 세력의 약진에도 불구하고 2022년 4월 재선에 성공한 프랑스 대통령 엠마누엘 마크롱은 2020년 북대서양조약기구(NATO)의 한 회원국의 태도를 언급하며 나토가 사실상 뇌사(Brain death) 상태에 처했다고 진단한다. 공격적인 일방주의 외교 정책을 추구하는 21세기 새로운 케말 아타투르크(Kemal Ataturk) 팽창 정책에 따라 앙카라는 시리아 쿠르드 민족에 대한 대대적인 군사 행동을 감행하고, 오트 카라바크(Haut-Karabakh) 코카스 분쟁에 시리아 용병을 파견하며, 지중해 석유 가스 탐사를 둘러싸고 그리스와 충돌하며, 프랑스 전함과도 군사적 대치 상황까지 연출했다.

2021년 1월 바이든 행정부 출범 이후 튀르키예는 외교 정책 재조정(Re-calibration)을 단행하고 있다. 워싱턴의 입장에서 튀르키예는 코카스 지역, 시리아, 리비아 및 우크라이나에서 군사적으로 모스크바에 맞설 수 있는 유일한 NATO 회원국이라는 측면에서 앙카라와 완전히 등을 돌릴 수 없다는 점에서 튀르키예의 중동 정책의 행동 반경이 넓다고 유라시아 그룹(Eurasia Group) 자문위원회 소장 엠레 페커(Emre Peker)는 분석한다.[371] 2022년 5월말 현재 동맹국들을 짜증나게 하지만 절대 무시할 수 없는 튀르키예는 모든 외교 전선에서 두각을 보이고 있다. 우크라이나 전쟁, 지중해 가스 석유 쟁탈을 위한 해상 회랑, 스웨덴과 핀란드 가입을 통한 NATO 확대 방안에 대한 앙카라의 반대, 이라크 침투 및 시리아 북부 지역 군사 행동 가능성, 그리스와 긴장 관계 등 2023년 재선을 노리는 에르도간에 많은 지정학적 기회들이 찾아오고 있다. 튀르키예의 광폭 지정학 행보는 2023년 6월 대통령 선거라는 국내 정치적 목적에서 비롯된 것이라는 워싱턴 연구소(Washington Institute) 튀르키예 전문가 소네 사갑타이(Soner Cagaptay)의 평가가 있는 반면에 여러 가지 지정학적 문제에 있어 "튀르키예의 반대는 충분한 근거가 있으며, 협박을 넘어 궁극적으로 타협점이 모색될 것"이라는 파리 국제전략관계연구소(IRIS) 디디에 빌리온(Didier Billion)의 분석도 존재한다. 에르도간은 "미 상원이 가로막고 있는 나의 비행기에 대해 얘기해 봅시다. 나는 나토 확대에 대한 튀르키예의 비토권을 해제하면 행복할 것"이라는 메시지를 미국 대통령 바이든에게 전달하고 있다고 언론은 분석한다.[372] 2022년 6월 28일 튀르키예 에르도간 대통령은 스페인 마드리드 NATO 정상회담 이후 성명서에서 "튀르키예가 원하는 바를 얻었다."고 발표했다. 헬싱키와 스톡홀름 양국의 NATO 가입에 대한 앙카라 동의에 대한 반대급부로 튀르키예는 PKK 및 YPG에 대한 테러와의 전쟁에서 핀란드와 스웨덴의 완전한 협력을 약속받았으며, 튀르키예 국방 산업에 대해 양국이 제한과 금수조치(Embargo)를 부과하지 않을 것이라는 점에 동의하였다고 언론은 보도한다.

신-오토만주의(Neo-Ottomanism)

신오토만주의는 정확히 100년 전에 체결된 로잔(Lausanne) 조약 수정을 원하고 있으며, 로잔 조약이 튀르키예에서 빼앗아간 영토에 튀르키예 군대가 다시 진입하고 있다. 1974년 사이프러스 북쪽 지역, 2012년 시리아, 2014년 카타르와 리비아 사태에 개입한다. 튀르키예의 중동 지역 영향력 복귀를 정당화하기 위한 이념적 구실은 그때마다 달랐으나 그 결과는 항상 동일하게 남아 있다. 2021년 지중해를 둘러싼 로잔 조약의 서명국인 프랑스와 튀르키예 대통령의 정책적 긴장이 이를 잘 보여 준다. 2021년 7월 이집트는 용병을 통해 리비아 동부를 접수하려는 튀르키예의 지정학적 야심을 견제하기 위해 군사적 대응도 불사할 것이라고 위협한 상황도 튀르키예의 팽창주의에 대한 대응이라고 할 수 있다.

아랍의 봄으로 초래된 권력 공백을 활용하여 튀르키예는 본격적으로 중동 문제에 개입을 시작한다. 튀르키예의 역내 팽창 정책은 먼저 UAE와의 마찰로 이어지게 된다. 이슬람주의를 표방하는 새로운 아타튀르크는 무슬림 형제단과 긴밀한 관계를 형성하고 있는 이슬람주의로 무장한 단체를 지원하게 된다. 이러한 이슬람 극단주의 세력 발흥을 자신의 왕정에 대한 존재론적 위협으로 인식하고 있는 UAE는 반혁명 세력의 첨병 역할을 하면서 양국의 이념 대결은 시작됐다. 에르도간은 2016년 7월 발생한 앙카라의 쿠데타 시도의 배후에 아부다비의 지원이 있었으며, 2017년 사우디, UAE 및 이집트 주도의 카타르 봉쇄 조치에 대해 도하를 측면 지원하면서 걸프 순니 국가와 대립각을 세운다. 양국의 대결 구도는 리비아, 튀니지 및 시리아 사태에서도 서로 격돌을 유지해 왔다.

"바이락타르(Bayraktar) TB2" 드론 외교(Drone Diplomacy)

앙카라의 신오토만 팽창주의를 현실적으로 떠받치고 있는 밑바탕은 튀르키예산 공격용 드론 바이락타르(Bayraktar)로 대표되는 튀르키예의 군사력이라고 할 수 있다. 튀르키예 대통령 에르도간의 사위가 대표로 있는 회사 바이카르(Baykar)의 이름을 딴 무인 항공기는 러시아의 침공에 맞서 키예브(Kiev)의 정치 및 군사적 선전의 주요 도구로 기능하고 있으며, 2022년 5월 현재 우크라이나는 약 20여 기의 바이락타르(Bayraktar)를 도입한 것으로 알려져 있다. 성능만큼이나 가격 측면에서도 매력적인 오토만 드론을 통해 튀르키예는 여러 국가들과의 관계를 강화시켜 왔다. "바이락타르(Bayraktar) TB2와 같은 튀르키예산 드론은 점점 국제 방산 시장에서 세를 확대하고 있으며, 현대전에서 더욱 중요성을 더해 가고 있다."고 미국 루트제르(Rutgers) 대학 드론 전문가 마이클 보일레(Michael Boyle)는 평가한다. 미국 및 이스라엘과 같은 주요 드론 수출국은 자신들의 드론 수출국 대상을 제한해 왔으며, 상업화할 수 있는 드론 모델도 한정해 왔다고 부언한다. 튀르키예와 중국은 이러한 시장 공백을 메우기 위해 드론 시장에 뛰어든다. 앙카라는 2000년대부터 국방 산업에 투자해 왔으며, 2004년은 큰 전환점을 이룬다. 첨단 기술에 대규모 투자를 단행하고 튀르키예 현지에서 생산된 부품을 사용하기 시작한다. 튀르키예의 국방 기술 수출은 2000년 초반 2억 5천만 달러에 불과하였으나, 2021년 30억 달러 규모 성장하고, 2022년에는 40억 달러에 도달하게 될 것이라고 마이클 보일레(Michael Boyle)는 예상한다. 2022년 5월 현재 튀르키예는 25개국 특히 아프리카에 저가의 드론을 수출하고 있다.[373]

튀르키예 드론이 초래하는 상당한 손실로 인해 튀르키예 드론의 명성이 알려지기 시작했으며, 군사적 측면을 넘어 앙카라의 외교적인 영향력도 증대시켜 주고 있다. "튀르키예 드론 생산 능력은 유라시아(Eurasia) 지역에서 더욱 강력한 국가로 발돋움하려는 앙카라의 지정학적 야심의 일부를 형성하고 있다."고 ETH Zurich 국제안보 및 군사 기술 연구원 마우로 질리(Mauro Gilli)는 분석하면서 "앙카라의 영향력 확대를 위한 수단으로 개발된 것이 드론"[374]이라고 평가한다. 튀르키예의 드론 외교는 성능과 가격의 멋진 조합으로 지난 몇 년간 상당한 성과를 가져오며, 역내 지정학 흐름을 역전시키기도 했다. 바이락타르 1기 가격이 5백만 달러에 불과한 반면, 제너럴 오타믹스(General Atomics)가 생산하는 경쟁 드론인 미국의 MQ-9 Reaper의 가격은 최소한 3배 이상 비싸게 거래되고 있다. "바이락타르의 또 다른 우수성은 미국과 이스라엘의 플랫폼과 비교해 자국의 군사 통제 지휘 시스템에 상대적으로 간단하게 통합될 수 있다는 이점이 있으며, 무엇보다도 더욱 성능이 뛰어나다는 점이 오토만 드론의 강점"이라고 유럽외교관계위원회(European Council on Foreign Relations: ECFR) 페데리코 보르사리(Federico Borsari)는 평가한다. 미국 경쟁 상대에 비해 고도, 지속성 및 배터리 용이성 측면에서 여전히 열세를 보이고 있음에도 불구하고 TB2는 경무장한 군대가 저가의 군사 장비를 통해 전장에서 전투 효율성을 증명해 줄 수 있다. "튀르키예는 나토 가입 및 아프가니스탄 주둔 경험을 통해 많은 경험을 통해 효율적으로 드론을 사용할 수 있는 방법을 습득하였다. 앙카라는 이러한 경험을 잘 간직해 왔으며, 몇몇 협상 테이블에서 협상력 제고를 위해 활용해 왔다."고 마우로 질리(Mauro Gilli)는 평가한다.

몇몇 분쟁 지역에서 전세를 역전시킨 성과를 올린 TB2는 2019년 6월 리비아 동부 군벌 칼리파 하프타르의 트리폴리(Tripoli) 공세를 견제하는 데 큰 역할을 했으며, 2020년 가을 코카스 오트 카라바크(Haut-Karabakh) 분쟁에서 아제르바이잔이 아르메니아 군대를 격퇴하는 데 결정적인 역할을 했다. 2020년 봄에는 시리아 이들립(Idleb) 지역의 몇몇 러시아 방공망과 시리아 아사드 정부군 격퇴에 큰 성과를 올리며, 이라크 북부 쿠르드 노동자 세력(PKK)를 격퇴하는 데도 기여한다. 튀르키예 드론의 이러한 성공으로 2022년 5월 현재 9개 이상의 국가가 튀르키예 드론을 분쟁에서 운영 중이며, 10개국 이상의 국가가 TB2 확보에 눈독을 들이고 있다. 2020년 12월 스톡홀름국제평화연구소(Stockholm International Peace Research Institute: SIPRI) 보고서는 2015년에서 2019년 튀르키예가 글로벌 무기 수출국 명단에서 무려 6계단을 뛰어넘어 13번째 수출국 자리를 차지했다고 밝혔다.

쿠르드 분리주의(Separatism) 위협

쿠르드 노동자 세력(PKK)의 시리아 지부(Branch)인 YGP(시리아 쿠르드 민병대)를 견제할 목적으로 튀르키예는 2016년 이후 시리아에서 세 번의 대규모 공세를 실행해 왔다. 튀르키예 전체 인구 8천 4백만 명의 20%를 차지하고 있는 쿠르드족의 존재로 인해 앙카라의 입장에서 쿠르드 분리주의 집단 쿠르드 노동당(PKK)은 가장 중요한 안보 위협으로 간주된다. 시리아 IS(Islamic State) 박멸에서 보여 준 YPG의 중요한 역할로 인해 미국 주도의 반-IS 연합국은 2015년 이후 YPG에 대한 지원을 지속하면서 특별한 지위를 부여해 왔는데, 이로 인해 쿠르드 문제를 둘러싸고 튀르키예-미국 간의 주요한 갈등의 요인으로 작용하고 있는 것이다. 워싱턴과 유럽 연합 국가들의 재정 지원을 받고 있는 YPG에 대해 스톡홀름은 2021년에 2023년까지 3억 7천 6백만 달러 상당의 자금 지원을 발표한 바 있다.[375] 튀르키예는 가장 최근인 2019년 10월 시리아에서 YPG에 대한 대규모 공세 작전을 전개하는데, 이는 당시 미국 트럼프가 미군의 시리아에서의 임무는 완수되었으며, 조만간 철군할 것이라고 발표한 직후에 이루어졌다. 미 공화당의 강력한 반발에 직면해 부통령 마이크 펜스(Mike Pence)는 2019년 10월 튀르키예를 방문하여 에르도간 대통령과 정전에 합의했다. 2019년 트럼프의 갑작스러운 시리아 철군이 발표되자, 시리아 쿠르드 세력은 아사드 정권의 보호를 요청했고, 러시아와 튀르키예가 정전 협정을 체결하여 2022년 현재까지 대부분 유지되어 왔다. 트럼프 대통령은 그 이후 성급한 철군 결정을 번복하였으며, 현재 약 900명의 미군이 테러와의 전쟁을 주도하고 있는 연합군의 일원으로 시리아에 주둔을 지속하고 있다. 바이든 미 대통령은 2021년 8월 아프가니스탄에서 미군을 완전히 철군시킨 것과는 극히 대조적으로 이들 시리아 주둔 미군을 철군할 의향은 현재까지 없는 것으로 알려져 있다.

튀르키예의 시리아 개입의 증거는 시리아 북서부 도시 이들립(Idleb) 지역에서 확인할 수 있다. 이 지역 거주민들은 튀르키예산 모바일 폰 유심 침을 사용하고 있으며, 일상적인 경제 거래도 튀르키예 화폐 리라를 통해 이루어진다. 심각한 전기 부족 사태를 겪고 있는 이 지역은 또한 인근국인 튀르키예에서 수입된 전기를 통해 전력 수요를 충당하고 있다. 시리아 북부 지역에 대한 군사적 배치 외에도 앙카라는 시리아 국경 지역인 아자즈(Aazaz), 아프린(Afrine) 및 자라블루스(Jarabulus)와 같은 지역에 대한 투자 증대 및 시정 기구(Civil Administration) 설치를 통해 이 지역을 사실상 튀르키예의 보호령(Protectorate)을 접수해 왔다. 튀르키예 우체국, 튀르키예 언어를 교육하는 학교 시설이 운영 중에 있으며, 통신사 투르크 텔레콤(Turk Telekom)이 활동하고 있다. 국제위기그룹(International Crisis Group: ICG) 연구원 다린 칼리파(Dareen Khalifa)는 "군사 및 자금 측면에서 튀르키예의 이들립 지역에 대한 투자는 새로운 시리아 난민 물결이 튀르키예로 유입되는 것을 방지하기 위함."[376]이며, 앙카라는 이미 3백 6십만 명의 피난민을 이미 수용하고 있다. "튀르키예는 더 이상 시리아 난민을 수용할 수 있는 정치 및 경제적 수단이 없으며, 다만 전략적인 측면에서 역내 현상을 유지하고, 시리아 난민들을 이들립(Idleb)과 여타 시리아 국경 근처에 발을 묶을 수 있기를 기대하고 있다."고 분석한다.

2016년 이후 튀르키예는 10년 이상 내전으로 황폐화된 시리아와 국경을 맞대고 있는 3개 지역에 대한 초국경적인 군사 활동을 전개해 오고 있다. 팽창 정책의 표면적인 명분은 시리아 쿠르드 민병대가 튀르키예 영토에서 부추기는 모든 반란을 예방하기 위해서다. 튀르키예군과 함께 앙카라의 지원을 받고 있는 시리아 민병대는 시리아 3개 지역을 통제하고 있다. 시리아 반군의 마지막 거점인 북서부 이들립(Idleb), 튀르키예가 '라모 드 올리비에(Rameau de olivier)' 군사 작전을 통해 2018년 3월 탈환한 과거 쿠르드 거점 지역인 아프린(Afrin), 그리고 마지막으로 시리아 북동부 하사케(Hassake) 주(State)에 위치한 라스 알 아인(Ras al-Ain) 도시를 점령하여 중동지정학 각축의 교두보를 마련한다.[377] 튀르키예는 쿠르드 민병대 YGP를 시리아 북부 국경 안보 위협으로 여기고 있을 뿐만 아니라 시리아에서 쿠르드 국가가 구축될 가능성에 크게 우려하는 것이다. 튀르키예는 또한 이라크 북부 지역에서 10개 이상의 군 기지를 보유하고 있으며, 이 지역 PKK에 대한 지상 및 공군 작전을 전개해 오고 있다.

2019년 튀르키예는 PKK(쿠르드 노동자당)의 시리아 지부 YPG를 시리아 국경 지역에서 내몰기 위한 군사 작전을 시리아 영토에서 전개한다. 당시 미국과 러시아도 YPG를 이동시키겠다고 약속한 바 있으나 양국은 그 약속을 지키지 않았다. 2021년 4월 현재 YPG는 유프라테스 동쪽 지역에 여전히 세력을 유지하고 있으며, 과거 YPG를 지원했던 것은 미국이었기 때문에 더더욱 현상 변경의 가능성은 낮아 보인다. 시리아 대통령 아사드 또한 YPG 영역에 대한 관심을 접고, 이들립 지역 시리아 반군 세력에 관심을 집중하고 있다. 튀르키예는 이라크에 있는 PKK/YPG 세력의 근거지인 신자르(Sinjar) 지역에 대한 공격을 감행하는 방안도 항상 유지하고 있으나, 동 지역에 있는 시아파 민병대에 대한 이란의 지원을 감안할 때 전면적인 군사 작전은 튀르키예에 값비싼 대가를 초래할 수 있다는 위험성도 또한 인식하고 있다.

2022년 5월 23일 에르도간 튀르키예 대통령은 시리아 북부 지역에 30km "안전 지대(Security Zone)" 창설을 위한 군사 공세를 감행할 것이라고 발표했다. 튀르키예는 이미 4월 중순부터 동일한 이유로 이라크 북부 지역에서 군사 공세를 진행 중에 있다. 이에 대해 백악관은 튀르키예의 이러한 움직임에 깊은 우려를 표명하면서 시리아 북부 지역에서의 군사 행동에 관해 앙카라에 대해 경고하면서, 네드 프라이스(Ned Price) 백악관 대변인은 "우리는 튀르키예 정부가 2019년 10월 공동 성명을 존중하기를 기대한다."는 공식 성명을 내놓았다. 미들 이스트 아이(Middle East Eye)는 2021년 11월 에르도간이 푸틴과의 회담을 통해 시리아 북부 도시 코바네(Kobane) 지역에서 군사 작전을 위한 협의를 하였다고 보도됐다. 앙카라의 입장에서 동 지역은 매우 상징적인 지역으로 워싱턴과 YPG가 2014년 IS 격퇴를 위해 연합을 구성한 지역이다. 튀르키예가 제4차 시리아 공습으로 코바네(Kobane) 지역을 점령 시 실질적인 효과는 현재 튀르키예의 영향력하에 있는 시리아 알레포(Alep)주(Gouvernorat) 자라블루스(Jarablus) 지역과 라까(Raqqa)주 탈 아비아드(Tall Abiad) 지역을 연결할 수 있게 된다는 점이다.[378] "튀르키예의 시리아에서의 제4차 군사 작전 가능성은 이 지역에서 YPG를 보호하고 있는 세력이 러시아 군이라는 점을 감안하면 매우 가능성이 크다."고 튀르키예 외교 정책 및 안보 분석가 오메르 오즈키질식(Omer Ozkizilcik) 전망한다. 뉴스라인 전략 정책 연구소(Newlines Institute for Strategy and Policy) 니콜라스 헤라스(Nicholas Heras)는 스톡홀름과 헬싱키의 나토 가입에 대한 튀르키예 동의의 반대급부를 앙카라가 나토에 요청할 수 있다고 분석한다.

정략 결혼[379]

리비아, 튀니지 및 시리아 등 지역 문제에서 대립각을 세우고 있는 튀르키예-아부다비는 바이든 행정부 출범 이후 긴장 완화의 시기를 맞이하여 경제에 축을 둔 프로그램으로 복귀하고 있으며, 정치 및 경제적 협정을 통해 과거의 지정학적 활동의 결실을 거두려 하고 있다. 이러한 배경에서 2021년 11월 24일 아부다비 왕세자 MBZ는 튀르키예를 방문하여 에르도간과 회동하였으며, 동 정상회담은 2012년 이후 처음이라는 측면에서 그 중요성을 가늠할 수 있다.

2023년 6월 총선이라는 정치 스케줄을 기다리고 있는 튀르키예는 2022년 1월 현재 전대미문의 경제 위기를 겪고 있으며, 외국인 투자 급감 및 외환보유고 고갈과 같은 여러 요인으로 인해 튀르키예 통화 가치는 급락하고 있다. 이러한 배경에서 튀르키예는 경제 실용주의 외교에 나서고 있다고 워싱턴 연구소(Washington Institute) 튀르키예 전문가 소네 사갑타이(Soner Cagaptay)는 분석한다. 한편, 석유 이후의 시대를 대비하는 아부다비는 저가의 투자 기회에 갈증을 느끼고 있으며, 통화 가치가 급락한 튀르키예가 현재 저비용의 투자처로 부상하고 있는 것이다. 2022년 1월 중순 양국은 50억 달러 상당의 3년 만기 통화 스왑 협정을 체결하였으며, 2021년 11월 아부다비 왕세자의 튀르키예 방문 시 약속한 100억 달러 상당의 대튀르키예 직접 투자도 약속했다. UAE는 튀르키예의 애정 공세에 대해 양보를 요구할 수 있으며, 대표적으로 무슬림 형제단에 대한 튀르키예의 정책 전환이 될 수 있다. 튀르키예는 이미 무슬림 형제단에 대한 과거의 무조건적인 지원 정책에 변화를 가져왔으며 이집트 알시시 군사 정권에 대한 날선 비난을 상당히 완화해 왔다. 그러면서도 "튀르키예가 테러 단체로 지정한 쿠르드 노동자 단체(PKK), 시리아, 지중해 및 리비아 사태와 관련한 주요 지정학 각축전에 있어서 자신들의 기존 입장을 고수하고 있다."고 알리 바키르(Ali Bakir)는 분석한다.

튀르키예 vs 사우디/UAE 관계 소원의 기본적인 요인은 아랍의 봄 당시 튀르키예의 무슬림 형제단 지원에 기인한다. 바이든 행정부 출범, GCC와 카타르 관계 봉합, 리비아의 상대적 안정으로 2021년 4월 예멘 문제를 놓고 사우디와 튀르키예의 협력할 유인이 증대하고 있다. 튀르키예 최대 중동연구소인 ORSAM의 오르한 오이툰(Orhan Oytun) 선임 연구원은 사우디는 튀르키예로부터 시리아 민주군(친튀르키예 성향의 시리아 반군)을 예멘에 보내는 문제를 협의하고 있다는 루머가 있으며, 또한 사우디가 튀르키예 드론을 도입하는 것을 튀르키예가 허용할 경우 양국 관계에 상당한 진전이 가능할 것이라고 전망한다.

2022년 6월 앙카라-리야드 정상회담 성사 배경에는 양국 관계 개선의 가장 큰 장애물이었던 카쇼끄지 사건에서 튀르키예가 먼저 꼬리를 내리면서 급진전됐다. 이스탄불 사우디 영사관에서 발생한 동 사건과 관련 튀르키예는 26명의 사우디 국적자들에 대해 궐석 재판까지 진행하며 초강경 입장을 견지해 온다. 튀르키예 사법부는 2022년 3월 카쇼끄지 사건과 관련 튀르키예 당국의 재판 과정을 정지하고 사우디로 이전할 것을 결정하면서 양국 관계는 급속히 가까워지게 된다. 언론은 카쇼끄지가 사우디와 튀르키예의 현실 정치의 제단(Altar)에 재물로 희생되었다고 평가한다.[380] 아랍 세계 순니파 대부의 위상과 여타 지정학 문제로 경쟁 관계를 유지하고 있던 앙카라-리야드 관계는 2018년 카쇼끄지 사건으로 더욱 악화일로를 걷게 된다. "튀르키예 정부는 카쇼끄지 사건을 활용하여 사우디 왕가의 이슬람 정당성을 약화시키고 사우디 왕세자 MBS의 명성에도 흠집을 내게 되었다."고 이쌈 파레스 연구소(Issam Fares Institute) 연구원 자나 잡부르(Jana Jabbour)는 평가한다. "카쇼끄지 재판 과정의 사우디 이전 결정은 양국 지도자의 개인적인 관계뿐만 아니라 양국 정부 관계에서도 큰 화해의 길을 여는 것"이라고 아랍걸프국가연구소(Arab Gulf States Institute) 후세인 이비쉬(Hussein Ibish)는 평가한다.

실용적인 측면에서도 양국 관계 개선의 배경을 찾을 수 있다. 미국의 중동 관여 축소 현실에 직면해, 앙카라와 리야드는 미국의 지역 동맹국에 대한 안전 보장 약속이 희석되고 있다는 인식을 공유하고 있으며, 이에 따라 튀르키예와 사우디는 손상된 관계를 회복할 필요성을 느끼고 있는 것이라고 자나 잡부르(Jana Jabbour)는 분석하고 있다. 2019년 9월 이란 지원 후티 반군의 사우디 아람코 석유 시설 공격에도 불구하고 미국은 안보 우산을 제공하지 않았으며, 설상가상으로 트럼프 행정부 중동 정책과 역행하고 있는 바이든 행정부는 사우디의 실질적 지배자인 MBS와의 직접적인 대화도 거부하면서 냉대하였다. 튀르키예는 2017년 러시아와 S-400 대공 미사일 시스템 도입 계약을 체결하면서 미국과의 관계가 경색 국면으로 들어선 것이다. "양국은 또한 이란 핵 합의 미래와 관련된 미래 불확실성 측면에서도 이해 관계를 공유하고 있다. 이란의 핵 프로그램 추구, 테헤란의 지역 정책 등 튀르키예는 이란이 이라크와 시리아에서 불안정성을 초래하는 정책에 매우 우려를 표명하고 있다."고 카네기 유럽(Carnegie Europe) 연구원이자, 이스탄불 에담(Edam) 연구 센터 소장 시난 울젠(Sinan Ulgen)은 평가한다. 이란 핵 협상과 관련 워싱턴이 이란에 대한 제재를 완화할 움직임을 보이자 반-이란 진영에서는 극도의 흥분 상태가 초래된다. UAE와 이스라엘 주도의 반-이란 연합은 이란에 대한 제재 해제는 이란의 역내 정책에 대한 자유 재량권을 부여하는 것과 다름없다는 것으로 경계하고 있다.

"튀르키예-사우디 관계 개선으로 강력한 반-이란 연합 형성 가능성이 있으며, 최소한 중동 지역에서 이란의 무제한의 팽창 정책에 저항하는 지역 그룹만이라도 형성될 가능성이 있으며, 이는 결국 서로 사이가 좋지 않은 역내 미국의 동맹국들 간의 단합에 일조할 수도 있다."고 후세인 이비쉬(Hussein ibish)는 평가한다. 그 결과 리비아 및 시리아와 같이 중동 여러 지역에서 전개되고 있는 전략 경쟁은 당분간 보류될 것이라고 시난 울젠(Sinan Ulgen)은 전망한다. 앙카라의 입장에서 리야드와의 관계 개선의 대가는 튀르키예의 무슬림 형제단에 대한 지원 포기와 2013년 이집트 쿠데타 이후 이스탄불에서 망명 생활을 하고 있는 무슬림 형제단 회원들의 튀르키예 추방 조치라고 할 수 있다. 튀르키예는 이미 무슬림 형제단이 튀르키예에 창설한 TV 채널에 대해 폐쇄 명령 조치를 취하였다고 자나 잡부르(Jana Jabbour)는 설명한다. 2023년 선거를 앞두고 있는 튀르키예 에르도간은 심각한 경제 위기에서 벗어나야 할 현실 정치적 필요성도 영향을 주고 있다. 2022년 3월 튀르키예의 인플레이션은 61%까지 폭등하게 된다. 튀르키예는 외교 정책 재조정을 통해 MBS로부터 대규모 투자안 보따리를 기대하고 있다. 그럼에도 불구하고 "튀르키예와 사우디가 장기적인 전략 연합을 구성할 가능성은 매우 낮다고 할 수 있다. 양국은 지역 리더십 경쟁을 벌이고 있으며, 양자 관계는 앞으로도 계속해서 상호 불신과 양국 역사가 만들어 낸 편견으로 특징 지어질 것이기 때문에 바이든 행정부 출범 이후 구체화되기 시작한 양국의 화해 움직임은 정략결혼이거나 거래적 파트너에 불과하다고 자나 잡부르(Jana Jabbour)는 전망한다.

코카스(Caucasian) 분쟁과 중동지정학

제1차 세계대전 패배로 전승국의 제물이 된 오토만 제국은 1923년 로잔(Lausanne) 조약을 통해 중동 지역에 대한 소유권을 공식적으로 포기한다. 로잔 조약 체결 이후 100년이 지난 현재 중동 지역과 코카스 지역을 둘러싼 오토만과 페르시안의 경쟁은 2010년을 기점으로 재개되었으며, 2011년 시작된 시리아 내전은 양국의 세력 균형을 뒤흔들어 놓았다. 2020년 중동정세는 트럼프 최대 압박 전략을 무대로 주요 이해당사국들의 갈등이 첨예화 및 확대 재생산되고 있다. 2020년 9월 발생한 코카스 분쟁 지역인 나고모-카라바흐(Nagorno-Karabakh)를 둘러싼 아르메니아(예레반)와 아제르바이잔(바쿠) 사이의 충돌도 MENA 지역 지정학 각축과 밀접한 관련성을 가지고 있다.

튀르키예의 다양한 이해 관계

워싱턴 연구소(Washington Institute) 터기 전문 연구원인 소네 사갑타이(Soner Cagaptay)

는 코카스 지역 분쟁의 가장 큰 요인으로 튀르키예가 2020년 후반 중동 정세 변화로 인해 초래된 MENA 지역 자신들의 외교적 고립 상황에서 탈피하기 위해 새로운 전선 구축을 모색한 것으로, 최근의 중동지정학 변화 과정에서 자신들의 이해 관계 획득에 실패한 튀르키예는 동아프리카, 발칸 및 아제르바이잔이 속해 있는 유라시아(Eurasie)로 외교 정책 방향을 전환한 것으로 상기 전문가는 분석한다. 한편, 이스라엘 언론은 서방 제국의 침묵과 무관심으로 러시아, 튀르키예 및 이란이 코카스 분쟁 해결을 사실상 독점할 위험에 처해 있다고 우려한다. 튀르키예의 이권 획득 측면에서 시리아에서는 러시아에 밀렸으며, 리비아에서는 사우디-UAE 캠프의 행동 대장으로 항시 전투 대기 상태에 있는 이집트에 직면해 좌절감을 맛보았으며 튀르키예가 테러 분자로 규정하고 있는 이라크 북부 지역 쿠르드족 문제에 있어서도 진전을 보지 못한 것이 현실이다. 이러한 지정학적 목적 이외에도 튀르키예의 팽창 정책의 경제적 요인도 찾아볼 수 있다. 아제르바이잔은 카스피언해에 두 개의 거대한 유전 지대를 통제하고 있으며 파이프라인(pipelines)이 바쿠(Bakou)에서 시작하여 죠지아(Georgia), 튀르키예(Turkey)를 거쳐 지중해와 이어지고 있는데, 석유 및 가스 소비액의 절반 이상을 수입에 의존하는 튀르키예에 있어 아제르바이잔은 경제적 측면에서도 특별한 중요성을 가지고 있기 때문이다. 또한 튀르키예는 아제르바이잔(Bakou)과 언어, 공동의 역사, 정체성 측면에서도 유대감이 크다고 브뤼셀 카네기 유럽(Carnegie Europe) 시난 울젠(Sinan Ulgen)이 부언한다. 반면 튀르키예의 아르메니아에 대한 적대감은 오토만 제국 시절 가장 어두운 측면의 하나인 1915년 아르메이나 대학살 사건 이후 사사건건 충돌해 오고 있다. 중동지정학 재편의 흐름에 편승하여 자신들의 이권 획득과 영향력 증대를 도모하던 튀르키예는 이스라엘-UAE 평화 협정 체결로 갑작스러운 외교적 고립에 처하게 되자 새로운 전선인 코카스 분쟁을 조장하여 1세기 전의 오토만 제국의 영광을 회복하기 위한 '에르도간 제국 2.0'을 추진하고 있는 것이다.

이스라엘의 변방 외교(Diplomacy of Periphery)

이스라엘은 전통적으로 아랍 세계와의 대결에서 이스라엘에 적대적인 아랍계 무슬림 국가들의 이스라엘 포위 전략에 대응하기 위해 비-아랍계 무슬림 국가들과의 유대 강화라는 소위 변방 외교(Diplomacy of Periphery)381)을 추진해 왔으며 아제르바이잔과 긴밀한 유대 관계도 이러한 측면에서 이해할 수 있다. 양국의 관계 긴밀도는 2020년 5월 SIPRI(Stockholm International Peace Research Institute)가 발표한 자료들 통해서도 확인된다. 이스라엘은 아제르바이잔 무기 수입의 주요 공급국으로 60% 가량의 군사무기를 판매하고 있다. 반면 이스라엘은 자국 가스 소비량의 약 40% 가량을 아제르바이잔으로부터 수입하는 등 군사 및 에너지 측면에서 깊은 협력 관계를 유지하고 있다. 이스라엘의 변방 외교에 기초한 군사 외교 정책 측면에서 아제르바이잔은 사실상 이스라엘의 반-이란 감시 초소의 기능을 하고 있을 정도로 이스라엘에 이란과 관련된 많은 정보를 제공하고 있다고 클레망 세르메(Clement Therme)는 분석한다.382) 아제르바이잔과 이스라엘 사이의 다양한 무기 거래가 이루어져 왔으며 2016년에는 네탄야후의 바쿠(Bakou) 방문 계기에 아제르바이잔은 약 40억 유로에 상당하는 이스라엘산 정찰 장비 및 드론 구매하는 군사 협력이 이루어졌으며 폴린 폴리시(Foreign Policy)는 이스라엘이 이란의 핵 시설에 대한 공격을 위해 아제르바이잔 공항 사용을 허가하는 내용의 협정을 체결하였을 것으로 분석하고 있다. 이러한 이스라엘과 아제르바이잔의 깊은 유대 관계에 도전장을 던지고 있는 국가가 튀르키예로 앙카라는 바쿠를 텔아비브로부터 떼어 놓기 위해 정책 추진 중이며 아제르바인잔 군사 무기의 이스라엘 의존도를 낮추기 위해 튀르키예산 드론과 무기로 대체토록 바쿠를 상대로 압력을 가하고 있다고 언론은 분석하고 있다. 2021년 10월 6일 러시아를 방문한 이란 외교장관 호세인 아미르 압둘라히안(Hossein Amir-Abdollahian)은 러시아 외교장관과의 회담에서 "우리는 코카스 지역의 지정학 변화 혹은 코카스 지역 판도 변화를 결코 허용하지 않을 것이며, 지역 긴장을 배경으로 코카스 지역에 테러 분자와 시오니즘의 존재에 대해 깊이 우려하고 있다."는 입장을 표명했다.

러시아의 전통적 앞마당

헤인리쉬 볼 파운데이션 티빌리시(Heinrich Boll Foundation Tbilissi) 소장 스테판 메이스터(Stefan Meister)는 러시아는 현재 자신의 전통적인 세력권 지역인 벨라루스, 키르키즈스탄, 아제르바이잔에서 자신의 영향력 약화라는 도전에 직면해 있으며 그 주된 도전 세력이 튀르키예, 유럽연합 및 NATO 가 배후 세력이라고 분석했다. 그럼에도 불구하고 스테판 메이스터는 러시아가 전통적 세력권 지역에서 직면한 어려움에도 불구하고 러시아의 대중동 정책에는 직접적인 영향은 없을 것으로 전망한다. 크렘린의 중동 정책은 용병을 고용해서 운영하고 있는 민간 회사를 통해 추진되고 있기 때문에 러시아의 시리아 및 리비아에서의 외교 정책 추진 비용이 매우 저렴하기 때문이다. 하지만, 러시아가 자신들의 앞마당으로 여기고 있는 코카스 지역 분쟁에 대해 전통적으로 중립적인 태도를 견지해 왔으나 앙카라가 바쿠에 대한 지원을 강화할 경우 러시아는 중립 정책을 폐기하고 적극적인 개입 정책으로 선회할 것이라는 게 전문가들의 평가다. 시리아 및 리비아 사태로 이미 복잡해진 러시아와 터기의 양국 관계가 아르메니아-아제르바이잔 분쟁으로 더욱 경색되어 에르도간과 푸틴 동맹이 또 다시 시험대에 오르게 되었다고 튀르키예 정치 분석가 알리 바키르(Ali Bakeer)는 분석한다. 튀르키예의 개입이 병참 지원 혹은 정보 공유를 넘어서거나 아제르바이잔 군대가 실지 회복을 시도할 경우 러시아는 강력하게 대응할 것이며 이 경우 러시아는 시리아 및 리비아에 있는 튀르키예군에 대한 공격을 지원할 것으로 이스탄불 에담(Edam) 연구센터 분석가 엠레 카야(Emre

Kaya)가 전망한다. 독일 마샬 기금(German Marshall Fund) 연구원 운루히사르시클리 (Unluhisarcikli)도 엠레 카야(Emre Kaya)의 분석에 동의하며 튀르키예가 레드 라인을 넘어섰다고 러시아가 판단할 경우 러시아는 리비아 및 시리아에서 튀르키예를 상대로 반격에 나설 것으로 전망한다.

이란 중립주의의 복잡한 속내

이란은 아르메니아-아제르바이잔 양 분쟁 당사국에 분쟁의 종식을 촉구하고 중재자로서의 역할을 주장하는 등 표면적인 중립주의를 표명하고 있으나 중동지정학 변화의 부차적 결과로 초래되고 있는 코카스 분쟁의 장기화를 매우 우려하고 있다. 이란과 아제르바이잔은 시아파가 다수라는 종교적 공통점이 있지만 단지 종교적 요인만으로 양국의 관계를 규정할 수 없다. 이란이 신정 정치 체제를 도입한 반면 아제르바이잔은 소련의 영향력으로 인해 세속화(Secularisation)로 방향을 전환한 차이점이 있다고 국제연구센터(Centre de recherche internationale: CERI) 전문연구원 클레망 세르메(Clement Therme)가 지적한다. 이란은 오히려 아르메니아측에 경도된 외교 정책을 추진하고 있는데 가장 중요한 이유는 유엔안보리에서 자신을 대변해 줄 수 있는 비서구 안보리 상임이사국인 러시아의 비토권을 필요로 하는 실용주의적인 이유 때문에 아르메니아를 지원하고 있다고 클레망 세르메(Clement Therme)는 분석하고 있으며 경제적인 측면에서도 아르메니아는 아제르바이잔과 튀르키예의 아르메니아 봉쇄 정책으로 인해 이란과의 육로를 통한 교역에 크게 의존하고 있다. 이러한 실용적인 이유 이외에도 이란-아르메니아의 상징적 동맹(Symbolic Alliance)을 강화시켜 주는 요인도 존재하는데 이란에는 약 수십만 명에 달하는 아르메니아인들이 소수 민족으로 공생하고 있으며 양국 모두 학살(Genocide)을 경험한 공통점을 가지고 있다. 반면에 이란은 자국 북부에 거주하고 있는 약 1천 5백만 명(이란 전체 인구의 16%)의 아제르바이잔인들의 민족통일주의(Irredentism)의 위험성을 경계하고 있다고 클레망 세르메(Clement Therme)는 분석한다. [383] 이란은 자국 내 존재하는 소수 민족에 대한 한 번도 자치권을 부여한 역사가 없으며 매우 가혹한 소수 민족 정책을 유지하고 있는 국가로 알려져 있다. 무엇보다도 아제르바이잔이 이란과 역사적으로 공동의 유산-1813년 러시아-페르시안 전쟁 후 체결된 쿨리스탄(Gulistan) 협정으로 아제르바이잔은 남북으로 양분되어 현재의 독립국인 북부 아제르바이잔과 이란 내 소수 민족인 남부 아제르바이잔으로 형성-을 공유하고 있음에도 불구하고 이스라엘의 변방 외교에 기반한 이스라엘과 아제르바이잔의 긴밀한 경제 군사적 유대 관계라는 현실 정치(Realpolitik)라는 제약으로 인해 이란은 아제르바이잔을 신뢰할 수 없다는 점을 잘 인식하고 있다고 전문가들은 분석한다.

미래 군사적 충돌 양상의 시금석

이스라엘은 이란을 주축으로 하는 시아파 세력 약화라는 전략을 목적을 추구함에도 불구하고 시아파 국가인 아제르바이잔과 군사 경제적 유대 관계라는 실용주의적 자세를 견지하고 있는 등 매우 유연한 외교 정책을 추진하고 있다. 중동 정세 변화의 많은 측면이 이스라엘의 대팔레스타인 및 대중동 정책에 기인하고 있기 때문에 이스라엘의 외교 정책에 대한 더 깊은 연구는 우리가 알지 못하는 중동 정세 변화의 많은 측면을 이해할 수 있도록 해 줄 것이다. 존스홉킨스대학 고등국제연구소(Johns Hopkins University's School of Advanced International Studies) 교수 할 브랜즈(Hal Brands)는 워싱턴 포스트 기고문을 통해 아르메니아-아제르바이잔 분쟁은 미국과 러시아의 대리전의 측면과 서구 세계 내의 긴장 관계를 잘 보여 주고 있다고 분석한다. 특히 아르메니아-아제르바이잔 분쟁이 군사적 측면에서 미래에 대규모 군사적 출동의 사전 예행 연습의 기능을 하고 있는데, 최첨단 드론이 탱크와 무장 장갑

차를 정밀 타격하는 장면은 기갑화된 전통적 군사력(Mechanised Forces)이 고성능 센서(Advanced Sensors)가 장착된 초정밀 유도 미사일에 얼마나 취약할 수 있는지를 여실히 보여 주고 있다고 평가한다. 언론은 사우디와 UAE가 수단 용병을 통해 아르메니아(아제르바이잔은 시아파 국가임.)를 지원하게 될 경우 코카스 분쟁이 공식적으로 중동지정학 게임에 편입하는 것으로 규정하며 이러한 새로운 중동지정학 대결은 초기 버전(Original Version)과는 약간 다른 양상을 보일 것이라고 분석한다.[384] 특히 지금까지 이스라엘 적대적인 정책을 추구해 온 튀르키예가 코카스 분쟁과 관련하여 전략적 측면에서 이스라엘과 불안한 동거를 하고 있는 것으로 분석한다. 이스라엘이 무장을 지원하고 튀르키예가 후원하는 아제르바이잔을 한 축으로 하고 코카스 지역에서 유화적인 이웃 국가의 태도를 견지하고 있는 이란이 아르메니아(러시아도 아르메니아에 경도되어 있음.)를 지원하는 새로운 대결 구도가 형성되었다고 분석한다. 현재 코카스 분쟁의 주요 이해당사국의 지정학적 속내가 아르메니아-아제르바이잔 분쟁에 국한되는 것이 아니라 중동 전체의 지정학적 변화와 밀접히 관련되어 있기 때문에 대리전의 양상으로 더욱 확대될 가능성도 고조되고 있다고 전문가들은 전망한다.

다극화된 정치와 중동(Mashriq)

　　전통적인 아랍 국가들의 존재감 약화를 배경으로 동방(Mashriq) 지배권을 둘러싼 이란, 튀르키예 및 이스라엘이 전개하고 있는 치열한 세력 각축으로 특징 지어지는 21세기 초의 MENA 지정학적 경쟁 구도는 레바논뿐만 아니라 시리아, 이라크, 요르단 및 팔레스타인이 불안정성의 근본적인 요인이다. 전통적인 아랍 세계의 역사는 분절과 파편화의 역사라고 할 수 있으며, 이러한 흐름은 21세기 들어서면서 2003년 이라크 전쟁과 2011년 아랍의 봄이 초래한 충격파로 인해 더욱 가속화되고 있다. 전통적 아랍 세계의 약화와 후퇴를 배경으로 비-아랍 국가인 이란, 튀르키예 및 이스라엘이 중동 정치의 주도권을 잡으면서 역내 불안정성을 더욱 가중시키고 있다. 설상가상으로 아랍 세계 특히 레반트 국가들의 본질적인 취약성이라는 요인이 복합적으로 작용하면서 MENA 지역 퍼펙트 스톰의 요건들이 하나둘씩 갖추어지고 있다.

아랍 연맹 분열(Arab Division)의 역사[385]

현대 아랍 세계의 역사는 권력 투쟁, 지도자들의 자아(Ego) 경쟁 및 이념적 분절로 점철되어 왔으며, 1945년 창설 이후 아랍 연맹은 아랍연맹회의 공동 성명과 기념사진을 제외하고는 아랍 세계 단일 전선 형성에 실패해 왔다. 나세르(Nasser)와 파이살(Faycal)의 대결, 사담 후세인과 쿠웨이트 국왕 싸바흐(Sabah) 사이의 힘겨루기, 리비아 독재자 까다피(Khadafi)와 나머지 전체 아랍 지도자들의 갈등, 그리고 가장 최근에는 카타르 타밈 알 싸니(Tamim Al-Thani)와 아두바디 MBZ, 사우디 왕세자 MBS 간의 이념 대결이 이를 잘 보여 주고 있다. 2019년 3월 31일 튀니지 수도 튀니스에서 제30차 아랍 연맹 정상회의 도중 카타르 셰이크 타밈(Cheikh Tamim)은 회의가 공식적으로 종료되기도 전인 회의 중간에 아랍 연맹 회의장을 나가 버린 사건도 동일 맥락에서 발생한 것이다. 당시 도하는 사우디아라비아, UAE 주도의 카타르를 표적으로 하는 봉쇄로 외교적 고립하에 처해 있었는데, 아흐마드 아불 게이트(Ahmad Aboul Gheit) 아랍 연맹 사무총장이 이란과 튀르키예의 아랍 세계에 대한 개입 정책을 비난하자 회의장을 박차고 나가버린 것이다. 이란 문제와 그 정도에 있어서는 좀 더 약하지만 같은 맥락에 있는 튀르키예 문제는 무슬림 형제단(Muslim Brotherhood)과 긴밀하게 관련되어 있기 때문에 오늘날 아랍 세계의 커다란 분절선의 하나를 구성하고 있다. 사우디를 한 축으로 하고 이란이 배후에서 지원하는 카타르를 다른 한 축으로 하는 아랍 순니파 내에서의 대결 구도는 아랍 연맹의 약화를 초래하고 있는 수많은 분절적 이슈의 하나이자 아랍 연맹의 효율성에도 의문을 갖게 하는 요인으로 작용하고 있다. 이러한 아랍 연맹의 난맥상에 대해 이집트의 외교관이자 1992년 UN 사무총장직에 오르게 되는 부트로스 부트로-갈리(Boutros Boutro-Ghali)는 "아랍 연맹은 개별 회원국들이 자신들의 무력감을 숨기기 위한 장막에 불과하며, 개별 회원국들은 자신들의 무능과 실패를 아랍 연맹의 탓으로 돌리기 위한 수단으로 활용하고 있다."고 평가한 바 있다.

아랍 연맹의 본부가 당초 이집트 카이로에 위치에 있었기 때문에 나세르 정권하의 이집트의 우위를 강화할 수 있는 유용한 수단으로 인식된다. 카이로는 이러한 영향력을 활용하여 강대국 냉전 구도의 영향하에 있는 중동 정치를 막후에서 조정하게 된다. 이집트는 1955년 바그다드 협정[386]이라는 친서방 진영에 요르단이 가입하려고 하는 것을 방해했다. 나세르는 또한 수에즈 운하를 국유화하고, 시리아와 함께 잠시나마 아랍연맹공화국을 수립하게 되었다. 나세르가 아랍연맹공화국을 완전히 장악하려고 시도하게 되면서 아랍연맹공화국은 탄생 3년만인 1961년에 결국 해체되게 된다. 런던 동양아프리카연구스쿨(The School of Oriental and African Studies: SOAS) 교수 림 바우 알파들(Reem Abou Al-Fadl)은 "탈식민지화 시기 아랍 연맹을 분열시킨 주요한 요인은 유럽과 미국 제국주의로부터 후원(Patronage)을 계속 모색하려는 회원국과 이집트 주도의 범아랍주의 혁명 블록을 형성하려고 하는 아랍 회원국 간의 갈등"이라고 분석한다. 특히, 사우디아라비아는 이집트의 지배에 반기를 들면서 긴장이 초래되어 1950~60년대 소위 아랍 냉전 구도가 형성되었다. 아랍 연맹 내 이러한 불협화음은 1962년 내전이 발발한 예멘에 혁명 세력을 지원하기 위해 이집트 군이 파견되면서 더욱 강화되게 된다. 자신들의 국경선 근처에 이집트 군이 주둔하는 데 대해 사우디가 불안해하면서 양측의 갈등은 더욱 심화되게 되며 이집트 군사정권과 전통적인 왕정 국가 사우디의 대결 양상은 더욱 첨예화되게 되는 것이다. 1967년 6일 전쟁(Guerre des Six Jours)으로 널리 알려진 제3차 중동 전쟁 발발로 이집트의 헤게모니와 범아랍주의는 급작스러운 브레이크가 걸리게 되며, 그 이후 점진적으로 쇠퇴의 길을 걷게 된다. 이집트 헤게모니와 범아랍주의에 대한 결정타(Coup de Grace)는 이집트가 이스라엘과 Camp David 평화 협정을 체결하고 그 일환으로 아랍 연맹의 본부를 이집트 카이로에서 튀니지 수도 튀니스로 이전하면서 아랍 세계의 파편화는 가속화하게 되었다.

1948년 이후 이스라엘-팔레스타인 분쟁은 아랍 연맹의 단골 주제로서 최소한 문서상으로는 그러한 역할을 해 온 것이다. 아랍 연맹 회원국들은 팔레스타인 대의(Palestinian Cause)를 위해 단일 전선을 형성하고, 유대 국가인 이스라엘에 대해 boycott를 가하는데 주저하지 않는다. 1967년 6일 전쟁이 아랍 국가들에 가한 폭력적인 패배 직후, 아랍 연맹은 수단의 수도 카르툼(Khartoum)에서 회의를 개최하여 소위 "Three no's of Khartoum"이 선언된다. 즉, 이-팔 문제 해결이 선행되지 않는 'no peace with Israel, no recognition of Israel and no negotiation with Israel' 원칙이 만들어지게 된다. 1973년 4차 중동 전쟁인 욤 키푸르(Yom Kippur) 전쟁의 여파로 석유수출국기구 OPEC은 1967년 이후 이스라엘이 점령하고 있는 지역에서 이스라엘군의 완전한 철군을 요구하면서 석유 금수 조치를 단행하여 글로벌 유가가 단숨에 기존 가격에 4배 가까이 폭등하면서 제1차 석유 쇼크가 발생하게 된다. 그러나 몇 년 후인 1979년 이스라엘과 이집트의 평화 협상은 중동 지역에서 지각 변동을 초래할 정도의 여파를 몰고 오게 되며, 아랍 연맹 여타 회원국들은 이집트의 행동을 반역으로 맹비난하게 된다. 아랍 연맹의 갈등 관계는 1976년 10월 사우디 리야드 특별 아랍 정상회의에서 '아랍 억제 군(The Arab Deterrent Force: ADF)'이 창설되면서 더욱 심화되게 된다. 당초 내전에 돌입한 레바논에 개입할 목적이었던 ADF는 대부분 시리아군으로 구성되어 있었으며, 다마스쿠스의 통제하에 있었기 때문에 1983년 결국 해체 수순을 밟게 되나, 그 이후 레바논에 주둔한 시리아군은 철군하지 않고 지속적으로 주둔하게 되는 결과를 초래하게 된다.

이란 이슬람 혁명의 여파로 발생한 이란-이라크 전쟁은 중동 지역에 또 다른 분절선을 초래하게 된다. 양측의 무력 충돌에서 오직 시리아만이 이란을 지원하게 되며 나머지 여타 아랍 국가들은 압도적으로 이라크 편을 들게 되는 것이다.[387] 이란-이라크 전쟁은 특히 중동 지역에 '순니 대 시아' 새로운 역학 구도를 형성하면서 이러한 양 종파 세력의 대결 구도가 오늘날까지도 중동 정치 담론을 구조화하게 되었다. 1990년 이라크 사담 후세인의 쿠웨이트 침공은 아랍 연맹 창설 이후 아랍 국가간의 최초의 무력 충돌이라는 불명예를 안겨 줬다. 1990년 카이로 아랍 정상회의가 개최되는 동안 이라크와 쿠웨이트 간의 양측의 협상은 쿠웨이트 외교장관이 이라크 카운터파트와의 대화 도중 기절하는 상황이 연출되는 한편, 이라크 협상 대표단이 쿠웨이트 대표단을 향해 다과 접시를 투척하는 희극이 연출되어 아랍 연맹의 위신은 바닥을 치게 되었던 것이다. 중동연구소(Middle East Institute) 소장 폴 살렘(Paul Salem)은 "내부적 알력으로 인해 아랍 연맹은 아랍 세계에서 제기되는 문제와 이슈를 효과적으로 관리할 수 없는 취약한 기구라는 것이 드러나게 된다."고 평가한다.

2002년 3월 27일~28일 양일간 레바논 베이루트 포에니시아(Phoenicia) 호텔에서는 아랍 연맹 긴급 회의가 개최된다. 2001년이 들어서면서 미국에서는 부시 행정부가 출범하고, 이스라엘에서는 아리엘 샤론(Ariel Sharon) 내각 출범이 돛을 올리면서 중동 정치는 또 다시 대격변의 시기로 진입하게 된다. 2001년 9·11 테러 이후 부시 미 대통령은 아랍 세계의 정치적 권리 및 참여 확대를 통해 이슬람 극단주의(Islamist Extremism)를 퇴치하겠다는 중동 정책인 "자유 전진 전략(Forward Strategy of Freedom)"구상을 발표한다. 동 정책은 그 이후 G8 정상 회의에서 "대중동구상(Greater Middle East Initiative)"으로 더욱 확대되면서 큰 논란을 불러일으켰을 뿐만 아니라 아랍 세계 국가들 특히 걸프 왕정 지도자들을 좌불안석하게 했다.[388] 2002년 2월 사우디 당시 왕세자 압둘라흐(Abdullah)는 미국 뉴욕 타임즈 기자 토마스 프리드만(Thomas Friedman)과의 인터뷰에서 이-팔 분쟁 해결책으로 '사우디 구상(Saudi Initiative)'를 제시한다. 사우디아라비아는 당초 부시 행정부의 민주화 정책이 리야드에 가져올 파괴적인 결과를 우려해 부시 행정부의 관심을 아랍 국가들의 국내 민주화(Domestic Democratization)로부터 관심을 전환하기 위해 이-팔 분쟁 해결을 위한 구상을 발표하였다.[389] 사우디 정부가 발표한 구상은 그 이후 몇 주 만에 거의 내용 변화 없이 아랍 연맹(Arab League)의 구상으로 진화하며 결국 2002년의 "아랍 평화 구상(The Arab Peace Initiative)"로 발전하게 된다. 그러나 제2차 팔레스타인 봉기 발발 1년 반만에 개최된 베이루트 정상회담에 대해 아랍 국가들의 절반 이상이 보이콧한다. 이집트 대통령 호스니 무바라크는 이스라엘의 협박, 모욕 그리고 굴욕적인 태도를 비난하며 정상회담의 불참을 선언하며, 요르단 국왕 압달라도 회의 참석을 회피한다. 서안지구 라말라(Ramallah)에 가택 연금 상태에 있던 아라파트(Arafat)의 미리 녹화된 연설문만이 회의 도중 방송되면서 만장일치로 채택된 중동평화안인 "중동 평화 구상(Arab Peace Initiative)"은 빛이 바래져 버린다.[390]

2003년 샴 엘 셰이크(Charm Al-Cheikh)에서 개최된 아랍 연맹 회의에서 회원국들은 군사 개입에 의존하지 않기로 결정을 하면서 미국의 침공에 직면한 중동 지역에서 가장 강력한 국가인 이라크에 큰 타격을 가했다. 비록 회원국들이 직접적으로 논의하지는 않았지만, UAE는 언론들이 지켜보는 자리에서 노골적으로 이라크 사담 후세인에게 하야할 것을 요구하기까지 한다. 그 이후 사우디아라비아의 영향력이 급속히 확대되고, 이란 팽창주의 견제가 아랍 연맹의 일차적 고민거리가 된 지정학적 현실에서도 아랍 연맹은 파편화는 지속된다. 2011년 아랍의 봄으로 초래된 격변으로 아랍 연맹의 영향력은 급속히 약화되었다. 서구의 신뢰할 만한 파트너로 인식되던 아랍 연맹은 내부적 합의점을 찾지 못하고 시리아와 리비아 사태 악화를 막아 내지 못하면서 외교적으로 주변부화되는 현실에 직면하게 되었다. 아랍 연맹은 2011년 아사드가 연맹과 마련한 평화안 시행을 거부한데 대해 시리아를 아랍 연맹에서 축출하게 되지만, 이러한 아랍 연맹은 결정은 큰 파급 효과는 가져오지 못하는 결과를 낳게 된다. 2021년 MENA 지역의 지정학적 역학 변화로 시리아는 10년의 외교적 고립에서 탈피하여 역내 영향력 있는 국가로 다시 부상하고 있는 것이다. [391] 생산하는 것보다 더 많은 양을 수입하고 발명해 내는 것보다 더 많은 것을 모방하는 아랍 세계는 끊임없는 전쟁과 아랍 국가 간의 분열로 인해 비-아랍 국가인 이스라엘, 튀르키예 및 이란에 역내 문제의 주도권을 내주면서 자신들의 미래가 비-아랍 국가들에 의해 좌지우지되는 현실에 직면해 있다.

오토만(Ottoman) vs 페르시안(Persian) vs 유대 민족(Jewish)[392]

1040년부터 1157년까지 중앙아시아, 이란, 이라크, 시리아를 지배한 셀주크 제국(Seljuk Empire)의 후예들인 페르시안(이란)과 오토만(튀르키예)은 1920년까지 중동 지역을 지배해 왔다. 오토만은 1453년 콘스탄티노플 점령을 통해 비잔틴 제국을 정복한 이후 거의 3세기 동안, 페르시안과 오토만은 중동 지역과 코카스 지역 탈환을 위해 9번의 전쟁을 치뤘다. 제1차 세계 대전 패배로 전승국의 제물이 된 오토만 제국은 1923년 로잔(Lausanne) 조약을 통해 중동 지역에 대한 소유권을 공식적으로 포기하게 되며 이 과정에서 레바논을 포함하여 아랍 국가들이 만들어지게 됐다. 로잔 조약 체결 이후 100년이 지난 현재, 튀르키예의 시리아 북부 지역 점령, 이란의 이라크 영향력 확대로 인해 오토만과 페르시아 간의 중동 지역 분할에 관한 다양한 조약에 의해 형성된 역내 영향권 구도가 재편될 위험에 처해 있다. 특히, 이란은 이라크, 시리아, 팔레스타인, 레바논 및 예멘에서의 영향력을 확대해 왔다. 중동 지역과 코카스 지역을 둘러싼 오토만과 페르시안의 경쟁은 2010년을 기점으로 재개되었으며, 2011년 시작된 시리아 내전은 양국의 세력 균형을 뒤흔들어 놓아 현재까지 양국 사이 중동 분할을 위한 그 어떤 공식적인 협정도 존재하지 않고 있다. 2020년 12월 10일 튀르키예 대통령 에르도간은 아제르바이잔에서 2020년 9월 시작된 코카스 지역 나고르노-카라바흐(Nagorno-Karabakh)를 둘러싼 아르메니아-아제르바이잔 전쟁에서 오토만 승리를 자축하기 위한 한 편의 시(Poem)를 언급하면서 이란과의 위기를 초래했다.

　이스라엘은 튀르키예 및 이란과 세력 각축을 전개하고 있는 지역 강국이다. 1948년 국가 창설을 통해 이스라엘의 중동지정학 각축장에 등장하며, 1979년 이슬람 혁명 정권의 등장으로 유대인과 페르시아 민족은 본격적인 힘겨루기를 시작했다. 이스라엘은 이슬람 혁명 정권 독트린이 이스라엘 파괴를 천명하고 있음에도 불구하고 지정학적 이유에서 1981년 사담 후세인과 전쟁을 벌이고 있는 호메네이를 지원한다. 이란 혁명으로 레이건 행정부하 불구대천의 원수가 되어 버린 미국도 이스라엘이 이란에 지원하는 무기에 대해 자금 지원을 하기도 했다. 그럼에도 불구하고 유대 vs 페르시안 대결 구도는 21세기 초반 더욱 격화되고 있으며, 앙카라는 이러한 분위기에 편승하며 신-오토만주의의 야심을 펼치고 있다.

　2011년 시작된 아랍의 봄은 역내 튀르키예의 영향력 확대에 유리하게 작용하는 중대한 지정학적 변화를 초래하게 된다. 아랍의 봄으로 초래된 시리아 내전이 지금까지 불러온 지정학적 의미는 1916년 영국과 프랑스 사이에 체결된 사익스-피코(Sykes-Picot) 협정이 사실상 붕괴되면서 역내 새로운 지정학 질서를 형성시키고 있다는 점이다. 이러한 변화를 바탕으로 에르도간은 정확히 100년 전에 체결된 로잔(Lausanne) 조약 수정을 원하고 있다. 로잔 조약이 튀르키예에서 빼앗아 간 영토에 튀르키예 군대가 다시 진입하고 있다. 1974년 사이프러스 북쪽 지역, 2012년 시리아, 2014년 카타르와 리비아 사태에 개입한다. 튀르키예의 중동 지역 영향력 복귀를 정당화하기 위한 이념적 구실은 그때마다 달랐으나 그 결과는 항상 동일하게 남아 있다. 2021년 지중해를 둘러싼 로잔 조약의 서명국인 프랑스와 튀르키예 대통령의 정책적 긴장이 이를 잘 보여 주고 있다. 2021년 7월 이집트는 시리아 용병을 동원해 리비아 동부를 접수하려는 튀르키예의 지정학적 야심을 견제하기 위해 군사적 대응도 불사할 것이라고 위협한 상황도 동일한 맥락에서 이해할 수 있다. 1923년 로잔 조약 체결 이전 국제 조약이 설정한 중동 지역의 사실상 국경선은 오토만과 페르시아가 각자의 세력권으로 중동 지역을 분할하기로 한 조약에 따른 국경선이 유일하다. 21세기 초반 새로운 지정학 균형을 잘 인식하고 있는 중동 지역 강국과 그 동맹국들은 자신들의 지정학적 야심에 따라 분쟁이 해결되기를 바라고 있다.

트럼프 행정부 출범 첫 해인 2017년 말, 중동 지역은 현재 민족적-종파적 변수가 경쟁 관계에 있는 강대국들에 의해 권력 정치의 수단으로 전락한 일종의 새로운 30년 전쟁을 개시하고 있을지도 모른다. 민족적 종파적 이해 관계는 역내 세력들의 적대감의 근본 원인이 아니며, 이들 국가들을 움직이는 추동력은 힘의 논리와 역내 지도력과 더 깊이 관련되어 있다. 합스부르크 가문과 프랑스의 대결 구도에서 프로테스탄트 세력이 프랑스 카톨릭 왕정과 국가 이성에 기반한 동맹을 맺으면서 종교 전쟁의 특성을 상실하고, 영토 전쟁을 통해 권력 균형을 추구하는 1648년 베스트팔렌 체재가 등장한 것처럼, 중동 지역에서 각국의 최상의 이해 관계 추구를 위한 기괴한 연합이 형성될 수 있다. 튀르키예와 이란은 튀르키예, 이란, 이라크, 시리아 및 아제르바이잔에 산재해 있는 쿠르드 민족의 자치 열망이라는 공동의 위협에 직면해 시리아 영토 내에 잠정적인 긴장 완화 지역을 설정하기로 합의했다. 리야드와 텔아비브의 실질적이지만 비밀스러운 화해가 진행 중으로, 양국은 일체의 공식적인 관계가 없었음에도 불구하고 양측이 공동으로 인식하는 이란의 위협에 대응하기 위해 전통적인 대결 구도의 속박에서 완전히 벗어나려 하고 있다.[393][394]

레반트(Levant) 본질적 취약성(Intrinsic Fragility)[395]

지정학적 경쟁과 겉으로 드러나지 않는 강대국들의 세력 각축은 레반트 불안정성의 근본적인 요인임에도 불구하고 이러한 불안정을 초래하는 내생적 요인 (Endogenous Factors)도 지적할 필요가 있다. 이러한 내부적 도전 요인의 중요성은 레반트 지역 국가들의 취약성과 이들 국가들을 위협하는 폭발의 위험성을 이해하는 데 근본적인 측면이라고 할 수 있다.

레반트 지역 국가 취약성의 첫 번째 요인은 이 지역 아랍 국가들의 인구 구조에서 찾을 수 있다. 종교적 민족적 소수파의 다양성은 한 국가의 중앙 권력에 대한 충성의 걸림돌로 작용하여 인종적 및 민족적 분열을 초월하는 뿌리 깊은 민족 국가의 형성을 가로막아 왔다. 마쉬리크(Mashreq) 지역은 부족 및 씨족 구조의 잔재가 여전히 존재하고 있다. 시리아에서는 홈스(Homs), 함마(Hama) 및 다마스쿠스(Damascus) 지역에서, 레바논 베카(Bekaa) 지역 부족주의는 매우 강력한 존재감을 보이고 있다. 시리아 알라위트(Alawites) 공동체 및 시리아, 레바논 및 팔레스타인에 존재하는 드루즈(druze) 공동체도 부족주의의 특성을 강하게 보이고 있다. 씨족, 더 나아가 부족장에 대한 충성은 전통적 아랍 사회의 특징으로 자리 잡아 왔으며, 씨족 및 부족 간의 경쟁 의식은 사라지지 않고, 종종 폭력적인 충돌을 야기하고 있는 것이 아랍의 현실이다.

부족, 종교 및 민족적으로 모자이크의 특징을 보이는 아랍 국가들의 또 다른 취약성은 종교적, 민족적 일부 단체가 인근 다른 국가들에 여전히 잔존해 있다는 점이다. 이들 단체의 충성심과 귀속감은 자신들이 현재 처한 국가 이외의 국가로 향하게 되며, 이러한 인종적 및 민족적 복잡성은 종종 일국의 타국에 대한 개입의 명분으로 자주 악용되기도 한다. 나세리즘 절정시기 순니 공동체들도 동일한 경험을 하였듯이, 레바논에서는 상당수의 시아파 세력들이 레바논보다 이란이라는 국가에 더욱 귀속감을 느끼고 있다. 오늘날 이라크 시아 세력은 이라크 시아파에 대한 충성과 이란 시아파에 대한 귀속감으로 완전히 분열되어 있다. 이라크와 정도는 덜하지만 시리아에 있는 투르크메니아 민족은 튀르키예의 인근 국가에 대한 개입의 명문으로 항상 거론된다. 튀르키예, 이란, 이라크, 시리아 및 아제르바이잔 지역에 넓게 분포되어 있는 쿠르드 민족의 자치(Autonomy)에 대한 열망은 이들이 속해 있는 국가들의 안보와 국내 정치적 안정의 위협으로 인식되고 있다. 현재 튀르키예가 시리아 및 이라크 개입 정책의 정당성으로 언급되는 가장 중요한 표면적인 명분이 되고 있다.

레반트 아랍 국가들의 이러한 취약성은 튀르키예, 이란 및 이스라엘의 외세 개입이라는 외생적 힘과 레반트 아랍 국가들의 구조적 한계로 인한 국내적 응집력 부재가 초래하는 원심력(Centrifugal Force)이 복합적으로 작용하면서 이들 국가들을 더욱 약화시키고 있다. 21세기 초반 MENA 지역에서 전개된 일련의 상황 전개-2003년 이라크 전쟁과 파괴적인 결과, 2011년 아랍의 봄과 시리아 내전의 발발, 현재의 레바논 위기 상황는 레반트 지역 아랍 국가들의 구조적 불안정성과 취약성을 더욱 가중화하는 요인이며, 현 정세의 위험성을 있는 그대로 드러내 주고 있다. 2021년 레바논은 헤즈볼라 영향력, 정부 실패, 은행 시스템의 파탄으로 혹독한 대가를 치르고 있다. 시리아 내전은 10년째 접어들고 있으며, 이란이 가장 주요한 역할을 함에도 불구하고, 시리아 아사드 정권이 국가 파괴의 일차적 주범이라고 할 수 있다. 이라크는 20년 전부터 사실상 내란 상태가 지속되고 있다. 사담의 독재, 미군 점령, 말리키 정권, IS(Islamic State)의 공세에 이어 바그다드는 현재 대부분 이란에 복종적인 태도를 보이는 시아파 민병대에 의해 흡수 와해되고 있다. 이란은 시아파 고속도로에 위치한 이들 국가들의 기반을 흔들고 있으며, 무엇보다도 일체의 변화를 가로막는 강력한 성채로서 입지를 강화시켜 나가고 있다. 요컨대, 테헤란에서 시작해서 베이루트에 이르는 "저항의 축"은 이제 "반-혁명의 축(Axis of Counter-Revolution)"의 축이 되어 버렸다. 국가의 통제 밖에 있는 것을 넘어서 국가 위에서 군림하고 있는 헤즈볼라가 존재하는 한 어떻게 온전한 국가를 수립할 수 있을 것이며, 이란이 아사드 정권의 불가분의 일부분을 형성하고 있는 지금 다마스쿠스가 어떻게 아랍의 품으로 복귀할 수 있으며, 걸프 산유국들의 투자를 기대할 수 있을 것이며, 친이란계 시아파의 대안을 찾을 수 없는 이라크가 어떻게 지옥의 악순환에서 벗어날 수 있을 것인가?[396]

퍼펙트 스톰(Perfect Storm)

영국계 미국 역사학자이자 중동 연구 전문가인 베르나르드 루이스(Bernard Lewis)는 "중동 지역에는 오직 4개의 국가 이스라엘, 이집트, 이란 및 튀르키예가 존재하며, 나머지 국가들은 '국기를 가진 부족(Tribes with National Flags)'에 불과하다."고 평가한다. 그러면서 중동 지역은 단지 들끓는 정치적 용암(Smouldering Political Lava) 지역에 불과하며, 안정적인 지각 판(Tectonic Plates)조차 존재하지 않기 때문에 이 속에서 정치 질서의 원칙들이-범아랍주의, 아랍 사회주의, 정치 이슬람주의 그리고 가장 중요하게는 민족주의(Nationalism)-모두 녹아 버리고 단명할 수밖에 없다고 진단한다.[397] 이슬람 혁명 이념 확산의 토양을 제공해 주는 역내 실패 국가(Failed State)의 리스트는 계속 늘어 가고 있다. 이러한 레반트(Levant) 국가들의 본질적인 취약성(Intrinsic Fragility)이 초래하는 실패 국가의 틈을 파고드는 역내 및 글로벌 열강들의 힘겨루기는 다극화된 세계에서 앞으로 더욱 격화될 것으로 전망된다. 세력 각축 속에서 큰 양보를 하려는 준비가 되어 있지 않은 한, 역사는 슬프게도 참혹한 유혈 사태로 귀결될 수 있다. 외세의 개입이라는 외생적 힘과 레반트 아랍 국가들의 만성적인 취약성이 만들어 내는 원심력(Centrifugal Force)이 복합적으로 작용하여 레반트 지역의 폭발 위험성이 한층 가속화되고 있다.

에릭 만델(ERIC R. MANDEL)은 미국 더 힐(THE HILL) 오피니언 기고를[398] 통해 2022

년 접어들면서 바이든 행정부가 직면한 다음 위기는 우크라이나도 타이완도 아닌 레바논이 될 가능성이 높다고 전망한다. 이스라엘의 군사 행동을 촉발할 요인은 이란 핵 문제가 아니라 이스라엘 전역에 파괴적인 결과를 초래할 수 있는 정밀 유도 미사일 생산 문턱을 넘어 버리는 레바논 헤즈볼라의 위협으로 인해 이스라엘은 선제적으로 레바논 전역에 대한 군사 행동을 감행하여 결국에는 지역 전쟁을 초래하게 될 것이기 때문에 미국은 우크라이나와 타이완에만 골몰할 것이 아니라 레바논 사태에도 눈을 떼어서는 안 된다고 정책 조언을 한다. "헤즈볼라는 정밀 유도 미사일 대량 생산의 문턱에 위치에 있으며, 이스라엘은 이러한 전략적 위협을 레드 라인으로 설정하고 있다."고 하레츠(Harretz) 군사 전문 기자인 아모스 하렐(Amos Harel)이 분석한다. 무엇보다도 조만간 발생할 제3차 헤즈볼라-이스라엘 전쟁(일명 제1차 이란 전쟁)을 더욱 위험스러운 전쟁으로 만들 수 있는 요인은 차기 전쟁이 이스라엘-헤즈볼라 전쟁에 국한되는 것이 아닌 이스라엘 북부 전역에 대한 지역 전쟁으로 비화할 수 있다는 잠재적 위험성에 있다. 시리아는 이란 북부 전선의 일부로서 이란의 이슬람혁명수비대, 이란 통제하의 민병대, 헤즈볼라가 주둔하고 있는 전략 지역으로 만약 이스라엘이 레바논을 공격할 경우 이들 '저항의 축' 시아파 민병대(Fugitive Weapons)들의 무기고는 일제히 활성화될 것이며, 이라크 서부 이란의 영향력하에 있는 이라크 민병대도 지역 전쟁에 가담할 것으로 전망되고 있다. 이러한 전쟁이 초래할 충격파는 튀르키예로 하여금 전 세계가 시리아 남부 지역 전쟁에 골몰하고 있는 사이에 앙카라가 눈엣가시로 여기고 있는 시리아 북부 미국의 동맹군인 쿠르드 족에 대한 무력행사의 기회의 창을 제공해 줄 것이다.

30km 안전 지대(Security Zone)

이스라엘의 교만함은 커져 가고, 팔레스타인의 상처는 더욱 곪아 가고 있어서 또 다른 전쟁 혹은 팔레스타인 봉기가 조만간 발생할 수 있다. 2021년 가자 전쟁과 예루살렘 충돌 2022년 이스라엘 테러 급증과 예루살렘 충돌 격화는 단순히 이-팔 문제로만 국한해서 판단해서는 안 된다. 이란과 튀르키예는 성지 예루살렘을 자신들의 제국주의 야심의 강력한 명분이자 손쉬운 수단으로 활용하고 있음을 잊어서는 안 된다. 테헤란과 튀르키예는 자신들의 팽창주의의 야심을 "팔레스타인 대의(Palestinian Cause)"라는 명분으로 치장하면서 MENA 지역 세력 각축에 뛰어들고 있다. 2022년 4월 18일 글로벌 정치의 촉각이 우크라이나에 집중되어 있을 때, 튀르키예는 조용하게 이라크 북부 쿠르드 지역 메티나(Metina), 자프(Zap) 및 아바신-바시안(Avasin-Basyan)에 대한 군사 행동에 돌입한다. 이어 2022년 5월 23일 리셉 따이엡 에르도간(Recep Tayyip Erdogan) 튀르키예 대통령은 시리아 북부 지역에 30km "안전지대(Security Zone)" 창설을 위한 군사 공세를 감행할 것이라고 발표한다. 앙카라의 이러한 명분은 정확히 40년 전 제1차 레바논 전쟁 당시 레이건-베긴 회담에서 이스라엘의 레바논 침공의 명분으로 내건 40km 완충 지대(Buffer Zone) 설정 논리를 그대로 도용하고 있는 것이다. 당시 텔아비브의 논리는 레바논 남부에 진지를 구축하고 있는 팔레스타인 무장 단체들의 테러 공격으로부터 이스라엘의 안전을 담보하기 위한 군사 행동으로, 2022년 5월 앙카라는 자신들이 테러 단체로 지정하고 있는 시리아 쿠르드 세력 YPG의 위협을 무력화하기 위함이라고 정당화하고 있다.

이라크 북부 쿠르드 지역에 대한 튀르키예의 군사 행동은 시리아를 포함한 앙카라의 더 큰 지정학적 구상의 일환으로, PKK에 대한 전쟁일 뿐만 아니라 워싱턴이 지원하는 시리아민주군에 소속된 시리아 쿠르드 무장 단체인 YPG에 대한 공세이기도 하다. 유프라테스 방어막(Bouclier de Euphrate: 2016, 8월-2017, 3월) 작전과 라모 드 올리비에(Rameau de Olivier: 2018, 1월) 군사 작전이 유프라테스 강 서쪽을 표적으로 하였다면, 평화의 기원(Source de Paix: 2019, 10월) 군사 작전은 유프라테스 강 동쪽을 표적으로 하고 있으며, 2022년 4월 군사 작전도 동일 맥락에서 전개되고 있다. 튀르키예의 군사 행동에 대해 시아파 지도자 모끄타다 사드르(Moqtada Sadr)는 튀르키예의 이라크 주권 침해에 대해 강력히 성토한다. 튀르키예는 친이란계 시아파 민병대 PMF가 튀르키예의 이라크 내 이해 관계에 대해 로켓 공격을 자행했다고 비난하고 있다. 반면, 현지 언론은 튀르키예가 모술(Mossoul) 북동쪽 PMF 훈련소에 대한 공습을 감행하였을 것으로 보도한다. 이는 튀르키예-이란의 관계가 매우 경색되어 있음을 보여 주는 것으로 테헤란은 앙카라를 자신들의 이라크 영향력 확대의 걸림돌로 여기고 있으며, 앙카라는 순니 지역인 이라크 북부 지역에서 테헤란의 주둔을 정당성이 없는 것으로 인식하고 있는 것이다. 이라크의 입장에서 앙카라의 군사 행동은 안보 및 지정학적 목적에 그치지 않으며, 과거 오토만 제국 영광의 향수가 불러일으키는 영토적 및 이념적 의도도 있는 것으로 인식하고 있다. 전 이라크 총리 누리 알-말리키(Nouri Al-Maliki)는 알-아하드(Al-Ahad) TV 방송과의 2022년 4월 28일 인터뷰에서 이번 튀르키예의 군사 행동에 대해 "앙카라의 궁극적인 표적은 PKK가 아니라 이라크를 목표물로 하고 있다."고 평가하면서 "튀르키예는 과거 자신들이 약탈당한 지역을 2023년 회복할 것이라고 공공연히 떠벌리고 있다. 이것은 바로 모술(Mossoul) 지역으로 약 100년 전 현대 튀르키예의 국경선이 획정된 로잔(Lausanne) 조약에 의해 튀르키예가 상실한 지역"임을 환기시켜 주고 있다.

러시아-튀르키예-이란 정상회담

2022년 7월 20일 테헤란에서 러시아-튀르키예-이란 삼자 정상회담이 개최된다. 러시아 블라디미르 소트니코브(Vladimir Sotnikov)는 이번 정상회담의 일정은 우연이 아니라고 평가한다. 러시아가 우크라이나에서 '특수 작전'을, 터키가 시리아에서 '특수 작전'을 전개하려고 하는 상황에서 개최되고 있으며, 이는 삼자 회담의 가장 중요한 의제라고 평가한다. 이스탄불 이담(Edam) 연구소 소장이자 카네기 유럽(Carnegie Europe) 터키 전문가 시난 울젠(Sinan Ulgen)은 앙카라가 모스크바와 테헤란으로부터 시리아 북부 군사 작전을 위한 승인(the green light)을 원하고 있다. 왜냐하면, 튀르키예는 회담을 통해 러시아가 통제하고 있는 시리아 영공을 사용할 수 있기를 바라고 있으며, 테헤란이 통제하고 있는 민병대를 통해 역내 영향력을 유지하고 있는 이란과의 마찰을 피할 수 있기 때문으로 분석한다. [399)400)] 크렘린의 입장에서 우크라이나 전쟁을 배경으로 시리아에서 앙카라의 군사 행동에 대한 승인의 대가로 앙카라는 우크라이나 사태와 관련하여 모스크바에 매력적인 제안을 제공해 줄 수 있을 것이다. 이스라엘과 이란 양측은 서로 자신들의 대적(Arch-foe) 국가의 심장부를 타격할 것이라고 위협하는 격렬한 공방을 주고받고 있으며, 바이든의 7월 13~16일간의 중동 순방에 이은 20일 푸틴-에르도간-라이시 테헤란 삼자 정상회담의 공동 성명서는 시리아에서 테러 분자 제거를 위한 협력을 계속해 나가기로 했다고 발표한다. 튀르키예는 정상회담 바로 다음 날인 21일 이라크 북부 쿠르드 자치 지역이자, 터키 국경과 인접하고 있는 다훅(Dahuk) 지방 자호(Zakho) 지역을 포격하여 최소 9명의 이라크 사망자와 23명의 부상자가 발생한다. 이라크 북부 순니 및 쿠르드 정치 세력과의 연대를 바탕으로 이라크에서 영향력 증대를 모색하는 튀르키예의 팽창 정책에 직면해, 테헤란은 친이란계 시아파 민병대 세력을 통해 쿠르드 자치 지역의 에너지 인프라에 대한 공격을 감행해 왔다. 2022년 2월 이라크 연방 대법원은 2007년 이후 바그다드와는 독립적으로 이라크 쿠르드 자치 정부가 석유와 가스를 판매할 수 있는 권한을 부여한 법안을 무효로 선언한다. 이라크 연방 대법원장은 친-테헤란 성향의 인물이며, 터키는 이라크 쿠르드 지역에서 생산된 석유 수출을 위한 유일한 통로라는 사실은 양국의 레반트 지역을 둘러싼 지정학적 각축과 관련하여 많은 것을 시사해 주고 있다.

에필로그   유대 시온주의가 불러오는 나비 효과

　이제 완전히 새로운 각도에서 MENA 정치 경제를 이해하고, 중동과 글로벌 정치, 석유와 세계 경제의 미래에 대한 각성과 진지한 고민이 필요한 순간이 도래하고 있다. 서론에서 글로벌 정치 경제 역학에서 중동 지역이 차지하는 압도적인 비중에도 불구하고 한반도가 인식하고 있는 MENA 정치 수준은 빠르고 복잡하게 전개되는 중동 정치 경제 현실과 너무나 괴리되어 있다고 진단한 바 있다. 이러한 인프라와 의식의 차이는 이미 2020년 프랑스가 러시아의 2022년 우크라이나 침공을 정확히 예견하였던 반면 우리는 이러한 흐름을 간파하지 못하는 현실로 이어지고 있다.

　유대 시온주의(Zionism) 팽창과 이란 이슬람 혁명 수출(Axis of Resistance) 간의 힘겨루기, 그리고 이러한 대결이 초래하는 혼란에 편승하여 자신들의 지정학적 이해관계를 추구하는 튀르키예의 신-오토만주의(Neo-Ottomanism)가 서로 격돌하는 중동 및 글로벌 정치 경제의 중심지 레반트(Levant) 지역의 중요성에 대한 우리의 의식 제고가 선행되어야 한다. 이러한 각성을 바탕으로 우리는 중동 문제의 핵인 이-팔 문제와 이스라엘과 아랍 세계의 전통적인 대결 구도의 근본적인 변화를 배경으로 '새로운 30년 전쟁'으로 돌입하고 있는 21세기 중동 정치 경제를 추동하는 3가지 중대한 지정학적 변화-1979년 이란 혁명, 2003년 이라크 전쟁, 그리고 2011년 아랍의 봄(Arab Spring)-에 대한 정확한 이해를 통해 현재의 MENA(Middle East and North Africa) 및 글로벌 정치 경제의 작동 원리를 이해할 수 있기를 기대해 본다.

우리는 21세기 미-중 경쟁이라는 거대한 담론(Great Discourse)에 맹목적으로 매몰되어 글로벌 정치 경제를 추동하는 본질적인 측면을 놓치고 있다. 우크라이나 전쟁 발발의 요인에 대한 국내 논의에서 MENA 정치 경제의 중요성에 대한 진지함과 고민은 어디에서도 찾아볼 수 없다. 2014년 러시아의 크림 반도 병합의 주요한 배경에는 오바마의 중동 정책이 자리 잡고 있으며, 2022년 우크라이나 전쟁의 기원도 가깝게는 트럼프-네탄야후 유대 시온주의 팽창과 바이든 중동 정책이 초래한 파급 효과의 연속성의 틀에서 이해해야 한다. 2022년 2월 24일 러시아의 우크라이나 침공은 2011년 아랍의 봄이 초래한 지정학적 현실의 연속선상에서 바라볼 필요가 있다. 오바마가 남긴 세력 공백에 러시아, 터기, 이란의 개입이 본격화하기 시작했다. 오바마의 중동 정책은 2014년 푸틴의 크림 반도 병합을 불러왔으며, 바이든 행정부 또한 오바마 정책을 그대로 답습하면서 2022년 러시아의 우크라이나 침공을 초래하였다는 점에서 현재 사태 전개의 책임에서 자유로울 수 없을 것이다.

미국의 대외 정책을 이해하기 위해서는 반드시 MENA(Middle East and North Africa) 정치 경제를 들여다보아야 하듯이, 중동 정세와 글로벌 정치 역학의 밀접한 상관관계를 정확히 간파하기 위해서는 유대 시온주의(Zionism) 열망이 초래하는 파급효과의 중요성을 간과해서는 안 된다. 중동과 글로벌 역사에서 트럼프-네탄야후 집권 시기는 중동 문제가 글로벌 정치 향방을 가장 크게 좌지우지한 기간으로 기록될 것이며, 그 중심에서 이스라엘 유대 시온주의가 자리 잡고 있다. 하노이 2차 북-미 회담이 결렬되고 그 이후 양자 협상이 더 이상 진전되지 못한 중요한 이유 중의 하나는 유대 시온주의의 지지를 바탕으로 트럼프 중동평화안 세기의 거래 성공이라는 긴급성으로 인해 북핵 문제의 우선순위가 뒷전으로 밀려났기 때문이다. 앞으로 미국 정치 지형의 극화가 심화될수록 유대 시온주의 팽창 정책의 강도는 더 강력해질 것이며, 그 여파는 중동과 글로벌 정치 경제를 또다시 격동의 시기로 몰아갈 것이다. 우크라이나 전쟁의 여파에 더해 이스라엘과 이란의 군사적 충돌 가능성으로 글로벌 경제는 코마 상태에 빠질 수 있는 위험성에도 불구하고 한반도는 이러한 중동 사태의 심각성에 대한 현실 감각과 인식이 전혀 없어 보인다. 우크라이나 전쟁의 파괴적인 결과로 전세계가 고통 받고 있는 이 순간에도 모스크바, 테헤란, 앙카라 제국 확대의 빌미와 명분을 제공해 주는 유대 시온주의 물결에 편승하여 러시아는 이미 우크라이나 침공을 단행했으며, 튀르키예는 과거 자신의 영토인 시리아 및 이라크 실지 회복(Irredentism)을 도모하고, 이란은 시아파 초승달 저항의 축을 고도화(Sophistication)하고 있다. 글로벌 정치 경제에서 MENA 지정학의 절대적 중요성에 대한 각성과 현실 인식에 대한 진지한 노력을 당장 시작해야 한다.

끝.

각주(Notes)

인쇄상의 기술적 한계로 인해 불어 축약을 해제하거나 불어 강세(Accent, 악성) 부호를 생략하였음을 양해해 주시기 바랍니다.

1) Michael Young, 'Au Moyen-Orient, la fin des certitudes', Le Orient-Le Jour, le 23 Janvier 2021.
2) 연구원은 이를 "throw the baby out with the bathwater"로 표현하고 있다.
3) Soulayma MARDAM BEY, 'Robert Malley, un eventuel come-back diplomatique qui fait des remous', Le Orient-Le Jour, le 28 janvier, 2021.
4) Caroline HAYEK, 'Syrie: une levee de sanctions americaines qui interroge', Le Orient-Le Jour, le 17 juin 2021.
5) Noura DOUKHI, 'Abou Dhabi met Washington sous pression sur le achat des chasseurs americains F-35', Le Orient-Le Jour, le 16 decembre 2021.
6) Noura DOUKHI, 'Biden en passe de infliger un serieux revers a MBS', Le Orient-Le Jour, le 26 fevrier 2021.
7) Nicholas Kristof, 'Biden lets a Saudi killer walk', The New York Times, International Edition, Monday, March 1, 2021.
8) Noura DOUKHI, 'Entre Washington et Riyad, la impossible rupture', Le Orient-Le Jour, le 02 mars 2021.
9) Ibid.
10) Julie KEBBI, 'Pourquoi Washington ne sanctionne pas MBS', Le Orient-Le Jour, le 01 mars 2021.
11) OLJ/AFP, 'Washington dans une position delicate apres avoir epargne MBS de sanctions', Le Orient-Le Jour, le 28 fevrier 2021.
12) CAILEY GRIFFIN, 'Can Biden really shrug off the Saudis', Foreign Policy, March 5, 2021, David Rundell은 『Vision or Mirage: Saudi Arabia at the Crossroads』의 저자.
13) Laure-Maissa FARJALLAH et Julie KEBBI, 'Vers une reconciliation Biden-MBS?', Le Orient-Le Jour, le 27 mai 2022.
14) Ibid.
15) Laure-Maissa FARJALLAH, 'Riyad et Peking accentuent la pression sur Washington', Le Orient-Le Jour, le 17 mars 2022.
16) Ibid.
17) Noura DOUKHI, 'Face a la envolee des prix du petrole, Biden pourrait se tourner vers Riyad', Le Orient-Le Jour, le 09 mars 2022.
18) Ibid.
19) Laure-Maissa FARJALLAH, 'La revanche de MBS apres la affaire Khashoggi', Le Orient-Le Jour, 24 juin 2022.
20) By Dion Nissenbaum, 'Saudi Arabia moves toward eventual ties with Israel', THE WALL STREET JOURNAL, June 6, 2022.
21) Laure-Maissa FARJALLAH, 'Entre l'Arabie et Israel, des discussions a l'ombre de Washington', Le Orient-Le Jour, le 08 juin 2022.
22) Laure-Maissa FARJALLAH, 'Le Moyen-Orient 〈post-americain〉 se dessine, Le Orient-Le Jour, le 24 mars 2022.
23) Ibid.
24) Laure-Maissa FARJALLAH, 'Contrats et dossiers regionaux au menu de la tournee de Macron dans le Golfe', Le Orient-Le Jour, le 03 decembre 2021.
25) OLJ/Valerie LEROUX/AFP, 'Le Rafale, temoin des nouveaux rapports de force dans le Golfe', Le Orient-Le Jour, le 05 decembre 2021.
26) Laure-Maissa FARJALLAH, 'Face a la guerre en Ukraine, les Emirats naviguent entre leurs partenaires', Le Orient-Le Jour, le 04 mars 2022.

27) Martin Chulov, 'Biden rebuffed as US relations with Saudi Arabia and UAE hit new low', The Guardian, April 3, 2022.

28) Noura DOUKHI et Laure-Maissa FARJALLAH, 'Dans le Golfe, Washington ne est plus la seule boussole', Le Orient-Le Jour, le 22 mars 2022.

29) Ibid.

30) Par Michel DUCLOS, 'Covid-19: vers un changement de paradigme geopolitique?', Le Orient-Le Jour, le 21 mars 2020.

31) Julie KEBBI, 'Quand les Etats-Unis recompensent le Qatar', Le Orient-Le Jour, le 19 septembre 2020.

32) Ibid.

33) Par Anthony SAMRANI, 'La lecon du grand frere saoudien', Le Orient-Le Jour, le 10 juin 2017.

34) Noura DOUKHI, 'Reconciliation dans le Golfe : pourquoi maintenant?', Le Orient-Le Jour, le 06 Janvier 2021.

35) CCG, 'La crise avec le Qatar au coeur du sommet des pays du Golfe demain', Le Orient-Le Jour, le 04 Janvier 2021.

36) David RIGOULET-ROZE, 'Riyad et Teheran, deux faces de un Janus conflictuel', Le Orient-Le Jour, le 09 decembre 2017.

37) Antoine AJOURY, '2004-2017: la prophetie du roi Abdallah II sur le croissant chiite se realise', L'Orient-Le Jour, le 09 janvier 2018.

38) Laure-Maissa FARJALLAH, 'Entre Riyad et Teheran, le rapprochement se accelere', Le Orient-Le Jour, 16 octobre 2021.

39) Ibid.

40) Ibid.

41) By Tara Kavaler/the media line, 'Despite Riyadh tone change, Iran-Saudi ties seen likely to stay rocky', The Jerusalem Post, April 29, 2021.

42) Zvi Bar'el, 'The Strongest Man in the Middle East' Will Embrace Assad if That will Make Him Stronger', HAARETZ, Nov. 12, 2021.

43) Jeffrey D. Sachs, 'U.S. economic blockades and international law', Project Syndicate, Juin 28, 2019.

44) NEVILLE TELLER, 'Can Israel stomach a rehabilitated Assad?'-opinion, The Jerusalem Post, October 24, 2021.

45) Soulayma MARDAM BEY, 'Timing, contexte, enjeux: pourquoi les Emirats ont accueilli Assad', Le Orient-Le Jour, le 07 le 19 mars 2022.

46) Noura DOUKHI, 'Comment la guerre en Ukraine peut rebattre les cartes en Syrie', Le Orient-Le Jour, le 05 mars 2022.

47) Ramzy Baroud, 'Huge task of reordering US foreign policy', GULF NEWS, Wednesday, November 18, 2020. Ramzy Baroud is a journalist and the Editor of The Palestine Chronicle. He is the author of five books.

48) Joseph Bahout, 'La presidence Biden et le Moyen-Orient, un changement en forme de exorcisme', Le Orient-Le Jour, le 14 novembre 2020.

49) Soulayma MARDAM BEY, 'Irak 2003-Ukraine 2022: de un reveil a le autre', Le Orient-Le Jour, le 25 mars 2022.

50) Lara Jakes and Eric Schmitt, 'Seeking Fresh Start With Iraq, Biden Avoids Setting Red Lines With Iran', THE NEW YORK TIMES, Feb. 20, 2021.

51) Caroline HAYEK, 'La politique syrienne de Biden: entre Obama et Trump', Le Orient-Le Jour, le 17 octobre 2020.

52) Julie KEEBBI, 'La politique de Biden au Moyen-Orient: le changement dans la continuite', Le Orient-Le Jour, le 7 November 2020.

53) Jeanine JALKH, 'Sanctions contre Bassil: pourquoi Washington est passe a la acte', Le Orient-Le Jour, le 07 November 2020.

54) Yara ABI AKL, 'Avec Biden, quelle politique americaine au Liban?', Le Orient-Le Jour, le 07 November 2020.

55) Jeanine JALKH, 'Joe Biden, un moindre mal pour le Hezbollah?', Le Orient-Le Jour, le 07 octobre 2020.

56) JHOYCE KARAM, "Biden's Iran policy must be defined by all sanctions." says envoy, The National,

Tuesday, October 27, 2020.

57) Yara ABI AKL, 'Avec Biden, quelle politique americaine au Liban?', Le Orient-Le Jour, le 07 November 2020.

58) Firas Maksad(an adjunct professor at George Washington University's Elliott School for International Affairs), 'Can Biden's administration chart a new course for the US in the Middle East?', The National News, Wednesday, November 11, 2020.

59) SAED GOLKAR AND KASRA AARABI, 'Iranian regime's blueprint' for exporting militants is funded by the nuclear deal, THE NATIONAL, Feb 12, 2021.

60) Soulayma MARDAM BEY, 'De Damas a Kiev, ⟨methode Poutine⟩, Le Orient-Le Jour, le 15 janvier 2022.

61) Firoz Osman, 'US recognition a major step for the Zionist Project', Middle East Monitor, December 8, 2017.

62) Oxford Analytica Daily Brief, 'Middle East summit reflects polarising US diplomacy', Tuesday, February 19, 2019.

63) DAVID M. WEINBERG, 'Biden brings out Obama's echo chamber, puts Israel on defense-opinion', The Jerusalem Post, April 9, 2021.

64) Ariel Kahana, 'The coalition's honeymoon with Biden is over', ISRAEL HAYOM, 8 November 2021.

65) By ILH Staff, 'Haley: Israel should not count on Biden to stop Iran nuclear program', ISRAEL HAYOM, 8 November 2021.

66) Julie KEBBI, 'Pour les petromonarchies, le risque de un retour a la ere Obama', Le Orient-Le Jour, le 08 octobre 2020.

67) Noura DOUKHI, 'Les bases militaires en Syrie, un outil de pression russe contre la OTAN en Mediterranee', Le Orient-Le Jour, le 21 fevrier 2022.

68) Par Stephanie KHOURI, 'Libye: pourquoi les forces etrangeres ne partiront pas', Le Orient-Le Jour, le 01 juillet 2021.

69) Noura DOUKHI, 'Syrie, Libye, Afghanistan au menu de la rencontre Poutine-Erdogan', Le Orient-Le Jour, le 28 septembre 2021.

70) Noura DOUKHI et Laure-Maissa FARJALLAH, 'Cent jours apres, ce que la guerre en Ukraine a change en Syrie', Le Orient-Le Jour, le 03 juin 2022.

71) The editorial board, 'China's high stakes engagement with Iran-A strategic partnership deal will raise alarm in Washington', The Financial Times, April 13, 2021.

72) Elie SAIKALI, 'La Chine, un geant sur la pointe des pieds au Moyen-Orient', Le Orient-Le Jour, le 19 fevrier 2020.

73) Ibid.

74) Laure-Maissa FARJALLAH, Maelle HARFOUCHE, et Julie KEBBI, 'Comment la Chine tisse sa toile au Moyen-Orient', Le Orient-Le Jour, le 17 fevrier 2022.

75) Zvi Bar'el, 'China's Financial Belt is Tightening Its Hold Around the Middle East', HAARETZ, Nov 18, 2021.

76) Julian Borger, 'Work on 'Chinese military base' in UAE abandoned after US intervenes', The Guardian, Fri 19 Nov 2021.

77) Elie SAIKALI, 'La Chine, un geant sur la pointe des pieds au Moyen-Orient', Le Orient-Le Jour, le 19 fevrier 2020.

78) Katrina Manson and Andrew England, 'Reality bites' as Biden tries to loosen ties with Saudi Arabia, Financial Times, February 18 2021.

79) Soulayma MARDAM BEY, 'Le chemin sinueux vers des negociations irano-americaines'. Le Orient-Le Jour, le 17 fevrier 2021.

80) Stephanie KHOURI, 'Washington et Tel-Aviv en brouille sur le dossier nucleaire iranien?', Le Orient-Le Jour, le 24 avril 2021.

81) MENA 지역에서 일반적으로 폭력 수단을 독점하고 있는 강력한 중앙 정부의 통제에서 벗어나 있는 민병대 및 테러 단체와 같은 비국가행위자(non-state actors)들의 위협을 아랍 세계에서 씰라흐 문팔라트(fugitive weapons)로 비유적으로 표현하고 있음.

82) Barbara Slavin(directs the Future of Iran Initiative at the Atlantic Council), 'A scorched earth strategy on Iran', the

New York Times International Edition, Monday, November 30, 2020.

83) SAEID GOLKAR AND KASRA AARABI, 'Iranian regime's blueprint' for exporting militants is funded by the nuclear deal', The National, Sunday, February 14, 2021

84) Stephanie KHOURI, 'Elections israeliennes: une regle de or, trois lecons, Le Orient-Le Jour, le 25 mars 2021.

85) JACOB MAGID, 'Religious Zionism HQ erupts in joy as exit polls indicate strong showing', The Times of Israel, 23 March 2021.

86) Osama Al Sharif, 'Israel's elections deliver an unusual result', Gulf News, Monday, March 29, 2021.

87) DILIGENCIA, 'Charitable foundations or conglomerates?-Iran's bonyard system', All Diligencia, 16 November 2016.

88) 이란이 미국이 부과한 경제 제재를 회피하기 위한 전략으로, 정치적 프로파간다로 자주 사용되며, 실제 테헤란의 저항 경제 구조로 인해 글로벌 경기 변동 흐름에 덜 취약하다는 장점도 있다.

89) Soulayma MARDAM BEY, 'Qui pour succeder a Rohani?', Le Orient-Le Jour, le 18 mars 2021.

90) Ali Reza Eshraghi and Amir Hossein Mahdavi, 'The Revolutionary Guards are poised to take over Iran', August 27, 2020.

91) Kasra Aarabi, 'The Militarisation of Iran's Presidency: The IRGC and the 2021 Elections', RUSI, Commentary, 1 October 2020.

92) SETH J. FRANTZMAN, 'Iran is increasingly obsessed with defeating Saudi forces in Yemen', The Jerusalem Post, March 22, 2021.

93) Soulayma MARDAM BEY, 'Comment le programme balistique iranien pourrait tuer dans le oeuf un retour a l'accord de Vienne', Le Orient-Le Jour, le 05 decembre 2020.

94) Thomas L. Friedman, 'Dear Joe, It's Not About Iran's Nukes Anymore', The New York Times, Sunday November 29, 2020.

95) Caroline B. Glick, 'Israel's post-American strategic challenge', ISRAEL HAYOM, 22th October 2021.

96) By Yoav Limor, 'Iran is cozying up to moderate states, and Israel is worried', ISRAEL HAYOM, 19th October 2021.

97) Hussein Ibish, 'America's approach to Palestine and Israel has shifted subtly but clearly', The National, May 24, 2021.

98) By Max Fisher, 'U.S. loses leverage as Israel grows self-reliant', The New York Times International Edition, May 26, 2021.

99) 필자는 이를 "break the glass on the Israeli-Palestinian conflict"로 표현함.

100) Elise Labott, 'Did Biden break the glass on the Israeli-Palestinian conflict?', Foreign Policy, June 2, 2021.

101) Stephanie KHOURI, 'Chine-Israel: une histoire d'amour contrariee', Le Orient-Le Jour, le 20 septembre 2021.

102) Dr. Limor Saminian-Darash, 'The ominous link between Ukraine and Iran', ISRAEL HAYOM, March 6, 2022.

103) Soulayma MARDAM BEY, 'Pourparlers sur le nucleaire: Moscou pose ses conditions', Le Orient-Le Jour, le 07 mars 2022.

104) Ibid.

105) Soulayma Mardam Bey, 'Washington pourrait retirer les pasdaran de sa list des organisations terroristes', Le Orient-Le Jour, le 18 mars 2022.

106) Erez Linn, 'Israel caught off guard by US leak about alleged assassination of top IRGC official', ISRAEL HAYOM, May 26, 2022.

107) Patrick Wintour, 'Biden to keep Iran's Revolutionary Guards on terrorist list, Israel claims', The Guardian, Wed 25 May 2022.

108) Caroline HAYEK et Anthony SAMRANI, 'Comment Washington veut briser la axe iranien au Moyen-Orient', Le Orient-Le Jour, mercredi 7 novembre 2018.

109) Firoz Osman, 'US recognition a major step for the Zionist Project', Middle East Monitor, December 8,

2017.

110) Par Michel TOUMA, 'La lecon de 1982', Le Orient-Le Jour, mardi 4 fevrier 2020

111) Julie KEBBI, 'Le malaise des pays du Golfe face a une possible annexion de la Cisjordanie', Le Orient-Le Jour, mercredi 24 juin 2020.

112) Michael Herzog, 'Trump's Mideast plan represents a deep paradigm shift, What should Israel do next?', HAARETZ, Feb 21, 2020.

113) Antoine AJOURY, '2004-2017: la prophetie du roi Abdallah II sur le croissant chiite se realise', Le Orient-Le Jour, le 09 janvier 2018.

114) Ibid.

115) Zvi Bar'el, 'Egypt too worried about water shortage to care about Trump's plan', HAARETZ, Jan 31, 2020.

116) Par Philip GOLUB, 'Trump et le Moyen-Orient: une politique irreflechie de puissance', Le Orient-Le Jour, samedi 29 decembre 2018.

117) Soulayma MARDAM BEY, 'Le Covid-19 a le assaut des soulevements populaires dans le monde arabe', Le Orient-Le Jour, mercredi 29 avril 2020.

118) Julie KEBBI, 'Le retour du printemps arabe', Le Orient-Le Jour, lundi 30 decembre 2019.

119) Stephanie KHOURI, 'La UE face a le annexion de la Cisjordanie: le sysptome de la diplomatie du megaphone', Le Orient-Le Jour, mercredi 17 juin 2020.

120) Gideon Levy, 'Europe kowtow to Israeli apartheid', HAARETZ, Feb 6, 2020.

121) Benjamin Haddad, 'How Europe Became Pro-Israel', FOREIGN POLICY, May 20, 2021.

122) Noa Landau, 'Israel's rejection of UN list of companies tied to settlements reveals stark truth about annexation', HAARETZ, Feb 13, 2020.

123) Tony Badran 'The Limits of The Indirect Approach', The Caravan, Tuesday, December 12, 2017.

124) Caroline HAYEK et Anthony SAMRANI, 'Conflict israelo-palestinien: la France pourrait-elle en faire plus?', Le Orient-Le Jour, vendredi 24 janvier 2020.

125) La redaction de le OLJ, 'Le document des republicains traduit 《un changement de attitude》 a le egard du Liban', Le Orient-Le Jour, le samedi 13 juin 2020.

126) Par Michael YOUNG, 'Detruire le Liban pour le sauver du Hezbollah?', Le Orient-Le Jour, le samedi 20 juin 2020.

127) Scarlett HADDAD, 'Elie Ferzli a l'ordre des journalistes: Nous vivons une reedition de la faillite de Intra', Le Orient-Le Jour, mardi 16 juin 2020.

128) Ibid.

129) OLJ, 'Nasrallah: La loi Cesar vise le Liban tout autant que la Syrie', Le Orient-Le Jour, mercredi 17 juin 2020.

130) David M. HALBFINGER and ADAM RASGON, 'U.A.E and Israel agree to visa waivers and direct flights', THE NEW YORK TIMES INTERNATIONAL EDITION, Thursday, October 22, 2020.

131) Stephanie KHOURI, 'Comment Israel veut faire du nouveau port de Haifa le premier de la region', Le Orient-Le Jour, le 22 Octobre 2020.

132) Ibid.

133) By Avi Shalim, 'Benjamin Netanyahu and the Death of the Zionist Dream', The New York Times, April 18, 2019.

134) Amira Hass, 'The Trump plan's vision for the Palestinians: Israel's security slave', HAARETZ, Feb 1, 2020.

135) Nasser ISHAQ and Pekka HAKALA, 'Area C: More than 60% of the occupied West Bank threatened by Israeli annexation', EUROPEAN PARLIAMENT, POLICY BRIEFING, Policy Department, Directorate-General for External Policies, April 2013.

136) Stephanie KHOURI, 'La 《punition collective》 infligee par Israel aux Palestiniens de Cisjordanie', Le Orient-Le Jour, le 15 avril 2022.

137) Caroline HAYEK et Anthony SAMRANI, 'Comment Washington veut briser la axe iranien au Moyen-Orient', Le Orient-Le Jour, mercredi 7 November 2018.

138) TOVAH LAZAROFF, 'Behind scenes of Abraham Accords: Israeli annexation halted day before deadline', THE JERUSALEM POST, December 14, 2021.

139) OLJ, Israel signe des accords historiques avec les Emirats et Bahrein a la Maison-Blanch', Le Orient-Le Jour, le 16 septembre 2020.

140) Caroline B. Glick, 'The Israel-Sunni Arab bloc-the new sheriff, Israel Hayom, 28 August, 2020.

141) Stephanie KHOURI, 'Soudan, Bahrein, Oman: les tentatives de normalisation avec Israel ont-elles vraiment echoue?, Le Orient-Le Jour, le 02 septembre 2020.

142) By Eric R. Mandel, 'Middle East peace won't happen without addressing religious issues', THE HILL, April 28, 2021.

143) 이-팔 분쟁 해결책의 하나로 1967년 전쟁 이전의 경계선에 따라 요르단강 서안 지구와 가자 지구로 구성된 팔레스타인 국가로 독립시켜 이스라엘과 나란히 별도 국가를 수립하자는 방안.

144) Stephanie KHOURI, 'Pour les Palestiniens, le divorce avec les pays du Golfe est desormais consomme', Le Orient-Le Jour, le 18 septembre 2020.

145) By Eldad Beck, 'The Arab revolt against normalization', ISRAEL HAYOM, May 18, 2021.

146) Michelle Goldberg, 'A peace plan that failed miserably', NEW YORK TIMES INTERNATIONAL EDITION, May 19, 2021.

147) Stephanie KHOURI, 'Ce 〈nouveau Moyen-Orient〉 qui parle de tout, sauf de la Palestine….', Le Orient-Le Jour, le 31 mars 2022.

148) By Ishaan Tharoor, 'Israel is committing the crime of apartheid, new report says', Amnesty International.

149) OLJ/AFP/Claire GOUNON, 'Apres de nouvelles violences avec Israel, la identite palestinienne ressoudee', Le Orient-Le Jour, le 26 mai 2021.

150) Hussein Agha and Ahmad Samih Khalidi, 'A Palestinian Reckoning', Foreign Affairs, March/April 2021.

151) A Sreenivasa Reddy, 'Will Israeli expansionism lead to single-state solutions?', KHALEEJ TIMES, May 27, 2021.

152) Lahave Harkov, 'Ireland becomes first EU state fo accuse Israel of 'de-facto annexation', The Jerusalem Post, May 27, 2021.

153) Diana Buttu, 'Coexistence in Israel is just a myth', The New York Times, International Edition, May 27, 2021.

154) Q&A/MIDDEL EAST & NORTH AFRICA, 'The Israel-Palestine Crisis: Causes, Consequences, Portents', Crisis Group, 14 May 2021.

155) Mohamed Abdelaziz, 'Arab Reations to Trump's Peace Plan: An Analysis and Recommendation', THE WASHINGTON INSTITUTE for Near East Policy, January 31, 2020.

156) OLJ, 'Fracture scellee entre le prince et le roi?', Le Orient-Le Jour, 06 avril 2021.

157) Noura DOUKHI, 'Pourquoi le prince Hamza est dans le viseur du roi Abdallah II', Le Orient-Le Jour, 06 avril 2021.

158) Noura DOUKHI, 'Putsch manque: la piste saoudienne semble se preciser', Le Orient-Le Jour, le 15 juin 2021.

159) David Ignatius, 'Opinion: Inside the palace intrigue in Jordan and a thwarted 'deal of the century', Washington Post, June 11, 2021.

160) Rogel Alpher, 'The Israeli right's plan for Jordan's King Abdullah', HAARETZ, Jan 12, 2020.

161) Sean Yom, 'Jordan has become a Banana Monarchy', Foreign Policy, April 15, 2021.

162) Par Noura DOUKHI, 'La Jordanie et Israel tournent la page Netanyahu', Le Orient-Le Jour, le 12 juillet 2021.

163) Noura DOUKHI, 'Les enjeux de la rencontre entre Biden et Abdallah II', Le Orient-Le Jour, le 19

juillet 2021.

164) David M. Wishart, 'The Breakdown of the Johnston Negotiations over the Jordan Waters', Middle Eastern Studies, Vol. 26, No. 4(Oct, 1990), pp. 536~546, Published By: Taylor & Francis, Ltd.

165) Stephanie KHOURI, 'Entre peurs et menaces, la Jordanie a la veille de une possible annexion de la Cisjordanie', Le Orient-Le Jour, jeudi 25 juin 2020.

166) Ishaan Tharoor, 'In both Jordan and Israel, there's talk of a coup', The Washington Post, April 6, 2021.

167) Soulayma MARDAM BEY, 'Les cent ans de un improbable royaume- I ', Moyen-Orient-Anniversaire/Jordanie, Le Orient-Le Jour, le 10 avril 2021.

168) Soulayman MARDAM BEY, 'Cent ans de un royaume improbable: la stabilite a tout prix- II ', Moyen-Orient-Anniversaire/Jordanie, Le Orient-Le Jour, le 12 avril 2021.

169) Juliette RECH, 'Pourquoi Abdallah de Jordanie se rappelle au bon souvenir d'Israel', Le Orient-Le Jour, lundi 29 octobre 2018.

170) By ANCHAL VOHRA, 'Jordan's King is his own worst enemy', FOREIGN POLICY, April 13, 2021.

171) OMRI NAHMIAS, 'What is expect from the Biden-King Abdullah meeting', The Jerusalem Post, May 10, 2022.

172) Michell Plitnick, 'The US quietly makes major shift on Israel-Palestine policy', RESPONSIBLE STATECRAFT, October 31, 2020.

173) Firoz Osman, 'US recognition a major step for the Zionist Project', Middle East Monitor, December 8, 2017.

174) Mitchell Plitnick, 'The US quietly makes major shift on Israel-Palestine policy', Responsible Statecraft, October 31, 2020.

175) RAMZY BARDOUD, 'Palestinian refugees' rights under attack in US-Israeli ploy', ARAB NEWS, Monday. May 3, 2022.

176) TOVAH LAZAROFF, 'Congressman files two-states act that restricts Israeli use of US arms', The Jerusalem Post, september 23, 2021.

177) David Hearst, 'Biden is fiddling as Jerusalem burns', MIDDLE EAST EYTE, 27 May 2022.

178) Laure-Maissa FARJALLAH et Julie KEBBI, 'Vers une reconciliation Biden-MBS?', Le Orient-Le Jour, le 27 mai 2022.

179) MENA 각국의 국가 통제권에서 벗어난 민병대 등 무장 단체가 보유한 군사적 위협을 "도망 다니는 무기"의 비유적 표현.

180) Issa GORAIEB, 'Maledictions en deux maux', Le Orient-Le Jour, le 16 Janvier 2021.

181) Haley Zaremba, 'U.S. Energy Independence Is Fueling Iran's Middle East Power Grab', OILPRICE, Jan 01, 2021.

182) By ILH Arab Dest and i24NEWS, 'New details emerge on Iran's 20-year effort to sponsor to Palestinian terrorist groups', ISRAEL HAYOM, January 13, 2022.

183) Ranj Alaaldin and Vanda Felbab-Brown, 'New vulnerabilities for Iraq's resilient Popular Mobilization Forces', Brookings, Thursday, February 3, 2022.

184) Ibid.

185) Soulayma MARDAM BEY, 'En Irak, Teheran met de la ordre dans ses affaires', Le Orient-Le Jour, le 09 juillet 2021.

186) Noura DOUKHI, 'En Irak, la tension monte a la approche de l'anniversaire de la mort de Soleimani, Le Orient-Le Jour, le 29 decembre 2020.

187) Arash Azizi, author of "Shadow Commander: Suleimani, the US and Iran's Global Ambitions".

188) Ibid.

189) 인민동원군(Popular Mobilization Forces)을 의미하며, 이라크 정부가 후원하는 40여 개의 무장 단체로 이루어진 통솔 기구로 친이란계 시아파 민병대가 큰 영향력을 행사하면 주도권을 행사해 왔다.

190) David RIGOULET-ROZE, 'Riyad et Teheran, deux faces de un Janus conflictuel', Le Orient-Le Jour,

le 09 decembre 2017.

191) Zeidon Alkinani, 'The Intra-PMF Rivalry is Beyond the Najaf-Qom Divide', Center for Iranian Studies in Ankara, March 1, 2021.

192) David RIGOULET-ROZE, 'Riyad et Teheran, deux faces de un Janus conflictuel', Le Orient-Le Jour, le 09 decembre 2017.

193) Robert D. Kaplan, 'Baathism caused the chaos in Iraq and Syria', FOREIGN POLICY, Mar 7, 2018.

194) Soulayma MARDAM BEY, 'Pourquoi les Arabes sunnites ne rejoignent pas massivement la contestation irakienne', Le Orient-Le Jour, mercredi 4 decembre 2019.

195) Lucile WASSERMANN, 'Mossoul la sunnite convoitee par les chiites?', Le Orient-Le Jour, vendredi 8 novembre 2019.

196) Soulayma MARDAM BEY, 'Teheran dans le collimateur des manifestants en Irak', Le Orient-Le Jour, samedi 5 octobre 2019.

197) Elie SAIKALI, 'Les milices chiites en Irak: une force de dissuasion quasi iranienne', Le Orient-Le Jour, le mercredi 18 septembre 2019.

198) Soulayma MARDAM BEY, 'Abou Dhabi en ligne de mire des milices proches de Teheran en Irak', Le Orient-Le Jour, le 20 octobre 2021.

199) By ERIC R. MANDEL, 'How worrisome is Iranian control of Iraq for the US?', THE HILL, 8 December, 2021.

200) David RIGOULET-ROZE, 'La strategie du 〈croissant chiite〉 face aux tensions sociales internes', Le Orient-Le Jour, le 27 janvier 2018.

201) By Prof, Hillel Frisch, 'What Might an Israel-Iran War Look like?', BESA Center Perspectives Paper No. 828, May 10, 2018.

202) By Daniel C. Kurtzer, Aaron Daivid Miller, and Steven N. Simon, 'Israel and Iran are pulling the United States toward conflict-With tough diplomacy, Washington can stop the spiral of escalation', Foreign Affairs, April 26, 2021.

203) Elizabeth Dent and Ariane M. Tabatabai, 'Iran Is in Syria to Stay', Foreign Affairs, December 12, 2020.

204) Jeanine JALKH, 'Feuille de route arabe: Beyrouth doit definir ses choix politiques', Le Orient-Le Jour, 28 janvier 2022.

205) Stephanie KHOURI, 'Comment la guerre syrienne a transforme le Hezbollah', Le Orient-Le Jour, le 15 mars 2021.

206) Juliette RECH, 'Comment la Iran peut rester en Syrie malgre la pression israelienne', Le Orient-Le Jour, le 21 juin 2018.

207) By Prof, Hillel Frisch, 'What Might an Israel-Iran War Look like?', BESA Center Perspectives Paper No. 828, May 10, 2018.

208) Haian Dukhan and Ammar Alhamad, 'Iran's Growing Network of Influence among Eastern Syrian Tribes' FIKRA FORUM, Policy Analysis, Apr 6, 2021.

209) Stephanie KHOURI, 'Quand Bachar el-Assad fait mine de marquer son territoire', Le Orient-Le Jour, le 13 novembre 2021.

210) Michel TOUMA et Michel HAJJI GEORGIOU, 'Les premices libanaises de la maissance du Hezbollah' LES 40 ANS DE LA REVOLUTION IRANIENNE, Le Orient-Le Jour, mercredi 30 janvier 2019.

211) By Mehr Nadeem, 'Russia vies for influence in Lebanon with art and culture', The Daily Star, Friday, January 3, 2020.

212) Jeanine JALKH, 'Feuille de route arabe: Beyrouth doit definir ses choix politiques', Le Orient-Le Jour, 28 janvier 2022.

213) Michel TOUMA et Michel HAJJI GEORGIOU, 'II -Le Project Hezbollah a l'ombre de la revolution iranienne' LES 40 ANS DE LA REVOLUTION IRANIENNE, Le Orient-Le Jour, samedi 2 fevrier 2019.

214) By Ben Hubbard, 'Yemen's Houthis Went From Ragtag Militia to Force Threatening Gulf Powers', The New York Times, April 17, 2022.

215) SETH J. FRANTZMAN, 'Iran is increasingly obsessed with defeating Saudi forces in Yemen', The

Jerusalem Post, March 22, 2021.

216) By BEN HUBBARD, FARNAZ FASSIHI AND JANE ARRAF, 'Fierce Mideast rivals secretly explore defusing tensions', The New York Times International Edition', Tuesday, May 4, 2021.

217) Cyrille NEME, 'La faiblesse congenitale des Etats arabes decoule de leur balkanisation pendant la Grande Guerre' Entretien by historien et ancien ministre des Finances Georges Corm, L'OLJ WEEK-END, samedi 10 novembre 2018.

218) MOHAMMED ALMEZEL, 'Geopolitical lessons from Suez Canal saga', GULF NEWS, Sunday, April 4, 2021.

219) Seraj Assi, 'How the Arabs have betrayed Palestine-again', HAARETZ, Feb 3, 2020.

220) Stephanie KHOURI, 'Comment Sissi est parvenu a reintegrer la Egypte dans le jeu regional', Le Orient-Le Jour, le 02 aout 2021.

221) Soulayman MARDAM BEY, 'Cent ans de un royaume improbable: la stabilite a tout prix- II', Moyen-Orient-Anniversaire/Jordanie, Le Orient-Le Jour, le 12 avril 2021.

222) Emma DELAJOUX, 'Le spectre de une crise alimentaire plane sur l'Egypte', Le Orient-Le Jour, le 23 mars 2022.

223) Zachary Lockman(2012) "Land, Labor and the Logic of Zionism: A Critical Engagement with Gershon Shafir", Settler Colonial Studies, 2:1, 9-38.

224) Caroline HAYEK, 'Les trajectoires opposees des freres ennemis du Baas', Le Orient-Le Jour, vendredi 1 fevrier 2019.

225) 'The American-Israeli Dialogue at the Start of the First Lebanon War', INSS(THE INSTITUTE FOR NATIONAL SECURITY STUDIES, STRATEGIC ASSESSMENT, Multidisciplinary Journal on National Security, Research Forum. Volume 23. No. 2, April 2020.).

226) Mounir RABIH, 'La Arabie saoudite entre de plain-pied dans la bataille electorale', Le Orient-Le Jour, le 14 avril 2022.

227) Philip GOLUB, "Trump et le Moyen-Orient: une politique irreflechie de puissance", Le Orient-Le Jour WEEK-END, samedi 29 decembre 2018.

228) By Thomas L. Friedman, 'All Fall Down', New York Times, 26 May 2000.

229) Dalia Dassa Kaye, 'The Israeli Decision to Withdraw from Southern Lebanon: Political Leadership and Security Policy', Political Science Quarterly, Vol. 117, No. 4(Winter, 2002~2003), pp. 561~585.

230) Jeanine JALKH, 'Feuille de route arabe: Beyrouth doit definir ses choix politiques', Le Orient-Le Jour, 28 janvier 2022.

231) Noura DOUKHI, 'Le pari risque du Hamas', Le Orient-Le Jour, 12 mai 2021.

232) OLJ, 'Escalade meurtriere entre le Hamas et Israel sur fond de heurts a Jerusalem-Est', Le Orient-Le Jour, 12 mai 2021.

233) David Lepeska, 'Erdogan's stand for the Palestinian people is an insincere and unprincipled one', The National, May 18, 2021.

234) OLJ/Francesco FONTEMAGGI and Shaun TANDON/AFP, "Biden ne veut pas se laisser entrainer dans le conflict israelo-palestinien', Le Orient-Le Jour, le 12 mai 2021.

235) Ibid.

236) David Wurmser, 'The trap Hamas laid for Jordan and the PA', Israel Hayom, May 25, 2021.

237) Jeanine JALKH, 'Au Liban, la cause palestinienne fait ressurgir les demons d'hier', Le Orient-Le Jour, le 21 mai 2021.

238) By Thomas L. Friedman, 'Biden can solve the Middle East conflict', The Gulf News, May 25, 2021.

239) Michael Crowley, 'Iran talks loom as a new test of Biden's Israel ties', The New York Times, May 25, 2021.

240) Raghida Dergham, 'Will a flurry of diplomatic summits this June see a Middle East grand bargain ?', The National, May 30, 2021.

241) By Andrew J. Tabler, 'The Lines That Bind: 100 Years of Skyes-Picot', Policy Analysis/Policy Focus

151, THE WASHINGTON INSTITUTE FOR for Near East Policy, Dec 19, 2016.

242) Julie KEBBI, 'Pour la population du Golfe, le Etat providence ne est plus une option', Le Orient-Le Jour, mercredi 8 juillet 2020.

243) Soulayma MARDAM BEY, 'Petrole: pourquoi le marche se est effondre', Le Orient-Le Jour, mardi 10 mars 2020.

245) Sylviane ZEHIL, 'Djerejian: Ni Nasrallah ni les Israeliens ne veulent de une guerre', Le Orient-Le Jour, mardi 30 avril 2019.

246) ADEEL MALIK and BASSEM AWADALLAH, 'The Economics of the Arab Spring', World Development, Vol. 45, pp. 296-313, 2013.

247) Mahdavi, H. (1978), "Patterns and Problems of Economic Development in Rentier States: the Case of Iran", in M. A. Cook(ed), Studies in the Economic History of the Middle East, Oxford: OUP, PP. 428-468.

248) MUSTAFA QADRI, 'The UAE's KAFALA system: harmless or human trafficking?', chapter 8, 'Dubai's Role in Facilitating Corruption and Global Illicit Financial Flows' by Matthew Page and Jodi Vittori, CARNEGIE ENDOWMENT FOR INTERNATIONAL PEACE.

249) Ibid.

250) Elizabeth Frantz, 'Jordan's Unfree Workforce: State-Sponsored Bonded Labour in the Arab Region', The Journal of Development Studies, 2013 Tayor & Francis, Vol. 49, No. 8, 1072-1087.

251) Nadji SAFIR, 'Algerie: la fin du ⟨pacte social rentier⟩?', Le Orient-Le Jour, samedi 16 mars 2019.

252) Simeon Kerr, 'UAE pushes merchant families to open up to competition', The Financial Times, December 26, 2021.

253) RANA F. SWEIS, ADAM RASGON AND PATRICK KINGSLEY, 'Conflict in the royal family shakes Jordan', The New York Times, Tuesday, April 6, 2021.

254) DAVID GARDNER, 'Palace intrigue exposes fragility of Jordan's social contract', FINANCIAL TIMES, July 14 2021.

255) Yury Barmin, 'Can Mohammed bin Salman break the Saudi-Wahhabi pact?', ALJAZEERA, 7 Jan 2018.

256) YASMINE FAROUK and NATHAN J. BROWN, 'Saudi Arabia's Religous Reforms Are Touching Nothing but Changing Everything', CARNEGIE ENDOWMENT FOR INTERNATIONAL PEACE, June 07, 2021.

257) OLJ/Par Propos recueillis par Julie KEBBI, 'Pour la jeunesse saoudienne, ⟪MBS semble en rupture avec un pouvoir dynastique tres impopulaire⟫, L'Orient-Le Jour, le 19 juin 2022.

258) Laure-Maissa FARJALLAH, 'La Arabie saoudite investit le septieme art', Le Orient-Le Jour, le 23 decembre 2021.

259) OLJ, 'Litiges entre MBS et un Saoudien exile: Washington inquiet pour ses secrets', Le Orient-Le Jour, le 12 juillet 2021.

260) Par Julie KEBBI, 'Alaa al-Siddiq, porte-voix des prisonniers de conscience aux EAU', L'Orient-Le Jour, le 22 juin 2021.

261) OLJ, 'Malaise en Arabie saoudite apres un incident sur le Darar-2022', Le Orient-Le Jour, le 08 janvier 2022.

262) Laure-Maissa FARJALLAH, 'Le football au coeur de la diplomatie du sport dans le Golfe', Le Orient-Le Jour, le 08 janvier 2022.

263) Raghuram G. Rajan, 'Economic Weapons of Mass Destruction' Project Syndicate, Mar 17, 2022.

264) Issa GORAIEB, 'La vengeance du dollar', Le Orient-Le Jour, mercredi 25 septembre 2019.

265) Stephanie KHOURI, 'De Tel-Aviv a Dubai, les nouveaux eldorados des oligarques russes a l'epreuve de la guerre en Ukraine', Le Orient-Le Jour, le 22 mars 2022.

266) Stephanie KHOURI, 'De Tel-Aviv a Dubai, les nouveaux eldorados des oligarques russes a la epreuve de la guerre en Ukraine', Le Orient-Le Jour, le 22 mars 2022.

267) Par Julie KEBBI, 'Entre MBS et MBZ, la fin de la lune de miel', Le Orient-Le Jour, le 21 juillet 2021.

268) Laure-Maissa FARJALLAH, 'L'influence(pas si) discrete des Emirats au Yemen', Le Orient-Le Jour, le 27 janvier 2022.

269) Noura DOUKHI, 'Petrole: Abou Dhabi montre les muscles face a la Riyad', Le Orient-Le Jour, le 08 juillet 2021.

270) David Gardner, 'Saudi-UAE competition threatens to upend the GCC', Financial Times, July 7, 2021.

271) Simeon Kerr, 'Trade emerges as latest flashpoint in deepening Saudi-UAE rivalry', Financial Times, July 14 2021.

272) Anthony SAMRANI, 'Les si bien nommes printemps arabes', Le Orient-Le Jour, le 01 fevrier 2021.

273) By Julie KEBBI et Stephanie KHOURI, 'Weapons, Surveillance, Technologies: The Hidden Face of Israel-Gulf Ties', Le Orient-Le Jour, 01 October 2020.

274) By Maha Yahya, 'The Middle East Is on the Brink Again', FOREIGN AFFAIRS, March 22, 2022.

275) Ibid.

276) Emma DELAJOUX, 'Le spectre de une crise alimentaire plane sur la Egypte', Le Orient-Le Jour, le 23 mars 2022.

277) Thomas L. Friedman, 'How Israel is embracing the U.A.E', The New York Times, March 2, 2021.

278) Dorian Jones, 'Turkey-Iran Tensions Rise as Ankara Expands Operations in Iraq', Voice of America, March 02, 2021.

279) Ibid.

280) JACOB MAGID, 'US says it wants to push Israel-Saudi pact, but only if Riyadh honors its values', THE TIMES OF ISRAEL.

281) EFRAIM INBAR, 'Is Israel on collision course with Biden administration?-opinion', JERUSALEM POST, March 3, 2021.

282) SHMUEL ROSNER, 'What's missing in Israel's election? Biden', The New York Times, Thursday, March 18, 2021.

283) Ishaan Tharoor, 'The tragic legacy of the Arab Spring', The Washington Post, Jan. 26, 2021.

284) Noura DOUKHI et Laure-Maissa FARJALLAH, 'Le pari ose de Poutine en Ukraine', L'Orint-Le Jour, le 25 fevrier 2022.

285) OLJ by Soulayma MARDAM BEY, 'Quatre intellectuels refont le film des printemps arabes', Le Orient-Le Jour, le 12 fevrier 2021.

286) By BEN HUBBARD AND DAVID D. KIRKPATRICK, 'Arab Spring left region in ruins. Some still hope', The New York Times, Tuesday, February 16, 2021.

287) Stephanie KHOURI, 'Mouammar Kadhafi: les quatre decennies qui ont faconne la Libye', Le Orient-Le Jour, le 24 septembre 2021.

288) Emma DELAJOUX, 'Migration en Mediterranee: Frontex ou la culture de la impunite', Le Orient-Le Jour, le vendredi 4 mai 2022.

289) Cyrille NEME, 'La faiblesse congenitale des Etats arabes decoule de leur balkanisation pendant la Grande Guerre' Entretien by historien et ancien ministre des Finances Georges Corm, L'OLJ WEEK-END, samedi 10 novembre 2018.

290) Anthony SAMRANI, 'Ghassan Salame: Le Liban est arrive a un point ou un regine radicalement different doit etre envisage', Le Orient-Le Jour, le 09 avril 2022.

291) OLJ by Soulayma MARDAM BEY, 'Quatre intellectuels refont le film des printemps arabes', Le Orient-Le Jour, le 12 fevrier 2021.

292) Noura DOUKHI, 'Pourquoi ils sont restes loyaux a Assad', Le Orient-Le Jour, le 15 mars 2021.

293) Marwan Kabalan, 'In the Middle East, a new military crescent is in the making', ALJAZEERA, 29 Apr 2019.

294) Eldad Beck, 'Biden administration is reviving the Muslim Brotherhood threat', ISRAEL HAYOM, 28th Feb, 2021.

295) Prof. Eyal Zisser, 'The moral high ground cannot replace foreign policy', ISRAEL HAYOM, 28TH Feb, 2021.

296) Alix DE MAINTENANT, 'La Arabie saoudite, les EAU et les(faux) Freres musulmans···', Le Orient-Le Jour, le 12 juin 2017.

297) Lucile WASSERMANN, 'Le Qatar voudra-t-il rompre avec les Freres musulmans?', Le Orient-Le Jour, le 12 juin 2017.

298) By Yoram Ettinger, 'President Biden and the Muslim Brotherhood trap', ISRAEL HAYOM, 14 February, 2021.

299) By Graeme Wood, 'ABSOLUTE POWER', The Atlantic, March 3, 2022.

300) Ibid.

301) Julie KEBBI, 'La guerre d'influence se intensifie entre la Turquie et les EAU', Le Orient-Le Jour, lundi 3 aout 2020.

302) Laure-Maissa FARJALLAH, 'Face a Teheran et Ankara, Abou Dhabi rebat ses cartes dans la region', L'Orient-Le Jour, le 10 decembre 2021.

303) REUTERS, 'Turkey, UAE sign financial cooperation deals as ties warm', ALJAZEERA, 24 Nov, 2021.

304) Laure-Maissa FARJALLAH, 'Le rapprochement entre Ankara et Abou Dhabi se accelere', Le Orient-Le Jour, 16 octobre 2021.

305) Jonathan Marcus, 'Is Sudan a new regional battleground?', BBC News, May 2, 2019.

306) Stephanie KHOURI, 'Israel-Soudan: la normalisation a la epreuve du coup de Etat militaire', Le Orient-Le Jour, le 04 novembre 2021.

307) Declan Walsh, 'Amid U.S. silence, Gulf nations back the military in Sudan's revolution', THE NEW YORK TIMES, April 26, 2019.

308) AFP, 'Amende de 100 millions de dollars pour la une des principales banques des Emirates', Le Orient-Le Jour, le 04 novembre 2021.

309) Yonatan Touval, 'Trump is bullying Sudan into embracing Israel. It won't end well', HAARETZ, Oct 20, 2020.

310) Walsh, Declan(21 July 2020). "Three Decades After His Coup, Sudan's Former Ruler Is Held to Account". The New York Times. Retrieved 13 December 2020.

311) Yonatan Touval, 'Trump is bullying Sudan into embracing Israel. It won't end well', HAARETZ, Oct 20, 2020.

312) Stephanie KHOURI, 'Au Soudan, un coup de Etat militaire met en peril le compromis national', Le Orient-Le Jour, le 26 octobre 2021.

313) Ibid.

314) Lauren Morganbesser, 'How responses to Tunisia show shifting Middle East geopolitics-analysis', Jerusalem Post, July 29, 2021.

315) Noura DOUKHI, 'Le coup de force de Saied en Tunisie menace les interests turco-qataris', Le Orient-Le Jour, le 29 juillet 2021.

316) Laure-Maissa FARJALLAH, 'La Tunisie, autre enjeux de la guerre de influence entre les monarchies du Golfe', Le Orient-Le Jour, le 27 octobre 2021.

317) OLJ, 'Le coup de force de Saied consolide un rapprochement avec Le Caire', Le Orient-Le Jour, le 03 aout 2021.

318) OLJ, 'Le president tunisien a reussi a seduire la armee', Le Orient-Le Jour, le 05 aout 2021.

319) by Jason Pack, 'Libya's Chaos is a warning to the world', Foreign Policy(FP), OCTOBER 26, 2021.

320) Laure-Maissa FARJALLAH, 'Erdogan annonce une visite en Arabie saoudite en fevrier', Le Orient-Le Jour, le 05 janvier 2022.

321) Ibid.

322) By KSENIA SVETLOVA, 'Will Turkey ditch Muslim Brotherhood to mend ties with Egypt and UAE?', The Jerusalem Post, september 12, 2021.

323) Anchal Vohra, 'Erdogan's War With Arab Monarchis is Over', FOREIGN POLICY, March 22, 2022.

324) Danielle Pletka, 'The Qatarization of the Middle East', Foreign Policy, May 4, 2022.

325) Philip GOLUB, "Trump et le Moyen-Orient: une politique irreflechie de puissance", Le Orient-Le Jour WEEK-END, samedi 29 decembre 2018.

326) Soulayma MARDAM BEY, 'Pour ou contre Washington? La ne est pas la seule question', Le Orient-Le Jour, le 11 septembre 2021.

327) BERNARD HAYKEL, 'Why the Saudis won't pump more oil', Project Syndicate, March 16, 2022.

328) Julie KEBBIK et Caroline HAYEK, 'Comment le 11-September a rebattu les cartes au Moyen-Orient', Le Orient-Le Jour, le septembre 2021.

329) Yoav Limor, 'The return of global jihad?', ISRAEL HAYOM, Sep 3 2021.

330) Julie KEBBIK et Caroline HAYEK, 'Comment le 11-September a rebattu les cartes au Moyen-Orient', Le Orient-Le Jour, le septembre 2021.

331) Soulayma MARDAM BEY, 'Emmanuel Macron en médiateur à Bagdad', Le Orient-Le Jour, le 30 aout 2021.

332) Soulayma MARDAM BEY, 'Abou Dhabi en ligne de mire des milices proches de Teheran en Irak', Le Orient-Le Jour, le 20 octobre 2021.

333) Par Michel TOUMA, 'La politique du vide', Le Orient-Le Jour, le 23 mars 2021

334) Saeid Golkar and Kasra Aarabi, 'Iranian regime's 'blueprint' for exporting militants is funded by the nuclear deal', THE NATIONAL, Feb 13, 2021.

335) Julie KEBBI, 'La chute du chah, un choc pour les Arabes pro-occidentaux', LES 40 ANS DE LA REVOLUTION IRANIENNE, Le Orient-Le Jour, le vendredi 18 janvier 2019.

336) Eli SAIKALI, 'Comment les Etats-Unis sont devenus le 〈Grand Satan〉, LES 40 ANS DE LA REVOLUTION IRANIENNE, Le Orient-Le Jour, samedi 19 janvier 2019

337) Antoine AJOURY, 'Comment la Iran est devenu le ennemi du monde arabe', LES 40 ANS DE LA REVOLUTION IRANIENNE, Le Orient-Le Jour, le mardi 29 janvier 2019.

338) Zaki Shalom, 'The American-Israeli Dialogue at the Start of the First Lebanon War', Research Forum, Strategic Assessment, Volume 23, No. 2, April 2020

339) JPOST EDITORIAL, 'Lessons of Sadat's assassination-editorial', The Jerusalem Post, October 6, 2021.

340) Benjamin Haddad, 'How Europe Became Pro-Israel', FOREIGN POLICY, May 20, 2021.

341) Ibid.

342) Jason Pack, 'Libya's Chaos is a warning to the world', Foreign Policy(FP), OCTOBER 26, 2021.

343) Soulayma MARDAM BEY, 'Comment le 〈sujet islam〉 se est impose au coeur du debat francais', Le Orient-Le Jour, le 12 janvier 2022.

344) Antoine AJOURY, 'Comment la Iran est devenu le ennemi du monde arabe', LES 40 ANS DE LA REVOLUTION IRANIENNE, Le Orient-Le Jour, le mardi 29 janvier 2019.

345) Julie KEBBI et Anthony SAMRANI, ' I -Califat de l'EI: 29 juin 2014-23 mars 2019', Le Orient-Le Jour, le lundi 25 mars 2019.
Caroline HAYEK, ' II -Le califat de le EI ranconte par les Syriens', L'Orient-Le Jour, le mercredi 27 mars 2019.
Elie SAIKALI, 'III-La Etat islamique, apres le califat', Le Orient-Le Jour, le jeudi 28 mars 2019.
Anthony SAMRANI, 'IV-Aux origines de la ideologie de la Etat islamique', le vendredi 29 mars 2019.

346) Julie KEBBI et Anthony SAMRANI, ' I -Califat de le EI: 29 juin 2014-23 mars 2019', Le Orient-Le Jour, le lundi 25 mars 2019.

347) Noura DOUKHI et Soulayma MARDAM BEY, 'De la chute du califat a la attaquede Hassake, la resilience de la Etat islamique', Le Orient-Le Jour, le 29 janvier 2022.

348) Avi Bareli, 'In the end, it's a battle for control of the region', ISRAEL HAYOM, Nov 21, 2021.

349) Antoine AJOURY, '2004-2017: la prophetie du roi Abdallah II sur le croissant chiite se realise', Le Orient-Le Jour, le 09 janvier 2018.

350) By Yoav Limor, 'The force may be without him', ISRAEL HAYOM, 10 January, 2022.

351) David RIGOULET-ROZE, 'Riyad et Teheran, deux faces de un Janus conflictuel', Le Orient-Le Jour, le 09 decembre 2017.

352) Noura DOUKHI, 'La guerre discrete de la Turquie au Kurdistan irakien', Le Orient-Le Jour, le 29 mai, 2021.

353) David Lepeska, 'Ankara must decide whether it wants to play a positive role in post-conflict Libya', The National, May 31, 2021.

354) 'The Nakba did not start or end in 1948', ALJAZEERA, 23 May 2017.

355) Patrick Wolfe(2012) "Purchase by Other Means: The Palestine Nakba and Zionism's Conquest of Economics", Settler Colonial Studies, 2:1, 133-171.

356) Ibid.

357) Propos recueillis par Stephanie KHOURI, 'Immobilier, investissements, developpement: quand la Palestine est devenue 《bankable》, Le Orient-Le Jour, le 06 octobre 2021.

358) Stephanie KHOURI, 'Téléphérique, tram, bus… À Jérusalem, les infrastructures de la colonisation', Le Orient-Le Jour, le 02 juin 2022.

359) Antoine AJOURY, '2004-2017: la prophetie du roi Abdallah II sur le croissant chiite se realise', Le Orient-Le Jour, le 09 janvier 2018.

360) Jeanine JALKH, 'A la approche des elections, le Hezbollah montre les muscles', Le Orient-Le Jour, le 05 Janvier 2021.

361) Mounir RABIH, 'Par voie maritime ou terrestre, la ouverture des routes iraniennes vers le Liban' Le Orient-Le Jour, le 4 septembre 2021.

362) David NASSAR, 'La Iran signe un accord sur son role en Syrie pour la apres-guerre', Le Orient-Le Jour, le 28 aout 2018.

363) Soulayma MARDAM BEY, 'En Irak, quel(s) capitaine(s) iranien(s) a bord?', L'Orient-Le Jour, le 15 novembre 2021.

364) Ali Reza Eshraghi and Amir Hossein Mahdavi, 'The Revolutionary Guards are poised to take over Iran', August 27, 2020.

365) Noura DOUKHI, 'Avec un ultraconservateur a la presidence, un changement de la politique etrangere iranienne est-il possible?', Le Orient-Le Jour, le 10 juin 2021.

366) Ibid.

367) David RIGOULET-ROZE, 'La strategie du 〈croissant chiite〉 face aux tensions sociales internes', Le Orient-Le Jour, le 27 janvier 2018.

368) Kasra Aarabi, 'The Militarisation of Iran's Presidency: The IRGC and the 2021 Elections', RUSI, Commentary, 1 October 2020.

369) Noura DOUKHI, 'La Turquie rebat ses cartes dans la region', Le Orient-Le Jour, le 24 janvier 2022.

370) Seth J. Frantzman, 'Biden ends decades of US appeasement of Turkey, recognizes genocide-analysis', Jerusalem Post, April 25, 2021.

371) Noura DOUKHI, 'Comment la reconnaissance US du genocide armenien pourrait affecter les relations avec la Turquie', Le Orient-Le Jour, le 23 avril 2021.

372) AFP/OLJ, 'Irritante et incontournable, la Turquie sur tous les fronts diplomatiques', Le Orient-Le Jour, le 03 juin 2022.

373) AFP, 'La Turquie exhibe ses drones de combat en Azerbaidjan', Le Orient-Le Jour, le 27 mai 2022.

374) Noura DOUKHI, 'Les drones Bayraktar, une carte-cle dans le jeu diplomatique turc', Le Orient-Le Jour, le 16 mars 2022.

375) Emma DELAJOUX, 'Le marchandage politique de Erdogan face a le OTAN', Le Orient-Le Jour, le 25 mai 2022.

376) OLJ, 'Dans le nord-ouest de la Syrie, on se eclaire a la electricite turque', Le Orient-Le Jour, le 12 juillet 2021.

377) Noura DOUKHI, 'Ankara veut prolonger ses operations militaires en Irak et en Syrie', Le Orient-Le

Jour, le 22 octobre 2021.

378) Noura DOUKHI, 'Le Nord syrien de nouveau en ligne de mire de Ankara', Le Orient-Le Jour, le 28 mai 2022.

379) Laure-Maissa FARJALLAH, 'La visite de Erdogan en Arabie scelle un rapprochement attendu', Le Orient-Le Jour, le 28 avril 2022.

380) Laure-Maissa FARJALLAH et Julie KEBBI, 'Jamal Khashoggi sacrifie sur le autel de la realpolitik', L'Orient-Le Jour, le 01 avril 2022.

381) Noura DOUKHI, 'Haut-Karabahk: Israel et la Turquie dans le meme camp, mais jusqu'a quand?', Le Orient-Le Jour, le 03 octobre 2020.

382) Noura DOUKHI, 'Dans le Haut-Karabakh, les calculs complexes de l'Iran', Le Orient-Le Jour, le 05 octobre 2020.

383) Noura DOUKHI, 'L'Iran craint le debordement du conflit au Haut-Karabakh sur son territoire', Le Orient-Le Jour, le 17 octobre 2020.

384) Anthony SAMRANI, 'Quand le Moyen-Orient s'exporte au Haut-Karabakh', Le Orient-Le Jour, le 05 octobre 2020.

385) Julie KEBBI, 'Quand la Ligue raconte la desunion du monde arabe', Le Orient-Le Jour, vendredi 5 avril 2019.

386) 1955년 2월 이라크와 튀르키에의 상호방위조약에 이후 영국, 파키스탄, 이란이 참가한 중동 조약.

387) Caroline HAYEK, 'LES 40 ANS DE LA REVOLUTION IRANIENNE; Les trajectoires opposees des freres ennemis du Baas', Le Orient-Le Jour, vendredi 1 fevrier 2019.

388) Tamara Cofman Wittes, 'The New U. S. Proposal for a Greater Middle East Initiative: An Evaluation', BROOKINGS, Monday, May 10, 2004.

389) Yossi Beilin, 'It's time for Arab States to drop another bombshell on Israel', HAARETZ, Sep. 22, 2020.

390) Stephanie KHOURI, 'Ce 〈nouveau Moyen-Orient〉 qui parle de tout, sauf de la Palestine…', Le Orient-Le Jour, le 31 mars 2022.

391) Samia MEDAWAR, 'La impuissance de la Ligue arabe face a le Iran', Le Orient-Le Jour, le 21 novembre 2017.

392) Par Akram AZOURY, 'Le Grand Liban peut-il disparaitre? Du traite de Lausanne de 1923 a la crise actuelle', L'Orient-Le Jour, le 06 juillet 2021.

393) David RIGOULET-ROZE, 'Riyad et Teheran, deux faces de un Janus conflictuel', Le Orient-Le Jour, le 09 decembre 2017.

394) Pierre Vermeren, 'De Beyrouth a Damas, quarante ans de guerre au Moyen-Orient', Enjeux strategiques au Moyen-Orient, REVUE DEFENSE NATIONALE 2016/6(N791), PAGES 34~41.

395) Par Marwan SEIFEDDINE, 'Les Etats arabes du Levant entre fragilite chronique et risque d'implosion', Le Orient-Le Jour, le 13 juillet 2021.

396) Par Anthony SAMRANI, 'Du Liban a l'Iran, la Axe de la decheance', Le Orient-Le Jour, le 20 juillet 2021.

397) Gadi Taub, 'Requiem to the Israeli left's apartheid argument', HAARETZ, Feb 10, 2020.

398) By ERIC R. MANDEL, 'America's next crisis may be Lebanon-not Ukraine or Taiwan', THE HILL, December 26, 2021.

399) OLJ 'La Syrie au centre de un sommet Russie-Turquie-Iran a Teheran'Le Orient-Le Jour, le 19 juillet 2022.

400) Noura DOUKHI, 'Ankara en quete de un feu vert russe et iranien dans le Nord syrien'Le Orient-Le Jour, le 19 juillet 2022.

출처(References)

- Matthew Page and Jodi Vittori, 'Dubai's Role in Facilitating Corruption and Global Illicit Financial Flows', CARNEGIE ENDOWMENT FOR INTERNATIONAL PEACE.
- Malik A. and B. Awadallah(2013), 'The Economics of the Arab Spring', World Development, Vol. 45, pp. 296-313.
- Harris K, "Making and Unmaking of the greater Middle East", New Left Review, 101. Sept-October 2016, pp. 5-34.
- Karshenas M. and Alami, R. (2012), 'Social Policy in the Middle East Post-Arab Spring', Department of Economics, SOAS, University of London.
- Page, J(1998), 'From Boom to Bust-and Back? The Crisis of Growth in the Middle East and North Africa', in Shafik(1998b).
- Karshenas, M(1990), Oil, State and Industrialization in Iran, Cambridge: CUP, ch. 2.
- Danielsen A.L. (1982), The Evolution of OPEC, chs 6-7, pp. 125-198.
- Griffin, J.M. and Teece, D.J. (1982), OPEC Behavior and World Prices, London: Allen & Unwin, ch. 1.
- Richards A and Waterbury J(2008), The political economy of the Middle East, Boulder Colorado: Westview Press Chapter 14.
- Aghajanian, A(1991), "Population Change in Iran, 1976-86: A Stalled Demographic Transition?", Population and Development Review, vol. 17, no. 4, December.
- Hakimian H(2000), 'Population Dynamics in Post-Revolutionary Iran: A Re-examination of Evidence', in P Alizadeh(ed., 2000), The Economy of Iran: Dilemmas of an Islamic State, London: I B Tauris.
- Sachs, J.D. (2007), "How to Handle the Macroeconomics of Oil Wealth", in M. Humphreys, J.D. Sachs & J. E. Stiglitz(eds.), Escaping the Resource Curse, ch. 7 pp. 173-93, Columbian University Press: New York.
- Sachs, J.D. and M. Warner(2001), 'Natural Resources and Economic Development: the Curse of Natural Resources', European Economic Review 45, pp. 827-38.
- Alizadeh, P. and H. Hakimian(eds, 2014), Iran and the Global Economy: Petro Populism, Islam and Economic Sanctions. London: Rourledge. ch. 2: Hakimian, H. 'Institutional Change, Policy Challenges and Macroeconomic Performances: 1979-2004'.
- Alizadeh, P. (2003), 'Iran's quandary: economic reforms and the 'structural trap', The Brown Journal of World Affairs, ix.
- Hakimian, H. (2002), 'The Last Straw for Iran's Economy? The World Today, Chatham House, London, April & May.
- Karshenas, M. and H. Hakimian(2005), 'Oil, economic diversification and the democratic process in Iran', Iranian Studies 38(1): 67-90.
- Pesaran, E. (2011), Iran's Struggle for Economic Independence: Reform and Counter-Reform in the Post-Revolutionary Period, London and New York: Routledge.
- Karshenas, Massoud and A. Malik(2010), 'Oil in the Islamic Republic of Iran: Dependence, distortions and distribution', mimeo, Department of Economics, SOAS, University of London.
- Saeidi, Ali A. (2004). "The accountability of para-governmental organizations(bonyads): The case of Iranian Foundations", Iranian Studies, 37(3), September Issue.
- Adib-Moghaddam, Arshin, Iran in World after Rouhani.
- El-Said, H. and Harrigan, J. (eds.), (2011), Globalisation, Democratisation and Radicalisation in the Arab World, Chapters 1 and 2, Palgrae Macmillan.
- Cammett, M. et al(2015), A Political Economy of the Middle East, chapter 13.
- Harrigan, J. and El-Said, H. (2006), "Globalisation, International Finance and Political Islam in the Arab World", The Middle East Journal, vol. 60 no. 3, pp. 236-251.

- Celasun, Merih(ed.)(2001), State-owned Enterprises in the Middle East and North Africa: Privatisation, Performance and Reform, Routledge.
- Naceur, S., Ghazouanis, S. and Omran, M. (2006), "The Performance of Newly Privatised Firms in Selected MENA Countries; The Role of Ownership Structure, Governance and Liberalisation Policies". International Review of Financial Analysis.
- Biygautane, M., & Lahouel, M., (2012), 'The Political Economy of Privatization in the Maghreb Region: How Domestic and External Factors have shaped the Privatization Process and Outcomes', in J. Costa(ed.), Europe and Mediterranean Economy, pp. 135-149, Rourledge, Taylor and Francis Group.
- Richards, A. (1999), "The Global Financial Crisis and Economic Reform in the Middle East", Middle East Policy Vol. VI, No. 3, Feb 1999.
- Harrigan, J. (2014), The Political Economy of Arab Food Sovereignty, Chapter 7, Palgrave Macmillan.
- Harrigan, J. and El-Said, H. (2009), Aid and Power in the Arab World: The IMF and World Bank Policy-Based Lending in the Middle East and North Africa, Palgrave Macmillan, Chapter 2.
- El-Said, H. and Harrigan, J. (2014), "Economic Reform, Social Welfare, and Instability: Jordan, Egypt, Morocco and Tunisian, 1983-2004", Middle East Journal, vol.68, no. 1, Winter 2014.
- Adib-Moghaddam, Arshin, 'Discourse and violence: the friend-enemy conjunction in contemporary Iranian-American relations', Critical Studies on Terrorism, Vol. 2, No. 3(December 2009), pp. 512-526.
- Ansari, Ali, "Iran and the US in the Shadow of 9/11: Persian and the Persian Question Revisited" in Iranina Studies 39: 2(2006) 155-170.
- Maloney, Suzanne, 'Identity and Change in Iran's Foreign Policy', in Shibley Telhami and Michael Barnett(eds), Identity and Foreign Policy in the Middle East, London: Cornell UP, 2002, PP. 8-116.
- Abrahamian, Ervand, Khomeiinism: Essays on the Islamic Republic, London: I.B. Tauris, 1993.
- Chehabi, Houchang(ed.), Distant Relations: Iran and Lebanon in the Last 500 years, London: I.B. Tauris, 2005.
- Rashid Khalidi Professor of Arab Studies, 'The Hundred Years'War on Palestine: A History of Settler Colonialism and Resistance', 1917-2017', Columbian University.
- Zachary Lockman(2012) "Land, Labor and the Logic of Zionism: A Critical Engagement with Gershon Shafir", Settler Colonial Studies, 2:1, 9-38.
- Hanieh, Adam, "The internationalisation of Gulf capital and Palestinian class formation", Capital and Class 35:1(2011).
- Khalidi, Rashid, The Iron Cage: The Story of the Palestinian Struggle for Statehood.
- Levine, Mark and Gershon Shafir, Struggle and Survival in Israel and Palestine Makdisi, Saree, Palestine Inside Out.
- Khalili, Laleh, Heroes and Martyrs of Palestine: The Politics of National Commemoration.
- Khalidi, Rashid, Palestinian Identity: The Construction of Modern National Consciousness.
- Hammami, Rema, "NGOs: The Professionalization of Politics"in Race and Class 37:2.
- Hajjar, Lisa, Courting Conflict.
- Gordon, Neve, Israel's Occupation.
- Farsakh, Leila, Palestinian Labor Migration to Israel.
- Doumani, Beshara. Rediscovering Palestine merchants and peasants in Jabal Nablus, 1700-1900.
- Brand, Laurie, Palestinians in the Arab World: Institution Building and the Searching for State.
- Bisharat George, "Courting Justice? Legitimation in Lawyering under Israeli Occupation", Law and Social Enquiry 20:2(1995).
- Aruri, Naseer and Farsoun, Samih, Palestine and the Palestinians: a Social and Political History.
- Pearlman, Wendy, Violence, Nonviolence, and the Palestinian National Movement.
- Roy, Sara, The Gaza Strip: The Political Economy of De-Development, Sa'di, Ahmed and Lila Abu-Lughod(eds), Nakba: Palestine, 1948, and the Claims of Memory.
- Sayigh, Yezid, Armed Struggle and the Search for State.

- Segev, Tom, One Palestine, complete: Jews and Arabs under the British mandate.
- Weizman, Eyal, Hollow Land.
- Taghdisi-Rad, Sahar, The Political Economy of Aid in Palestine: Relief from Conflict or Development Delayed?.
- Seitz, Charmaine, "ISM at the Crossroads: The Evolution of the International Solidarity Movement", Journal of Palestine Studies 32:4(2003).
- Shlaim, Avi, The Iron Wall.
- Smith, Charles, Palestine and the Arab-Israeli Conflict: A History with Documents.
- Swedenburg, Ted, Memories of Revolt: The 1936-1939 Rebellion and the Palestinian National Past.
- Khalidi, Rashid, The Iron Cage: The Story of the Palestinian Struggle for Statehood.
- Achcar Gilbert, "Words Laden With Pain" Introduction to Achcar, The Arabs and the Holocaust: The Arab-Israeli War of Narratives, London: Saqi 2011, pp. 13-35.
- Khalidi, Rashid, "Contrasting Narratives of Palestinian Identity", ch. 2 of Khalidi, Palestinian Identity: The Construction of Modern National Consciousness, (New York: Columbia UP, 1997), pp. 9-34.
- Letin, Ronit, "The Contested Memory of Dispossession: Commemorizing the Palestinian Nakba in Israel", ch. 11 of Lentin, ed., Thinking Palestine, London: Zed, 2008, pp. 206-20.
- Ra'ad, Basem, "Appropriation: Zionist Cultural Takeover", Hidden Histories of the Eastern Mediterranean(London: Pluto, 2010), pp. 123-41.
- Said, Edward, "Toward Palestinian Self-determination", The Question of Palestine(New York: Vintage, 1992), pp. 115-41.
- Jonathan Nitzan and Shimshon Bichler(2002), The Global Political Economy of Israel, Pluto Press pp. 84-133(Chapter 3).
- Zachary Lockman(2012) "Land, Labor and the Logic of Zionism: A Critical Engagement with Gershon Shafir", Settler Colonial Studies, 2:1, 9-38.
- Patrick Wolfe(2012) "Purchase by Other Means: The Palestine Nakba and Zionism's Conquest of Economics"Settler Colonial Studies, 2:1, 133-171.
- Leila Farsakh, (2005) Palestine Labour Migration to Israel: Labour, Land and Occupation Routledge, pp. 31-50(Chapter 2).
- Raja Khalidi and Sobhi Samour "Neoliberalism as Liberation: The Statehood Program and the Remaking of the Palestinian National Movement"Journal of Palestine Studies Vol. XL, No. 2(Winter 2011), pp, 6-25.
- Trude Strand, 2014, "Tightening the Noose" Journal of Palestine Studies, Vol. 43, No. 2(Winter 2014), pp. 6-23.
- Adam Hanieh, (2013) Lineages of Revolt: Issues of Contemporary Capitalism in the Middle East(Haymarket Books), pp. 99-122.
- Walter Minnolo, "The North of the South and the West of the East: A Provocation to the Question", Ibraaz: Contemporary Visual Culture in North Africa and the Middle East 8, 2004.
- Magid Shihade, "The Place of Israel in Asiaz: settler colonialism, mobility, memory, and identity among Palestinians in Israel"Settler Colonial Studies 6(2) 2016.
- Uri Ram, "History: The Others"in Israeli Nationalism: Social Conflicts and the Politics of Knowledge, 28-44. London: Routledge, 2011. (e-book).
- Baumgarten, Helga (2005) 'Three Faces/ Phases of Palestinian Nationalism, 1948-2005', Journal of Palestine Studies 34(4):25-48.
- Doumani Beshara(2007) 'Palestine versus the Palestinians? The Iron Law and Ironies of a People Defined', Journal of Palestine Studies 36(4): 49-64.
- Khalili, Laleh(2007) Heroes and Martyrs of Palestine: The Politics of National Commemoration, Cambridge: Cambridge University Press: Introduction, Chapeter 2: 'Transnational Movements and Discourses', Conclusion.
- Sayigh, Yezid(1997) Armed Strugggle and The Search for State: The Palestinian National Movement, 1949-1993, Oxford University Press. Read 'Years of Revolution, 1967-1972' and 'Transforming Defeat

into Opportunity': 143-173.

- Bisharat Geroge, "Courting Justice? Legitimation in Lawyering under Israeli Occupation", Law and Social Enquiry 20:2(1995).
- Lori Allen, The rise and Fall of Human Rights. Cynicism and Politics in Occupied Palestine(Stanford University Press 2013).
- Lisa Hajjar, 'Human Rights in Israel/Palestine. The History and Politics of a Movement, Journal of Palestine Studies Vol. 30 no.4 summer 2001, pp. 21-38.
- Khalili, Laleh, 2017. "The Roads to Power: The Infrastructure of Counterinsurgency" in World Politics Journal Vol 34, No. 1.
- Jabary-Salamanca, Omar, 2011. "Unplug and Play: Manufacturing Collapse in Gaza" in Human Geography Vol. 4, No.1.
- Lockman, Zachary, 1996. Comrade and Enemies: Arab and Jewish Workers in Palestine 1906-1948(University of California Press), Chapters 3 and 4(on railroads).
- Robbins, Bruce, 2007. "The Smell of Infrastructure: Notes toward an Archive" in boundary 2 34(2).
- Stamatopou-Robbins, Sophia, 2014. "Occupational Hazards" in Comparative Studies of South Asia, Africa and the Middle East Vol. 34, No. 3.
- Al-Hout, Shafiq(1997) 'Toward A UnitARY Democratic State', Journal of Palestine Studies, 6(2): 9-11.
- Hroub, Khaled(2000) Hamas: Political Thought and Practice, Washington: Institute for Palestine Studies.
- Massad, Joseph(2005) 'Liberating Songs: Palestine Put to Music', in Ted Swedenberg and Rebecca Stein eds., Popular Palestines: Cultures, Communities, and Transnational Circuits, Durham: Duke University Press.
- Khalidi, Rashid(1997) Chapter 8: 'The "Disappearance" and Reemergence of Palestinian Identity', pp. 177-186, in Khalidi, Rashid, Palestinian Identity: The Construction of Modern National Consciousness, New York: Columbia University Press.
- Sayigh, Rosemary(2008) 'Palestinians: From Peasants to Revolutionaries a Quarter of a Century On: Unexplored Problems of Palestinian Identity' in Heackock, Roger ed., Temps et Espaces en Palestine, Beirut: IFPO: 247-257.
- Nur Masalha, The Palestine Nakba: Decolonising history, narrating the subaltern, reclaiming memory. London: Zed Books, 2012.
- Avi Shlaim, "The Debate about 1948", International Journal of Middle East Studies, 27(3), 1995: 287-304.
- Anaheed Al-Hardan, "Decolonizing Research on Palestinians: Towards Critical Epistemologies and Research Practices", Qualitative Inquiry, 20(1), 2013: 61-71.
- Ilan Pappe, "Humanizing the Text: Israeli "New History" and the Trajectory of the 1948 Historiography", Radical History Review 86, 2003: 102-22.
- Ahmad H. Sa'di and Lila Abu-Lughod, eds, Nakba: Palestine, 1948, and the claims of memory, Columbian University Press, 2007.
- Magid Shihade, "Not Just a Picnic: Settler Colonialism, Mobility, and Identity Among Palestinians in Israel", Biography 37, 2(2014): 77-99.
- Glen Coulthard, Red Skin White Masks: Rejecting the colonial politics of recognition. University of Minnesota Press, 2014.
- Omar Jabary Salamanca, Mezna Qato, Kareem Rabie $ Sobhi Samour, "Past is Present: Settler Colonialism in Palestine", Settler Colonial Studies 2(1), 2012.
- Achille Mbemba, "Decolonizing Knowledge and the Question of the Archive".
- Magid Shihade, "Education, and Decolonization: On Not Reading Ibn Khaldun in Palestine", Decolonization: Indigeneity, Society & Education(Forthcoming in 2017).
- Khalidi, Tarif, "Palestinian Historiography: 1900-1948", Journal of Palestine Studies Vol. 10, No. 3(Spring, 1981), pp. 59-76.
- Khalidi, Walid, Before their Diaspora: A photographic history of the Palestinians, 1976-1948 'Preface',

pp. 14-25 AND 'Part V: Civil War and the Destruction of the Palestinian Community', pp. 304-331'.
- Morris, Benny, 1948: A History of the First Arab-Israeli War, New Haven, CT: Yale University Press, 2008.
- Morris, Benny, ed., Making Israel, Ann Arbor, MI: University of Michigan Press, 2007.
- Pappe, Ilan, ed., The Israel/Palestine Question: A Reader, 2nd edn, London: Routledge, 2007.
- Said, Edward, "Toward Palestinian Self-determination", The Question of Palestine(New York: Vintage, 1992), pp. 115-41.
- Said, Edward and Christopher Hitchens, Blaming the Victims: Spurious Scholarship and the Palestinian Question, London: Verso, 1988.
- Stein, Kenneth W., "A Historiographic Review of Literature on the Origins of the Arab-Israeli Conflict", The American Historical Review, Vol. 96, No. 5(Dec., 1991), pp. 1450-1465.
- Said, Edward and Christopher Hitchens, Blaming the Victims: Spurious Scholarship and the Palestinian Question, London: Verso, 1988.
- Stein, Kenneth W., "A Historiographic Review of Literature on the Origins of the Arab-Israeli Conflict", The American Historical Review, Vol. 96, No. 5(Dec., 1991), pp. 1450-1465.
- Pappe, Ilan, ed., The Israel/Palestine Question: A Reader, 2nd edn, London: Routledge, 2007.
- Morris, Benny, ed., Making Israel, Ann Arbor, MI: University of Michigan Press, 2007.
- Bayat, Asef and Bahman Bakhtiari, "Revolutionary Iran and Egypt: Exporting Inspirations and Anxieties"in Keddie and Mathee(eds), Iran and the Surrounding World(University of Washionton Press, 2002): pp. 305-326.
- Afrasiabi, Kaveh L., After Khomenini: New Directions in Iran's Foreign Policy, (Westview, 1994).
- Dabashi, Hamid Theology of Discontent: The Ideological Foundations of the Islamic Revolution in Iran, (New York University Press, 1993).
- Ehteshami, Anoush and Reza Molavi(eds.), Iran and the International System(Routledge, 2011).
- Esposito, John L. (ed.), The Iranian Revolution. Its Global Impact(Florida International UP), 1990.
- Halliday, Fred, "Iranian Foreign Policy since 1979: Internationalism and Nationalism in the Islamic Revolution", in Juan R. I. Cole and Nikki R. Keddie(eds.), Shiism and Social Protest(Yale UP, 1986), PP. 88-107.
- Mottahedeh, Roy P., "Shiite Political Thought and the Destiny of the Iranian Revolution', in Jamal S. al-Suwaidi, Iran and the Gulf: A search for Stability, Abu Dhabi: The Emirates Center for Strategic Studies and Research, 1996, pp. 70-80.
- Rajaee, Farhang, 'Iranian Ideology and Worldview: The Cultural Export of Revolution', in John L. Esposito(ed.), The Iranian Revolution. Its Global Impact, (Florida International UP, 1990), PP. 63-80.
- Rajaee, Farhang, The Iran-Iraq War: The Politics of Aggression(University Press of Florida, 1993).
- Sheikholeslami, Reza, 'The Transformation of Iran's Political Culture', Critique: Critical Middle Eastern Studies, 9/3(2000), pp. 105-134.
- Tarock, Adam, 'Iran's foreign policy since the Gulf War', The Australian Journal of International Affairs, Vol. 48, No. 2, 1994, pp. 267-280.
- Internaional Monetary Fund(2010), 'Islamic Republic of Iran: 2009 Artical IV Consultation-Staff Report; Staff Supplement; Public Information Notice on the Executive Board Discussion; and Statement by the Executive Director for Iran', March 2010; IMF Country Report No. 10/74.